リーディングス
# 日本の企業システム
第Ⅱ期 第1巻
## 組織とコーディネーション
伊丹敬之・藤本隆宏
岡崎哲二・伊藤秀史
沼上　幹
編
有斐閣

# 『リーディングス日本の企業システム 第Ⅱ期』の刊行にあたって

このリーディングス・シリーズは、一九九三年に刊行された『リーディングス日本の企業システム』の続編にあたるものである。前シリーズは、古くは一九六〇年代から九〇年前後までに発表された論文を集めたものであった。当時、日本の企業に対する関心が高まり、また経営学と経済学の二つの分野でさまざまな分析や研究の蓄積も多くなってきたので、それらをまとめてリーディングスという形で刊行することに意義があると考えてのシリーズであった。

リーディングスという形式の本は成功しないという出版界の常識を覆して、さいわいにも前シリーズは多くの読者に読んでいただいた。ゼミの読本などに好適だという評価を、多くの先生方からもいただいた。それは、前シリーズの「刊行にあたって」で次のように書かれているこのシリーズの基本的目的が、読者に受け入れられたということであろう。

現代人にとって、そして現代日本にとって、企業という経済活動体の意味はあまりにも重い。日本には、百万をこす「会社企業」がある。われわれの消費生活が企業の提供する商品やサービスにいかに大きく依存しているか、日頃の生活を振り返ってみれば、すぐわかる。また、その生活のための所得の大半は企業からの所得でまかなわれている。さらに、企業の中で人々が過ごす時間の長さも、日本人の長時間労働をことさら念頭におかなくとも、膨大なものになる。多くの人々の人生の過半の時間といっていい。その長い時間を、たんに余暇生活の生きがいのためのコストと考えてしまうのでは、情けない。

国際的にみても、世界の中の日本の比重が高まってきたのは日本企業の国際的発展ゆえである。日本への風当たりを強くしている経済摩擦もまた、日本企業の活動の一つの帰結である。

否応なしに、企業についての分析や展望がわれわれと日本の将来を考えるうえできわめて重要な時代にわれわれはすでに入っている。マクロの経済政策、政治のあり方だけを論じていればよい時代は終わったのである。

ところが、企業については、「利潤極大のための存在」、「株主の金儲けの道具」、「統制によって個人の自由を束縛する組織」、「日本特殊の不透明な存在」といった想定や思い込みがいまだにおどろくほど一般的である。そうした側面が企業にあることは誰も否定はしないだろうが、そのような単純なベクトルだけで企業を理解しようとするのもまたまちがいであることも、強調される必要がある。

そうした偏りのない、しかし現実に根ざした企業分析の理論や枠組みが必要とされている。それは、たんに企業経営の発展のためだけではなく、日本の社会の将来を健康に保つための制度設計や政策決定の論議の基礎としても必要である。また、日本企業と日本という国が世界の中でよりよく理解されるためのコミュニケーションのためにも、世界の中での日本の建設的な貢献のあり方を経済と企業の現場でより正確に語れるようになるためにも、必要である。

この気持ちは新シリーズの編集に携わった今も変わらない。企業に対する偏った見方こそ少なくなったかもしれないが、日本企業の深い理解が日本そのものをよくするために必要だという思いは、変わらない。

そこで、シリーズの続編として主に九〇年代以降の論文を集めたのが、この第Ⅱ期である。前シリーズと併用されて使われることを想定して、収録作品にまったくダブりはない。時期的に二つの異なる期間の発表作品を集めたものとなっている。

論文の発表時期が若返れば、当然編者の世代も若返ったほうがいい。そこで新シリーズの編者として経営学から経済学、経済史にわたる幅広い分野の四人の気鋭の方々(藤本隆宏、岡崎哲二、伊藤秀史、沼上幹)に加わっていただき、伊丹だけが前シリーズからのバトンタッチ役として再び参加した。新しいシリーズを作るほどたくさんの作品があるだろうかといぶかりながら編集作業を開始したが、結果は杞憂であった。多くの優れた作品があった。そのために、前シリーズでは四巻構成であったものが、五巻に増えている。九〇年代以降の十数年間の研究蓄積の大きさにおどろかされた。

今回も、経営学から経済学まで幅広い分野の優れた作品を選び、収録とそのために必要な加筆修正を著者にお願いした。編者たちが作った依頼リストの中で、お一人の例外もなく引き受けていただいた。編者として、まことに嬉しい限りであるし、またそれだけこうした書物の価値を皆さんに認めていただいたのだと考えている。優れた論文をお寄せくださった多くの執筆者各位、および論文の再録などをご快諾くださった出版社の方々に、心から御礼を申し上げたい。

最後になったが、この新シリーズの発案者である有斐閣の伊東晋さんと、編集を担当された藤田裕子さん、得地道代さん、尾崎大輔さんに心からの感謝を申し上げる。遅れがちの編者の作業にもかかわらずなんとかこのシリーズが形になったのは、編集担当のお三方のご努力のたまものである。

二〇〇五年一〇月

編者を代表して
伊丹敬之

## 執筆者紹介（執筆順）

**岡崎哲二**　東京大学大学院経済学研究科教授
主要著作◎『生産組織の経済史』（編）東京大学出版会、二〇〇五年。『コア・テキスト経済史』新世社、二〇〇五年。

**藤田昌久**　京都大学経済研究所教授、ジェトロ-アジア経済研究所長
主要著作◎ *Urban Economic Theory*, Cambridge University Press, 1989.（小出博之訳『都市空間の経済学』東洋経済新報社、一九九一年。）*The Spatial Ecomomy*, (co-witten) MIT Press, 1999.（小出博之訳『空間経済学』東洋経済新報社、二〇〇〇年。）

**関　満博**　一橋大学大学院商学研究科教授
主要著作◎『世界の工場』新評論、二〇〇二年。『台湾ＩＴ産業の中国長江デルタ集積』（編）新評論、二〇〇五年。

**中林真幸**　大阪大学大学院経済学研究科助教授
主要著作◎『近代資本主義の組織』東京大学出版会、二〇〇三年。

**谷本雅之**　東京大学大学院経済学研究科教授
主要著作◎『日本における在来的経済発展と織物業』名古屋大学出版会、一九九八年。*The Role of Tradition in Japan's Industrialization*, (ed.), Oxford University Press, 2006, forthcoming.

**浅沼萬里**　元京都大学経済学部教授
主要著作◎「日本のコーポレートガバナンス」『金融研究』第一三巻第三号、一九九四年。『日本の企業組織』東洋経済新報社、一九九七年。

**植田浩史**　慶應義塾大学経済学部教授
主要著作◎『戦時期日本の下請工業』ミネルヴァ書房、二〇〇四年。『現代日本の中小企業』岩波書店、二〇〇四年。

**和田一夫**　東京大学大学院経済学研究科教授
主要著作◎『豊田喜一郎文書集成』（編）名古屋大学出版会、一九九九年。『豊田喜一郎伝』（共著）名古屋大学出版会、二〇〇二年。

**武石　彰**　一橋大学イノベーション研究センター教授
主要著作◎『ビジネス・アーキテクチャ』（共編）有斐閣、二〇〇一年。『分業と競争』有斐閣、二〇〇三年。

**西口敏宏**　一橋大学イノベーション研究センター教授
主要著作◎*Strategic Industrial Sourcing*, Oxford University Press, 1994.（『戦略的アウトソーシングの進化』東京大学出版会、二〇〇〇年。）『中小企業ネットワーク』（編）有斐閣、二〇〇三年。

**アレクサンダ・ボーデ**（Alexandre BEAUDET）　ロンドン大学インペリアル・カレッジ博士課程
主要著作◎"Fractal Design," in G. von Krogh, I. Nonaka and T. Nishiguchi, (eds.), *Knowledge Creation*, Macmillan, 2000 (co-written).「生産システムの革新と進化をどうみるか」（共同執筆）都留康編『生産システムの革新と進化』日本評論社、二〇〇一年、所収。

**下川浩一**　東海学園大学大学院経営学研究科教授
主要著作◎『米国自動車産業経営史研究』東洋経済新報社、一九七七年。『グローバル自動車産業経営史』有斐閣、二〇〇四年。

**高橋伸夫**　東京大学大学院経済学研究科教授
主要著作◎『虚妄の成果主義』日経ＢＰ社、二〇〇四年。『〈育てる経営〉の戦略』講談社、二〇〇五年。

**桑田耕太郎**　首都大学東京大学院社会科学研究科教授
主要著作◎「情報技術と組織デザイン」『組織科学』第二九巻第一号。『組織論』（共著）有斐閣、一九九八年。

**伊藤秀史**　一橋大学大学院商学研究科教授
主要著作◎『契約の経済理論』有斐閣、二〇〇三年。『インセンティブ設計の経済学』（共編）勁草書房、二〇〇三年。

目次

# 第3部　サプライヤー・システム

## 第4部　日本の企業組織

序章

# 経済活動の組織とコーディネーション

岡崎　哲二

## 1　「見えざる手」から「見える手」へ

近年における社会科学の顕著な動きとして、経済学と隣接諸分野の相互作用的な発展が挙げられる。以下で述べるように、経済学は、経営学・経営史学の分野で蓄積されてきた洞察を取り込むことによって、「市場の理論」という伝統的な枠を超えた、組織と市場を統合的に分析する理論的枠組みを発達させつつある。また、法学と経済学の間においても、法現象を経済理論を用いて分析する「法と経済学」という分野が、すでに確立した地位を占めている。

もっとも、組織や企業に対する経済学者の関心は最近に始まったものではなく、長い歴史を持っている。ロナルド・コースが、著名な論文の中で「企業とは何か」という問いを提起し、それに対する回答を与えたのは一九三七年のことであった（Coase［1937］）。コースは、市場を利用するために必要な「取引費用」が、取引を企業の内部で行うための費用よりも大きい場合、企業が組織されると考えた。また、それより前、J・A・シュンペーターは、一九二六年に刊行された『経済発展の理論』の中で、経済発展における革新的企業家の役割を強調した（Schumpeter［1926］）。さらに遡れば、一九世紀後半にカール・マルクスが、「生産関係」という概念を用いて、歴史上に見られた、さまざまな生産の組織形態を発展段階論的に捉えていた（Marx［1867］）。しかし、これらの先駆的な研究以降、経済学者の関心は、主として一般均衡理論とマクロ経済学に集中し、企業と組織への関心は後景に退いて行った。

経済学において企業・組織が再び舞台の前面に登場したのは一九六〇年代であった。その出発点となったのは、アルフレッド・チャンドラーによる経営史の革新的研究である。チャンドラーは、一九六二年に刊行された『経営戦略と組織』という書物の中で、一九世紀末以降のアメリカにおける大企業の形成、およびその戦略・組織を、内部資料の分析を通じて詳細に明らかにした（Chandler［1962］）。チャンドラーの研究は、経営史学を革新しただけでなく、その分野をはるかに超える幅広い含意を持っていた。第一に彼は、二〇世紀のアメリカでは、資源配分の大きな部分が、経済学者がそれまで関心を集中してきた市場ではなく、企業の内部で行われてきたという事実を強調した。第二に、無数の消費者と無数の企業に分散した情報が価格に集約され、価格変動を通じて匿名的に資源配分が行われる市場とは異なり、企業の内部では、経営者が目的意識的に「見える手」によって資源配分を管理していることを明らかにした。そして、アメリカの大企業は、経営者のこのような機能を支える経営組織を発達させてきた。一九世紀末までに、大企業は営業部、製造部、財務部などの職能別部門からなる位階的組織を内部に備えるようになり、二〇世紀初め以降になると、事業分野と事業拠点の増大にともなって、個々に独立した事業部を総合本社が統括する事業部制組織が普及した。

チャンドラーは、経営者の役割として、経営資源の配分に関する計画・調整と業績評価を挙げている。より一般的にいえば、前者はコーディネーション、すなわちさまざまな資源や活動を適切に組み合わせる機能、後者はさまざまな活動がコーディネートされた通り適切に行われるようにモチベーションを与える機能に対応する。そしてコーディネーションとモチベーションは、経済システム一般が、それが存立するために何らかの仕方で実現しなければならない機能である（Milgrom and Roberts [1992], Roberts [2004]）。いいかえれば、チャンドラーは、二〇世紀のアメリカ経済でこれらの二つの機能が企業の内部で、具体的にどのような仕方で実現されてきたかを説得的に明らかにした。

## 2　組織と市場の経済学

チャンドラーの研究は、経済学者の関心をあらためてコースの問題に引き戻した。組織と市場を統合的に捉える体系的な理論的枠組みとして最初に提示されたのは、コースの議論を継承して、オリバー・ウィリアムソンが確立した取引費用経済学である（Williamson [1975, 1985]）。取引費用経済学は、組織と市場に共通する分析単位として、「取引」に焦点を当てる。取引には、資産特殊性、不確実性、頻度といったいくつかの属性があり、これらの属性が取引費用の大きさに影響を与える。そして、取引当事者によって、取引費用を節約するような取引管理構造（governance structure）が選択される、というのが取引費用経済学の基本的な考え方である。ここで取引管理構造は、契約によって事前に特定されていない事態が発生した場合に備えて、問題を解決する手続きをあらかじめ定めた基本契約を指している。すなわち、取引費用経済学では、あらゆる可能な事態に対処できるような完備された契約は事前に書くことができないという前提に立っている。そのため、問題解決の枠組みを定めた基本契約に従い、時間の経過とともに展開する事態に応じて取引当事者が行動を調整していくと考えるわけである。そして、取引費用経済学では、こうした基本契約がさまざまな取引の仕組みに対応するとされる。一方の極には伝統的に経済学が対象としてきた市場が、他方の極には企業組織があり、その間に後で見るようなさまざまな中間的な組織形態が位置づけられることになる。

取引費用経済学が契約締結後における事後的な対応に焦点を当てるのに対して、一九七〇年代以降、事前的な契約の設計を分析する契約理論が発達した(1)。契約理論では、契約前に取引相手が自分にしか分からない情報を持っている場合、あるいは契約後に取引相手がとる行動を観察ないし立証できない場合を想定したうえで、どのように契約を書くことによって、これら情報の非対称性がもたらす逆選択やモラル・ハザードなどの問題を、どの程度まで解決できるかを分析する。契約理論は組織を分析するための強力な手段を提供する。たとえば、企業所有者が経営者との間の契約を書く、あるいは経営者が従業員との間の契約を書くといった状況に焦点を当てることによって、これら企業を構成する当事者たちのインセンティブについて、多くの有用な含意を導くことができる。契約理論の発達に重要な貢献をしたマイケル・ジェンセンとウィリアム・メックリングは、「契約の束」としての企業という企業観を提唱した（Jensen and Meckling [1976]）。

当初の契約理論の特徴は、当事者間の情報の非対称性を想定する一方、将来起こりうるさまざまな事態をすべて織り込んだ完備された契約を書くことができると見ることにあった。この点で、契約理論は、契約の不完備性に着目する取引費用経済学と異なる前提に立っていた。これに対して、オリバー・ハートらは、一方で契約の不完備性という観点を取引費用経済学から継承し、他方で契約理論が発達させたインセンティブに関する分析テクニックを用いることによって、新しい企業理論を提唱した（Hart［1995］）。ハートは企業を設備や特許などの物的資産の集合体と捉える。一見するときわめて単純に思われるこの見方から、企業の境界や、生産を組織するためのさまざまな様式に関する重要な洞察を導くことができる。

ハートらの理論の本質は、企業所有者は企業に属する物的資産に関して残余コントロール権を持つこと、すなわち契約によって事前に特定されている場合を除く、物的資産に関するすべてのコントロール権を持つと考える点にある。その結果、契約によって事前に特定されない事態が生じた場合、企業所有者は事後的な交渉において強い立場に立つことになる。たとえば、従業員は企業所有者の同意なしに企業の設備等を使用することができない。企業の設備等を従業員が使用できない場合、その設備なしには有効に利用できない従業員の人的資本（企業特殊的人的資本）は、その価値を損なわれる。そして、このような事態についての事前の予想が、企業に関係する人々の人的資本投資の仕方に影響を与えることになる。すなわち、企業に属する物的資産の使用を事後的に制限される可能性がある人々は、その物的資産との補完性が高い人的資本への投資を避けるであろう。あるいは見方を変えると、ある物的資産との補完性の高い人的資本投資を行いうる人がその物的資産を所有することが効率的であるといえる。

このような見方から、企業の境界がどこに定まるか、たとえば、自動車などの組立工業における部品供給が、組立企業の内部で行われるか、独立のサプライヤーによって担われるかに関する含意が導かれる(2)。さらにまた、物的資産の集合体としての企業という見方をベンチマークとすることにより、現実の企業のあり方について有益な洞察を得ることができる。たとえば、第二次世界大戦後の日本で、従業員が企業特殊的人的資本に投資する一方、法的な物的資産所有者である株主が完全な残余コントロール権を持っていないように見えるという観察について、理論的解釈が可能となる(3)。

上述したように、一九六〇年代以降、今日に至る組織と市場の経済学の発展に出発点を与えたのはチャンドラーの歴史研究であった。興味深いことに、経済理論の発展が、今度は逆に経営史・経済史の見直しを迫っている。チャンドラーは取引の企業組織内への統合の流れを不可逆的なものと考えた。これに対して近年、二〇世紀前半にアメリカで生じた取引の企業内統合の動きは、この時期のアメリカに固有の歴史的な条件に支えられていたことが、経済史・経営史の研究者によって強調されるようになった(4)。すなわち、歴史研究と理論研究のフィードバックが一つの循環を終え、新しい研究の循環が始まっている。

## 3　日本の企業、市場、組織

現代の日本で、企業が経済活動のコーディネーションに大きな役割を果たしていることについて異論はないであろう。経済活動のコーディネーションにおける企業の役割を定量的に把握するため、伊丹［一九九三］にならい、国勢調査のデータによって人々の働き方を観察しよう。国勢調査は一九二〇年に始まるが、一九三〇年から「従業上の地位」別の就業者数が調査されるようになった。表1はそのデータをまと

表 1　就業者別の構成

| 年 | 計（千人） | 従業上の地位別構成（%） | | | 産業別構成（%） | | |
|---|---|---|---|---|---|---|---|
| | | 雇用者 | 自営業者 | 家族従業者 | 第一次産業 | 第二次産業 | 第三次産業 |
| 1930 | 29,619 | 36.3 | 32.2 | 31.5 | 49.7 | 20.3 | 29.8 |
| 1940 | 32,482 | 41.9 | 26.2 | 31.9 | 44.3 | 26.0 | 29.0 |
| 1950 | 36,024 | 39.3 | 26.2 | 34.4 | 48.5 | 21.8 | 29.6 |
| 1960 | 44,041 | 53.9 | 22.1 | 24.0 | 32.7 | 29.1 | 38.2 |
| 1970 | 52,593 | 64.2 | 19.5 | 16.3 | 19.3 | 34.0 | 46.6 |
| 1980 | 55,811 | 71.3 | 17.1 | 11.6 | 10.9 | 33.6 | 55.4 |
| 1990 | 61,682 | 78.8 | 13.4 | 7.7 | 7.1 | 33.3 | 59.0 |
| 2000 | 62,978 | 83.0 | 11.5 | 5.6 | 5.0 | 29.5 | 64.3 |

（注）合計が100%とならない場合があるのは，分類不能があることと四捨五入による。
（資料）国勢調査報告。1930年，1940年，2000年。

めたものである。一九三〇年について、「手助」と区分されている就業者を家族従業者と読み替えることによって、今日の雇用者、自営業者、家族従業者の三区分を一九三〇年まで遡ることができる(5)。

就業者数は、一九三〇年の三〇〇〇万人弱から二〇〇〇年の六〇〇〇万人強に増加した。この膨大な数の人々の活動が、何らかの方法でコーディネートされ、経済が機能してきたわけである。人々の働き方を見ると、一九三〇～五〇年には、雇用者が三～四割、自営業者が二～三割、家族従業者が三割という構造が比較的安定していた。この時期、すでに三～四割の人々が、企業の中で経営者や管理者から仕事を割り当てられ、その指示によって働いていたが、一方、それ以外の六～七割の人々は、自営業者として自分の判断で、あるいは家族従業者として家族の管理下で働いていた。このような人々の働き方の比較的安定した構造は、一九五〇年以降、大きく変化した。すなわち、雇用者の比率は一九六〇年に五〇%以上、一九七〇年に六〇%以上となり、二〇〇〇年には八〇%を超えた。このような動きは、産業構造の変化とほぼ対応している。第一次産業の就業者構成比は、一九三〇～五〇年に四〇～五〇%で安定していたが、以後、急速に低下した。家族経営の農家で働いていた人々が第二次・第三次産業の企業に雇用されていった。そして、今日では、就業者の大部分が企業の中でそのコーディネーションに従って働くようになっている。

なぜ、企業の役割がこれほど大きくなったのだろうか。その理由について、前節で述べたオリバー・ハートらの理論が示唆するのは、人々が経済活動を行うために必要な物的資産が企業に集中するようになったことである。この点を確かめるために、一九七〇年の国富調査のデータを示すと、表2のようになる。この年の国富、すなわち日本に存在する資産のうち、生産設備と考えられる部分は約五五兆円であった。民間法人企業は、その六八・四%に相当する約三八兆円を所有していた。残りの三一・六%のうち公共部門が一四・八%を持ち、個人企業の構成比は一二・八%にすぎなかった。一九七〇年の時点ですでに、ほとんどの人々は、法人企業に雇用されることによってはじめて、経済活動のために必要な設備にアクセスできるという状態になっていたといえる。表2が示すように家計部門の設備所有をほとんどゼロと考えてよいとすれば、生産設備の所有者別分布を時系列的に追うことができる。表3は民間企業の設備を、法人企業とその他に区分したものである。法人企業は一九五五年にすでに設備の六八・〇%を所有していた。この比率は一九七〇年に七八・七%に上昇した後、一九九〇年まで八〇%前後で安定するが、二〇〇〇年にかけて八五・二%に上昇した。

人々の経済活動の直接的コーディネーションにおける企業の役割の上昇は、企業以外のコーディネーション・メカニズムの役割が重要でなくなったことを意味するものではない。いうまでもなく、非常に多数の法人企業が存在し、それら企業の活動が何らかの方法で相互にコーディネートされる必要があるからである（表3）。二〇〇〇年時点の日本の法人企業総数は二五四万四〇〇〇社に達する。しかも、時系列的

表 2　1970 年の部門別国富（設備）　（10 億円）

| | 計 | 公共部門 | 民間企業 | | 非営利部門 | 家計部門 |
|---|---|---|---|---|---|---|
| | | | 法人 | 個人 | | |
| 計 | 55,431<br>(100.0) | 8,208<br>(14.8) | 37,898<br>(68.4) | 7,073<br>(12.8) | 2,252<br>(4.1) | 0<br>(0.0) |
| 機械・装置 | 34,483 | 3,758 | 26,367 | 3,577 | 781 | 0 |
| 船　舶 | 3,818 | 214 | 2,647 | 886 | 70 | 0 |
| 車両・運搬具 | 7,101 | 1,589 | 3,885 | 1,478 | 149 | 0 |
| 工具・器具・備品 | 10,030 | 2,647 | 4,999 | 1,132 | 1,252 | 0 |

（注）1970 年価格の粗資産額。公共部門には国営・公営企業を含む。
（資料）総務庁統計局『日本長期統計総覧』第 3 巻，日本統計協会，1988 年，340-343 頁。

表 3　民間企業資本ストック

| 年 | 全企業 | 法人企業 | 法人企業シェア |
|---|---|---|---|
| 1955 | 32,749 | 22,258 | 68.0 |
| 1960 | 50,015 | 36,069 | 72.1 |
| 1970 | 166,133 | 130,758 | 78.7 |
| 1980 | 372,362 | 284,372 | 76.4 |
| 1990 | 751,135 | 611,314 | 81.4 |
| 2000 | 1,175,798 | 1,001,713 | 85.2 |

（注）進捗ベース。平成 2 年暦年価格評価。2000 年については 1990 年でリンクして平成 7 年暦年価格に換算した。
（資料）経済企画庁経済研究所『長期遡及推計民間企業資本ストック――平成 2 年基準』，内閣府社会経済研究所『民間企業資本ストック』各年版。

に見て、法人企業数は今日まで増加傾向を続けてきた。一九二〇年にすでに二九万九〇〇〇社の法人企業が存在したが、以後、その数は急速に増加した。戦前期は年率約五％、戦争を挟んだ一九四〇年から六〇年にかけては年率約九％で法人企業数が増加し、その後、速度は次第に低下したが、法人企業数の増加は続いている。

もっとも、企業数が増加したとしても、少数の大企業が経済全体に占めるシェアは上昇してきたかもしれない。そしてチャンドラーが想定したのはこのような動きであった。この点を調べるために、企業規模上位一〇〇社のシェアを、戦前以来現在までの長期にわたって観察する。戦前については、データの制約を考慮して、払込資本金（株式会社・株式合資会社）ないし出資額（合資会社・合名会社）で企業規模を測ることにする。表4は、『銀行会社要録』一九一七、二七、三七年版から、それぞれ一九一六、二六、三六年における払込資本金・出資額上位一〇〇社を抽出し、その合計を示したものである。これを各年の法人企業全体の払込資本金・出資額合計と比較してシェアを求めると、それぞれ、三五・六％、三四・三％、四〇・九％となる。すなわち、上位一〇〇社のシェアは、第一次世界大戦期の経済拡大を挟む一九一六～二六年には安定していたが、その後、一九三〇年代半ばにかけて顕著に上昇した。

戦後については、日経NEEDSの企業財務データベースから単独決算の資本金、資産、売上高を得て、これら三つの基準で、一九六四、七〇、八〇、九〇、九九年の上位一〇〇社を同定した。これら一〇〇社の資本金、資産額、売上高の合計を、それぞれの変数の法人企業計と比較してシェアを求めると、表5のようになる。資本金シェアは表4の戦前のデータと比較可能である。一九六四年における上位一〇〇社資本金シェアは一九三〇年代とほぼ同じ水準にあったが、以後、そのシェアは低下し、一九九九年には一九・六％となった。ただし、他の指標で見ると、動きに若干の相違がある。資産額の上位一〇〇社シェアは、一九八〇年まで低下傾向をたどり、以後、安定した。売上高の上位一〇〇社シェアは一九七〇年にかけて低下した後、一九九〇年まで安定し、一九九九年にかけて再び若干低下した。しかし、いずれの指標に関しても、上位一〇〇社のシェアが上昇する傾向は見られない。法人企業数が増加しただけでなく、経済活動の主要な部分が、これら多数の企業の間で分散して行われてきたといえる。

以上のように、日本経済において、人々の経済活動の内、ますます大きな部分が第一次的に企業の内部でコーディネートされるようになっているが、一方で企業間のコーディネーションの役割も依然として大きい。そして、企業間のコーディネーションは、本巻に収録した諸研究が示すように、新古典派経済学が想定する市場だけでなく、問屋制、下請制、産業集積内の企業間ネットワークなどさまざまな仕組みによって行われてきた。一方、前節で述べたように、一九七〇年代以降、組織と市場を統合的に捉える分析枠組みが発達してきた。そしてこの理論的発展によって、経済活動のコーディネーションとモチベーション

表 4　大企業への経済活動の集中(1)

| 年 | 法人企業資本金(100万円) | 上位100社(100万円) | 上位100社シェア(%) |
|---|---|---|---|
| 1916 | 2,452 | 872 | 35.6 |
| 1926 | 12,073 | 4,144 | 34.3 |
| 1936 | 17,798 | 7,273 | 40.9 |

(注)　法人企業資本金は合名会社・合資会社の出資額と株式会社・株式合資会社の払込資本金の合計。
(資料)　商工省『会社統計表』各年版，東京興信所『銀行会社要録』各年版。

表 5　大企業への経済活動の集中(2)

| | 年 | 資本金 | 資　産 | 売上高 |
|---|---|---|---|---|
| 上位100社(10億円) | 1964 | 2,339 | 15,193 | 16,723 |
| | 1970 | 3,423 | 35,316 | 37,321 |
| | 1980 | 6,069 | 99,199 | 139,131 |
| | 1990 | 14,095 | 226,145 | 258,746 |
| | 1999 | 15,958 | 244,886 | 208,017 |
| 全法人企業(10億円) | 1964 | 6,219 | 53,806 | 74,469 |
| | 1970 | 10,934 | 147,513 | 213,946 |
| | 1980 | 24,922 | 499,406 | 819,819 |
| | 1990 | 56,620 | 1,142,107 | 1,428,181 |
| | 1999 | 81,482 | 1,284,914 | 1,381,464 |
| 上位100社シェア(%) | 1964 | 37.6 | 28.2 | 22.5 |
| | 1970 | 31.3 | 23.9 | 17.4 |
| | 1980 | 24.4 | 19.9 | 17.0 |
| | 1990 | 24.9 | 19.8 | 18.1 |
| | 1999 | 19.6 | 19.1 | 15.1 |

(注)　上位100社は資本金，資産，売上高の各基準で測った上位100社であり，したがって，それぞれの基準でメンバーは異なる。
(資料)　日経NEEDS，大蔵省（財務省）『法人企業統計年報』各年版。

付与に関する多様な様式を比較分析することが可能になっている。本巻には、広い意味でこのような問題関心を共有する、注目すべき研究を収録した。その際、インセンティブの側面に関する研究は第二巻で取り扱われるため、この第一巻では主にコーディネーションの側面に関する研究を取り上げる。

## 注

(1) 契約理論については伊藤［二〇〇三］、Salanie［1997］などを参照。
(2) 企業の境界については伊藤・林田［一九九六］を参照。
(3) 企業特殊的人的資本への投資を組み込んだ企業モデルについては、Aoki［2001］chapter 11 を参照。
(4) Lamoreaux et al.［2003］、ハンナ＝和田［二〇〇一］、岡崎編［二〇〇五］を参照。
(5) 原［一九七九］を参照。

## 参考文献


Aoki, Masahiko [2001], *Towards a Comparative Institutional Analysis*, Cambridge, MA : MIT Press.（瀧澤弘和・谷口和弘訳［二〇〇一］『比較制度分析に向けて』ＮＴＴ出版。）
Chandler, Alfred D. [1962], *Strategy and Structure : Chapters in the History of the Industrial Enterprise*, Cambridge, MA : MIT Press.（有賀裕子訳［二〇〇四］『組織は戦略に従う』ダイヤモンド社。）
Coase, Ronald H. [1937], "The Nature of the Firm," *Economica*, new series Vol. 4, No. 16, pp. 386-405.
ハンナ、レズリー＝和田一夫［二〇〇一］『見えざる手の反逆——チャンドラー学派批判』有斐閣。
原朗［一九七九］「階級構成の新推計」安藤良雄編『両大戦間の日本資本主義』東京大学出版会。
Hart, Oliver [1995], *Firms, Contracts and Financial Structure*, Oxford : Clarendon Press.
伊丹敬之［一九九三］「企業とは何か——問題状況と研究の方向」伊丹敬之・加護野忠男・伊藤元重編『リーディン

グス　日本の企業システム』第一巻、有斐閣、所収。
伊藤秀史［二〇〇三］、『契約の経済理論』有斐閣。
伊藤秀史・林田修［一九九六］、「企業の境界──分社化と権限委譲」伊藤秀史編『日本の企業システム』東京大学出版会、所収。
Jensen, Michael and William Meckling [1976], "The Theory of the Firm : Managerial Behavior, Agency Costs, and Capital Structure," *Journal of Financial Economics*, 3, pp. 305-360.
Lamoreaux, Naomi, Daniel Raff and Peter Temin [2003], "Beyond Markets and Hierarchies : Towards a New Synthesis of American Business History," *American Historical Review*, April.
Marx, Karl [1867], *Das Kapital : Kritik der politischen Ökonomie*, erster Band, Hamburg.（向坂逸郎訳［一九六九］、『資本論』岩波文庫。）
Milgrom, Paul and John Roberts [1992], *Economics, Organization and Management*, London : Prentice-Hall International.（奥野正寛ほか訳［一九九七］、『組織の経済学』ＮＴＴ出版。）
岡崎哲二編［二〇〇五］、『生産組織の経済史』東京大学出版会。
Roberts, John [2004], *The Modern Firm*, New York : Oxford University Press.
Salanie, Bernard [1997], *The Economics of Contracts*, Cambridge, MA : MIT Press.（細江守紀・三浦功・堀宣昭訳［二〇〇〇］、『契約の経済学』勁草書房。）
Schumpeter, Joseph Alois [1926], *Theorie der Wirtschaftlichen Entwicklung : Eine Untersuchung über Unternehmergewinn, Kapital, Kredit, Zins und den Konjunkturzyklus*, München : Duncker und Humblot.（塩野谷祐一・中山伊知郎・東畑精一訳［一九七七］、『経済発展の理論──企業者利潤・資本・信用・利子および景気の回転に関する一研究』岩波書店。）
Williamson, Oliver E. [1975], *Markets and Hierarchies, Analysis and Anti-trust Implications : A Study in the Economics of Internal Organization*, New York : Free Press.（浅沼萬里・岩崎晃訳［一九八〇］、『市場と企業組織』日本評論社。）

Williamson, Oliver E. [1985], *The Economic Institutions of Capitalism*, New York : Free Press.

# PART 1

# 産業集積

第1章

# 産業クラスター政策の意義と課題

## 空間経済学の視点から

藤田　昌久

## 1　はじめに

半世紀前に戦後の焼け野原から再出発した日本は、輸出型製造業を中心として、アメリカに次ぐ経済大国に成長してきた。しかし、その成長過程でつくられてきた日本の社会システム全体が、新たに始まった「IT（情報技術）革命」による世界経済の変革にうまく対応できず、日本経済は長期停滞に陥っている。より具体的には、日本は現在、中国の持つ量産型製造業における圧倒的なコスト競争力と、ますます強くなってきているアメリカのイノベーション競争力の狭間で、閉塞感を深めてきている。

この日本経済の長期停滞を打破し、二一世紀において日本が再び世界のリーディング・カントリーの一つとして発展していくための地域政策の一環として、経済産業省による「産業クラスター計画」が数年前から推し進められている。この産業クラスター政策は、イノベーションを活発に生み出す産業集積こそが国の競争優位をもたらすとするマイケル・E・ポーターの「クラスター理論」を背景としているが、「空間経済学」に基づく以下のような観点からも支持されうる。

ＩＴ革命の進展は、ヒト・モノ・カネ・情報の「輸送費」を大きく低下させ、世界経済のグローバリゼーションを加速する。この輸送費の絶えざる低下は、一見矛盾するようだが、経済活動のいっそうの分散と集中の、両者をもたらす。まず、確立した技術に基づく量産型の製造業や、ルーチン型の業務・サービス支援活動は、安い賃金と良質の労働者を膨大に有する発展途上国（現在はとくに中国とインド）へ着実に移っていく。一方、今世紀のグローバル経済を牽引するエンジンは、ハードとソフトにおけるイノベーション、つまり広い意味での「知識の創造」であり、そのための中心的資源である「知識労働者」は、比較的少数の国における、さらに、比較的少数の都市にますます集積していく。

なぜなら、ＩＴは情報を内包している素材を伝達・処理するための手段であるが、それを解釈して利用するのはあくまで豊富な知識を有する人間である。一方、知識創造活動には、多様な知識労働者間のフェース・ツー・フェースの対話を通じての相乗効果により生まれる、「知識外部性」が決定的に重要である。とくに、明確化された「形式知」はＩＴを用いて距離・空間を超えて伝達できるが、明確に表現しにくい「暗黙知」は、日常圏を共有する都市（ないし地域）に、対話を通じて蓄積される。したがって、先端的な知識労働者は、ＩＴを駆使しながらも、高い知識外部性を有する比較的少数の都市に集積していく。そうすると、新たな知と知、知と技の組合せを通して、さらに新しい知と技が生まれると同時に、いっそう豊かな「暗黙知」がそこに蓄積されていく。つまり、ＩＴの進展とともにますますグローバル化する世界において、ローカルな知識外部性（文化や伝統を含む）を豊かに持つ都市の重要性がいっそう増していく。したがって、日本はその将来像として、アメリカやEU諸国などと競争しながらも、それらと差異化された、世界レベルの「イノベーションの場」として発展していくことを目指すべきであり、その場合、日本再生は都市再生と表裏一体となる。その具体的な政策の一環として、各地域の都市を中心としてイノベーションを活発に生み出すさまざまな産業集積の促進を目指す「産業クラスター計画」は、日本再生のための地域経済政策として時宜を得たものであり、長期的展望のもとに持続的かつ効果的に推し進められていくことが期待される。

このような観点に立てば、この産業クラスター政策を日本において進めていくなかでは、その理論面を経済学の視点から補強するうえで「空間経済学」からのアプローチが一つの有効な方法であると考えられる。つまり、空間経済学の中心的な課題は、都市や産業の集積形成のメカニズム、集積とイノベーション、および経済成長の相互連関の解明であるが、それは、産業集積に注目するポーターのクラスター理論と、当然多くの共通・相似の部分を有している。さらに、「産業クラスター計画」において対象とされている産業クラスターは、実質的には現在の都市（あるいは都市圏内）における産業集積の形成・促進を意図しているが、ある都市における産業クラスターの成長と、その「母体」となる都市全体の成長とは不可分な関係にある。したがって、都市の発展を中心的な研究課題の一つとする空間経済学は、都市の観点からもクラスター理論を補強しうる。さらに、方法論的にも、（経済主体全体の市場を通じての相互依存関係を強調する）一般均衡理論のアプローチに立脚する空間経済学と、企業活動の戦略理論の視点に立つクラスター理論とは、相互に補完的な関係にある。よって、日本における産業クラスター政策を有効に進めるうえで、空間経済学とクラスター理論の両者の視点を相補的に融合して適用することが、少なからず役立つと期待される。

上記の問題意識に基づき、本章では、空間経済学の視点から、日本における産業クラスター政策のありについての基本的な考え方を示唆することを目的としたい。具体的には、まず第2節において空間経済学における都市と産業集積について述べる。次に第3節において、わが国の地域政策と産業集積・クラスターのあり方について検討する。最後に、むすびに代えて、第4節において、日本における産業クラスター政策と国土政策との関連について検討する。

## 2 空間経済学における都市と産業集積

### 1 空間経済学とは

収穫一定を前提とする伝統的な国際経済学や地域経済学に対して、一九九〇年以降およそ一〇年間において、新しい「空間経済学」が日米欧における若手の経済学者を中心として研究され始め、経済学者一般の注目を集めつつある[1]。この新しい「空間経済学」は、都市や産業の集積形成のミクロ理論を中心として、都市、地域、国際貿易など異なった空間領域を対象とした従来の個別の学問分野を特殊なものとして含む、地理的空間における経済学の一般理論の構築を目指す。

新しい「空間経済学」は、より具体的には、サービスを含む財や人間の多様性、生産における規模の経済、および財や情報の（広い意味での）輸送費の三者の相互作用により内生的に生じる、経済活動の空間集積力とイノベーションの場の自己組織化の理論を中心として、あらゆる空間領域における地域経済システムの形成と発展を統一的に理解しようとするものである。方法論的には、対象とする経済システムを構成するすべての主体を含み、賃金・価格などのすべての内生的変数を均衡的に求める一般均衡理論、ないし、その動学化である一般均衡動学に立脚している。また、この「空間経済学」の基本的な考え方は、さまざまな現象を、非常に多数の個体間の相互連関が自己組織化した結果であると捉える「複雑系科学」の考え方と一致している(2)。

以下において、この「空間経済学」の基本的な考え方を説明するとともに、ポーターの「クラスター理論」との相互関連について述べる。大まかにいって、空間経済学においては、現在見られる空間構造を、二つの相反する力つまり「集積力」と「分散力」の二つが、歴史的径路依存性の制約のもとでバランスした結果として自己組織化的に実現されているものと理解する。さらに、時間の経過とともに漸次的に進行する技術や制度などの経済環境の変化とともに、現在の空間構造が不安定となり、新たに安定した空間構造に移るというプロセスを通じて、経済システム全体の空間構造が変化していくものと理解する。

したがって、「空間経済学」の中心的課題は、集積力の形成のメカニズム、および集積とイノベーションとの相互関連の解明である。

なお、ポーターのクラスター理論においては産業集積のイノベーションにおける役割が重視されているのに対して、「空間経済学」は従来このトピックについて、どちらかというと「禁欲的」であった。それは、集積とイノベーションのダイナミックな関連を数学的に表現しうるミクロ経済学的な理論が、まだ十分に解明されていないと認識されていたことによる。しかしながら最近、「空間経済学」とイノベーションを経済成長のエンジンとみなす「内生的成長理論」との融合を目指す試みが活発になされるようになり、集積とイノベーションのダイナミックな関係のミクロ理論が徐々に解明されつつある（Fujita and Thisse [2002], Fujita and Thisse [2003a], Fujita and Thisse [2003b], Baldwin et al. [2003], Berliant and Fujita [2004]）。以下においては、これら最新の発展も踏まえて「空間経済学」の基本的な考え方を述べる。

## 2　多様性を通じての集積力とイノベーションの場の形成

「集積の経済」ないし集積力の発生のメカニズムを理解するうえでまず注意すべきことは、現代の都市や産業集積の成長は、気候や鉱物資源などの自然的条件（the first nature）に基づく優位性によるよりは、むしろ内生的な自己増殖的優位性（the second nature）に基づく集積力によるという事実である。さらに、伝統的な国際貿易理論や地域経済理論で想定されている「すべての財が収穫一定（constant returns）のもとに生産できる」世界においては、そのような集積力は内生的には発生しえない、ということである。実際そのような世界においては、何らかの自然的条件が地域間の比較優位を外生的にもたらさない限り、すべての財があらゆる地点において微小なスケールで生産されることにより、財の輸送費用をまったく避けて、最も効率的な均衡が達成しうるからである。

図1は、内生的な集積力とイノベーションの場の形成についての、空間経済学における一般的な考え方を概念的に示している。つまり、以下の三つの基本的要因、

①（消費財、中間財および公共財のそれぞれにおける）財の多様性、および人間や企業などの経済主体の多様性、

図 1　多様性を通じての集積力とイノベーションの場の形成

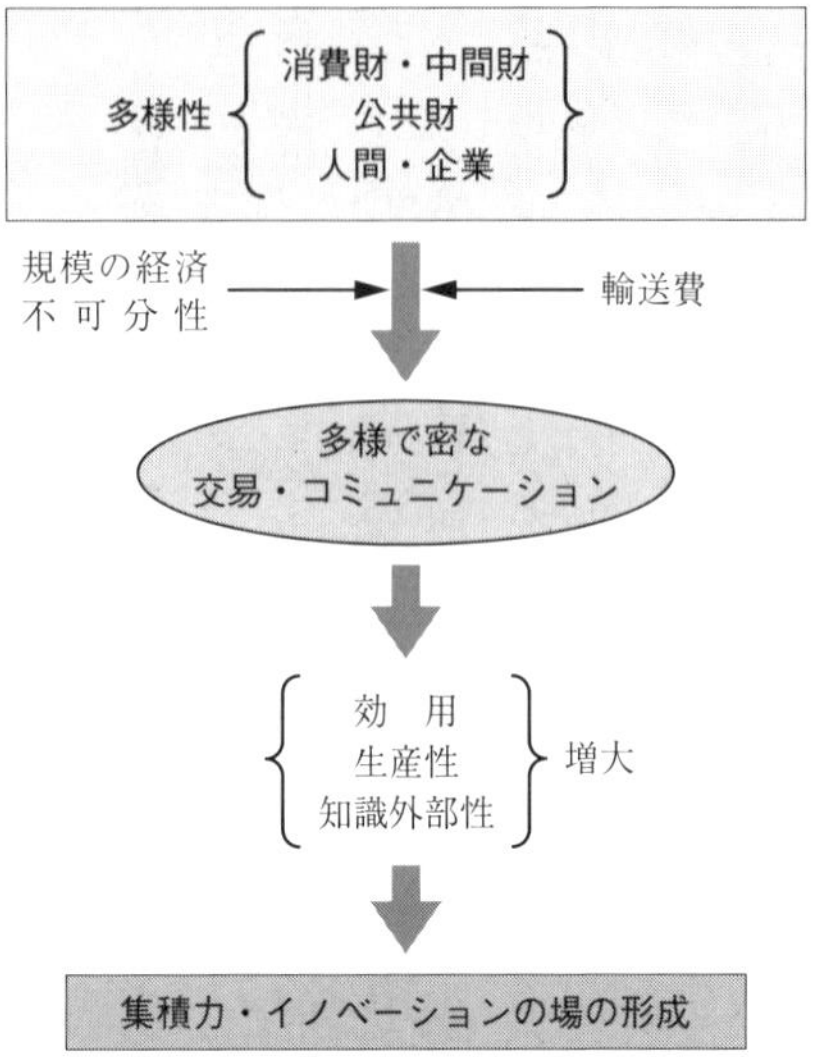


②　個別主体レベルにおける規模の経済ないし不可分性、

③　(ヒト・モノ・カネ・情報の広い意味での)輸送費、

の相互作用のもとに発生する多様で密な交易とコミュニケーションのネットワークを通じてのリンケージ(関係性)によって、経済活動の空間的な集積力がポジティブ・フィードバック(正の循環的作用)を伴いながら自己増殖的に生まれるとともに、イノベーションの場が自己組織化的に形成される。

なお、財(サービス)の多様性つまり差別化のもとで、市場競争は(各々の企業によるある程度の独占力を伴いつつ)多数の供給者と需要者を巻き込んでの、いわゆる独占的競争となる。さらに、多様な財ごとに異なる輸送費のもとで、階層的で密な空間的市場が形成される。また、各企業のイノベーション活動により作られる新しい技術ないし製品は、一部は特許によって保護されるが、それに伴うノウハウなどの「暗黙知」は、知識外部性として各都市・地域に蓄積される。

より具体的には、まず図2(a)は、消費財の多様性を通じて企業と消費者（＝労働者）が都市へ集積するメカニズムを、模式的に示したものである。中央下部の円内に記されているように、ある都市においてより多様な消費財の供給がなされたとしよう。そうすると、消費財に対する多様性の嗜好に基づき、その都市では所与の名目賃金に対し労働者（＝消費者）の実質賃金（＝効用）が増加する。するとより多くの労働者がその都市へ移住することになり、ひいてはこの都市での消費財の需要増大がさらに多様な消費財を生産する企業を誘引することになる。このことは、当該都市でさらに多様な消費財が入手できることを意味する。つまり、前方連関効果（より多様な消費財の供給が労働者の実質所得を増大させる）および後方連関効果（より大きな消費財市場がより多くの特化した消費財生産者を誘引する）により、企業と労働者が集積するという循環的因果関係（ポジティブ・フィードバック・メカニズム）が形成される。ここで注意してほしいのは、この後方連関効果は、各々の消費財の生産において（企業レベルでの）規模の経済が存在して初めて生まれる、ということである（そうでないと、あらゆる種類の消費財がすべての都市ないし地域で生産されることになる）。つまり、個々の企業レベルにおける規模の経済が、この循環的連関効果を通じて都市全体での収穫逓増に転換されることにより、集積力が生まれるのである。

以上は、消費財の多様性に基づく都市集積力の形成を説明したものである。一方、図2(a)と相対的な図2(b)は、（企業サービスを含む）中間財の多様性に基づいて中間財生産者と（それを用いる）最終財生産者との空間集積が形成されるメカニズムを同様に模式図化したものである。つまり、ある都市ないし地域

図 2　消費財と中間財の多様性を通じての集積形成のメカニズム

(a)　循環的因果関係に基づく消費財生産者と消費者（＝労働者）の集積

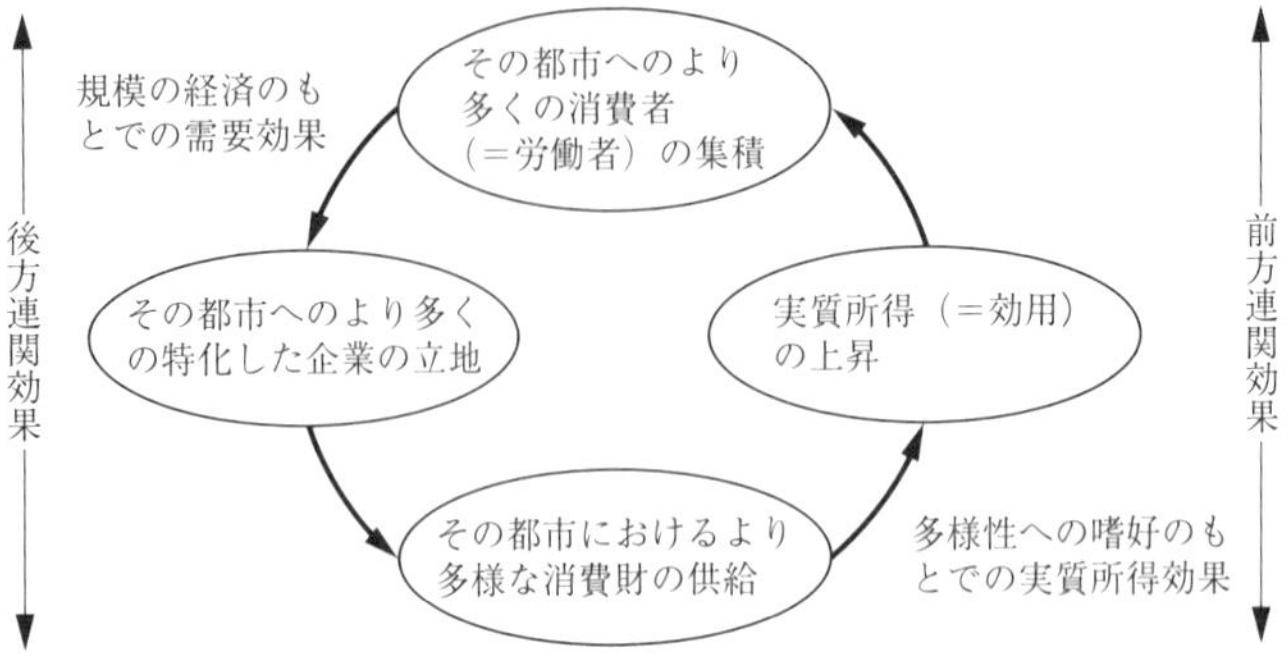


(b)　循環的因果関係に基づく最終財生産者と中間財・サービス生産者の集積

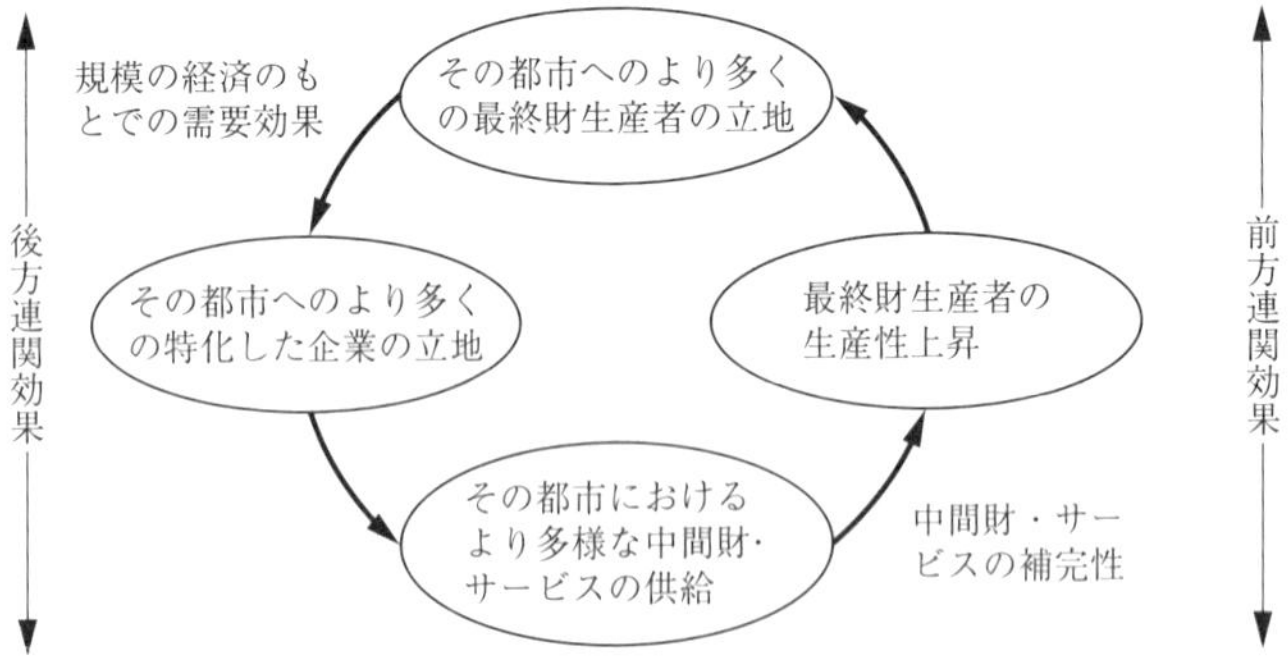


におけるいっそう多様な中間財の供給が、それを用いる産業の生産性を上昇させること（前方連関効果）によって、より多くの企業を誘引する。一方、この中間財市場における需要の拡大は、より多くの特化した中間財生産者を誘引する（後方連関効果）。この循環的連関効果により、中間財生産者とそれを用いる産業相互間の集積力が生まれる。この集積力は、特定産業の地域特化（数多く見られる地場産業や、大・中都市における中枢管理機能の集積など）を促進させる。

同様に、公園、博物館、道路、各種の学校やさまざまな公共施設を含む（地方的）公共財の多様性に基づいての消費者および企業の集積の促進をも説明できる。

以上は、さまざまな財の多様性に基づく集積力の形成メカニズムの説明であるが、実際にはさらに、マーシャル（Marshall［1890］）によって最初に指摘され、ジェイコブス（Jacobs［1969］）、ルーカス（Lucas［1988］）によるニューヨークの各種専門街（ファッション、金融、ダイヤモンド街など）、サクセニアン（Saxenian［1994］）によるシリコンバレーの研究において強調されているように、フェース・ツー・フェースに基づく業務・社会的コミュニケーションが、特定産業の地域集積の形成と、地域レベルでのイノベーションの場の形成において大きな役割を果たす。もちろん、人々の間におけるそのようなコミュニケーションの必要性とそれに基づく集積力の形成は、個々の人間は生まれつき、あるいは学習によりすべて異なること、および個々の人間はそれ以上「分割」できないこと、つまり人間の多様性と不可分性を前提としている。

図3は、この、人間の多様性を中心とするイノベーションの場が形成されるメカニズムを模式図に示している。中央下部の円内に記されているように、ある都市においてより多様な人材とイノベーション活動のためのサポーティング活動（種々の基盤的技術サービスやベンチャー・キャピタル・サービスを含む）が集積したとしよう。そうすると、人材の補完性およびサポーティング活動の補完性により、その都市におけるイノベーション活動の生産性が上昇する結果、その都市へのより多様なイノベーション活動の集積が促進される（前方連関効果）。一方、この多様なイノベーション活動の集積は、より多様な人材とより特化したサポーティング活動への需要を生み、その都市での多様な人材とサポーティング活動の集積がさ

図 3　人間の多様性を中心とするイノベーションの場の形成

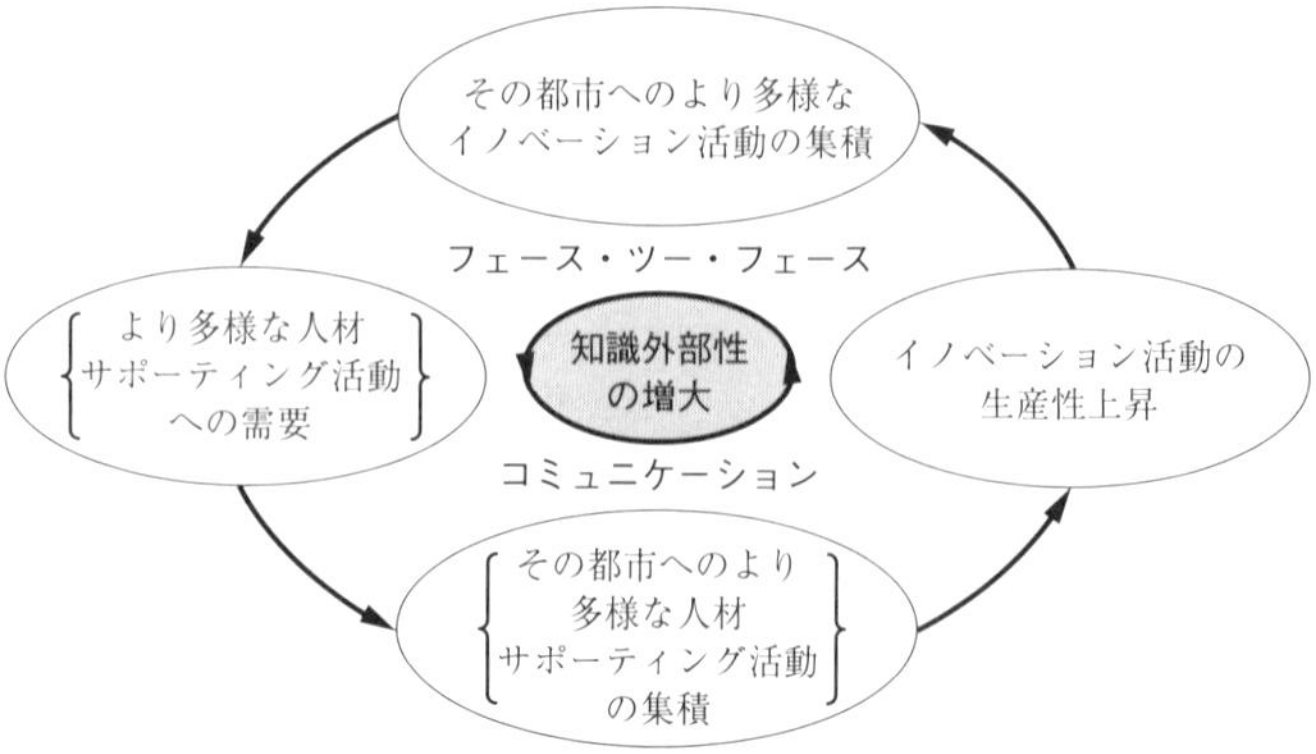


らに促進される（後方連関効果）。この循環的連関効果は、労働力およびサポーティング活動の通常の市場を通じてもある程度起こりうるが、図3の中央に記されている市場を越えて引き起こされる知識外部性によって、いっそう強化される。つまり、多様な人材・知識労働者の集積は多様な情報・知識の集積を意味するが、それら多様な知識労働者間のフェース・ツー・フェースの対話を中心として行われる情報・知識の双方伝達と新しい知識の創造が、その都市におけるイノベーション活動の生産性の上昇に大きく貢献する。とくに、前述されたように、明確化された「形式知」はＩＴを用いて距離・空間を超えて伝達しうるが、明確な表現の難しい「暗黙知」は、日常圏を共有する都市（ないし地域）に、対話を通じて蓄積され、このローカルな知識外部性（文化や伝統を含む）がその都市固有のイノベーションの場を支える。つまり、その豊かな知識外部性を背景とし、多様な知識労働者の間での新たな知と知、知と技の組合せを通して、さらに新たな知と技が生まれると同時に、さらに豊かな「暗黙知」がそこに蓄積されていく。

## 3　集積と空間経済システムのダイナミズムについて

前項において、財の多様性および人間の多様性に基づく集積形成のメカニズムを、便宜上別々に説明したが、実際においては、もちろん、それらのメカニズムが相乗効果を及ぼしながら同時進行することにより都市や産業集積が形成され、成長していく。図4は、図2と図3を融合することにより、集積とイノベーションの場の全体としてのダイナミズムを模式的に描いたものである。

一方、図4に代表的に描かれているようなさまざまな都市や産業集積を核として、地理的空間全体に交易とコミュニケーションの多重で密なネットワークが形成され、全体として一つの空間経済システムが自己組織化される。さらに、時間の経過とともに漸次的に進行する経済・社会環境の変化とともに、それぞれの集積および全体としての空間経済システムは、相互作用を及ぼしつつダイナミックに変化していく。

以下において、このようにダイナミックに変化していく都市や産業集積、さらに全体としての空間システムの持つ特性についていくつかの留意点を述べる。

### 1　集積の初期形成における触媒力の役割

都市であれ特定の地場産業ないし産業集積であれ、集積の初期形成においては多くの場合ある程度の偶然性が働く。これは、集積のための条件がある程度整った場所がいくつかある場合、特定地点における比較的小さなきっかけが初期の優位性を生み、それを初期条件として自己増殖的に集積が形成されるからである。そのきっかけないし「初期努力（initial efforts）」としては、特定のリーダー的な個人や企業の努力、また特定の大学や地方政府などの政策などさまざまありうるが、化学反応を引き起こす触媒物質と同じく、その比較的小さなきっかけが「触媒」となって集積の初期形成が始まる。たとえば、シリコンバ

図 4　集積とイノベーションの場のダイナミズム

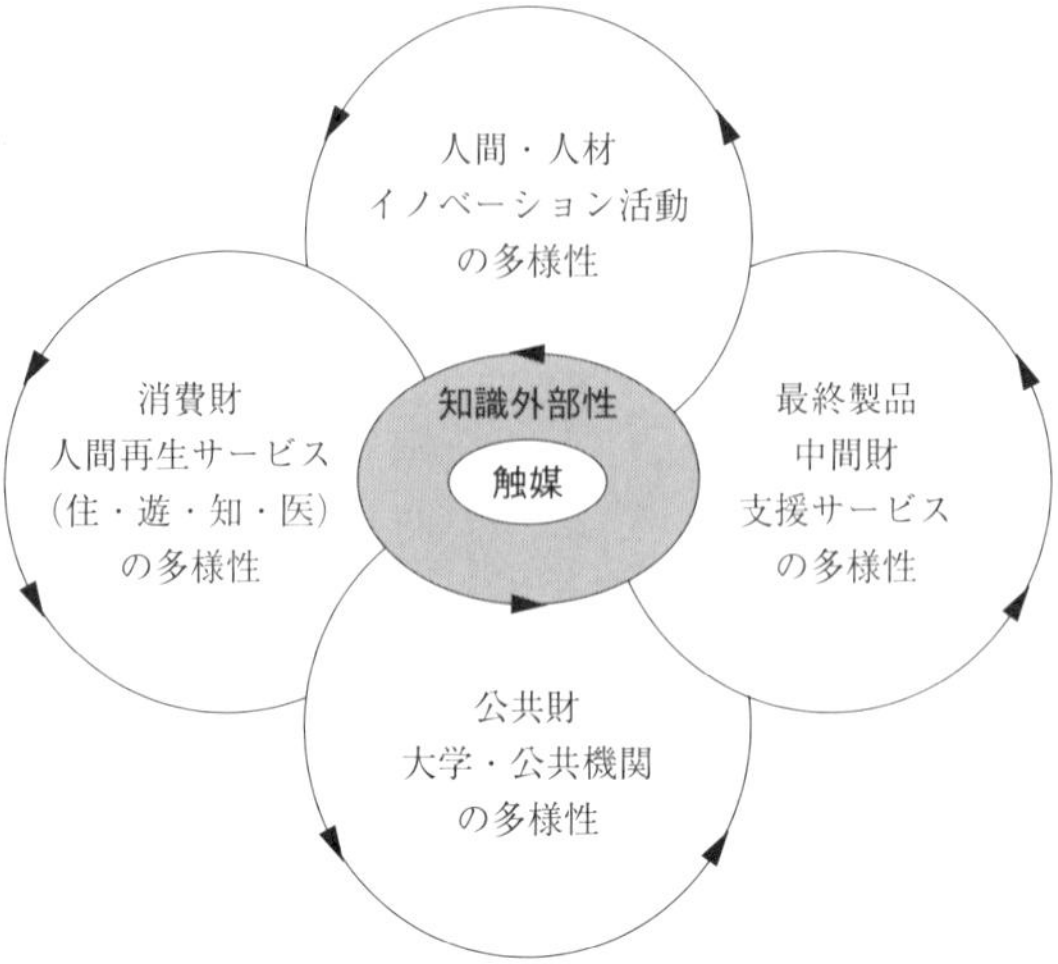


レーでの半導体を中心とする電子産業集積の初期形成において、とくに当時のスタンフォード大学副学長ターマン（Frederik Terman）の果たした役割が有名である。しかしながら、その偶然性をあまりに強調するのは正しくないであろう。というのは、「機の熟した」地点がたくさんある場合には偶然が左右するが、条件の整わない場所に小さなきっかけのみで集積が形成されることは起こり難いからである。

## 2　集積の持つ正と負のロックイン効果

以上のように、ある特定の集積は、そのための自然・社会的条件の一般的に整った地域のなかで、ある程度の偶然性が働くことにより、ある特定の地点において形成される。いずれにしてもある地点に、都市あるいは特定産業の集積がある程度起こると、その「集積の経済」という自己増殖的優位により、その集積の存在自体が立地空間にロックイン（凍結）効果を生み、そこから個別主体が逃れ難くなり、また新たな主体が引き寄せられる。この集積によるロックイン効果は、その集積の比較的初期においては、成長を促進する強力な「正の効果」を持つ。しかしながら長期的には、その集積の変化ないし革新を疎外するという大きな「負の効果」を及ぼす可能性がある。

日本においても、たとえば、前述した多摩川沿いの機械金属業の膨大な数の中小企業（およびその基盤サービス活動に支えられている多数の大企業）の集積は、日本中（とくに地方）から有能で活力に富んだ多様な人的資源を吸引しながら、日本の機械産業の成長とともに成長してきた。同様な集積は東大阪にも存在するが、それは主として大阪（および西日本）の機械金属業の成長を支えてきたものである。

このように、ある集積地の持つロックイン効果は、その集積の成長を促進する大きな要因であるが、長期的にはその集積の成長ないし変革を阻害する内在的な要因となりうる。これは、集積の拡大とともにそこにおける地価や賃金率の上昇が起こるという通常のネガティブな影響とともに、集積の成長とともに進行する、そこにおける産業組織やカルチャーの硬化ないし固定化に基づく。たとえば、中小企業群を中心として半導体産業の成長とともに大きくなってきたシリコンバレーが、そこに育ってきた大企業中心の硬化した組織に移り変わってきたことと、日本における半導体産業の急成長のため、一九八〇年代初めに危機的状況に陥ったこと、また、ＩＴ産業、ＰＣ（パソコン）産業の誕生による新たな中小企業群の創発によりその危機が乗り越えられたことはよく知られているとおりである。

日本においても、多くの地場産業や、東京の大田区や東大阪における産業基盤集積地が衰退の傾向にあることはたびたび指摘されてきた。これは、円高などの日本経済全般にかかわる要因とともに、集積によるロックイン効果のネガティブな側面の顕在化にもよる。たとえば、東京の大田区における産業基盤の場合、そこにおける個々の中小企業はその地域全体が形成する企業間ネットワークの一部として存在している。したがって、東京・神奈川という巨大都市圏の主要な経済活動が従来の「ものづくり」からオフィス型の活動に代わることにより、都心部に近い大田区の地価はオフィスとそこで働く人々の住宅需要によって非常に高くなったが、大企業の生産活動がそこで行われなくなった現在も、個々の中小企業が、今の地域ネットワーク外にある地価の安い場所に移って同様な活動を続けることは非常に困難である。周囲に大きなマンションやオフィスがどんどん建ってきても移ることはできず、かといって将来性のない地価の高くなる一方の今の場所で工場・設備などを近代化することも難しい。したがって、工場主の老齢化などに伴い、「歯の抜ける」ように操業を停止する工場が増大してきているのが現状である。

いずれにしても、大田区や東大阪などにおける産業基盤集積は、集積力を生む外部経済の上に成立しているものであり、個々の企業の努力のみでは効率的な結果が得られるとは限らない。より一般的に、産業クラスター政策における中心的な課題は、集積の持つ正の外部効果ないしロックイン効果をいかにして促進していくか、さらに、集積の持つ負のロックイン効果をいかにして克服していくかということである。この点については、第3節1においてさらに検討を続ける。

### 3 人間・人材の多様性と集積のダイナミズム

すでに幾度も強調したことであるが、財・製品ないし生産活動、さらには人間・人材の多様性は、集積力の形成にとって本質的に重要である。つまり、多くの活動主体は、多様性ないし差別化を通じて、直接的な競争関係を軽減することができると同時に、近接立地することによって全体としての補完性を増すことができ、地域全体での収穫逓増を達成することができる。しかしながら、通常の財の多様性や通常の（ルーチン型の）生産活動の多様性と、人間およびイノベーション活動の多様性は、集積力の持続性ないしダイナミズムを考えるときには区別される必要がある。なぜなら、通常の財や生産活動の補完性は、基本的にはそれらの物理的特性に基づくものであり、同じ組合せを繰り返しても同じ結果が期待できる。一方、多様な人間、とくにイノベーション活動を支える多様な知識労働者が一つの地域に多数集まり密なコミュニケーションを行うことで、確かに短期的には知識外部性の増大を通じて集積の効果は増す。しかし、それら人間のメンバー構成が固定されている限り、長期的にはお互いの密なコミュニケーションを通じて多様性は時間とともに減少し、知識外部性は縮小していく。

つまりクリエイティブなコミュニケーションは、知識労働者が日常圏を共有している場合に最も効果的に行うことができる。したがって、一般に、多くの多様な知識労働者が集積しているある程度以上の大きさの都市において大きな知識外部性が生まれる。しかしながら、前述したように、効率的なコミュニケーションは、長期的には知識労働者の間の共有知識の肥大化にもつながる。この、都市における共通知識の肥大化を防ぐ方法として、基本的に二つの方法が考えられる。一つは、その都市における各個人が、自分のコミュニケーションのネットワークをその都市内および都市外において常に新たに積極的に開拓していくこと。もう一つの方法は、その都市と他の国内および国外における都市ないし地域の間の知識労働者の流動を促進することを通じて、各都市における知識労働者のメンバー構成自体を継続的にゆっくり変えていくことである。もちろん、これは、都市間（ないし地域間）に十分な多様性があることを前提としている。この点に関しては、さらに第3節と第4節において検討を続ける。

## 4　ITの進歩および輸送費低減が都市と産業集積に及ぼす影響

空間経済システムの長期的ダイナミズムをもたらす要因として、ここでは広い意味での「輸送費」の減少について検討してみる。

まず、空間経済学にとって特有な要因である「輸送費」の減少については広く解釈される必要がある。とくに、通常の財および人間の移動に要する費用と、通信手段を用いての情報の移動に要する費用は区別される必要がある。このような広い意味での「輸送費」は、交通や通信技術の絶えざる進歩により歴史的に大きく見れば、常に減少してきた。とくに、最近数十年において航空機および（コンピュータと新しい通信技術を結合した）テレコミュニケーション技術の急速な発達、および貿易・投資・金融の自由化などの着実な進展とともに、広い意味での輸送費は大きく低減してきた。

この「輸送費」の低減が空間構造に与える影響は一方向的ではなく、直観的に想像される以上に複雑である。この点を、図5を参考にしながら検討してみよう。わかりやすくするために、まず「輸送費」が極度に高い（つまり、無限大に近い）と仮定しよう。そうすると、農業など土地に縛られて分散した活動があるとすれば（または、国境などにより人が動けないとすると）、製造業やサービスなどの土地を比較的使わない活動も、土地に縛られた活動に比例して分散せざるをえない。この場合には、規模の経済や集積の経済は実現されない。

次に、「輸送費」が徐々に低減していったとしよう。そうするとある時点において、図2ないし図3の循環的因果関係が作用し始め、かなり小規模な（都市などの）集積が数多く形成されることになる。さらに「輸送費」が低減すると、それら小規模の集積に集まっている活動のうち、比較的差別化の強い（したがって価格弾力性の低い）財ないし交通費の安い財を生産している活動は、より少ない数の集積地に集まる。このようにして、大きな集積ほどより多様な種類の財を供給することになり、多階層的な空間システ

図 5　輸送費低減の経済集積に及ぼす非線形効果

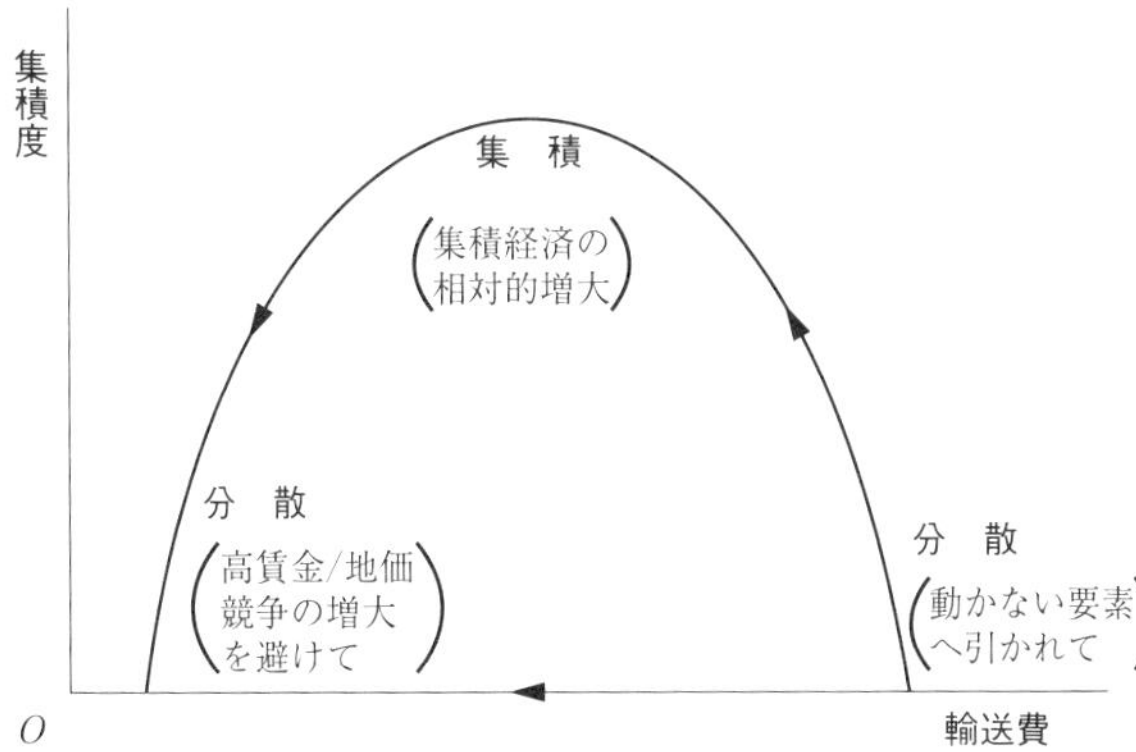


ムができあがる。さらに「輸送費」が低減していくと、最も差別化されかつ輸送費の比較的低い「高次の財」のグループは、唯一の集積地から供給されるという、一極集中（monopolar）型の空間システムができあがる可能性がある。

しかしながら、「輸送費」がさらに下がると、今まで無視した他の要因を考える必要がある。つまり、大きな集積地においては、当然のこととして、地価は高くなり、したがって住宅費の上昇を通じて賃金も高くなる傾向にある（とくに、国境などにより人間の移動が困難なときは、生産活動の集積とともに賃金は上がる傾向にある）。したがって、さらに「輸送費」が下がると、今度は、土地ないし労働をより集約的に用い、かつ、あまり差別化されていない財ないし輸送費の低い財を生産している活動は、周辺地域のより小さな集積に移り始める。このようにして、さらに「輸送費」が下がれば、産業ないし生産活動が、「雁行形態」的にコア地域から周辺地域へ順次移転していくことになる。

以上のように、輸送費用の低減が集積をもたらす影響は非線形である。つまり、ある程度輸送費用が下がって初めて、規模の経済を生かした集積が起こる。ただし、あまりにも集積が大きくなると、地価や賃金が上昇し、今度は分散に向かう。

ここで、それでは広い意味での輸送費が非常に減少すれば、大きな集積ないし大都市は将来消滅するのではないかという疑問が当然に生じる。

たしかに、既存の経済活動は、輸送費が十分下がれば分散する傾向にある。しかし、ここで注意しなければならないのは、輸送費が下がるのは、多くの場合、多様な技術革新の結果である。つまり、陸海空の輸送の技術革新、最近のインターネットを含むＩＴの発達とともに輸送費が減少している。その場合、重要な点は、そのような技術革新が起これば、それとともに多くの新しい活動ないし産業が生まれるということである。

たとえば、ＩＴの発展は半導体技術の発達により支えられているが、それとともに既存の活動をより効率的に行うことができるようになったのみならず、非常に多様な新しい活動ないし産業が生まれつつある。日本における一例として、半導体を用いて任天堂やソニーのゲーム用機械が生まれ、その機械を使って遊ぶためのソフトを提供するゲーム・ソフト産業が急速に成長してきた。このように、新しい技術とともに生まれる新しい活動ないし産業は、多くの場合、既存の活動に比較して、より知識集約的である。ゲーム・ソフト産業はその典型であり、また先進国において急速に重要性を増しつつあるR&D活動はもちろんのこと、国際金融産業なども高度に知識集約型である。

よく知られているように、これらの新しく生まれた知識集約型の活動ないし産業は、日本では圧倒的に東京に集積しつつあり、その結果がいわゆる東京一極集中化現象をもたらしている。それは、これら知識集約型の活動にとっては（ＩＴの利用もさることながら）多様な知識労働者の間におけるフェース・ツー・フェースのコミュニケーションが不可欠であり、それに基づく知識外部性を日本で最も享受できるのは、多様な知識労働者が圧倒的に集中している東京であるからである。この例からもわかるように、交通やＩＴ技術の発展は既存の大都市や先端集積地域の消滅をもたらすものではなく、ほとんど逆の傾向にある。

さらに、輸送費の低下およびＩＴの発展は企業内における空間的な分業体制を大きく変えつつある。とくに、大企業および多くの中堅企業は、グローバルな最適生産ネットワークの形成を目指して、従来日本の地方で行っていた（集積の経済をあまり必要としない）量産活動を、さらに賃金の低い発展途上国（とくに現在は中国）に、また、大きな市場を持つ欧米およびアジアの国々に移していっており、日本においていわゆる製造業の「空洞化」をもたらしつつある。

## 3　空間経済学から見た日本の産業クラスター政策

第1節で述べたように、戦後再出発した日本は、輸出型製造業を中心として生産性の高い製造業の大集積地を、太平洋ベルト地帯を中心として形成してきた。しかし、その成長過程でつくられてきた日本の社会・経済システムは新たに始まった「ＩＴ革命」による世界経済の変革にうまく対応できず、日本経済は長期停滞に陥っている。今の日本の状態は、ちょうど坂を転がって（つまり時代の趨勢にうまく乗り）、急速に大きくなった雪だるまが、谷底に到達して身動きできなくなった状態に似ている。

この過去の成長プロセスを通じて形成された日本のシステムないし集積のもたらす「負のロックイン効果」を克服し、二一世紀において日本が再びアジアおよび世界のリーディング国家の一つとして発展していく（つまりＩＴ革命に沿った新しい坂を再び転がり始める）には、単なる規制緩和を越えて、経済・社会システム全体の大きな自己変革が必要である。

ＩＴ革命と世界経済のグローバル化がますます進展する二一世紀において、先進国の主要な経済活動は（広い意味における）知識の創造ないしイノベーションであり、その世界的な集積地となった少数の国が世界をリードする。したがって、日本の将来像として、アメリカやＥＵ諸国などと競争しながらも、それらと差異化された、世界レベルでの「イノベーションの場」として発展していくことを目指すべきである。

この日本再生のための地域経済政策の一環として、各地域・都市においてイノベーションを活発に生み出す産業集積の促進を目指す「産業クラスター計画」は、大いに時宜にかなったものであり、長期的展望のもとに持続的かつ効果的に推し進められていくことが期待される。

この観点に立ち、空間経済学における都市と産業集積についての考え方を背景として、日本の産業クラスター政策のあり方を検討してみよう。

## 1　産業クラスター政策の一般的な課題とあり方について

望ましい産業クラスターが政府の介入なしに市場競争を通じて実現されるのなら、市場の規制緩和のみでよいことになる。しかしながら、産業集積一般、とくにイノベーション活動を主体とする産業クラスターは、市場のみでは不十分にしか実現されないローカルな外部経済をその競争優位の源泉として発展する。

したがって、市場のみによって望ましい産業クラスターが実現するとは期待できない。産業クラスター政策の課題は、一般的にいえば、以下の三点に集約されると思われる。

(1) どの地域にどのような産業クラスターの形成促進を進めるべきか。

(2) 集積における正の外部効果、とくに知識外部性をいかに促進するか。

(3) 集積における負の外部効果をいかに軽減するか、とくに、集積の持つ負のロックイン効果をいかにして克服するか。

経済産業省による「産業クラスター計画」におけるさまざまな取組みも、(1)～(3)に関するものであるといえる。以下、それぞれについて検討しよう。

### 1 どの地域にどのような産業クラスターの形成促進を進めるべきか

この件に関してポーター自身は、二〇〇二年一二月四日の経済産業省におけるプレゼンテーションにおいて次のように述べている。筆者も基本的にはポーターと同じ意見である。

「基本的な考え方としては、すべてのクラスターは良いものであるということです。……政府は全く新しいクラスターを作り出すのではなく、現れつつあるクラスターを強化し確立させるべきです。……基礎なしにクラスターを作ることはできません。」

ところで、以上は既存のタイプの産業クラスターの立地選定の場合であるが、まったく新しいタイプの産業クラスター（たとえば、非常に先端的なナノテク・クラスターやバイオ・クラスター）を国家的戦略としてどこかに形成したいという場合もありうる。この場合には、すべての地域における現在の、そのクラスター形成にとっての基礎的条件（図4において表されているすべての要素）を総合的に比較し、少なくとも最初はそのクラスターにとって最も立地ポテンシャルが高い地域を一つないし二つ選び、その地域にクラスター形成に必要な初期支援を集中的に、かつ自律的な成長が始まるまで持続的に行うべきであろう。

## 2 集積における正の外部効果（とくに知識外部性）をいかに促進するか

前述したように、産業集積、とくにイノベーション活動を主体とする産業クラスターは、市場のみでは不十分にしか実現されないローカルな外部経済をその競争優位の源泉として発展するものである。したがって、いま、特定の都市ないし地域に特定タイプの産業クラスター育成の促進を意図したとき、そのための中心的な政策課題は、その産業クラスターを取り巻く外部経済を（市場機能を補完しつつ）いかに強めていくかということになる。そのためには、以下の四種類の政策を総合的かつ効果的に実施していく必要がある。

(a) **個別主体への直接的な補助金・支援サービス**　経済学においては、外部経済の促進のための方法として、外部経済の源泉となる個別主体への（ピグー的）補助金政策がよく知られている。実際、経済産業省による「産業クラスター計画」においても、各地域の経済産業局を通じて、中小企業を中心とする個別主体に、技術開発のための補助金を含めてさまざまな補助・支援が実施されている。中小企業による技術開発やベンチャー・ビジネスの創業は大きな外部効果をもたらす可能性が高いこと、さらにそのための資本・金融市場が十分に発達していない日本の現状を考えれば、このような個別主体へのさまざまな補助金・支援サービスは、経済学的に見ても正当化されうる。ただし、そのような直接的な補助金・支援サービスは、かえって「弱者」を生き残らせることになるかもしれないという逆選択ないしモラル・ハザードの危険性を孕んでおり、専門知識に裏打ちされた明確な評価基準と十分な情報公開が必要とされる。

(b) **産学官を含む主体間の情報・知識ネットワークの強化・拡大と連携の促進**　産業クラスターにおける外部経済を相乗効果を通じて高めるためには、個別主体の支援に加えて、主体間の活動が効果的にコーディネート（連携）される必要がある。そのための第一歩は、お互いをよく知ることであるが、じつはこれが最も難しい。各主体（とくにイノベーションを主要な活動とする主体）にとっては自己の有する情報・知識は最も重要な資産であり、何を、いつ、どこで、だれに、どのようにしてオープンにするかは戦略的に重要な課題である。さらに、自己の情報・知識をオープンにする手段としても、ITによるさまざまな方法、従来の通信・広報手段によるもの、フェース・ツー・フェースによるもの、さらにそれらのさまざまな組合せがありうる。さらにITを有効に用いるには、そのための設備と技能と時間を必要とする。いずれにしても、連携の前提となる主体間の積極的なコミュニケーションの促進のためには、個々の主体による情報の発信・受信のための積極的な努力が不可欠であると同時に、クラスターを含む地域全体におけるコミュニケーションのための「場」作りのさまざまな工夫が必要である。

(c) **主体間における競争の促進**　ところで、今井賢一の『情報ネットワーク社会』（今井［一九八四］、五頁）に指摘されているように、「ネットワーク」という言葉は、連携の背後にある利害対立ないし競争関係を隠して調和的な響きを持つ魔法の言葉であるが、その背後にある利害関係ないし競争関係を忘れるべきではない。実際、ポーターが常に強調するように、厳しいプレッシャーないし激しい競争のない仲良しクラブ的な環境のもとでは、ネットワークを通じた大きな相乗効果は生まれない（例として、日本の大学の現状を想起されたい）。したがって、情報・知識ネットワークの拡大を通じて産業クラスターにおける外部経済を高めるためには、同時に、規制緩和などを通じての主体間の競争の促進が不可欠である。

(d) 支援機関の間の緊密な連携の促進　中小企業の支援機関には、市・町・村、県、国、さらには大学や民間によるものが多様に存在する。国による「クラスター」関係のみでも、経済産業省による「産業クラスター計画」と文部科学省による「知的クラスター創成事業」がある。この、支援機関と支援メニューの多様性は、それ自体としては歓迎すべきものである。しかしながら、それらさまざまな支援機関と支援メニューの間に十分な差異化が図られ、かつ相互に十分な連携がなければ、支援される側にとっては情報不足と混乱が起こり、支援する側にとっても重複による無駄と支援サービス全体としての総合性・一貫性が達成できない。したがって、クラスターを構成する中小企業の効果的な援助のためには、支援機関の間の緊密な連携を図る必要がある。さらに、そのための地域的な中核機関の構築も検討される必要がある。

### 3 集積における負の外部効果（とくに負のロックイン効果）をいかに軽減するか

ＩＴ革命と世界経済のグローバル化の進展による経済環境の大きな変化とともに、日本の各地域における多くの既存の産業集積は、非常に困難な状況に陥っている。日本の産業クラスター政策にとって重要な課題の一つは、現在行き詰まっている多くの既存の産業集積ないしそれを取り巻く地域を、イノベーションを活発に生み出すことのできる産業クラスターとして、どのように再生を促進させていくかということである。

既存の集積の行き詰まりは、前述したように、集積の拡大とともに起こる地価や賃金率の上昇や交通混雑などの通常のネガティブな影響とともに、集積の成長とともに進行する、そこにおける産業組織やカルチャーの硬化ないし固定化を含む、集積自身の持つ負のロックイン効果に起因する。

行き詰まった産業集積が、それ自身のロックイン効果による自縛から脱して、再び活性化していくことは容易ではない。実際、歴史的に見れば、世界各地で多くの産業集積が衰退していった。しかしながら、一方では、適切な公的支援を背景として、自律的な変革を通じて行き詰まりを乗り越え、再成長を続けてきた多くの産業集積もある。

集積における負の外部効果をいかに軽減するかということは、見方を変えれば、その集積を取り巻く新たな経済環境により適合した、新たな正の外部効果をいかに増進していくかということになる。したがって、この問題に対する政策としては、前述した政策メニュー(a)~(d)を、既存の産業集積の現状と、その集積を取り巻く新たな環境を踏まえて、いかに総合的かつ効果的に実施していくかということになる。

以下では、前述した政策事項に加えて、既存の産業集積の再生ないし活性化という観点からとくに必要と思われる付加的な留意事項についていくつか述べる。

(a) **集積地の土地利用環境の整備と企業・工場移転のための総合的な援助**　東京の大田区や東大阪に代表される、現在の大都市圏内の多くの産業集積地は、もともとかなり以前に、その当時の都心部で行き詰まった産業集積の新たな受け皿として、その当時のずっと郊外に形成されたものである。しかしながら、その後の大都市圏域の急速な拡大の結果、それらは現在では都心部近くに位置することになり、マンション等に侵蝕されて、もはや工場地としては適さなくなってきている。一方、インターネットをはじめとするITの発展は受発注ネットワークの広域化を可能とし、大企業はもちろんのこと元気のある中小企業は、既存の都心近くの集積地から、再びさらに郊外に工場を移転しつつある。一方、残された中小企業（とくに、ITツールを十分に使えない小企業）は、地域内分業体制の縮小と環境問題のもとでいっそう困難な状況に陥りつつある。

このような状況のもとでの政策として、(i)企業・工場の郊外移転への総合的な援助、(ii)中小企業（とくに小企業）のIT武装の援助、(iii)既存の集積地に残る企業の量産活動から研究開発型活動への移行の援助、(iv)既存の集積地での土地利用環境の整備等、総合的に推し進める必要がある。

(b) **中小企業の水平的連携ネットワークの促進とイノベーション能力の促進** 2で述べたように、日本の大企業がその量産工場と付随する多くの部品生産と開発機能を海外に移転しつつある現在、それまで大企業と垂直的な取引関係にあった中小企業が量産型製造業において圧倒的なコスト競争力を持つ中国などと競争しながら発展していくためには、コアとなる加工技術等をスパイラル的に向上させていくことを通じて、独自の機能・製品を開発し続けていく、つまり、広い意味でのイノベーション競争力を伸ばしていくことが不可欠である。そのためには、2の(a)～(d)のように、従来の取引関係を主体とした垂直的な連携を越えて、異業種・異分野の企業、さらには大学やさまざまな公的機関との情報・知識ネットワークと連携ネットワークを広域的に開拓していく必要がある。したがって、中小企業によるそのような広域ネットワークの開発を援助するために、2の(a)のようなさまざまな政策が重要である。

(c) **新たな知と知、知と技、および技と技の組合せの促進** 上記(b)および2の(b)と(c)で述べた政策を通じて、新たな産業クラスターに向けての、新たな知と知、知と技、および技と技、の組合せの実現を促進する必要がある。なお、IT等の発達により潜在的に可能な連携ネットワークが広域化していることを考慮して、そのような新たな組合せは、現在の産業集積を取り巻く地域内のみでなく、（外国をも含む）広範囲の地域で積極的に開拓されるべきである。なお、2の(c)で述べたように、そのような新たな組合せが豊かに生まれるためには、主体間の競争の促進も不可欠である。

(d) **新たな人材育成と新たなメンバーの積極的な受入れ**　既存の産業集積の、イノベーションを活発に生み出す産業クラスターへの再生は、結局は、目指そうとする産業クラスターを支える多様な人材を、地域内での育成と他地域からの受入れを通じて、どのようにして増やしていくことができるかにかかっている。しかしながら、この課題のための政策は、(狭い意味での) クラスター政策の観点のみならず、より総合的な都市・地域政策の観点から取り組まれる必要がある。この点については次項で検討を続ける。

## 2　産業クラスター政策と都市・地域政策との連携について

産業集積ないし産業クラスターをどのように定義するにしても、それらの大部分は都市を母体としている。さらに、ある程度以上の規模を有する都市は、いくつもの産業集積・クラスターの母体となっている。とくに、東京や大阪 (あるいは関西) などの大都市圏は、(定義にもよるが) 非常に多数の産業集積・クラスターが地理的に重複しながら併存している。また、それらの多数の産業集積・クラスターが全体として生み出す相乗効果によって大都市圏全体としての高い生産性とイノベーション力が形成されている。

さらに、ある産業集積・クラスターを支えている多様な労働者は、その母体となる都市における生活の質が十分に高くて初めて、そこで働くことに魅力を感じる。とくに、イノベーションを中心的な活動とする知識労働者にとっては、仕事と生活とは分離しがたく (つまり毎日の二四時間が仕事でもあり、生活でもある)、都市型の高い質の生活環境が要求される。

以上より、ある産業集積・クラスターにおける生産性、イノベーション力、および生活の質は、その母体となる都市におけるそれらと密接に関連していることは明らかである。ある特定タイプの産業クラスターは、その母体となる都市（ないし地域）が、そのクラスターの発展にとって望ましい全体的な環境を育成していくことができるときに、初めて将来の発展を期待できる。

したがって、ある都市の発展のための政策と、その都市を母体とする産業クラスターの育成のための政策とは、非常に広範囲で密接な連携を必要とする。このためには、都市政策とクラスター政策とは、長期的なビジョンを共有しながら遂行される必要がある。

とくに、前項3(d)で述べたように、イノベーションを活発に生む産業クラスターにとって一番重要な資源は、そのクラスターの発展を支えることのできる多様な人材、とりわけ多様な知識労働者である。それでは、多様な人材をある都市ないし地域に、いかにして集めることができるのだろうか。

産業クラスターの発展に必要な多様な人材は、待っていても集まらない。集めるためには、その母体となる都市の多様性に対する包容力の促進が前提となる。ことに、広い意味での「異端者」つまり現在何らかの形で社会の中枢部から疎外されている人々への偏見を乗り越え、かつ積極的で具体的かつ総合的な施策を通じて生まれる「包容力」の促進が不可欠である。

まず、在日外国人、外国人労働者、学歴・キャリアから外れた若者、社会でさらに活躍したい中高齢者、ハンディキャップのある人々等の、社会中枢部への積極的な受入れが求められる。さらに、日本においてほとんど無尽蔵の潜在的資源として現在残されている女性の才能の「知識創造活動」の中枢部での活躍を促進すること。このような形で、ある都市の人材の多様性とその包容力が増していけば、やがては、日本中から、また、世界中から多様な人材が集まり、その都市は世界的な産業クラスターを育む場として成長していくであろう。

そして、本節で述べたいくつかの論点を、北海道の情報産業クラスター、首都圏西部地域（TAMA）における産業用機械・電子機器・通信機器等のクラスター、および近畿におけるバイオ関連産業クラスターを対象として行われた「地域ネットワークが企業経営に及ぼす影響」に関するアンケート調査結果を用いて、検証を行った(3)。その結果、とくに、①地域ネットワークにおいては、（ITの発達した現在においても）フェース・ツー・フェースのコミュニケーションが重要であること、さらに②中長期的にイノベーションを維持するためには、構成する企業や組織が連携・活用先を絶えず新規開拓するなど、自己変革が欠かせない、ことを確認した。

## 4 多様な産業クラスターと多様な都市・地域の促進

以上において、各々の産業クラスターについての政策、さらにクラスター政策とそのクラスターの母体となっている都市・地域の政策との連携について検討した。最後に、日本における産業クラスター政策、それらクラスターを含む都市・地域についての政策を、国全体の視点から考えてみよう。

第1節において、日本の将来像として、アメリカやEU諸国などと競争しながらも、それらと差異化された、世界レベルの「イノベーションの場」として発展していくことを目指すべきである、と述べた。この観点から日本としての産業クラスター政策、さらには都市・地域政策について考える場合、まず留意すべき点は、新しい知識を生むうえで、同じような知識（考え方・価値観・文化的背景を含む）を持った人

図 6　差別化された集積群の競争と連携を通ずる世界的なイノベーションの場の形成

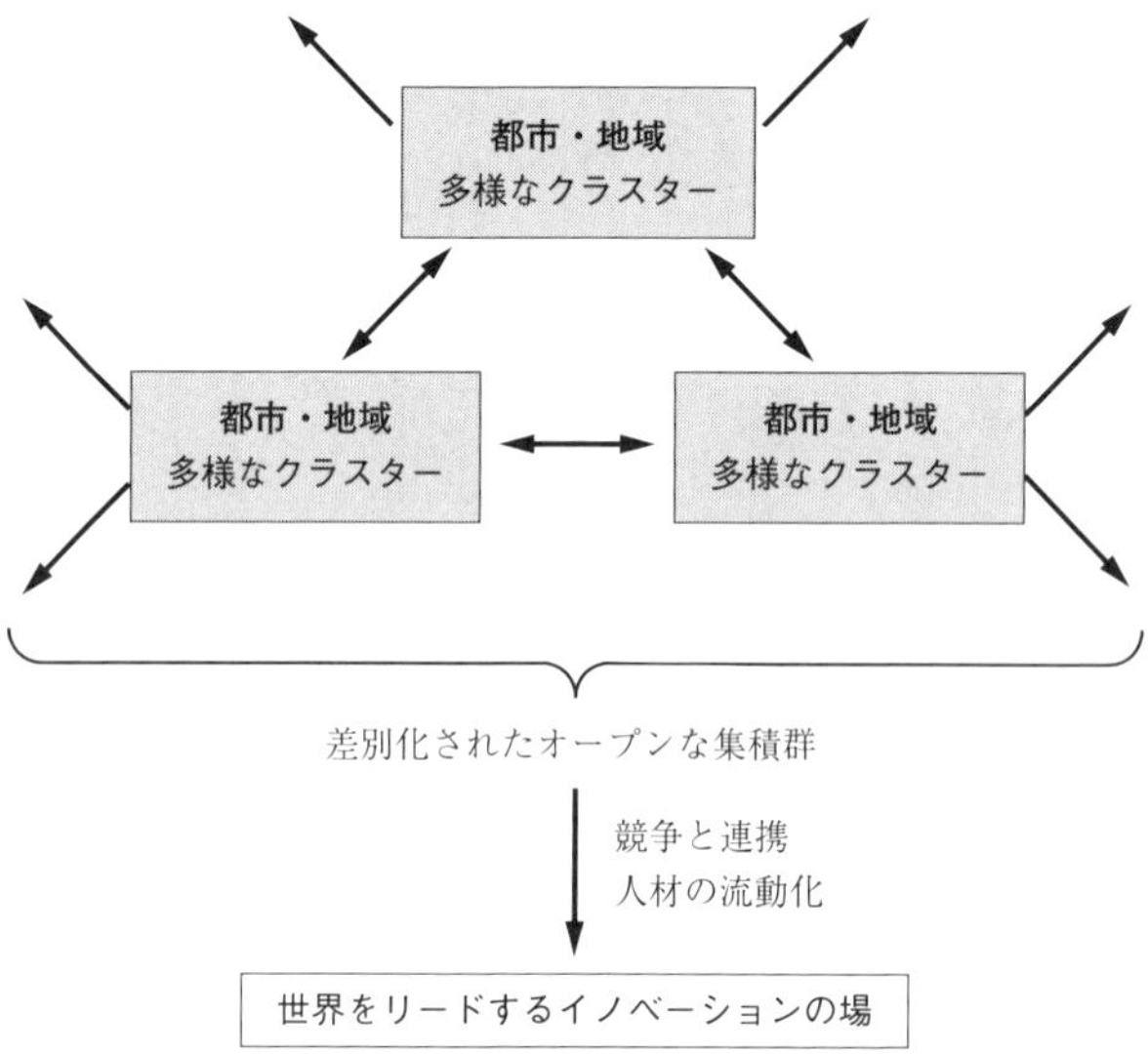


間がいかにたくさん集まっても、知識外部性はほとんど生まれず、集積の効果はないということである。知識労働者の集積効果を増すためには、各個人の独創性とともに、多様性が本質的に重要である。

とくにここでは、多様性を促進し、日本の活力を取り戻すためのシステム改革の一環として、多様性と自律性に富んだ分権的な地域システムの形成を目指すことを提案したい。

流れない水はよどみ、ついには腐敗する。新しい流れをつくらないかぎり、短期的効果を求めて東京再生に集中しすぎても、日本再生はうまくいかない。そのためには、東京のみでなく、北海道、東北、北陸、東海、近畿、中国、四国、九州、沖縄といったそれぞれの地域において、それぞれの地域が今持っているものを土台として、世界に開かれた多様な拠点都市再生を促進していく必要がある。そして、各々の地域における拠点都市（複数の場合もありうる）を中核として、それぞれの地域全体を知識創造の場として再生していく。そのためには、各都市・地域は、その伝統・文化と歴史および地理的条件に根ざしつつ、（第3節1および2で述べた施策などを通じて）産・住・遊・知・医のための独自の多様な集積・クラスターの形成と、その持続的な革新を図るべきである。その際、各都市・地域は、大胆に世界に開かれたシステムを築き上げる必要がある。

さらに、図6に描かれているように、それぞれ特色を持った自律的な都市・地域の間の競争と連携を通じて、日本の都市・地域間および世界各国との知識労働者の大きな循環的な流れをつくり、日本全体として世界をリードするイノベーションの場として発展していくことが望まれる。

＊ 本章は、藤田昌久［二〇〇三］、「空間経済学の視点から見た産業クラスター政策の意義と課題」石倉洋子・藤田昌久・前田昇・金井一頼・山﨑朗『日本の産業クラスター戦略——地域における競争優位の確立』有斐閣、所収、を大幅に圧縮したものである。

## 注

⑴ Krugman［1991］により名づけられた New Economic Geography を狭義の空間経済学と呼ぶこともあるが、本章ではもう少し広義に解して、New Economic Geography と都市経済学の先端的理論の両者を融合したものを「空間経済学」と呼ぶことにする。

⑵ その最初の体系的な書物として、空間経済学の構築を目指して一〇年前より共同研究してきた、著名な国際経済学者であるアメリカのポール・クルーグマンとイギリスのアンソニー・ベナブルズおよび藤田の三人により、*The Spatial Economy: Cities, Regions and International Trade* が一九九九年に MIT Press より刊行され、その日本

語訳（『空間経済学』東洋経済新報社、二〇〇〇年）も出版された。さらに、その後の発展も踏まえ、従来の都市経済学との融合を図った、より体系的な書物として、Fujita and Thisse［2002］を、また政策分析に焦点を当てたBaldwin et al.［2003］を参照されたい。

(3)　アンケート調査とその詳細な分析結果については、本章のもとの論文、藤田昌久［二〇〇三］を参照されたい。

## 参考文献


Baldwin, R., R. Forslid, P. Martin, G. Ottaviano and F. Robert-Nicoud［2003］, *Economic Geography and Public Policy*, Princeton, NJ ; Woodstock : Princeton University Press.

Berliant, M. and M. Fujita［2004］, "Knowledge Creation as a Square Dance on the Hilbert Cube," Discussion Paper No. 14, Institute of Developing Economies, Japan External Trade Organization（JETRO）.

Florida, R. and G. Gates［2001］, "Technology and Tolerance : The Importance of Diversity to High-technology Growth," Survey Series in the Brookings Institution.

藤田昌久［二〇〇三］、「空間経済学の視点から見た産業クラスター政策の意義と課題」石倉洋子他著『日本の産業クラスター戦略』有斐閣、所収。

藤田昌久・久武昌人［一九九九］、「日本と東アジアにおける地域経済システムの変容――新しい空間経済学の視点からの分析」『通産研究レヴュー』第一三号。

藤田昌久＝P・クルーグマン＝A・ベナブルズ（小山博之訳）［二〇〇〇］、『空間経済学――都市・地域・国際貿易の新しい分析』東洋経済新報社。

Fujita, M. and J.-F. Thisse［2002］, *Economics of Agglomeration : Cities, Industrial Location and Regional Growth*, Cambridge : Cambridge University Press.

Fujita, M. and J.-F. Thisse［2003a］, "Does Geographical Agglomeration Foster Economic Growth? And Who Gains and Loses from It?" *Japanese Economic Review*, Vol. 54, No. 2, pp. 121-145.

Fujita, M. and J.-F. Thisse［2003b］, "Agglomeration and Growth with Sticky Innovations : on the Possibili-

ty of Skilled Workers' Cyclical Migration," *Institute of Economic Research*, Kyoto University (mimeo).
今井賢一［一九八四］、『情報ネットワーク社会』岩波書店。
Jacobs, J. [1969], *The Economy of Cities*, New York : Random House.
Krugman, P. [1991], *Geography and Trade*, MIT Press.（北村行伸・高橋亘・妹尾美起訳［一九九四］、『脱「国境」の経済学』東洋経済新報社。）
Lucas, R. E. [1988], "On the Mechanics of Economic Development," *Journal of Monetary Economics*, Vol. 22, pp. 3-22.
Marshall, A. [1890], *Principles of Economics*, London : Macmillan (8th ed., 1920).
ポーター、M・E（沢崎冬日訳）［一九九九］、「クラスターが生むグローバル時代の競争優位」『ダイヤモンド・ハーバード・ビジネス』一九九九年三月号。
ポーター、M・E（竹内弘高訳）［一九九九］、『競争戦略論Ⅱ』ダイヤモンド社。
Saxenian, A. [1994], *Regional Advantage : Culture and Competition in Silicon Valley and Route 128*, Cambridge, MA : Harvard University Press.

第2章

# 日本の精密機械工業集積の変容

## 長野県岡谷の挑戦

関　満博

### はじめに

現在注目されている「産業集積」「工業集積」の概念は、日本の中小企業論や経済地理学の世界で、「産地（産業）」「地場産業」「地域産業」「産業地域社会」などの用語で議論されてきたものに非常に近い。とりわけ日本では、全国の各地域に特定生産物を生産する「産地」が広く存在していた。その数は五〇〇〜六〇〇カ所、あるいは一五〇〇カ所ともいわれ、全国の至る所で特色のある発展を示し、それぞれの地域経済の主要な担い手として機能していた。

だが、戦後の高度成長を過ぎ、一九七一年のニクソン・ショック、七三、七八年のオイル・ショックの頃から次第に陰りを見せはじめ、特に一九八五年のプラザ合意以降は、各「工業集積地」は大きな曲がり角に直面している。「同質的な製品の低価格量産の繰返し生産」という従来の発展のパターンが、新たな時代にはむしろ大きな制約要因になっているかのようである(1)。

そうした中で、全国の工業集積地は新たな時代に対応すべく必死の努力を重ねている。その成果が現れるのはこれからだと思うが、その努力が実を結ぶことを期待したい。

本章では、全国の地方の工業集積地の中から、最も先鋭的な動きを示している長野県岡谷《おかや》市に注目し(2)、日本の工業集積地の構造的な特質、そして、二一世紀に踏み込んだ現在の取組みを概観し、今後のありうべき姿を考えていくことにしたい。

## 1 「細密な小物の量産」産地としての展開

精密機械工業の集積地として知られる「諏訪・岡谷地域」は、特に戦後は時計、カメラ、オルゴール等の生産地として歩んできた。かつての小中学校の社会科のテキストでは「東洋のスイス」などともいわれていた。筆者自身、地域工業構造の分析、地域の産業振興を主たる仕事として、「京浜工業地帯」を中心に、この三五年ほど、全国の各工業地域を歩いてきた。実は、諏訪・岡谷地域にきちんとした形で最初に調査に入ったのは一九八五年のことであり、当時、十数社の現場を歩いたが、世間でイメージされている「諏訪・岡谷地域」と現場の実態との間の落差に驚いたものであった(3)。

最大の違和感は「どの工場に入っても設備（自動旋盤）が同じであり、設備台数の違いだけが目についた」ことであった。例えば、京浜工業地帯の中心である東京の大田区の工場街を歩くと、仮に機械加工工場が並んでいても、ある工場は大物を得意とし、ある工場は特殊材料を扱うことを得意とするなど、ほとんど全ての中小企業はそれぞれの得意分野というべきものをはっきりと身につけていた(4)。

これに対し、諏訪・岡谷地域では、大半が小物量産用の「自動旋盤」をキレイに並べていた。行っている仕事は、時計、カメラ、オルゴール等の「小物部品」の切削であった。そして、こうした分野については、おそらく諏訪・岡谷地域が世界で最も上手に、さらに効率的に生産していると実感させられた。

それは、当時までの、この地域の最有力企業とは、時計の諏訪精工舎（現、セイコーエプソン）、カメラのヤシカ（現、京セラ）、オリンパス、チノン（現、コダック）、さらにオルゴールの三協精機などであったことによる。時計、カメラ等の小型化・軽量化等の要請の中で、諏訪・岡谷地域の中小加工業者は、超小型、精密（細密）、量産加工を目標に突き進んできた。それは、地域ぐるみの取組みであったといってよい。

一九八五年の諏訪・岡谷地域では、お目にかかった経営者、関係者の方々は、「諏訪・岡谷は東洋のスイスであり、日本の精密機械工業の代表」であると語っていた。

この点、一九六〇年の頃までの『日本産業分類』には、周知の機械工業の四つの分類（一般機械、電気機械、輸送用機械、精密機械）の中に「精密機械」という項目はなく、当時は「時計、カメラ、測定器」等と表示されていた。それが、六〇年代のいつの頃からか「精密機械」という名称に置き換えられた。いわば「時計、カメラ」は「精密機械」としての「お墨つき」を貰ったのであろう。それは、多分、当時のイメージでは、主として細密な小物の金属部品で構成されている「時計、カメラ」は「精密」なものとの暗黙の了解があったからのように思う。

# 2 岡谷の工業集積の輪郭

この岡谷はかつて製糸業で世界的な成功を収めたことはよく知られている。清浄な気候、豊富な低賃金労働力、原材料基盤、先行産業としての農家副業の綿引業、座繰製糸業、さらに進取の気性等が指摘されることが多い。もちろん、それらが基本的な要素であることはいうまでもないが、人々の貧しさへの反発のエネルギーが働いたのではないかと思う。こうした点は、日本の地方の工業集積地に共通する特色ということができる。

## 1 精密機械工業都市への転換とその後

ところが、一九二〇年代までの岡谷製糸工業の発展も、昭和恐慌の頃を境に危機的状況に陥り、一九三〇年頃から大きな転換期を迎える。この頃は地方の「農村工業化」が論壇の主要なテーマとして取り上げられていた。長野県は一九三七年に地方工業化委員会を設置し、企業誘致活動を積極化させ、他方、戦局の深まりの中で、大都市圏からの疎開工場を幅広く受け入れていく。特に、岡谷には、旧製糸工場跡を利用して多くの疎開工場が集結した。一九三九年に沖電線、四〇年に帝国ピストンリング、四二年には東京発動機、近藤製作所、四三年には東京芝浦電気、高千穂光学（現、オリンパス光学工業）、品川機械、北辰電機（現、横河電機）などが立地している。また、諏訪には第二精工舎が疎開してきた。

戦後、大半の企業は引き揚げるが、精工舎、オリンパス、帝国ピストンリングは残り、その後の地域工業展開に重要な役割を演じていく。また、品川機械、帝国ピストンリング、北辰電機などは戦時中、航空機関連として活躍しており、さらに、陸軍の航空機設計部隊が岡谷工業高校内に置かれたことなどが、その後の岡谷の機械工業に重大な影響を残していく。

さらに、諏訪の北沢バルブからは、戦後、ヤシカ、チノン、三協精機などの新興の企業が分離独立し、戦後の高度成長期のカメラ、オルゴール等の「精密機械」の担い手として活躍していった。特に、高度成長期の諏訪・岡谷はカメラ、時計を中心とする部門で、低価格量産のスタイルを確立し、世界的な成功を収めていく。そして、それに歩調をあわせ、諏訪・岡谷の地域では簡易なプレスや自動旋盤を納屋に入れた新規創業が相次ぎ、地域全体として低価格量産の巨大な生産力を形成していった。地域の中小企業の現場には、自動旋盤が折り重なっていたのである。

だが、一九七〇年代中頃からの技術革新の方向がマイクロ・エレクトロニクスを軸とするものに変わり、小物の金属部品で構成されていた時計、カメラ等は、一挙に電子部品への代替、部品点数の激減に直面していく。地域全体が自動旋盤で「小物の金属部品」を大量に生産するという時代は幕を閉じていく。

さらに、時計、カメラの生産地は次第に台湾、香港、そして中国へと移行していく。それは、「精密なものは日本で、諏訪・岡谷で」という幻想を打ち砕くプロセスであり、「東洋のスイス」「精密機械の諏訪・岡谷地域」の実態が、実は単なる「細密な小物量産品の産地」であったことを浮き彫りにしたのであった。

## 2　基幹業種の劇的な交代

岡谷工業の最大の特色は、地方小都市でありながら、大都市にしかみられない機械工業集積をかなりのレベルで形成しているところにある。この点を、まず、二〇〇〇年の岡谷工業の業種別構成（表1）を見ることから始めよう(5)。

産業分類中分類でみると、二〇の業種が全て埋まっているが、事業所数が三桁を示している業種は一般機械（二五六事業所）、電気機械（一二四事業所）、金属製品（一二三事業所）、精密機械（一一二事業所）の四業種である。

地域産業分析の世界では、機械系業種は「金属製品」「一般機械」「電気機械」「輸送用機械」「精密機械」の五業種を中心に、分析的には時と場合によって「プラスチック」を含む場合と、あるいは「鉄鋼」「非鉄金属」を含む場合とがある。岡谷の現状では、先の「一般機械」「電気機械」「精密機械」の三業種を核に「金属製品」が深く関連するという構図が基本であろう。そして、「輸送用機械」「非鉄金属」「鉄鋼」「プラスチック」が基幹四業種の周辺部分を構成するという構図となっている。

実際、岡谷の場合は、これら基幹の四業種で、事業所数の七〇・四%、従業者数の七五・五%、出荷額の七七・一%を占めている。さらに、機械系七業種（「鉄鋼」「非鉄金属」「金属製品」「一般機械」「電気機械」「輸送用機械」「精密機械」）でみると、事業所数の七五・五%、従業者数の八五・〇%、出荷額の八五・九%と圧倒的大多数を占めている。この点、日本最大の機械工業集積地として知られる東京大田区では、機械系七業種（二〇〇〇年）で、事業所数の七七・九%、従業者数の七一・八%、出荷額の六九・二%であることからすると、岡谷の機械金属工業への傾斜ぶりは「大田区並み」か、それ以上ということができる。

表 1　岡谷工業の業種別構成（2000 年）

| 区　分 | 事業所数 | | 従業者数 | | 製品出荷額等 | |
|---|---|---|---|---|---|---|
| | 軒 | (%) | 人 | (%) | 千万円 | (%) |
| 総　数 | 889 | 100.0 | 11,896 | 100.0 | 26,475 | 100.0 |
| 食　料 | 37 | 4.2 | 241 | 2.0 | 343 | 1.3 |
| 飲　料 | 3 | 0.3 | 29 | 0.2 | 47 | 0.2 |
| 繊　維 | 13 | 1.5 | 79 | 0.7 | 67 | 0.3 |
| 衣　服 | 23 | 2.6 | 128 | 1.1 | 103 | 0.4 |
| 木　材 | 10 | 1.1 | 37 | 0.3 | 78 | 0.3 |
| 家　具 | 26 | 2.9 | 108 | 0.9 | 101 | 0.4 |
| 紙 | 3 | 0.3 | 40 | 0.3 | 33 | 0.1 |
| 印　刷 | 36 | 4.0 | 365 | 3.1 | 419 | 1.6 |
| 化　学 | 2 | 0.2 | x | x | x | x |
| プラスチック | 19 | 2.1 | 237 | 2.0 | 546 | 2.1 |
| ゴム製品 | 5 | 0.6 | 51 | 0.4 | 61 | 0.2 |
| 窯業・土石 | 8 | 0.9 | 56 | 0.5 | 116 | 0.4 |
| 鉄　鋼 | 9 | 1.0 | x | x | x | x |
| 非鉄金属 | 12 | 1.3 | 287 | 2.4 | 1,087 | 4.1 |
| 金属製品 | 122 | 13.7 | 1,362 | 11.4 | 1,998 | 7.5 |
| 一般機械 | 256 | 28.8 | 3,692 | 31.0 | 7,300 | 27.6 |
| 電気機械 | 124 | 13.9 | 2,574 | 21.6 | 7,839 | 29.6 |
| 輸送用機械 | 25 | 2.8 | 540 | 4.5 | 1,235 | 4.7 |
| 精密機械 | 123 | 13.8 | 1,654 | 13.9 | 3,273 | 12.4 |
| その他 | 33 | 3.7 | 121 | 1.0 | 140 | 0.5 |
| 機械金属 7 業種 | 671 | 75.5 | 10,109 | 85.0 | 22,732 | 85.9 |

（注）1）機械金属 7 業種とは，鉄鋼，非鉄金属，金属製品，一般機械，電気機械，輸送用機械，精密機械。

2）工業統計において，2001 年，2002 年は従業者 4 人以上統計であり，直近の全数調査は 2000 年統計しか使用できない。x は秘匿されている数字。

（資料）『岡谷の工業』（工業統計調査報告）2001 年版。

また、岡谷の機械金属七業種に占める事業所の比重は、一九六五年段階では、精密機械が三二・七％と圧倒的なシェアを占めていたが、二〇〇〇年には一三・八％となり、逆に、一九六五年当時は一九・二％であった一般機械が二〇〇〇年には二八・八％となった。明らかに、この三〇年の間に、岡谷の工業は時計、カメラの精密機械から、一般機械、電気機械へと主役を大きく交代させてきたのであった。

## 3　時計、カメラから多様な製品分野に

近年、岡谷の工業は従来の時計、カメラからのダイナミックな転換の過程をたどっている。この間の適切な統計資料はなかなか手に入らない。わずかに過去の資料としては、長野県の実施した産地診断（長野県中小企業総合指導所［一九七六］、『岡谷地区精密機械工業産地診断報告書』）に一九七四年時点の主要製品の出荷額が記載されている。ただし、製品分類も、現行の『日本標準産業分類』とは異なっている。こうした制約はあるものの、一九七四年当時の大まかな状況を示すものとして利用し、二〇〇二年の主要製品との簡単な比較を行っておく。

一九七四年の状況を見ると、時計、カメラが中心的な位置を占めており、第一位のカメラの出荷額は約二二五億円を数え、岡谷工業の一八・二％を占めていた。第二位は時計であり、約一三二億円で、全体の一〇・七％を占めていた。その結果、このカメラ、時計の二品目で、全体の二八・九％を占めていたことになる。

だが、その後の大きな構造変化の中で、岡谷の主要製品は劇的に変わっていく。表2の二〇〇二年の『日本標準産業分類』の品目別（六桁分類）順位によると、二〇位までの中に、カメラ関係は第一位の写

表 2　岡谷市工業の主要製品の出荷額推移

| 1974年 | | | | 2002年 | | |
|---|---|---|---|---|---|---|
| 順位 | 製　品 | 出荷額（万円） | 構成比（％） | 製　品 | 出荷額（万円） | 構成比（％） |
| | 合　計 | 12,385,560 | 100.0 | 合　計 | 21,545,252 | 100.0 |
| 1 | カメラ | 2,253,958 | 18.2 | 写真装置，同関連器具 | x | x |
| 2 | 時　計 | 1,320,306 | 10.7 | 35ミリカメラ | x | x |
| 3 | 汎用内燃機関 | 988,762 | 8.0 | ピストンリング | 1,599,696 | 7.4 |
| 4 | 電気音響機器 | 840,669 | 6.8 | 自動車用内燃機関の部分品・取付具等 | x | x |
| 5 | 8ミリ撮影機 | 508,951 | 4.1 | 医薬品製剤 | x | x |
| 6 | 電線ケーブル | 341,072 | 2.8 | その他の電子部品 | 934,224 | 4.3 |
| 7 | 荷役運搬具 | 339,146 | 2.7 | その他の舶用機関 | x | x |
| 8 | 自動車部品 | 275,011 | 2.2 | 打抜・プレス機械部分品 | 671,671 | 3.1 |
| 9 | 銅合金 | 238,753 | 1.9 | コンベア | x | x |
| 10 | 通信機器 | 234,276 | 1.9 | 医薬品原末，原液 | x | x |
| 11 | 金属工作機械 | 199,536 | 1.6 | その他の民生用電気機械器具の部分品 | 418,939 | 1.9 |
| 12 | 圧，流，液面計 | 170,584 | 1.4 | デジタルカメラ | x | x |
| 13 | 機械部品 | 163,827 | 1.3 | 他に分類されない電気機械器具 | 391,236 | 1.8 |
| 14 | 民生用電機 | 155,863 | 1.3 | カメラ・写真装置の部分品等 | 365,410 | 1.7 |
| 15 | スプリング | 151,320 | 1.2 | 水晶振動子 | x | x |
| 16 | 銑鉄鋳物 | 141,178 | 1.1 | 印刷装置の部分品 | 254,463 | 1.2 |
| 17 | 紡績機械 | 129,614 | 1.0 | 銅被覆線 | x | x |
| 18 | メッキ表面処理 | 118,171 | 1.0 | 他に分類されない各種機械部分品 | 233,241 | 1.1 |
| 19 | バルブ | 71,600 | 0.6 | その他の自動車部品 | 212,764 | 1.0 |
| 20 | ダイカスト | 53,077 | 0.4 | 他に分類されないプラスチック製品 | x | x |

（注）　上位20品目。
（資料）　長野県中小企業総合指導所『岡谷地区精密機械工業産地診断報告書』1976年。『岡谷の工業』（工業統計調査報告）2003年版。

真装置、同関連器具、第二位の三五ミリカメラに加え、第一二位のデジタルカメラ、第一四位のカメラ・写真装置の部分品等の四品目が占めるものの、かつてほどの存在感はない。第一位、第二位は数字が秘匿されているが、いずれも一〇%はいっていない。時計関連に至っては、二〇位までの中では第一五位の水晶振動子以外、明瞭な形では存在していない。

逆に、この間、二〇〇二年に上位に登場している品目としては、「ピストンリング」「自動車用内燃機の部分品・取付具等」「その他の電子部品」「その他の船用機関」「その他の民生用電気機械器具の部分品」などが目立ち始めている。岡谷の工業はすでにかつてのように特定品目に依存するという形ではなくなっている。従来からの製品としては、カメラ関係、ピストンリング等が残っているものの、時計、カメラで一時代の繁栄を謳歌した岡谷の工業は、現在では、「自動車用内燃機の部分品」などの自動車関連分野の製品に加え、「その他の電子部品」「その他の船用機関」「その他の民生用電気機械器具の部分品」を基調とするものに変わりつつある。一般に「その他」のつく産業は、全く新たな産業であることが少なくない。岡谷の産業構造はこの三〇年ほどで劇的に変わってきたのである。

## 3　岡谷工業の技術構造

以上のような点を踏まえ、次に、岡谷の工業の「技術集積」というべきものに踏み込んでいくことにする。こうした問題について、ここのところ、私は地域の技術構造を以下の図1のような三角形のモデルで説明している(6)。

図1　技術集積の三角形モデル

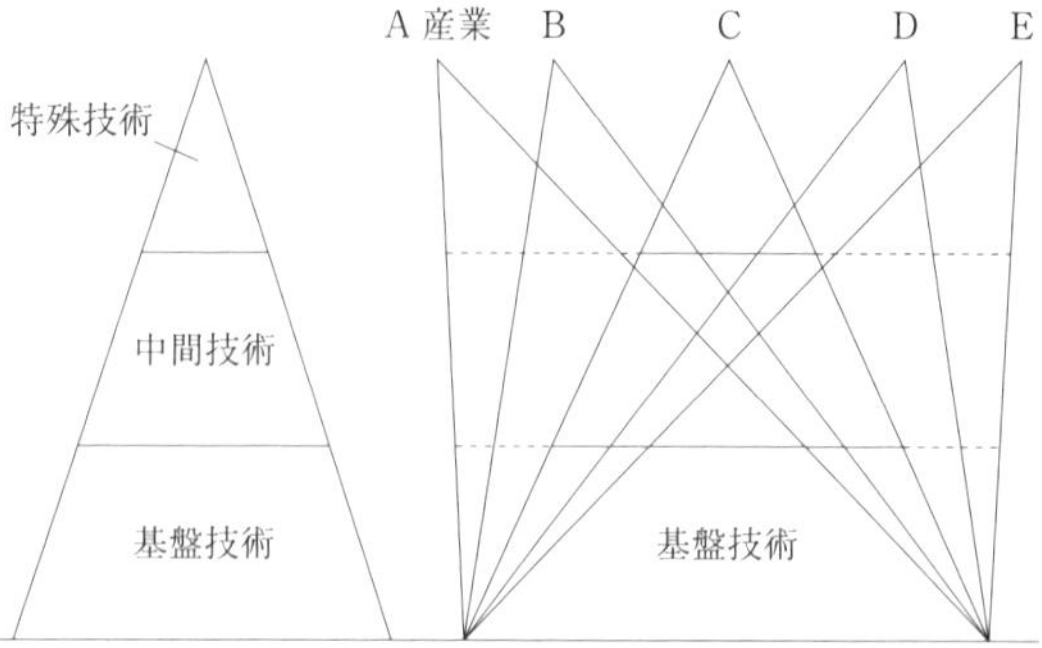


## 1　地域技術集積の三角形モデル

図1の左側の三角形の一番下の層は「基盤技術」といい、鋳造、鍛造、メッキ、プレス、機械加工、金型、塗装等の伝統的な加工業種から構成される。そして、日本の場合、この「基盤技術」の部門が圧倒的多数の中小企業によって担われ、激しい競争の中で技術レベルを高めてきたのであった。日本の産業構造の最大の特質は、この「基盤技術」の部門が中小企業によって占められていることにあろう。

一番上の「特殊技術」とは、いわばハイテク部門であり、これまで、大企業、中堅企業、一部のベンチャー・ビジネスによって担われてきた。

真中の「中間技術」とは、生産技術、測定技術、メンテナンス技術、あるいはかつてのハイテク技術で現在では当たり前になっている技術などを含む。

以上の三つの技術群が重なることによって、産業的な展開が具体性を帯びてくることになる。なお、三角形が高いということは、技術レベル全体が高く、幅が広いということは、技術的な奥行き、拡がりがあると考えてよい。そして、日本はこの百年の先輩たちの努力により、世界でも稀な富士山型の立派な三角形を形成することに成功してきた

図 2　岡谷の工業の技術集積構造

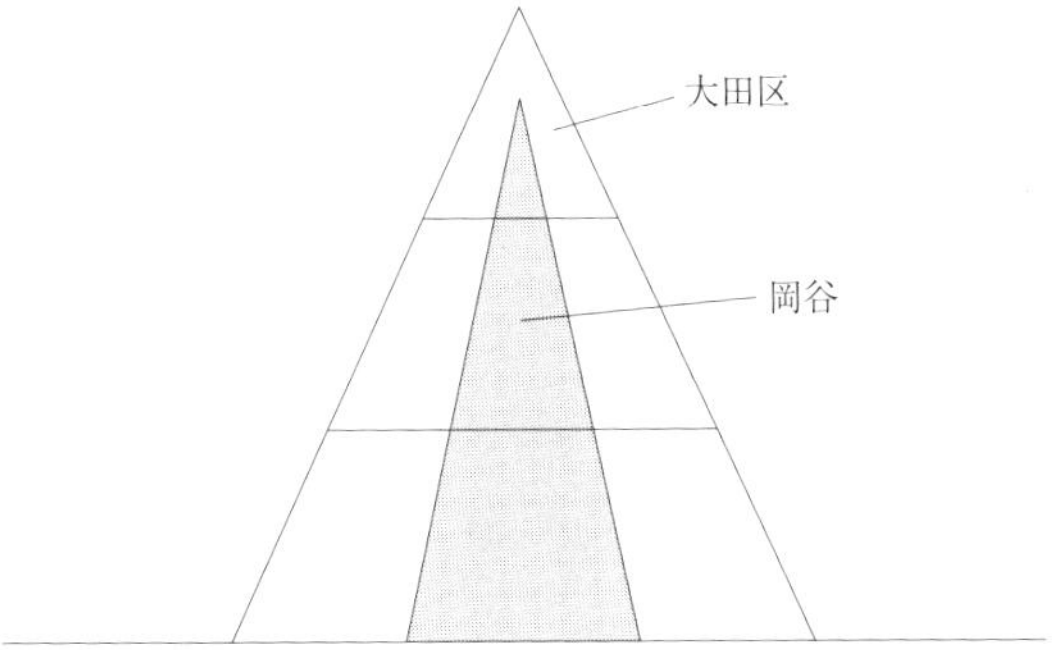


のであった。

ここでは、あまり細かな議論をする余裕はないが、戦後のリーディング・インダストリーの交代に対して、図1の右側のように、「基盤技術」がその支えとして機能し、日本産業は「技術革新の時代」を生き抜いてきた。そうした意味で、一国や地域の産業発展にとって「基盤技術」の部分の充実が最も基本になる。

## 2　岡谷工業の技術集積構造

以上のような三角形モデルで岡谷工業の技術集積構造を図示すると、図2のようなものになろう。

諏訪・岡谷地域は先に指摘したように、いくつかの有力企業を頂点とする全体としての「細密な小物量産品」産地として歩んできたために、意外に技術的な幅が狭い。「細密な小物の量産品」の生産にかけては、世界でも最も上手にこなすであろうが、大物製品、多種少量生産等はあまり考慮されてこなかった。極めて限られた範囲での技術集積構造が形成されてきた。

そうした点を前提とした三角形とは、図2のように、三角形の高さが低く、また、幅も狭い、全体として痩せた三角形ということになろう。そして、やや鋭角な三角形であるからこそ、時計、カメラ等の限られた製品分野において、際立った効率性を地域全体が形成し、一時期までの繁栄を謳歌したのであろう。ただし、現在の岡谷の工業はかつての産地全体としての「細密な小物量産品」の生産では生きていけそうにない。そうした製品分野の多くは、アジア諸国地域に移管されているからである。

この点、東京の大田区、多摩地域と比較した機械金属工業加工機能類型比較の表3が注目される。大田区、多摩地域のデータは一九八五年前後とかなり古いが、その当時が大田区、多摩地域の加工機能の技術集積が最も充実した時期であり、一つの基準として見ることもできる(7)。そして、この表3からは、いくつかの興味深い点が指摘される。

まず、岡谷の場合は自社製品を保有する「製品開発型企業」が相対的に少ない。この点は岡谷の工業の今後の最大の課題の一つといえよう。地域の工業集積を牽引するのは、こうした「製品開発型企業」なのであり、特定企業の企業城下町的性格を帯びていた岡谷においては、リーダー的役割を演ずる新たな企業群の登場が待たれている。

加工機能業種に関しては、切削系の「機械加工型」企業に重点があることがわかる。この「切削」と「プレス」「メッキ」の比重が相対的に高く、逆に「製缶・鈑金」「鋳造」「鍛造」といった「重装備型」の企業が脆弱であり、さらに「プラスチック成形」業種が少ないことも一つの大きな特徴である。先に指摘したように、岡谷の工業の産出製品はかつてのカメラ・時計から実に多様性に富んだものになってきたが、それでもやはり小物金属部品生産の比重が依然として高い。さらに、それら金属部品をベースにした「賃加工組立」がかなり目立っている。

表 3　機械金属工業加工機能類型比較

| 企業類型＼地域 | | 岡谷市 | | 東京都大田区 | | 東京都多摩地域 | |
|---|---|---|---|---|---|---|---|
| | | 企業数 | 構成比 | 企業数 | 構成比 | 企業数 | 構成比 |
| 製品開発型企業 | | 33 | 7.6 | 318 | 10.5 | 461 | 16.7 |
| 重装備型 | 製缶・鈑金 | 22 | 5.0 | 366 | 12.1 | 352 | 12.8 |
| | プレス | 30 | 6.9 | 246 | 8.1 | 166 | 6.0 |
| | 鋳造 | 12 | 2.8 | 74 | 2.4 | 23 | 0.8 |
| | 鍛造 | | | 19 | 0.6 | 1 | 0.0 |
| | 熱処理 | 3 | 0.7 | 15 | 0.5 | 7 | 0.3 |
| | 塗装 | 7 | 1.6 | 63 | 2.1 | 60 | 2.2 |
| | メッキ | 12 | 2.8 | 88 | 2.9 | 44 | 1.6 |
| | 小　　計 | 86 | 19.7 | 871 | 28.8 | 653 | 23.7 |
| 機械加工型 | 切削 | 180 | 41.3 | 1,110 | 36.6 | 643 | 23.3 |
| | 金型・治工具 | 19 | 4.4 | 239 | 7.9 | 135 | 4.9 |
| | 小　　計 | 199 | 45.6 | 1,349 | 44.5 | 778 | 28.2 |
| 周辺的機能 | プラスチック成型 | 3 | 0.7 | 148 | 4.9 | 135 | 4.9 |
| | プリント基板 | 7 | 1.6 | 4 | 0.1 | 49 | 1.8 |
| | 賃加工組立 | 68 | 15.6 | 60 | 2.0 | 389 | 14.1 |
| | 機械要素 | 11 | 2.5 | 69 | 2.3 | 130 | 4.7 |
| | 原材料関係 | 5 | 1.1 | 85 | 2.8 | 19 | 0.7 |
| | その他 | 24 | 5.5 | 125 | 4.1 | 143 | 5.2 |
| | 小　　計 | 118 | 27.1 | 491 | 16.2 | 865 | 31.4 |
| 合　　計 | | 436 | 100.0 | 3,029 | 100.0 | 2,757 | 100.0 |

（資料）　岡谷市「平成3年調査アンケート集計結果」（有効回収率 50.2%）。大田区「昭和60年大田区実態調査の集計結果」（有効回収率 37.6%）。多摩地域「昭和60年～平成元年広域工業診断の際のアンケート集計」。

以上のような点を見る限り、岡谷の工業はかつてのカメラ・時計から新たな領域に大きく移行してはいるものの、技術基盤としては、基本的に「小物細密金属量産部品」をベースにしていることがわかる。おそらく現在は大きな転換期であり、「小物細密金属量産部品」の技術をベースに幅広い製品展開に向かうか、あるいは、より幅広く技術的な可能性を求めていくかの分岐点にあるといってもよい。そして、いずれにおいても、牽引力に優れる「製品開発型企業」を育成し、加工機能との濃密な交流の中で、展開力に優れる工業集積、技術集積を形成していくことが望まれる。現在、地元でも自覚されている鍛造、深絞り、ラッピング、パイプベンダー、スウェージング等の加工機能の欠落を地域で育成するか、あるいは他地域との交流の中で可能性を追求するかなど、新たな取組みが必要とされている。

### 3　新たな「地域技術」の形成

以上のような諏訪・岡谷地域の技術の集積構造は、次世代を予感させる「精密機械工業」の集積地というよりは、時計、カメラといった限られた製品群の「小物量産品」を生産するに好都合なものであったにすぎないことを示唆している。現状からは、時計、カメラを「精密」という概念でとらえることは難しい。むしろ、現代の「精密」とは、時計、カメラといった製品よりも、「システム」としての「精密さ」に向かっているように考えられる。そして、特にその「システム」の多様性を受け止め、それを個々に確実に応え、さらに、それを統合するものとしての「精密さ」が求められている。

したがって、その多様性と、それを統合する基盤としての新たな技術の集積構造が求められている。それは、限られた部門で鋭角な三角形をつくるというのではなく、幅の広い「基盤技術」をベースに、多様性に応えられる「地域技術」を形成していくことがなによりであろう。

圧倒的に有力ないくつかの企業による「企業城下町」的色合いの濃かった諏訪・岡谷地域においては、個々の企業の結びつきがタテ系列にされており、ヨコへの拡がりに乏しい。さらに、これまでの諏訪・岡谷地域では、いくつかの有力企業が上から垂直的に統合し、全体としての三角形を鋭角にしていたが、これからは、「基盤技術」に関わる個々の企業が特殊化、専門化を進め、「基盤技術」全体の幅を広げ、ヨコの結合によって機能を倍化していける状況を作り上げていくことが必要であろう。かつての同じような「自動旋盤」の加工業しか見えないといった状況を突破し、幅の広い「基盤技術」の形成を目指しながら、多様な要請に応えられる「地域技術」を作り上げていくことが期待される。

## 4 「岡谷モデル」の構築を目指して

ここまでの検討を通じて、岡谷には新たな可能性が見え始めたことが理解されたであろう。そして、その取組みは、将来「岡谷モデル」として全国から注目されていくことは間違いない。本章を締めくくる本節では、新たな「岡谷モデル」を構成するであろういくつかの注目すべき点を指摘していくことにする。

### 1 海外雄飛型企業とネットワーク型企業の登場

現在、時計、カメラの時代以後の辛い時期をくぐり抜けた諏訪・岡谷地域の中小企業の中から、全国的に見ても注目すべき中小企業が多数登場しつつある。今後は、そうした流れを温かく受け止め、未曾有の「地方工業拠点」を形成していくことが求められている。この点、岡谷では近年全国的に拡がっている「異業種交流運動」も活発であり、早い時期からそうした組織化が推進されてきた。そして、このような活動が岡谷地域に拡がっていることをベースに、近年、新たな興味深い動きが生じている。

例えば、岡谷には若手中小企業経営者群によるＮＩＯＭ（New Industrial Okaya Members）という異業種交流グループが結成されており、相互に高め合いながら、果敢に海外進出に踏み出すなど、これまでの地域の有力企業依存から、「海外雄飛」を視野に入れる企業が目立ち始めている。特に、諏訪・岡谷地域の中小企業は地域に閉塞しがちであったことからすると、意識的に外部への関心を抱き、ビジネス・チャンスのあるところ、世界のどこへでも出掛けるという、いわば「出前」型の事業展開を果敢に展開していくことが必要であるように思う。体力の続く限り外に出掛け、新たな刺激を受けながら、さらに、個々が独自化し、多様な要請に応えられる新たな「地域技術集積」を形成していくことが課題とされていくであろう。

また、この「海外雄飛型企業」に加え、昨今の情報通信技術の発展の成果を受け、インターネット上に「諏訪バーチャル工業団地」なるものを構築し、新たな可能性を模索しようとする若手中小企業経営者群も生まれてきた。このような集団の登場と積極的な取組みは、岡谷の工業の明日に大きな希望をもたらしている。地域工業の長老たちからも十分な支持を受けているのである。振り返ってみると、製糸の時代、カメラ・時計の精密機械の時代に次いで、現在の取組みは岡谷の工業の第三ステージを形成していくための「うねり」となっている。それは、岡谷の工業の課題としてだけではなく、次の時代を見通せていない全国の地方工業都市にとっての先駆的なものであることはいうまでもない。

## 2 「工業魂」と自立心

また、岡谷の場合は、日本列島の閉塞された内陸に位置し、長い間にわたって工業都市としての道を歩んできたことに関連して、地域全体に「工業魂」とでもいうべきものが育まれ、内側に激しい「ものづくり」意識が形成されていることが注目される。こうした意識が「内発的な努力」を促す契機となり、自立的な取組みを進めていくことになる。そのため、内に向かうエネルギーは巨大なものであり、お互いの競争意識も旺盛であり、自立心が極めて強い。

他方、現在の岡谷の工業人の構成は世代論的に実に興味深いものになっている。「第一世代」というべき戦後の精密機械工業化を担った人びとが一方に存在し、地域工業の長老格として収まっている。この方たちは、実に真面目に物事に取り組んでおり、現在でも影響力はかなり大きい。そして、他方には、五〇歳代前・中盤の「第二世代」というべき「二代目経営者」が存在し、精密機械以後の苦難の十数年をしのぎ、独特な領域を切り開いてきた。さらに、「第二世代」の末尾に位置し、「第三世代」といっても差し支えないが、四〇歳前後以下の「後継者」というべき世代がいる。彼らは学歴も高く、一度は東京で就職し、視野を拡げる経験を重ねてきたのだが、長男ゆえUターンせざるをえなかった場合が少なくない。彼らは従来の岡谷の常識の枠を乗り越え、例えば「バーチャル工業団地」のように新たなあり方を模索している。

したがって、岡谷の工業をリードする人びとには、大きく二つ、ないし三つの世代が重なっていると考えてよい。そして、これらの世代がこの数年の取組みの中で、お互いを理解し合い、多方面にわたる信頼関係、協力関係を形成しつつあることが興味深い。実際、彼らと語りあっていくと、世代間の「尊敬」と「思いやり」、そして「期待」が交錯していることが深く理解される。それは「地域に対する愛情の深さ」であり、また「志」ということもできそうである。そして、共通するのは、まさに「工業魂」というべきかもしれない。このことが、岡谷の工業の最大の特質であり、「岡谷モデル」を構成する基本的な要素であるように思う。

## 3 「産官学」の連携の課題

また、次の時代の最大の課題とされる「産官学」の連携をみていくと、岡谷には新たな可能性が実感される。その背景としては、地元企業（商工会議所を含む）、県の精密工業試験場、岡谷市役所、長野県、さらに、岡谷工業高校、諏訪東京理科大学（茅野市）があり、やや離れたところに信州大学工学部（松本市）などもある。さらに、市内には県技術専門校等もある。

これらの中で、当面、岡谷の工業振興の環の中に登場してくるのは、地元企業、試験場、市役所の三者であろう。現状では、この三者の中で最大の牽引力を保有しているのが地元企業である。この点は、岡谷の非常に重要な特質といってもよい。他の地方小都市の現状からすれば、円高以降の二十数年来、さらにバブル経済崩壊後の低迷状態の中では、地域中小企業の勢いのあるところは稀であり、「希望」を失っているところが少なくない。そうした地域の場合、地域工業活性化の掛け声をかけるのは自治体ということになり、なかなか思い通りにはいかない。むしろ、地域中小企業が主役になっている岡谷は稀なケースである。このあたりの地域中小企業主導のスタイルは、まさに「岡谷モデル」ということができる。

さらに、試験場は地元企業を非常に良くサポートしており、地域中小企業からの信頼も厚い。この点も岡谷の大きな特徴として指摘できる。そして、意欲のある地域中小企業、また、技術支援機関として積極的な試験場を抱える市役所は、視線を常に地域中小企業に向けながらも、「黒子」に徹するという構えを見せていることも注目される。

今後の課題としては、地域の工業高校（岡谷工業高校）との交流、諏訪東京理科大学との交流等を幅広く行い(8)、地域の幅の広い工業人材の育成にも踏み込む必要がある。地域の工業に関心を抱く「工業魂」

に富んだ人材が地域工業に投入され、希望を抱いて仕事をしていくことが、地域の将来を決することはいうまでもない。

## 4　広域ネットワークの形成

「ものづくり」にこだわり、自らを高めることに大きなエネルギーを投入し続ける岡谷の工業者の意識は、気候風土の厳しい、そして遠隔の内陸の地という点が強く作用しているように見える。このことにより岡谷の人びとが「内」にこだわり、その反面で、広く世界に関心を寄せるという行動パターンが形成されているのであろう。先に見たアジア諸国地域に関心を寄せるNIOMや、バーチャル工業団地を形成し、世界に発信しようとする若者たちを広く生み出している。それはまた、地域の閉塞感への激しい反発のエネルギーと言えそうである。そして、何らかの形で外の世界をのぞいた若者たちは、実にエキサイティングに地域のあり方、さらに地域工業のあり方を熱っぽく語りあうのである。こうした熱気が現在の岡谷の一つの重要な特質であるように見える。他の地域を訪れても、これほどの状況を経験することはない。

さらに、もう一つ指摘しておくべきは、新たな機械工業集積を示し始めている岡谷が、周辺の工業集積地と連携し、より大きな深みのある工業集積を形成していくことに積極的である点であろう。特に、諏訪盆地を中心に、塩尻～松本周辺、茅野～富士見周辺、伊那～駒ヶ根～飯田周辺にかけて新たな求心力に富んだ技術集積が形成されていくことが期待される。このエリアには機械工業に関する中小企業がおよそ五〇〇〇存在するといわれ、それらが新たなネットワークを形成していくことは、エリアだけではなく、全国の各地に新たな希望を与えることにもなろう。二〇〇一年二月には、諏訪湖を源流とする天竜川流域を意識して「ドラゴンバレー」宣言を行うなど、新たなイメージが鮮明化されつつある。そうした求心力に富んだ、新たなネットワーク型技術集積の形成に向けて、その指導的な位置にある岡谷の工業が一歩踏み込んでいくことが期待される。

## 5　地域を豊かにする工業集積

先に見た「工業魂」、独特な「産学官連携」、さらに「広域ネットワークの形成」が重なりあい、岡谷は内に熱いエネルギーを蓄え、外に果敢に働きかけながら、新たな可能性をつかみ取っていくのであろう。その具体的な姿はこれから明らかになるとして、現在、特に注目すべきは、精密機械以後の時代を引き継いだ第二世代、第三世代に属する若い経営者、後継者群が新たな可能性を信じ、一歩を踏み込んでいること、さらに、第一世代の長老、そして試験場、市役所等が彼らから目を離さず、粘り強く支援の構えを示していることであろう。そうした取組みの中から、新たな「岡谷モデル」というべきあり方が鮮明化されてくることは疑いない。二一世紀に向って、岡谷の地域工業は自ら新たな「ステージ」を作り上げていくことになった。

二〇〇二年六月には、岡谷市の産業振興拠点施設として「テクノプラザおかや」がオープンした。この施設は、産学官連携による新技術・新製品開発、熟練技術の伝承、人材育成、受発注体制の強化、高度情報化の推進等を狙っており、「超精密技術のまち岡谷」「スーパーデバイス産地岡谷」の求心力のある施設であることが期待されている。岡谷の精密機械工業は、この拠点施設を軸に、岡谷ばかりではなく、周辺の地域にも熱く語りかけながら、新たな可能性に向かっていくことが期待されている。

全国に広く展開している工業集積地の中でも、岡谷の注目度は極めて高い。円高以降の産業空洞化の最も厳しい影響を受けてきた。むしろ、そうした厳しさ故に、工業集積地内での反発のエネルギーも大きく、現在、新たな一歩を踏み出しつつある。従来型の集積構造から新たな内容に、さらに、周辺を含めたより広域的な展開など、岡谷をめぐる状況は刻々と変化してきた。そして、その変化の行き着く先に、日本の地方の工業集積地の将来が展望されていくことは間違いない。

振り返るまでもなく、産業、企業は次々に変転していく。だが、人びとが生活していく「地域」は永遠に続いていく。なによりも、その「地域」を豊かにするものとして、地域「工業集積」のあり方が問われていくべきであることはいうまでもない。

＊ 本章の原論文は、関満博［二〇〇二］、「日本の工業集積の変容と挑戦——長野県岡谷の機械工業」と題して『組織科学』第三六巻第二号に掲載されたものである。本書に掲載するにあたり、統計数字等を修正した。

## 注

(1) 工業集積地の構造的な特色に関しては、関満博［一九八五］、［一九九五］を参照されたい。
(2) 長野県岡谷の総合的な研究は、関満博・辻田素子編［二〇〇一］を参照されたい。
(3) 当時の諏訪・岡谷の事情は、㈳中小企業研究センター［一九八六］にまとめてある。
(4) 大田区の事情の詳細は、関満博・加藤秀雄［一九九〇］を参照されたい。
(5) なお、岡谷市の工業統計において、二〇〇一年、二〇〇二年は、従業者四人以上規模の事業所が対象であるため、ここでは、全数調査を行った二〇〇〇年統計を使用していく。
(6) この三角形モデルの詳細は、関満博［二〇〇三］を参照されたい。

(7) この表3の岡谷分も一九九一年調査とやや古いが、残念ながら、その後、このような調査が行われていない。
(8) 工業高校を地域の重要な人材育成機関としていくための取組みについては、関満博［一九九九］を参照されたい。

## 参考文献


関満博［一九八五］、『伝統的地場産業の研究』中央大学出版部。

関満博［一九九〇］、『地域産業の開発プロジェクト』新評論。

関満博［一九九五］、『地域経済と中小企業』ちくま新書。

関満博［一九九九］、『新「モノづくり」企業が日本を変える』講談社。

関満博［二〇〇三］、『現場発　ニッポン空洞化を超えて』日経ビジネス人文庫。

関満博・加藤秀雄［一九九〇］、『現代日本の中小機械工業』新評論。

関満博・辻田素子編［二〇〇一］、『飛躍する中小企業都市』新評論。

㈳中小企業研究センター［一九八六］、『機械工業における中小企業の地域工業集積からみた新たな展開と課題』。

*PART* **2**

# 生産組織の歴史

第3章

# 問屋制の柔軟性と集積の利益

## 近代における桐生織物業の発展

中林　真幸

## はじめに

### 問屋制と工場制

近代的な経済発展がどのように始まり、その過程において問屋制はどのような機能を持ち、また、工場制への移行はいかに進行したのか。一九五〇年代の経済史研究においては、こうした問題意識の下に在来織物業の研究が精力的に展開された。しかし、当時の経済史家が依拠していたマルクス経済学（Marx［1988］）は経済制度に関心を持ちつつもその効率性を分析する枠組みを持たず、また、実証研究においては、手織機と力織機の選択という生産技術の問題と、「問屋制」と「工場制」の選択という生産組織の問題が区別されることなく議論がなされたために、在来絹織物業における問屋制の拡大は単純に発展の遅れと認識され、「問屋制」と「工場制」の比較分析は必ずしも深まらなかった。

このように技術進歩と単線的な経済発展とを結びつける理解は、新古典派経済学にも共有されていた。しかも新古典派経済学は経済発展を技術進歩のみに還元するから、生産組織はそもそも分析の対象にすらならなかった。

こうした伝統的なマルクス経済学や新古典派経済学の組織理解に対していちはやく異を唱えたのは、マーグリン（Marglin［1974］）などのラディカル派経済学であった。工場制導入の技術的必然性は自明ではなく、むしろ労働者の管理に好都合であるから導入されたと主張したのである。

**単線的発展と複線的発展**　この問題提起は二つの方向への議論を触発することになる。一方はラディカル派の挑戦に応えて資本主義的な組織の効率性を明示的に分析する研究である。たしかに分業制や位階制、それらから成る工場制という集中作業の組織は労働者の管理のために導入されたが、その管理における効率性こそが資本主義的な工場制の効率性の核心であるとする議論が、チャンドラーやウィリアムソン、ランデスによって展開された（Chandler［1977］，Williamson［1985］，Landes［1986］）。斎藤・阿部［一九八七］は同様の考察を日本の綿織物業について与えている。

他方はラディカル派の問題意識を継承しつつ、複線的な歴史像を再構成しようとする研究である。セーブルとザイトリンは、高度に専門化した小規模企業が集積し、問屋制などの分散的な生産組織によって結合される場合、大規模な工場制よりも「生産の柔軟性」において優れる場合があると主張する（Sable and Zeitlin［1997］）。また、谷本［一九九八］は、農家に季節的な遊休労働が生ずる場合、その細切れの労働を賃機《ちんばた》に利用する問屋制が効率的でありうると主張した。

**マイクロ分析への回帰**　ところで、伝統的な経済史は、もっぱら特定の産業のマイクロレベルの変化のみを見て産業化を論じてきた。これに対して、一頃、経済史学界では「産業革命」の見直しが盛んに主張された。たとえば中村［一九七一］は「産業革命」期の日本経済における在来産業の構成比の大きさを指摘し、日本の近代化における断絶的側面ではなく連続的側面への注目を促した。またクラフツは、イギリスの「産業革命」期の工業部門における全要素生産性の増大が綿業を除けば目覚ましいものではなかったと指摘した（Crafts［1985］）。

それらの議論は、各産業の内部に始まる近代化が一国単位に集計された経済成果に現れるまでには一定の時間を要し、したがって近代化の初期においてはマクロ成長率の目覚ましい上昇がただちに生じるわけではないことを改めて指摘したわけであるが、しかし、そのことは、近代化の端緒において各所に生じていた先端的な変化の重要性を否定するものではない。そしてその変化は、集計された経済成果には同時的には反映されないから、再びマイクロレベルの変化として分析されるほかはない。かといって、その場合に注目されるべき先端的な変化が、かつての「産業革命」像が念頭においていた、動力機関を装備した大工場に限られるものではないこともまた、明らかになりつつある。たとえば、ハドソンは地域社会の金融網に支えられた在来毛織物業の発展から始まる「産業資本の生成」を論じ（Hudson［1986］）、さらにバーグとハドソンは、地域における在来部門の変化に注目する「産業革命の再生」を訴えている（Berg and Hudson［1992］）。こうした視角は、一国単位の集計された経済成果から産業化の始まりを検出するのではなく、地域経済の変化と国際市場との関係を重視しようとしたメンデルス（Mendels［1972］）以来の初期工業化（proto-industrialization）論にも共有されていた（Ogilvie and Cerman［1996］）。日本についても地方の在来産業に生じた変化が重視されるようになっている（谷本・阿部［一九九五］）。

**地域への視角**　このように、産業化の実態を知るためには、地域経済における端緒的な変化を微視的に観察しなければならないことが再認識されつつある。同時に、産業革命につながる変化は、たとえば動力化の進展、といった普遍的かつ一般的な技術変化を基準に計られるべきではなく、選択可能な生産組織と技術の組合せにおける変化として観察されるべきことにも、大方の合意が形成されつつあるように思われる。たとえばそれは、綿織物業について斎藤・阿部［一九八七］が試みたように、手織機か力織機かという生産技術の選択と、分散的な生産組織（問屋制）か集中的な生産組織（工場制）かという生産組織の選択の都合、の四象限の可能性のなかに変化を位置づけて捉えることにほかならない。そして南・石井・牧野［一九八二］が検出したように、製品選択が技術選択に与える影響は、製品選択が技術と組織の組合せに対して与える影響として捉え直される必要があろう。

**技術的条件と制度的条件**　それは、言い換えれば、生産活動を制約する条件として、技術的なものと、制度的なものとを区別することでもある。もとより、利用可能な技術が生産活動の限界を画することは言うまでもない。その技術的な限界の内において実現される効率性を決める条件が制度である。たとえば、問屋制にふさわしい生産技術が存在しても、織元《おりもと》と賃機が騙し合う環境においては問屋制は非効率となる。物理的に隔たった織元と賃機との間に効率的な生産活動が行われるには、それを実現する生産組織が必要なのである。こうした制度と組織の効率性を、技術的な効率性とは区別して理解するにはゲーム理論に基づくマイクロ経済理論が強い力を発揮する。たとえば、マイクロ経済理論は、チャンドラーやウィリアムソンによる記述的な組織理解（Chandler［1977］, Williamson［1985］）に対する分析的な再解釈、さらにはより厳密な分析への深化に、大きな成果を挙げてきた（Milgrom and Roberts［1992］）。

**制度と組織**　こうした諸研究に依拠しつつ、群馬県桐生《きりゅう》の絹織物業を素材として「問屋制」を再考し、在来織物業の発展の具体像を明らかにすることが本章の目的である。近年のマイクロ経済理論とそれを承けた経済史研究の定石に従って、本章において「制度」とは、ある経済社会において経済主体のいずれも逸脱する誘因を持たないナッシュ均衡を指す。たとえば、すべての経済主体が民法を守っているならば、民法は制度である。そして、特定の経済主体の間においていずれもが逸脱の誘因を持たないナッシュ均衡が形成されているとき、それを「組織」と呼ぶ。企業は組織であるし、また、問屋制が賃機をよく統制できているならばその問屋制も組織である（中林［二〇〇三b］、一〇－一三頁）。

## 桐生の絹織物業

群馬県山田郡桐生町を中心とする絹織物業は、近世半ばに形成され、近世後期には特に江戸市場との関係を強めつつ発展した(1)。そして一八八〇年代半ば以降、繊維産業を中心に産業化が進むなか、桐生の絹織物業は工場制工業への移行でもなく、かといって停滞でもない興味深い発展を示すことになる。その特徴は、地域を単位に集計して得られるマクロ的な経済成果としては在来製糸業と在来絹織物業の補完的な成長として、また、マイクロレベルにおいては、問屋制によって組織された手織機生産の拡大として、観察される。こうした特徴は、たとえば、輸出向け羽二重《はぶたえ》を生産した福井県の絹織物業が、域外の器械糸を原料糸とする力織機生産に移行したことと対照的であった。

## 在来製糸業と在来絹織物業

自由貿易の開始当初、輸出生糸の大部分は関東、中部、南東北地方の農家が原料繭から座繰《ざぐり》器によって生産した在来糸であった。ところが、一八八〇年代半ば以降、長野県諏訪郡を中心に近代製糸業が勃興し、対アメリカ輸出を拡大しつつ急速に発展し始める。一九〇〇年代半ばまでに東日本の幹線鉄道網が整備されたこともあって、多くの在来製糸業地域は近代製糸業への原料繭供給地に再編されていった。ところが、前橋、桐生、足利、伊勢崎から成る絹織物業地域は一九〇〇年代半ばにも原料繭を放出する地域にはなっておらず、在来糸を生産し、絹織物業に原料糸を供給していた（中林

［二〇〇三b］、一三四頁）。

**問屋制の利益**　近代への移行に経済史家が関心を持った一九五〇年代においても、桐生の絹織物業は特に注目を集めた事例のひとつであったが、当時の研究はいずれも、問屋制を工場制に対して遅れた生産組織と理解する点では一致していた(2)。しかし、桐生に限らず、多くの織物業生産地域において、すくなくとも力織機の導入以前には、問屋制から工場制への移行は不可逆的な変化ではなく、それらは条件によって選択されうる生産組織であった（斎藤［一九八四］、岡崎・中林［二〇〇五］）。桐生織物業の場合、絹織物から人絹織物への転換と力織機の導入が進む一九一〇年代後半以降においては力織機を装備した工場制が支配的となるが（辻本［一九七八］、四二頁、亀田［一九八九］、五六一－五六五頁、橋野［一九九七］）、それ以前には、特に高級な織物の生産に工場制が(3)、それ以外の生産には問屋制が選択され、全体として問屋制が支配的であった。特に、幕末から近代にかけて、桐生においては主たる製品がより高級な奢侈品に縫製される後染織物《あとぞめおりもの》から、相対的にはより大衆的な先染織物《さきぞめおりもの》へと移行し、それにともなって織布工程だけでなく撚糸工程、仕上工程、さらには意匠作成工程の業者が独立し、織元は自家工場（内機《うちばた》）生産を縮小する一方、それら独立業者との間に賃業関係（問屋制）関係を構成するようになったのである(4)。こうした微視的な観察からは、先染織物への移行という製品の変化にともなう生産技術の変化と生産組織の変化が影響し合っていたことが示唆されている。

# 1 地域経済圏の形成

## 1 群馬県の絹織物業

### 生産の推移

桐生、群馬県全体のいずれにおいても絹織物生産は一八九〇年代に停滞し、一九〇〇年代半ばに落ち込み、一九〇〇年代後半に急速に増大するという推移をたどった。絹綿交織物《けんめんこうしょくもの》生産も一九〇〇年代後半に急増した（中林［二〇〇三a］、表1-1、1-2）。

## 2 在来製糸業の成長

### 自由貿易の衝撃

近世期における桐生の絹織物業の発展は、前橋や大間々の生糸市場を介した在来製糸業との地域内分業に支えられていた（川村［一九八三、一九八六］、宮崎［一九九七］）。ところが、自由貿易の開始とともに在来生糸は重要な輸出品となり、桐生地域への在来糸の流入は大幅に減少した。この衝撃は、短期的には輸入綿糸の導入による絹綿交織物生産の拡大によって(5)、長期的には地域内の在来糸生産の拡大によって吸収された（中林［二〇〇三a］、表1-3）。すなわち、一八六〇年代～七〇年代半ばの時期には桐生地域への生糸供給は減少し、桐生絹織物業は絹綿交織物の生産の拡大などによって対応したが、一八七〇年代後半以降、山田郡の在来糸生産が増大し、大間々市場を通して桐生に供給されるようになったのである(6)。さらに一八九〇年代後半に両毛鉄道の開通によって前橋への繭の集散の条件が良くなると、前橋地域の在来糸生産が急増し、原料糸供給を担った。一九〇〇年頃においてもなお、手織機による絹織物生産には器械糸ではなく近隣地域で生産される在来糸が適すると指摘されており(7)、域内分業が頑健に維持されたことが示されている。

## 3　原料生糸取引の制度

**高級絹織物の原料糸**　桐生の代表的な高級後染織物である絽《ろ》には、近世期以来、山田郡大間々町近傍の山村のみで生産される「大間々《おおまま》平糸《ひらいと》」と呼ばれる特殊な原料糸が用いられてきた(8)。在来製糸を営む農家は織元の注文を受けてからこの高級な「平糸」を生産しており、それが市場に出回ることはなかった(9)。高級後染織物の原料糸は、このように近隣の特定地域の供給家との間の継続的な取引によって調達されていたのである。

**大衆絹織物の原料糸**　一方、通常の在来糸は前橋市場や大間々市場で取引されていた。織元はそれらの市場から、在来糸を調達し、その在来糸は山田郡の在来製糸農家のほか、前橋の生糸商人によって供給された。ところで、生糸の品質は束を解き、加工するまで判別できない。したがって、長期的な関係ではなく市場を通じて匿名的な取引がなされる場合、供給側には品質を偽る誘因が生ずる。それを防ぐために、前橋市には一九〇三年に前橋繭糸商同業組合が、大間々町には一九〇〇年に大間々蚕糸同業組合が設立された(10)。たとえば、大間々町においては、市場に出される生糸はすべて製造家の証紙を添付され、また、組合によって随時に検査が行われた。検査の結果、包装に石を入れるなどして重量を偽った組合員などが実際に処罰を受けている(11)。一九〇〇年代に問屋制の下に拡大する大衆的な後染絹織物の生産は、こうした原料糸取引の統治に支えられていたのである。

# 2　桐生絹織物業の発展と問屋制

## 1　製品と市場

### 大衆化と多様化

桐生のある買次《かいつぎ》商（仲買商人）が作成した、一八七〇年代における各地の代表的な織物を経糸《たていと》と緯糸《よこいと》の原料糸およびその組合せ方とともに列挙した銘産品一覧から桐生産織物の内容を見ると（中林［二〇〇三ａ］、表第1－5）(12)、生産されている銘柄は、龍紋《りゅうもん》、紗《さ》綾《あや》、一部の縮緬《ちりめん》など、桐生において近世期に発展した高級後染絹織物、幕末以降に発展した先染絹織物、そして絹綿交織物に分けられる。高級後染織物は地元の山田郡大間々村で生産される原料糸を用いるが、それ以外の織物には一般の座繰生糸や綿糸が原料糸として用いられていることも指摘されている。特産品以外の絹織物として、西陣や米沢、秩父など、他の機業地に発展した銘産品を複製し、生産していることも注目される。多様な製品群を創出する努力が既に始まっていたのである。

その三〇年後、一九〇〇年代半ばになると、個別の品種においては大きな変動を示しつつ、甲斐絹《かいき》、繻《しゅ》子《す》や繻珍《しゅちん》などの先染織物や羽二重の生産が拡大し、大きな比率を占めるようになる（中林［二〇〇三ａ］、表1－6、1－7）。それらの国内における販売先を見ると、絽などの後染絹織物は京都に、繻子や繻珍などの先染織物は大阪や東京に販売されていた。先染織物は後染織物とくらべればより大衆的な製品を多く含むが、東京などには「高等」な繻子が販売されており、粗雑な製品であったわけではない(13)。田村によれば、首都圏を中心に、特に一八九〇年代以降、大衆消費が高級化し、しかも、多様な原料糸、組織（経糸と緯糸の組合せ方）、染色を組み合わせた多様な流行品が生み出されてくると言う（田村［二〇〇四］、一七七－二一〇頁）。桐生の織物産業について言えば、大阪や東京の、高級志向を強めつつ拡大する大衆需要を確保したのは、近代以降に多様な品揃えを展開した繻子などの先染織物であったと考えられるのである。

## 2 染色技術の発達と多品種生産

**技術への視角**　従来の研究は、近代における織物業の発展を分析する際、もっぱら織布工程への力織機の導入に注目してきた。特に南・石井・牧野は紋織や縞織、帯地などの先染織物の製造において力織機への移行は困難であるとの興味深い仮説をたて、実際に桐生ではそれを主な原因の一つとして力織機化が遅れたと結論づけている（南・石井・牧野［一九八二］、三三八－三四五頁、牧野［一九八四］、四一－四三頁）。しかし、近代における絹織物業の成長の中心にあった先染織物の生産に、当時の力織機がそもそも技術的に不適であったとすれば、それは、技術に対する別の視角が必要であることを示唆している。実際、田村は、在来織物業の多様化において化学染料の導入が決定的に重要であったことを指摘している（田村［二〇〇四］、一三三－一七五頁）。

**染色と意匠**　一九〇〇～一九〇三年の間に『桐生之工業』(14)に掲載された技術関連記事を分野別に集計すると、染織を筆頭に意匠や組織などデザイン関係の記事が圧倒的に多く、一九〇〇年代前半において桐生の織物業者が最大の関心を寄せたのは、近代技術のなかでも、織物のデザインを多様化するために必要な技術情報であったことがわかる（表1）。なかでも染色は、一九〇〇年代には従来の自然染料からアリザリンやアニリンなどの合成染料への移行が完了しつつある一方(15)、多種類の染料による多様な染色技法

表 1　1900～1903 年に『桐生之工業』に掲載された織物生産技術関連記事

| 年 | 標本 | 染色 | 意匠 | 準備，仕上 | 組織，製織 | 撚糸 | 織機 | その他 |
|---|---|---|---|---|---|---|---|---|
| 1900 | 染色，組織 | 17 | 4 | 1 | 2 | 1 | 0 | 1 |
| 1901 | 染色，組織 | 17 | 4 | 4 | 1 | 0 | 0 | 7 |
| 1902 | 染色，組織 | 33 | 5 | 3 | 3 | 1 | 0 | 1 |
| 1903 | 染色，組織 | 19 | 0 | 3 | 0 | 0 | 0 | 0 |
| 計 | | 86 | 13 | 11 | 6 | 2 | 0 | 9 |

（注）「標本」とは各号の冒頭に数点添付される染糸と端切れであり，それぞれ染色と構造の見本として解説されている。多くの場合，染糸数点，端切れ１点である。「その他」とは織物全般に関わる技術関係記事，外国の織物業に関する包括的な報告などである。単なる特産製品の紹介記事は含んでいない。「雑報」の記事は含んでいない。

（資料）『桐生之工業』第 16-19，22，29-58，61-62 号，1900 年 1-4，7 月，1901 年 2-12 月，1902 年 1-12 月，1903 年 1-7，10-11 月。『織物工業』（『桐生之工業』を改題）第 63 号，1903 年 12 月。

が試行されており、発展の可能性が期待されていた。また、桐生商業組合は染色部門における研究と教育を特に期待して、一八九六年に徒弟学校として桐生町立桐生織物学校を設立した。同校は、一八九九年に同名のまま中学程度の学校に改組、一九〇〇年には群馬県桐生織物学校と改称、一九〇一年には群馬県立桐生織物学校となった。一九〇五年には県立伊勢崎染織学校を合併し、群馬県立織物学校と改称された(16)。織物学校は海外の意匠標本や新たな染色法を調査して普及に努めたほか、本科とは別に別科を設置し、染織工の染織研究に便宜を提供した(17)。さらに毎号の『桐生之工業』冒頭には織物学校の教官や生徒が試みた合成染色の標本が数点ずつ添付され、染色法の解説が付せられていた。

「意匠」は言うまでもなくデザインそのものであり、「組織」に関する記事は織物の構成要素を原料糸とその経糸と緯糸への組み方に分解し、それらの組合せからその織物の複製を製造したり、あるいは新たな組合せから新しい風合いを創り出す方法を説くものであった。これらの分野は、桐生織物に限らず、戦前期の絹織物業教育において一般に重視されていた(18)。

ところで、毎号に染織見本が綴じ込まれる『桐生之工業』の実

表 2　群馬県山田郡における絹織物業の生産組織と生産形態（1）

| 年 | 機業戸数 | 賃織戸数 | 計 | 織機 | | 職工 | | 補助職工 | |
|---|---|---|---|---|---|---|---|---|---|
| | | | | 器械機 | 手織機 | 男 | 女 | 男 | 女 |
| 1901 | 724 | 3,796 | 4,520 | 455 | 6,558 | 1,050 | 7,258 | | |
| 1902 | 714 | 3,691 | 4,405 | 168 | 6,307 | 1,026 | 7,132 | | |
| 1903 | 704 | 4,331 | 5,035 | 181 | 6,429 | 2,070 | 10,984 | 810 | 1,227 |
| 1904 | 468 | 2,751 | 3,219 | 167 | 5,629 | 903 | 1,946 | 1,884 | 7,928 |

（資料）『群馬県統計書』。

践的な構成には手本があった。桐生物産同業組合およびそれが改組された桐生織物同業組合は一八九八年からアメリカとイギリスの主要繊維雑誌の購読を始めるが(19)、『桐生之工業』はなかでも *Textile Colorist* 誌と似た構成を採っている。意匠の多様化が、在来的な技術ではなく、化学染料という近代技術によって加速されることを織元たちは自覚していたのである。

**製品の多様化と生産組織**　染織と意匠の革新による先染織物の多様化は生産組織の変化ももたらした。一九〇〇年には染色工程について多くは織元が自家において行うと報告されているのに対し、一九〇四年頃には染色工程の独立と発達が進み、さらに染色工程のなかから絓染《かせそめ》工程業者が独立しつつある状況が指摘されている(20)。織元が組織する問屋制は、単に賃機のみを組織するそれから、染色業者をも組織するそれへと発達しつつあったのである。

## 3　問屋制の展開

**桐生における問屋制の拡大**　生産組織の変化を桐生全体について見てみよう。群馬県全体の傾向としては、問屋制が一九〇〇年代前半から引き続き拡大傾向にある一方、力織機工場も着実に増加している（中林［二〇〇三a］、表1-9(a)(b)）。これに対して桐生を中心とする山田郡の動向を見ると、「工場」数こそ増加するものの、力織機台数は一九一〇年代初頭に減少してしまう。また、山田郡において賃織戸数は一九〇〇年代後半にも増加し続ける一方、織元数が一九〇五年から一二年にかけてほぼ半減した結果、賃織戸数を織元数で除した一織元当たり賃織戸数は同期間に三倍となっている（表2、表3）。すなわち、一九〇〇年代半ばにおける生産の落ち込みをはさんで、桐生絹織物業では問屋制の衰退ではなく、織元の淘汰と有力な織元への賃機の集中という、問屋制の新たな拡大が見られた。そのような問屋制の拡大が大衆消費需要を目的とした着尺《きじゃく》品や帯地の多品種化を伴う生産拡大に対応していた[21]。そうした大衆消費需要を対象とした生産拡大の背景には、力織機の導入による量産化ではなく、合成染料の導入によるデザインの多様化を指向する技術進歩があった。

# 3　問屋制の効率性と集積の利益

## 1　桐生絹織物業における問屋制

**賃機生産の多様性**　織元（元機屋《もとばたや》）は原料糸を仕入れ、その製織を下機屋《したばたや》または賃機屋に委託するか、あるいは自家の工場で製織し、製品を販売する。下機屋は賃機屋の一種であるが、織元から借り入れた原料糸を製織し、その販売を織元に委託する取引も行う。賃機屋は織元に委託された原料を製織し、織賃を得る。織布工程を請け負う賃機屋のほかに、意匠（紋工）、紋様を造るための準備（機拵《はたごしらえ》）、撚糸、仕上げ（精練）のほか、一九〇〇年代半ばには染色にも賃業者が拡大した。織元、賃業者のいずれも桐生町を集中し、賃業者はさらに周辺地域にも広がっていた[22]。一九〇〇年代には多くの賃機屋が自家所有の織機によって製織しており、織元は整理された経糸と委託する織物に必要な筬《おさ》および綜絖《そうこう》を貸与した。賃機に委託される主な製品は繻子や甲斐絹などの先染織物であった[23]。問屋制は先染織物の生産が始まる一九世紀半ば頃から拡大し、近代に入ると特に自家工場（内機）生産の比率を下げて問屋制生産の比率を高めた[24]。その動きがとりわけ一九〇〇年代後半に急速であったことは既に見た。化学染料の導入により一挙に多様性の広がった先染織物の製織が賃機に委託されるようになったのである。このように、桐生絹織物業の問屋制は、賃機をはじめ、意匠、撚糸、準備、染色、仕上げの各工程の小業者が織元と賃業契約を結ぶことによって成立していた。

## 2　織元と賃機の関係

### 問屋制の利益と不利益

従来、織元にとっての問屋制の利益としては、設備投資が被る需要変動のリスクを賃機に転嫁しうる点と、低級品製造の場合には副業賃業者の低賃金労働を利用する方が有利であることが指摘されてきた。しかし、それらは超歴史的に成立する条件であり、近代に生じた問屋制の拡大を説明するものではないし、また、低級品のみならず高級先染織物が賃機に出されていた理由を説明するものでもない。一方、織元にとっての問屋制の不利益としては、しばしば、撚糸を横領したり、あるいは低品質の製品を製織するといった、賃機の行動が織元に十分に見えない場合に生ずる機会主義的な行動が指摘される（Landes [1986]、斎藤・阿部［一九八七］）。賃機のそうした機会主義的な行動を当時の織元は「不正」と呼び、不満を訴えていた。こうした「不正」への対応として、桐生織物同業組合は「不正」賃業者に対する共同制裁の協定を結ぶなどしたが、織元間の協調は十分ではなかったと考えられている[25]。

しかし、現実には織元は問屋制を選択し、拡大していた。織元は何らかの方法によって「不正」の不利

の生産組織と生産形態（2）

| 織元 | | | | | 賃機業 | | | | |
|---|---|---|---|---|---|---|---|---|---|
| 戸数 | 織機 | | 職工 | | 戸数 | 織機 | | 職工 | |
| | 力織機 | 手織機 | 男 | 女 | | 力織機 | 手織機 | 男 | 女 |
| 199 | 0 | 417 | 13 | 529 | 3, 540 | 0 | 4, 202 | 65 | 4, 630 |
| 109 | 0 | 293 | 26 | 382 | 3, 663 | 0 | 4, 161 | 217 | 5, 002 |
| 139 | 0 | 388 | 37 | 468 | 4, 034 | 0 | 5, 650 | 263 | 5, 562 |
| 124 | 0 | 343 | 40 | 418 | 4, 070 | 0 | 5, 594 | 301 | 5, 473 |
| 97 | 0 | 280 | 24 | 446 | 4, 155 | 0 | 5, 439 | 293 | 5, 433 |
| 104 | 0 | 322 | 32 | 405 | 4, 560 | 0 | 5, 950 | 324 | 5, 892 |
| 70 | 0 | 0 | 0 | 0 | 4, 713 | 0 | 6, 176 | 279 | 6, 029 |
| 99 | 0 | 76 | 21 | 76 | 5, 337 | 0 | 7, 347 | 287 | 7, 144 |

益を軽減し、問屋制から利益を得ていたと考えられるのである。

**実際の関係**　こうした問題点を検討するために、織元と賃機の関係を具体的に考察しよう。『桐生之工業』は一九〇三年から賃業者対策として「賃業欄」を設け、毎号、賃機の氏名と取引関係のある織元の氏名、業績評価を掲載している。それらを一覧して明らかなことは、相当数の織元が一〇年以上、場合によっては三〇年に及ぶ取引関係を有する賃機を確保していることである。しかも、長年にわたって繻子、甲斐絹、諸糸織など特定の品種の製織に熟達し、「品評会」や「共進会」、「博覧会」などの出品の際、あるいは「最上の絹を要する場合」には必ず依頼する特別の賃機を確保している織元もある。さらには、親子二代にわたって長期的な取引関係を有する賃機もある。そして、これら賃機との間に長期にわたる取引関係を形成している織元の場合には、取引を始めて間もない賃機との間にも良好な関係を保っていることが確認される（中林［二〇〇三a］、付表）。

織元が優れた製品を長期にわたって開発し、販売し続ける能力を持つとともに、長期にわたる利益最大化を目的としており、また賃機の方も優れた技能を持つとともに長期にわたる利益最大化

表 3　群馬県山田郡における絹織物業

| 年次 | 工場 | | | | | 家内工業 | | | | |
|---|---|---|---|---|---|---|---|---|---|---|
| | 戸数 | 織機 | | 職工 | | 戸数 | 織機 | | 職工 | |
| | | 力織機 | 手織機 | 男 | 女 | | 力織機 | 手織機 | 男 | 女 |
| 1905 | 39 | 152 | 438 | 58 | 648 | 302 | 0 | 898 | 37 | 1,078 |
| 1906 | 35 | 152 | 388 | 70 | 897 | 394 | 0 | 1,245 | 91 | 1,297 |
| 1907 | 33 | 173 | 418 | 59 | 876 | 418 | 0 | 1,367 | 95 | 1,447 |
| 1908 | 32 | 330 | 432 | 60 | 872 | 390 | 0 | 1,298 | 81 | 1,382 |
| 1909 | 41 | 356 | 503 | 54 | 1,005 | 423 | 5 | 1,369 | 64 | 1,463 |
| 1910 | 73 | 420 | 625 | 63 | 1,195 | 385 | 0 | 1,291 | 60 | 1,384 |
| 1911 | 66 | 163 | 569 | 46 | 754 | 375 | 12 | 1,399 | 51 | 1,377 |
| 1912 | 59 | 204 | 555 | 33 | 816 | 377 | 12 | 1,357 | 35 | 1,341 |

（資料）『群馬県統計書』。

を目的としているとき、織元の監視の不備から生ずる機会主義的な行動の結果としての「不正」は、継続的な取引関係によって回避することができる(26)。機会主義的に賃機から収奪したり、織元を騙したりして一回限りの利益を得ることは、誠実に取引すれば将来にわたって得られたであろう利益を放棄することを意味するからである。端的に言えば、高級先染織物を生産する発展的な織元とその基幹的な賃機との関係において、「不正」は問題とはなっていなかった。むしろ「不正」は、非効率的で、賃機との継続的な取引を嫌い、十分な織賃を支払うことのできない織元に発生していた(27)と考えられるのである。織元による「不正」の指弾は、実際には、淘汰されゆく織元の悲鳴に過ぎなかったと考える方がよいかもしれない。

ところで、松村は［二〇〇二］、「賃業欄」の検討から織元らが集団行動による賃機の「不正」抑止を試みたものの成功しなかったことを明らかにしている。松村も示唆するように（松村［二〇〇二］、二二一頁）、「不正」の抑止は商品開発力に優れる織元と賃機との継続的な取引関係によってのみ可能であったということである。換言すれば、桐生においては、織元間の賃機獲得競争を緩和する集団的な取引統治ではなく、むしろ激化させる個別的な取引統治が支配的であったということであり、それも一九〇〇年代に織元の淘汰が加速したひとつの要因でもあったと思われる。

**専業化する賃機**　さらに、賃機は副業であると考えられてきたが、「賃業欄」には有力な織元の基幹的な賃機として男性が記載され、また夫婦が共に賃機として記載されている場合もあり、さらに三～四台の織機を所有する賃機も見られる。それらは基本的に専業機業家と考えてよいであろう。この後、専業化傾向は一九一〇年代も続き、専業賃機はさらに増加してゆく(28)。

**専業賃機と長期的取引関係**　すなわち「不正」を働く副業の賃機、という従来の賃機像は、有力な織元の基幹的な賃機については妥当しない。有力な織元は、特定の品種の織物生産に熟達した専業的な賃機と一〇年以上にわたる長期的な取引関係を結んでいたのである。一九〇〇年代半ばの織元一戸当たり賃機数は二〇戸程度であり（表3）、かつ賃機は概して複数の織元と取引していたから、織元は平均して数十戸の賃機を組織していたと考えられる。その基幹部分に数戸程度の専業的な賃機を確保し、外延部に副業的な賃機を確保する、それが桐生織物業における問屋制の構造であった。

## 3　「生産の柔軟性」と集積の効率性

**有力な織元にとっての問屋制**　では、有力な織元にとって、桐生絹織物業における問屋制の利益とはどのようなものであったのだろうか。需要量の変動に伴う取引の打ち切りや、あるいは副業による低賃金労働の確保は本質的ではないとすれば、何が残るのであろうか。実は同時代において、問屋制の利益として、事業規模の伸縮の自由とは別に、「織物種類を変動せんとするに際し殊更工女を養成するに及ばざること」[29]という点が指摘されている。有力な織元にとってはこの点が重要だったのではないだろうか。桐生の織物生産の推移を見ると、品種別の生産量の変動がきわめて大きかったことがわかる（中林［二〇〇三a］、表1-7）。さらに、同一品種であってもデザイン等は流行に左右された。そのような場合、自家において熟練労働者を育成することは、よほど大規模な織元でなければ不経済であろう。一方、機業家はその技能によって得意とする織物品種を持っていた（中林［二〇〇三a］、付表）[30]。そうであるとすれば、織元は、特定品種の織物生産に長じた機業家を複数確保して長期的な賃業契約を結べば、多様な製品に対応する熟練機業家をより小さな費用で確保することができるであろう。一方、機業家の側も複数の織元と取引することによって各織元のデザイン開発力の巧拙から生じるリスクを分散することができよう。実際、桐生においては、契約先の賃機が、他の織元の賃業を行うことを妨げない非拘束的な契約が一般的であった。「変遷多き」織物生産において、織元が硬直的な取引関係を嫌ったためである[31]。

織物のデザインは、原料糸の種類、染色、撚糸、織物の意匠、組織、整理、仕上げなどの組合せから決まる。それゆえ、一九〇〇年代における問屋制の拡大が、多様な織物の柔軟な生産に適した生産組織の発展を意味していたとすれば、織布工程のみではなく、撚糸、意匠、整理、仕上げなどの各工程に、問屋制の厚い展開が見られたはずである。

亀田光三、橋野知子による桐生の一織元の分析はこうした推論に対応する事実を示している。亀田、橋野が検討した後藤定吉家は、一八九〇年代末まで工場制によって帯を生産していた。しかし、一九〇〇年代に入ると、帯生産を縮小し、代わって和服を仕立てるための布地である着尺物の生産を急速に拡大するとともに、その生産のほぼすべてを賃機に委託する問屋制生産によって行うようになる。さらに注目すべき点として、撚糸業者や整理業者、染色業者との賃業取引を拡大し、しかも、各工程の賃業者との間では、年間を通して、小規模で頻繁な取引が繰り返されている。まさに、後藤定吉は、多様な織物を柔軟に生産するための生産組織として問屋制を選択し、工場制生産を縮小したのである（亀田［二〇〇〇］、中林［二〇〇三a］、表1-11、1-12）。この生産組織は第一次世界大戦後における製品市場、労働市場、そして生産技術の変化に対応して、力織機の導入と工場制への回帰に舵が切られるまで維持された（橋野［二〇〇五］）。

**問屋制の効率性**　先染織物業の発展が見られた近代において、織元は、新たなデザインの提案によって需要を生みだし、また、供給を柔軟かつ迅速に需要に対応させることを競った。そのためには意匠、染色、織布の各工程に多様な加工法を提供する専業化した小業者が集積していることを前提に、それらを市場の動向に合わせて柔軟に賃業者として組み合わせる生産組織が望ましい。すくなくとも一八九〇年代から一九〇〇年代における問屋制はそのための生産組織として発展した。ここでは優れた加工を行う賃機は必ずしも低賃金の副業小農である必要はなく、有力な織元の基幹的な賃機はその織元の主要製品を製織する、熟練の、しかも専業の機業家であった。一方、柔軟に多様な品種の先染織物を市場に投入しなければならない織元にとって、それが高級であるか低級であるかを問わず、自家工場で製造する意味は薄れていき、有力な織元は自家工場を縮小する一方、高級品を製織する技能を蓄積した機業家を基幹的な賃機として確保した。同時に、織布工程から撤退した織元は市場に対する商品提案力に欠ければ淘汰され、優良な賃機は商品提案力に優れた織元の下に集中していったと推測される。問屋制とは、意匠、染色、織布の各工程における小業者の「集積の利益」（高岡［一九九九］）を引き出すための生産組織として拡大したのである。

**大衆化と多様化を可能にした問屋制**　一九〇〇年代においては、力織機製造技術の制約から、大衆消費需要を掘り起こす多様化に適した先染織物を力織機で生産することはできなかった。それゆえ、手織機による製織と化学染料による染織を技術的な条件として、最も効率的に、すなわち低価格で、多様な先染織物生産を実現する生産組織として問屋制は選択された。桐生における問屋制の効率性もまた、関連業者の集積を前提とした「柔軟な専門化」による「生産の柔軟性」(Piore and Sable［1984］) を実現した点に求められよう。

近世期における桐生の代表的な高級衣料であった絽の需要家は、言うまでもなく、大衆ではなかった。しかし、美しく、多様なデザインを持つ先染め着尺物が、日常に用いうる価格で供給されるようになったとき、その需要家層は都市住民の間に急速に拡大したと思われる。彼らは、老舗の呉服商から定評ある織元の絽を購入した従来の顧客とは異なり、百貨店の店先に並ぶ、さまざまな産地において多数の織元が生産した多様な着尺物のなかから、流行と自分の嗜好に見合った商品を選んだはずである。こうした新たな衣料品流通に適した柔軟な生産組織が、問屋制であったと考えられる。

その意味では、一九世紀のリヨン絹織物業について指摘された「柔軟性」(Cottereau［1997］) と、ここに言うそれとは、若干、含意を異にする。一九世紀リヨン絹織物業が達成した柔軟性は、パリのモードに対応した注文服を製造する柔軟性であった。これに対して、一八九〇年代から一九〇〇年代にかけての桐生をはじめとする国内向け織物産地が標的とした需要は都市大衆上層にあった (田村［二〇〇四、一七一-二一〇頁］)。染色および意匠の近代化と問屋制を組み合わせたことが、生産費用の低下と製品の多様化を両立させ、その需要を摑ませたのである。

## おわりに

### 製品市場と生産組織

一八九〇年代から一九〇〇年代にかけての桐生における技術進歩は、デザインの多様化を目的とする染色と意匠の発達において顕著であった。そこにおいて求められた生産組織は、大規模な工場制でもなければ、未熟練賃機と短期的な取引を行う問屋制でもなかった。織元は、高度な製織技能を備えた熟練機業家を基幹的な賃機とし、さらに撚糸工程や染色工程についても標的とする流行に最適な者を賃業者として組織した。そのように熟練手工業者を長期的かつ柔軟な関係の下に組織する問屋制が、化学染料技術の下における多様な先染織物の製造に最適な生産組織として選択されたのである。さらに、その外側には安定的に原料糸を取引することのできる地方市場が形成されていた。このように、製品の多様化と流行の創出のために、原料の調達から生産までを最適につなぐ生産組織が、東京を中心とする大都市に出現しつつあった豊かな大衆の需要を開拓することを可能にした。

### 近代服飾産業の比較分析

ところで、大衆消費をつかむという桐生が直面した課題は、桐生、あるいは近代日本に固有のものではないし、集積の利益も日本やヨーロッパに特有のものではない。同じく一九〇〇年代、ニューヨークやニュージャージーの服飾産業は、都市大衆市場に多様な製品群を供給しつつ拡大していた。そしてその生産の相当部分は、問屋制によって都市小家族の女性、少年を組織する家内工業(tenement homework)によって担われたのである[32]。大衆消費市場に対する多様で柔軟な供給という二〇世紀の製造業が共通に直面した問題が、しかし、それぞれの社会に固有な歴史的経路に根ざした組織化によってどのように解決されたのか。微視的な比較分析を徹底すれば、この興味深い問いに答えられるかもしれない。

＊本章は、中林［二〇〇三ａ］、「問屋制と専業化——近代における桐生織物業の発展」武田晴人編『地域の社会経済史』有斐閣、所収、の改訂版である。紙幅の都合から史料、図表などを割愛せざるを得なかった。より詳細な史料、データについては中林［二〇〇三ａ］を参照されたい。

## 注

(1) 桐生織物史編纂会編『桐生織物史』上巻、一九三五年。石原［一九九三］。

(2) かつての研究は、賃機経営の性格の理解によって、桐生絹織物業における問屋制を「前貸問屋制」と見る見解（市川［一九五九］、［一九九六］）と、より工場制に近い「分散マニュファクチュア」と見る見解（木村隆俊［一九五九ａ］、［一九五九ｂ］、［一九六〇］、［一九六三］）とに分けられる。「分散マニュファクチュア」説とは、賃機が経営の自立性を完全に喪失した場合には「問屋制」を集中作業場と見なしうるとするもので、自立的な小営業を組織した柔軟な問屋制の効率性を認めるものではない。栃木県足利郡については工藤［一九六二］、九〇–九一頁。

(3) 高級絹織物を織元の手織機工場で生産する傾向は近世後期以降から一九一〇年代まで一貫して観察される（木村隆俊［一九五九ｂ］、三八五–三九九頁、木村隆俊［一九六〇］、一三七頁、橋野［一九九七］、一五–一六頁）。足利絹織物業においても、高級絹織物と輸出羽二重を織元の手織機工場において生産したことが確認されている（早稲田大学経済史学会［一九六〇］、二〇八–三〇〇頁、古庄［一九六三］、［一九七二］、川村［一九八七］、［一九九五］）。

(4) 後染織物は製織後の精錬や染色といった仕上工程を重視するが、先染織物は織物の意匠やそれに合わせた糸染、整経、機拵、原料糸の精錬、撚糸、糸繰といった準備工程に高度な技術が必要であり、そのために一九世紀半ば以降、先染織物生産の発達に伴って各準備工程を専業とする業者が独立した。織元はそれらを賃業者として組織した。木村隆俊［一九五九ａ］、［一九五九ｂ］、［一九六一］、川村［一九八三］、［一九九一］。

(5) 川村［一九八八］、七四頁、川村［一九八三］、一七一–一七八頁、川村［一九九一］、四九頁。市川［一九九六］、一一五頁。木村晴壽［一九八九］、亀田［一九九四］。

(6) 群馬県山田郡「山田郡臨時農事調査書」一八九〇年（群馬県史編さん委員会編『群馬県史』資料編18 近代現代2、群馬県、一九七八年）、八五三頁。

(7)　河本保三・三浦新七・安藤兼三郎『明治三十三年夏季修学旅行　両毛地方機織業調査報告書』高等商業学校、一九〇一年（『明治前期産業発達史資料』別冊（50）Ⅳ、一九六九年）、二二三頁。

(8)　川村［一九八八］、六一頁。『両毛地方機織業調査報告書』二二四頁。群馬県蚕糸業調査会『群馬県織物現況調査書』、四二－四三頁。

(9)　大間々蚕糸同業組合『明治参拾四年度　大間々蚕糸同業組合報告書』大間々蚕糸同業組合、一九〇二年（推定）、四頁。

(10)　前橋繭糸同業組合・前橋撚糸同業組合編『前橋繭糸同業組合　前橋撚糸同業組合　沿革史』、一九一五年（『明治前期産業発達史資料』別冊（52）Ⅳ、一九六九年）、三二頁。大間々蚕糸同業組合『大間々蚕糸同業組合定款』、大間々蚕糸同業組合、一九〇〇年。

(11)　『明治参拾四年度　大間々蚕糸同業組合報告書』、三頁。

(12)　「国内各産諸織物糸組名称略記」、〔作成〕佐羽安平、〔年代〕一八七三年一〇月。

(13)　一八八六年の販売額の五五％が東京、一二％が京都、一七％が大阪、四％が名古屋向けであった。桐生織物史編纂会編『桐生織物史』、中巻、一九三八年、五五三－五五四頁。一九〇〇年頃には「内地仕向ケ先ハ〔中略〕京阪地方ヲ第一トシ、東京之レニ次ク。其ノ割合ハ京阪、名古屋ニテ七分、東京三分位〔中略〕、其仕向品ハ、大阪ニハ重ニ帯地、半襟地《はんえりじ》、繻子《しゆす》多ク、京都ニハ絽《ろ》、縮緬《ちりめん》ノ類ヲ主トシ東京ニハ繻子《しゆす》及ヒ繻珍《しゆちん》其ノ他ノ高等織物」、『両毛地方機織業調査報告書』二二二頁。史料の句読点、振仮名、〔　〕内注記は引用者による。

(14)　桐生地方の織物業者や染織技術者が一八九八年に結成した桐生社により刊行。

(15)　『群馬県織物現況調査書』一三〇頁。

(16)　群馬県立織物学校『群馬県立織物学校一覧』群馬県立織物学校、一九一〇年、二一－二三頁。桐生織物史編纂会編『桐生織物史』下巻、一九四〇年、一三五－一五七頁。

(17)　『群馬県織物現況調査書』九四－九五、一五九頁。

(18)　たとえば、桐生高等染織学校教官による吉田喜一『内外織物組織及製造学』丸善、一九一八年、桐生高等工業学校教官による相田裕次郎『織物製造法』三省堂、一九二六年、飯野知次『絹製織法第一編　織物分解及設計編』増補再版、丸善、一九二七年、など。

(19) それらは桐生織物学校に寄贈され、現在群馬大学附属図書館工学部分館に所蔵されている。『桐生之工業』のほか、たとえば東京の『染織時報』も同様の体裁である。

(20) 一九〇〇年：「染色ハ多ク機業家得意ノ方法ニヨリテ各自家ニ於テシ、染色業トシテ盛ニ営業セルモノナシ」、『両毛地方機織業調査報告書』二二八頁。一九〇四年：「旧来桐生ノ機業ハ分業行ハレサリシカ、近来織物製造業昔時ニ比シテ複雑トナリ、各機屋カ其頭脳ヲ染色ニ分ツ余裕アラサルト、且ツ自然改良ノ必要ヲ成シタルニ由リ、茲《ここ》ニ綛染《かせぞめ》専業者ヲ生ミ出セシモノナレハ、現時ハ綛染業カ桐生染色業ノ一部トシテ独立スヘキ過渡時代ナリ」『群馬県織物現況調査書』八八頁。一九〇四年の桐生町の布染めの専業者は七戸、うち四戸は加熱用汽罐を装備、綛染めの専業者は三戸（『群馬県織物現況調査書』八八－八九頁）。

(21) 「天保時代〔中略〕高等なる紋様織物の製産盛んなりしを以て、機業家は何れも工場組織に依り製織せしが故に他家に賃織せしむるもの尠《すく》なく〔中略〕、然《しか》るに其後絹綿縮緬《ちりめん》及綿南部《なんぶ》の如き普通着尺《きじゃく》品の流行するや、忽《たちま》ち工場組織の物産は地方的工業の状態に変じたると同時に、賃業者追々其数を増し、降て明治十四五年綿繻子類の如き普通帯地の行はるるに至るや俄然《がぜん》地方織物は茲《ここ》に一大変化を生じ、即ち従来の技術的精巧品は一般の需要を減じて普通品の供給は日一日市場に其声価を高むるの有様なりしを以て、機業家は弥《いよいよ》賃業者の必要を感ずるに至り」、群馬県内務部『群馬県織物業沿革調査書』、群馬県内務部、一九〇四年（『明治前期産業発達史資料』別冊（48）Ⅲ、一九六九年）、六〇頁。

(22) 「賃業者ハ紋工（紋切モ兼ヌ）、機拵《はたごしらえ》、賃織《ちんおり》業、賃撚《ちんより》業者等アリ。就中《なかんずく》賃織及ヒ賃撚業ハ甚タ盛ニシテ、桐生町ノ小路裏屋ニ入ル処、一トシテ戛々《かつかつ》タル飛杼《とびひ》ノ響ヲ聞カザルナシ。又桐生町ノ南部新宿ニハ水流ノ通ズル処一帯ニ水車ヲ架シ、撚糸製造ニ従事スルモノ其数ヲ知ラズ。此他各村落到ル所茅茨《ぼうし》ノ裡《うち》、必ズ織機ヲ備ヘ製織ニ従事スルヲ見ル」『両毛地方機織業調査報告書』二二五頁。一九〇四年の桐生絹織物業の賃業者数の内訳は紋工一三戸、機拵六五戸、撚糸二一八戸、染色一七戸、織布（賃機）四六五〇戸、精錬一四戸、計四九七七戸である。『群馬県織物業現況調査書』二一八頁。

(23) 「賃織物ノ多クハ繻子《しゅす》ニシテ、紅梅甲斐絹《かいき》、紋羽二重ノ如キモ之ヲ見ル。〔中略〕一般ニ賃織ニ出スモノハ器械織機ヲ要セザルモノニシテ、筬《おさ》、綜絖丈《そうこうだ》ケヲ貸与シ賃業者所有ノ織機ニ依テ製造セシムル（中略）。時ニ織機ヲ貸付クルコトモアリ。而シテ整理セル経糸《たていと》ニ相当ノ緯糸《よこいと》ヲ添ヘテ渡ス等、他地方ノ賃織ト同様」、『両毛地方機織業調査報告書』二二五頁。

(24) 工藤［一九五五］、工藤［一九五八］、二四三頁、工藤［一九六一］、二七－三三頁、木村隆俊［一九五九a］、一五〇－一五七頁、木村隆俊［一九五九b］、四〇二頁、木村隆俊［一九六三］、四七頁、古庄［一九七二］、川村［一九八三］、一六〇頁、川村［一九九一］、四四－五二頁、市川［一九九六］、二八三－二九九頁。

(25) 『群馬県織物業沿革調査書』、六〇－六四頁、『桐生織物史』中巻、五三八－五四九頁、『桐生織物史』下巻、四七四－四八六頁。群馬県蚕糸業調査会『群馬県織物現況調査書』群馬県第三部、一九〇六年（藤原正人編『明治前期産業発達史資料』別冊（49）Ⅱ、Ⅲ、明治文献資料刊行会、一九六九年）二一八－二一九頁。

(26) 織元が認識する事実上の現物給付が資料上に「不正」と呼ばれることはあるが、これは、情報の非対称から生ずる機会主義的行動としての「不正」ではない。

(27) 『群馬県織物業沿革調査書』六四頁、『両毛地方機織業調査報告書』二二六－二二七頁。

(28) 「賃織業ハ桐生地方ニ於テハ在来副業トシテ斯業《しぎょう》ニ携ハリシ者モ機業ノ盛大ニヨリ収入ノ増加セシヲ以テ、本業トシテ之ヲ営ム者多シ、随《したがっ》テ賃織区域モ倍々増加シテ山田郡一円、新田郡（中略）、佐波郡（中略）、栃木、埼玉ニ跨《またが》リ拡張」、東京税務監督局編『織物生産及取引調査』一九二〇年（推定）（『明治前期産業発達史資料』別冊（52）Ⅳ）、一三四頁。

(29) 『群馬県織物業沿革調査書』六一頁、『桐生織物史』下巻、四七七頁。

(30) 「元機屋《もとばた》中専ラ輸出品ヲ製造スルモノト内地品ヲ専ラ製造スルモノトハ自ラ区別セラレ又各機業家得意ノ技巧ニヨリテ製品ノ種類ヲ一定」『両毛地方機織業調査報告書』二二八頁。

(31) 桐生物産同業組合が作成した賃業契約の雛形には「期限を定めず又他人の賃業を為すとも制止せざる普通の賃業者に適用」する「賃業普通契約書」と、「期限を定め他人の賃業を為さざることを約したる特別の契約にして桐生物産同業組合に於て定款に規定したる保障登録を為す時適用」する「賃業特別契約書」とがあるが（『群馬県織物業沿革調査書』六四－七二頁）、「地方織物の如き時に変遷多き傾きあるを以て機業家も一定の期限織賃其他の関係を規定するが如き契約書を授受するを好ま」ず、また、「機業家も賃業者の必要は日一日切迫の度を増すべき状勢なるを以て、断乎として厳格なる方法を励行するときは忽ち自己の製造物に渋滞を来す恐れあるが故に何れも事を曖昧の間に付し一日の安を愉《たのし》むの傾きあるを以て未だ充分の効果を奏せ」ず、と指摘されているから（六四頁）、賃機を固定的な条件で排他的に使用する「特別契約」は織元も賃業者も好まなかったと考えられる。

(32) Hindman [2002], pp. 187-212. 社会問題化したことが幸いして調査報告が多く残された。

## 参考文献

Berg, Maxine and Pat Hudson [1992], "Rehabilitating the industrial revolution," *Economic History Review*, Vol. 45, No. 1.

Chandler, Alfred D., Jr. [1977], *The visible hand : the managerial revolution in American business*, Cambridge, MA : Belknap Press.（鳥羽欽一郎・小林袈裟治訳『経営者の時代――アメリカ産業における近代企業の成立』東洋経済新報社、一九七九年）。

Cottereau, Alain [1997], "The fate of collective manufactures in the industrial world : the silk industries of Lyons and London, 1800-1850," in Sable and Zeitlin.

Crafts, N. F. R. [1985], *British economic growth during the industrial revolution*, Oxford : Oxford University Press.

橋野知子［一九九七］、「力織機化＝工場化か――一九一〇年代桐生織物業における生産組織と技術選択」『社会経済史学』六三巻四号。

橋野知子［二〇〇五］、「問屋制から工場制へ――戦間期日本の織物業」岡崎［二〇〇五］所収。

Hindman, Hugh D. [2002], *Child labor : an American history*, New York : M. E. Sharpe.

Hudson, Pat [1986], *The genesis of industrial capital : a study of the West Riding wool textile industry c. 1750-1850*, Cambridge, Cambridge University Press.

市川孝正［一九五九］、「幕末＝明治初期の織物業における直接生産者の存在形態」『土地制度史学』一巻四号。

市川孝正［一九九六］、『日本農村工業史研究――桐生・足利織物業の分析』文眞堂。

石原玲子［一九九三］、「近世後期における桐生絹買仲間の構造と展開」『史学雑誌』一〇二巻一一号。

亀田光三［一九八九］、「織物業の機械化」群馬県史編さん委員会編『群馬県史』通史編8　近代現代2、群馬県。

亀田光三［一九九四］、「輸入外圧に対する地域の対応――南京繻子と桐生織物産地」『ぐんま史料研究』（群馬県立文書館）三。

亀田光三［二〇〇〇］、「明治後期における桐生の元機経営について――創業者後藤定吉と帯地製産・販売」『桐生史苑』三九。

川村晃正［一九八三］、「絹織物産地における開港の影響――野州足利郡元機大川家を中心に」葉山禎作・阿部正昭・中安定子編『伝統的経済社会の歴史的展開』上巻、時潮社、所収。

川村晃正［一九八六］、「幕末＝明治初年における元機経営の動向――足利秋間家の分析を中心に」『専修商学論集』（専修大学）四一号。

川村晃正［一九八七］、「明治期元機経営における収支構造に関する一考察――問屋制前貸からマニュへの推転に関連して」『専修商学論集』（専修大学）四三号。

川村晃正［一九八八］、「近世桐生織物業における諸経営（一）――上州山田郡桐原村藤生家」『群馬県史研究』（群馬県史編さん委員会）二七号。

川村晃正［一九九一］、「明治初年桐生絹織産地における社会的分業の展開について」『専修大学商学研究所報』（専修大学）八三号。

川村晃正［一九九五］、「明治期足利産地における輸出絹織物経営――足利町木村浅七家を中心に」『専修商学論集』（専修大学）五九号。

木村晴壽［一九八九］、「明治前期輸入綿糸の流通構造――両毛機業地における輸入綿糸の導入」『土地制度史学』三一巻四号。

木村隆俊［一九五九ａ］、「近世絹織物業における織元経営について（上）」『経済集志』（日本大学）二九巻一号。

木村隆俊［一九五九ｂ］、「近世絹織物業における織元経営について（下）」『経済集志』（日本大学）二九巻二～六号。

木村隆俊［一九六〇］、「問屋制の再検討」『経済集志』（日本大学）三〇巻三号。

木村隆俊［一九六一］、「幕末・明治初期における桐生織物の生産構造」『社会経済史学』二六巻六号。

木村隆俊［一九六三］、「幕末・明治期　桐生織物における「織屋」の存在形態」『経済集志』（日本大学）三三巻三号。

古庄正［一九六三］、「明治末期における織物マニュファクチュア」『社会経済史学』二八巻六号。

古庄正［一九七二］、「明治前期の足利織物業における雇傭労働」『駒沢大学経済学論集』（駒沢大学）三巻三号。

工藤恭吉［一九五五］、「近世桐生近郊農村における一豪農の経営――上州山田郡下広沢村彦部家の場合」『早稲田商学』（早稲田大学）一一四号。

工藤恭吉［一九五八］、「明治前期足利織物業における賃機の実態」、『社会科学討究』（早稲田大学）三巻二号。

工藤恭吉［一九六一］、「明治初年の足利地方における織物業」『社会経済史学』二六巻六号。

工藤恭吉［一九六二］、「足利織物業における機械制工業の成立」『早稲田商学』（早稲田大学）一六三号。

Landes, David S. [1986], "What do bosses really do?" *The journal of economic history*, Vol. 46, No. 3.

牧野文夫［一九八四］、「織物業における技術進歩」『社会経済史学』四九巻六号。

Marglin, Stephen A. [1974], "What do bosses do?: the origins and functions of hierarchy in capitalist production," *The review of radical political economics*, Vol. 6, No. 2.

Marx, Karl [1988], ***Das Kapital***, Erster Band, Berlin: Dietz Verlag, first published in 1867.（岡崎次郎訳［一九六五］、『マルクス＝エンゲルス全集』第二三巻a、b、大月書店）。

松村敏［二〇〇二］、「明治期・桐生織物業における織元――賃織関係の一考察――賃織業者の「不正」問題から」、『国立歴史民俗博物館研究報告』（国立歴史民俗博物館）九五号。

Mendels, Franklin F. [1972], "Proto-industrialization: the first phase of the industrialization process," *The journal of economic history*, Vol. 42, No. 1.

南亮進・石井正・牧野文夫［一九八二］、「技術普及の諸条件」『経済研究』（一橋大学）三三巻四号。

Milgrom, Paul and John Roberts [1992], ***Economics Organization and Management***, Englewood Cliffs, NJ: Prentice-Hall.（奥野正寛・伊藤秀史・今井晴雄・西村理・八木甫訳［一九九七］、『組織の経済学』ＮＴＴ出版）。

宮崎俊弥［一九九七］、「明治期における大間々蚕糸業の展開」『群馬文化』二五二号。

中林真幸［二〇〇三ａ］、「問屋制と専業化——近代における桐生織物業の発展」武田晴人編『地域の社会経済史——産業化と地域社会のダイナミズム』有斐閣、所収。

中林真幸［二〇〇三ｂ］、『近代資本主義の組織——製糸業の発展における取引の統治と生産の構造』東京大学出版会。

中村隆英［一九七一］、『戦前期日本経済の分析』岩波書店。

Ogilvie, Sheilagh C., and Markus Cerman [1996], "The theories of proto-industrialization," Sheilagh C. Ogilvie and Markus Cerman, eds., *European proto-industrialization*, Cambridge: Cambridge University Press.

岡崎哲二編［二〇〇五］、『生産組織の経済史』東京大学出版会。

岡崎哲二・中林真幸［二〇〇五］、「生産組織の経済史」岡崎［二〇〇五］所収。

Piore, Michael J. and Charles F. Sable [1984], *The second industrial divide: possibilities for prosperity*, New York: Basic Books.

Sable, Charles F. and Jonathan Zeitlin, eds. [1997], *World of possibilities: flexibility and mass production in Western industrialization*, Cambridge: Cambridge University Press.

斎藤修［一九八四］、「在来織物業における工場制工業化の諸要因——戦前期日本の経験」『社会経済史学』四九巻六号。

斎藤修・阿部武司［一九八七］、「賃機から力織機工場へ——明治後期における綿織物業の場合」南亮進・清川雪彦編『日本の工業化と技術発展』東洋経済新報社。

高岡美佳［一九九九］、「産業集積——取引システムの形成と変動」『土地制度史学』四一巻二号。

田村均［二〇〇四］、『ファッションの社会経済史——在来織物業の技術革新と流行市場』日本経済評論社。

谷本雅之［一九九八］、『日本における在来的経済発展と織物業——市場形成と家族経済』名古屋大学出版会。

谷本雅之・阿部武司［一九九五］、「企業勃興と近代経営・在来経営」宮本又郎・阿部武司編『日本経営史２　経営革新と工業化』岩波書店、所収。

辻本芳郎［一九七八］、『日本の在来工業――その地域的研究』大明堂。

早稲田大学経済史学会編［一九六〇］、『足利織物史』上巻、足利繊維同業会。

Williamson, Oliver E. [1985], *The economic institutions of capitalism : firms, markets, relational contracting,* New York : Free Press.

第4章

# 「問屋制家内工業」の経営管理

## 農村織物業における織元－賃織関係

谷本　雅之

## 1　はじめに

本章は、戦前期日本の産業発展の重要な部分を担った生産組織として、「問屋制家内工業」に着目し、その形成と存続・発展の要因を考察することを課題としている。

産業発展が工場制工業の形成・発展によって推進されることは経済史の通説であろう。近代日本においても、綿糸紡績業などの機械制工場が、産業発展の一方の担い手であったことは確かである。しかし、織物業をはじめとして近代日本の製造業では、生産活動が零細な作業場（小経営＝家内工業）で営まれていたケースが少なくなかった。それらの作業現場を、原料供給を基軸として組織する主体が「問屋」である。ただし、自ら購買・販売活動を担う「家内工業」も存在するし、「問屋制」が相当規模の工場をその組織下に編成することもありえた。「家内工業」(domestic production, cottage production) は生産現場の就業形態、「問屋制」(putting-out system) は産業経営の方法を意味する、それぞれ独立の概念であることに留意しておきたい。「問屋制家内工業」は、それぞれ固有の論理を有する「問屋制」と「家内工業」が結合して形成された生産組織であり、それが戦前期日本の産業発展過程に、しばしば重要な位置を占めていたのである。

もっとも、「工場制」への移行に経済発展の進行を見る立場から言えば、「問屋制家内工業」は工場制の未成立ゆえにその形態が残存していることになる。マルクスの産業革命論からプロト工業化論まで、そのような理解は通底をなしている。しかし近年の織物業史研究は、日本における「問屋制家内工業」の存在は、江戸時代の生産組織の残滓というよりは、むしろ一八八〇年代以降本格的に普及する新しい生産形態と見なすべきことを強調するようになった(そのような研究のサーベイとしてAbe [1999])。また竹内常善によれば、ブラシ、メリヤスなどいわゆる「輸出雑貨工業」の生産増大の過程には、工場生産(初期工場から問屋制的な生産形態(竹内の用語に従えば製造問屋型生産組織)への転回が伴っていた(Takeuchi [1991])。やや強引にまとめるならば、「問屋制家内工業」は、近代日本の産業成長の過程において、新たに採用された生産組織だったのである。

しかし問屋制の採用は、ただちに安定的な生産組織として、「問屋制家内工業」が持続的に展開することを保証するわけではない。実際、それが不可能であることを主張したのが、シドニー・ポラード、デビッド・ランデスらの議論であり(Pollard [1965], Landes [1969])、この問題に関する古典的な理解となっている。ランデスによれば、生産者の原料着服に端的に現れるように、問屋制は本来的に生産管理の困難

（問屋制の内部矛盾）を抱えていた。それを回避するには「集中作業場」に作業者を集めることが必要で、それが実際、ヨーロッパ諸国において、産業革命を担う「工場」の成立を促した要因であったとされている（Landes［1969］，邦訳六八－七三頁）。提起されている論点は、管理問題から見た問屋制経営の不安定性である。

他方、「家内工業」生産の活性化が、必然的に問屋制的な組織化を現出するとは言い難いことも明らかになってきた。たとえば近年の研究では、近代中国における商人や小農の活発な経済活動が強調されているが（黒田［一九九五］）、一方で問屋制形態の普及度の低さも様々な局面において示唆されている（石井・関口編［一九八二］、古田［一九九〇］）。また現代インドネシア織物業に関する最近の研究は、農村在住者による流動的、非組織的な生産・流通のあり様を詳細に明らかにした（水野［一九九九］）。問屋制家内工業形態に見られるような生産と流通の「組織化」は、商人・小農の活動から、自動的に導き出されるものではないのである。

以上の点を踏まえれば、「問屋制家内工業」の持続的な展開は、近代日本の産業発展の特徴の一つであった可能性がある。本章では織物業を対象に、「問屋制家内工業」の生産組織において要の位置にある織元・滝沢熊吉家の経営史料（一八八〇～一九二〇年代中葉）の分析を通じて、右記の問題に接近することを直接の課題とする。

## 2　買入制から問屋制へ

滝沢熊吉家が織物業を営んだ入間《いるま》地方（埼玉県西南部）は、開港後の幕末期に生産を伸ばした、新興の綿織物生産地域であった。幕末段階ですでに紡糸・製織工程の分化が見られたが、開港後にいち早く、在地の綿糸商の主導によって輸入綿糸（イギリス産の機械制綿糸紡績糸）が導入され、それが発展の契機となった。その新素材を、在地綿糸商の金融力に依存しつつ農家が買い入れ、副業的な家内工業形態で縞木綿生産を行う。そこで織り上げられた織物は、農村出身の織物仲買商によって適宜買い集められ、地方集散地（八王子や所沢）へ出荷された。そこに集まる江戸（東京）等の中央集散地問屋が、入間地方の織物を、全国市場へと流通させていくのである。

生産組織に着目する本章の視角からは、このような生産・流通のあり方は、買入制（Kaufsystem）と捉えられる。織物生産を担う農家と仲買商の取引が、製品の売買を基本としていたからである。入間地方で問屋制経営＝織元が本格的に出現するのは、一八八〇年代後半のことであった。以後、一九一〇年代の力織機工場の族生まで、この経営形態が入間地方の織物生産の中核となる。では、なぜ買入制から問屋制への生産形態の転換が起こったのであろうか。

入間地方の「織物生産」とは、原料糸を調達し、織物の意匠を決定し、染色加工を施した原料糸を織物に織り上げるまでの工程と考えておけばよい。製織工程を、農村在住の「家内工業」が担う点は、買入制・問屋制ともに共通していた。製織は木製の手織機で行われ、織機一台につき織り手は一人である[1]。この織機は、問屋制下の「賃織《ちんおり》」でも自ら所有する場合が多かった。したがって、原料糸調達こそが両者を分ける最大のポイントとなる。買入制では農家＝「家内工業」が自ら原料糸の調達、加工（外注を含む）を担当し、織り上がった製品を仲買商に販売する。これに対して、問屋制では原料糸の調達、加工は織元が担い、「家内工業」は製織作業に対して織元から「織賃」（反当り工賃）が支払われる契約になっていた。このように、あらかじめ原料糸を自らの勘定において調達することが必要な織元は、買入制をとる仲買商よりも、担うべきリスクが大きい。それにもかかわらず問屋制経営が広がった要因は、一八八〇年代から顕著となる織物市場における需要の高度化を背景とした、産地間競争の激化であったと考えられる。

先染めの織物に特化した入間地方において、発注される織物には、織物種類、色、意匠、および尺幅に多くのバリエーションがあった。一八九〇年代に、滝沢家が賃織へ発注した織物は、色・柄・需要期・原料糸の種類・寸法および織り方によって細かく分類されており、同じく前掛地に属する織物でも、四三種の区別があった。販売市場での買い手側の要求は、一八九〇年代にはこのようなレヴェルに達していたのである[2]。これら多様な織物の調達は、染色、整経工程を経た原料糸の供給によって、あらかじめ集荷する織物の特性を決定しない限り難しい。織物市場側からの要求に応え、新たな展開を示す一八九〇年代の織物全国市場において競争力を維持するためには、生産の何らかの形での組織化は不可避だったのである。

# 3 「問屋制」の経営管理

## 1 賃織と農家経営

このように問屋制への移行は、販売市場の情報を生産に反映させる仕組みの進化であり、それは織物全国市場での産地間競争への対応であった。しかし生産過程の掌握に関しては、生産現場が地理的に分散する問屋制に比して、集中作業場の形成—工場制の採用がより効率的であることは明らかである。ではなぜ、近代日本の織物業では、問屋制家内工業が長く採用され続けたのか。

本章はこの問題を、冒頭で述べた問屋制家内工業が含む二つの要素——「家内工業」就業と「問屋制」経営——の、それぞれ独立の行動原理に基づく選択の帰結として捉えたいと考える。織物市場の品質要求を一定水準のものとした場合、織元経営側の選択は、その他の諸要素によって決定される。それは、工場制に対比して問屋制経営の有するメリットとデメリットの比較考量と言い換えることができよう。力織機の採用がコスト的に現実的ではなかった一八九〇年代において、主たる関心は、労働力の調達・管理問題であった。

「家内工業」就業を志向する農村労働力の存在は、織元が経営形態の選択に際して直面する、労働供給側の条件であった。実際、以下で検討する滝沢熊吉家と取引関係を結ぶ賃織世帯は、一方で農業経営世帯であり、そこでの労働供給は、農業労働需要に大きく規定されたものであった。紙幅の制約から、本章ではこの「賃織」の特徴的な労働供給行動の紹介は割愛せざるを得ない(3)。しかし、行論の関係上、賃織の賃金率については触れておく必要がある。滝沢家賃織の反当たり織賃は、激しい季節変動を見せつつ、雇用労働機会に比して、相当に低い賃金水準を提示していた。経営側は、農村の女性労働力に、「家内工業」形態での就業を容認するならば、相対的低賃金で製織作業を委託することができた。問題は、この低賃金と引き換えに条件づけられた、生産現場の分散性であった。取引先の確保をどうするか、生産現場の監督不在にどのように対処するか。この広い意味での管理問題を処理し得るか否かが、問屋制形態のメリットを生かせるかどうかを決定した。先のランデスの指摘は、この管理問題の一局面として理解することができよう。以下、本章では、織元（滝沢家）と賃織の間に展開する取引関係を検討する中で、賃織確保と賃織管理の問題が、どのように処理されていたのかを明らかにしたい。

## 2　取引の規模と継続性

はじめに滝沢家の発注先の賃織数と発注規模の推移を見ていこう。滝沢家の織物発注＝生産反数は、景気変動の影響を受けながら年次的な変動を示していた。以下ではそれを、一八九〇年代の経営拡大から日清戦後恐慌期にかけての縮小に至る第Ⅰ期、日露戦時から第一次大戦開戦前後の第Ⅱ期、急拡大の第一次大戦期（第Ⅲ期）、および問屋制生産衰退期である一九二〇年代（第Ⅳ期）に区分する。図1-(a)に見られるように、第Ⅰ期で賃織数が最も多い一八九六年には、年間一二〇戸余の賃織への発注＝回収が行われた。一九〇〇年代初頭にはその半分の六〇戸を割り込むが、一九〇五年には一七〇戸に増加、その後は常に一八九六年の一二〇戸を上回り、一九二三年に最大の二〇〇戸弱を記録した。滝沢家は、多くの年次において年間百数十戸の賃織との取引を行っていたことをまず確認しておこう。規模別では、年間一〇〇反未満の発注しか行わない賃織が一貫して最も戸数が多いが、その比率はⅡ期、Ⅲ期には低下している。これを発注反数比率から見たのが、図1-(b)である。第Ⅰ期には三〇〇反未満の発注規模の賃織が、滝沢家の織物調達の八割内外を占めていた。それが第Ⅱ期には六割前後となり、第Ⅲ期には五割～四割の水準となった。発注＝回収反数の増大は、発注先賃織戸数の増加とともに、一戸当たり年間発注反数の比較的大きな賃織との取引によって実現していたと言える。ただし、発注反数が九〇〇反を超える賃織への発注比率は、最大の一九一七年でも二〇％に満たなく、すべての年で、全体の七〇％以上が六〇〇反未満の発注規模の賃織へと発注＝回収されていたことには留意しておきたい(4)。概して年間総発注反数が増加するのに応じ

### 図 1　滝沢家の発注先の賃織数と発注規模の推移

(a)　発注＝回収・規模別戸数の推移

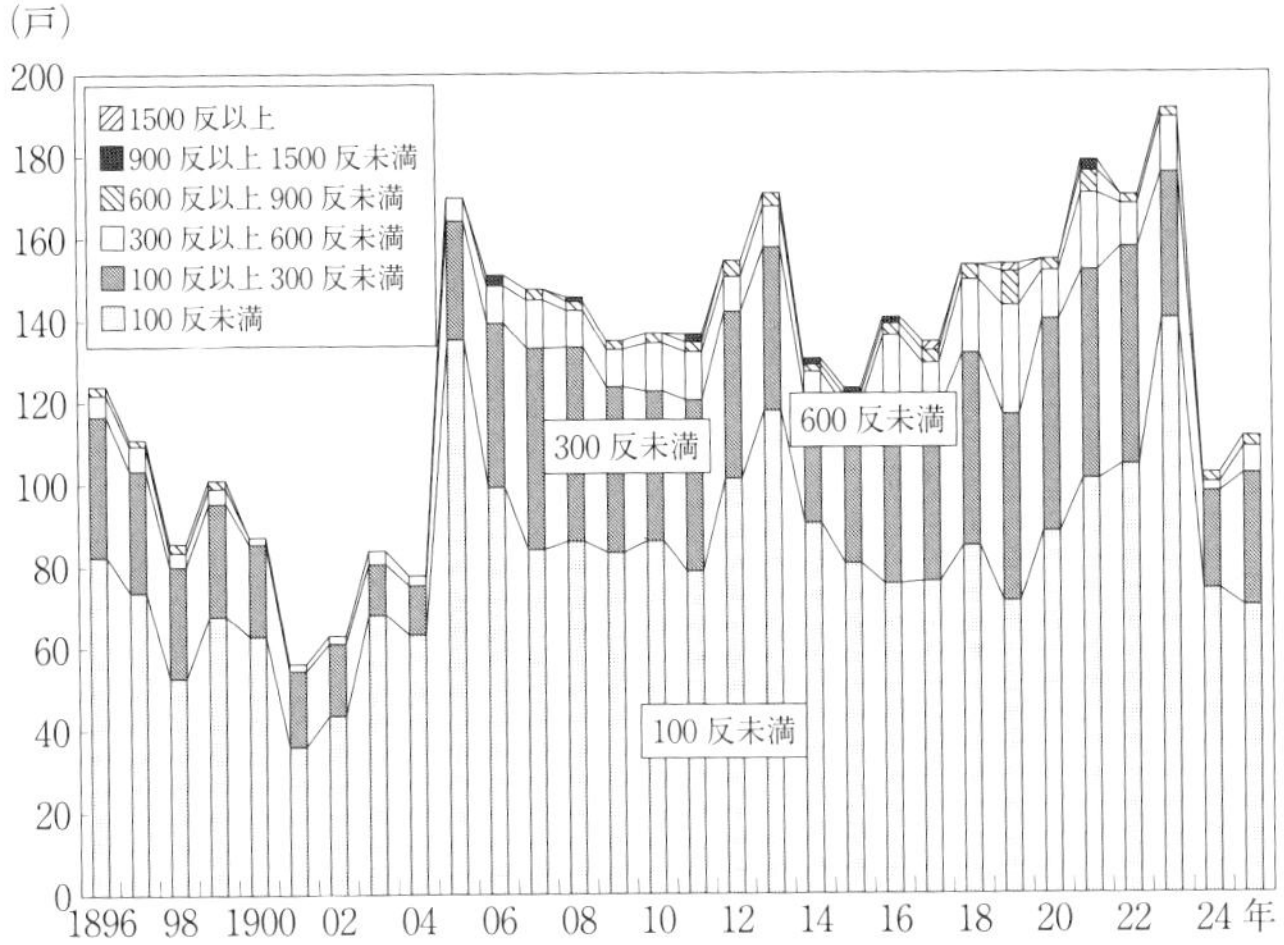


(b)　発注＝回収・規模別反数の推移

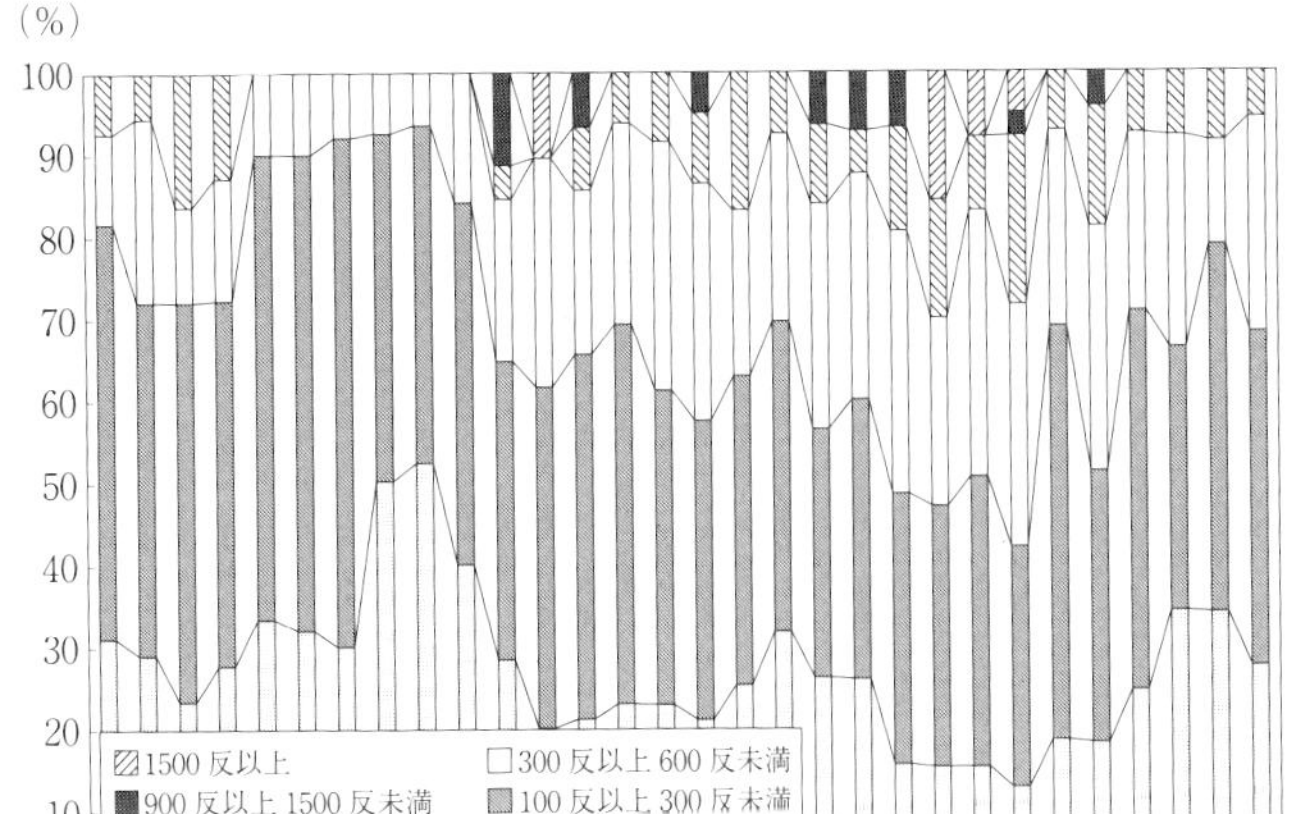


(出所)「出機簿」ないしは「賃織物受渡台帳」(各年版)。

て、賃織一戸当たりの発注も増加していると言ってよいが、賃織別の発注規模の多様性は存続していた。滝沢家の織物調達は、一部の賃織への依存度を高める方向には推移していなかったと考えられる。

以上の取引先の推移と取引規模を、個々の賃織との取引年数と対比したのが、表1である。同表では、取引規模の指標として各賃織ごとの年間取引反数の最大値を用いてある。戸数の分布を表の(a)から見よう。表の網かけは、取引年数で同一階層に含まれる賃織のうちで、最も多くの戸数が挙がっている最大取引規模の欄を示している。取引年数の長い賃織ほど最大取引規模が大きくなる傾向にあることが、網かけ欄の推移から読み取れる。ただし、戸数自体では、表の左上から右下方向に増えており、取引年数一年、年間最大取引規模が五〇反未満のものが四六四戸で、この三〇年間に取引した賃織のうちの三五%を占めていた。これと対極に、取引規模では年間二〇〇〇反を上回る取引を行うことのある賃織（表では一五〇〇反以上に含まれる）が、取引年数五年以上、一〇年以上に一戸あり、また、二五年以上の賃織が三〇〇反以上四〇〇反未満に一戸、二〇年以上では二〇〇反以上三〇〇反未満から八〇〇反以上九〇〇反未満の階層まで計五戸存在している。では、これらの賃織が滝沢家の取引に占める位置はどのようなものであろうか。

同表の(b)には、三〇年間の発注総反数に、取引年数および最大発注反数で区分したそれぞれの賃織が占める割合が示されている。網かけ部分は、比較的発注集中度の高い発注反数と取引年数の組合せである。この網かけ欄の分布から、滝沢家の賃織との取引のあり方は、取引年数（五年未満と五年以上）と取引規模（六〇〇反以上と六〇〇反未満）の二つの指標で区分した四分類のうち、網かけの欄のない右上方を除いたおおよそ三つのタイプに分類することができよう。一つは、年数三～四年以下、規模が六〇〇反未満の発注を行う取引で、反数比は全体の約二四%、それと対極に位置する年数五年以上、最大規模が六〇〇

表 1　取引年数と取引反数

(a)　発注戸数の分布

（単位：戸）

| 年最大発注反数＼取引年数 | 25 年以上 | 20 年以上 | 15 年以上 | 10 年以上 | 5 年以上 | 3-4 年 | 2 年 | 1 年 | 計 |
|---|---|---|---|---|---|---|---|---|---|
| 1,500 反以上 | | | | 1 | 2 | | | | 3 |
| 900 反以上 1500 反未満 | | | 1 | 2 | 1 | | | | 4 |
| 800 反以上 900 反未満 | | 1 | | 5 | 3 | | 1 | | 10 |
| 700 反以上 800 反未満 | | | | 2 | 2 | | | | 4 |
| 600 反以上 700 反未満 | | | 2 | 6 | 1 | 1 | 3 | | 13 |
| 500 反以上 600 反未満 | | 1 | | 2 | 5 | 1 | | | 9 |
| 400 反以上 500 反未満 | | 1 | 6 | 5 | 6 | 4 | 1 | 1 | 24 |
| 300 反以上 400 反未満 | 1 | 1 | 2 | 10 | 30 | 8 | 1 | 2 | 55 |
| 200 反以上 300 反未満 | | 1 | 1 | 4 | 33 | 26 | 12 | 5 | 82 |
| 100 反以上 200 反未満 | | | | 9 | 67 | 69 | 67 | 29 | 241 |
| 50 反以上 100 反未満 | | | | 1 | 27 | 63 | 98 | 122 | 311 |
| 50 反未満 | | | | | 3 | 23 | 89 | 464 | 579 |
| 計 | 1 | 5 | 12 | 47 | 180 | 195 | 272 | 623 | 1,335 |

(b)　発注反数の割合

（単位：%）

| 年最大発注反数＼取引年数 | 25 年以上 | 20 年以上 | 15 年以上 | 10 年以上 | 5 年以上 | 3-4 年 | 2 年 | 1 年 | 計 |
|---|---|---|---|---|---|---|---|---|---|
| 1,500 反以上 | | | | 1.9 | 2.8 | | | | 4.7 |
| 900 反以上 1500 反未満 | | | 1.5 | 2.0 | 0.9 | | | | 4.5 |
| 800 反以上 900 反未満 | | 1.3 | | 5.0 | 1.5 | | 0.2 | | 7.9 |
| 700 反以上 800 反未満 | | | | 1.6 | 1.0 | | | | 2.6 |
| 600 反以上 700 反未満 | | | 1.7 | 4.7 | 0.3 | 0.4 | 0.5 | | 7.6 |
| 500 反以上 600 反未満 | | 1.2 | | 1.0 | 1.8 | 0.3 | | | 4.3 |
| 400 反以上 500 反未満 | | 0.7 | 4.3 | 2.1 | 2.2 | 0.8 | 0.1 | 0.1 | 10.3 |
| 300 反以上 400 反未満 | 1.3 | 0.8 | 1.3 | 4.2 | 7.8 | 1.1 | 0.1 | 0.2 | 16.7 |
| 200 反以上 300 反未満 | | 0.5 | 0.5 | 1.0 | 6.1 | 2.7 | 0.8 | 0.3 | 11.8 |
| 100 反以上 200 反未満 | | | | 2.1 | 7.8 | 4.3 | 2.8 | 0.8 | 17.8 |
| 50 反以上 100 反未満 | | | | 0.1 | 1.7 | 2.2 | 2.4 | 1.8 | 8.1 |
| 50 反未満 | | | | | 0.1 | 0.4 | 0.9 | 2.2 | 3.7 |
| 計 | 1.3 | 4.4 | 9.3 | 25.6 | 34.0 | 12.2 | 7.8 | 5.4 | 100.0 |

（注）　表(a)の網掛けは，同一の取引年数のカテゴリーのうちで，最も戸数の多い欄を示す。
表(b)の薄い網掛けは 2% 以上，濃い網掛けは 4% 以上の欄を示す。
（出所）「出機簿」ないしは「賃織物受渡台帳」（各年版）。

反以上の賃織には全体の約二六％、残りの五〇％弱が五年以上、最大発注規模六〇〇反未満の賃織への発注であった。なお、年間発注規模六〇〇反は、先の取引規模の検討の際に論じたように、取引行動のあり方を分ける基準となった反数である。

滝沢家の中心的な発注先は、まずは全体の五〇％を占めた、取引が比較的長期にわたり、かつ取引規模が年間六〇〇反に満たない賃織であった。それに、取引年数が比較的長く、発注規模の大きい賃織が主に第Ⅱ期以降加わる。これらが滝沢家の織物調達にとって中核をなす取引であったと考えられる。これに対して、反数比で二四％を占める、発注が小規模な賃織との短期的な取引は、織物調達活動の周辺部分として位置づけられていたと言えよう。滝沢家は、賃織によって発注行動を使い分けていた。中核的な賃織とは、比較的長期にわたって発注を行い密接な関係を形成し、その一方で、多くの賃織と小規模で短期的な取引を行い、年間発注反数の変動に対処していたと考えられる。

## 3　賃織の地理的分布

次に、発注先賃織の地理的分布を見よう。賃織の所在する町村別に発注＝回収反数の比率とその推移をまとめたのが図2である。そこに現れる各町村は、滝沢家の在住する東金子村を中心に、図の上方から下方にかけて、おおよそ北東方面から南西方面へと地理的な所在が配置されるように並べてある。同図によれば、滝沢家の発注先は、各期ごとに特色を示していた。第Ⅰ期で目につくのは、自村（東金子村）の比率の高さと並んで、霞村への発注が、多い年で全体の二〇％近くを占めたことである。第Ⅱ期には東金子村の相対的な地位が下がり、隣接する金子村（一九一四年前後には金子村と元加治村の合計）への発注が

図 2　町村別の発注＝回収反数の割合

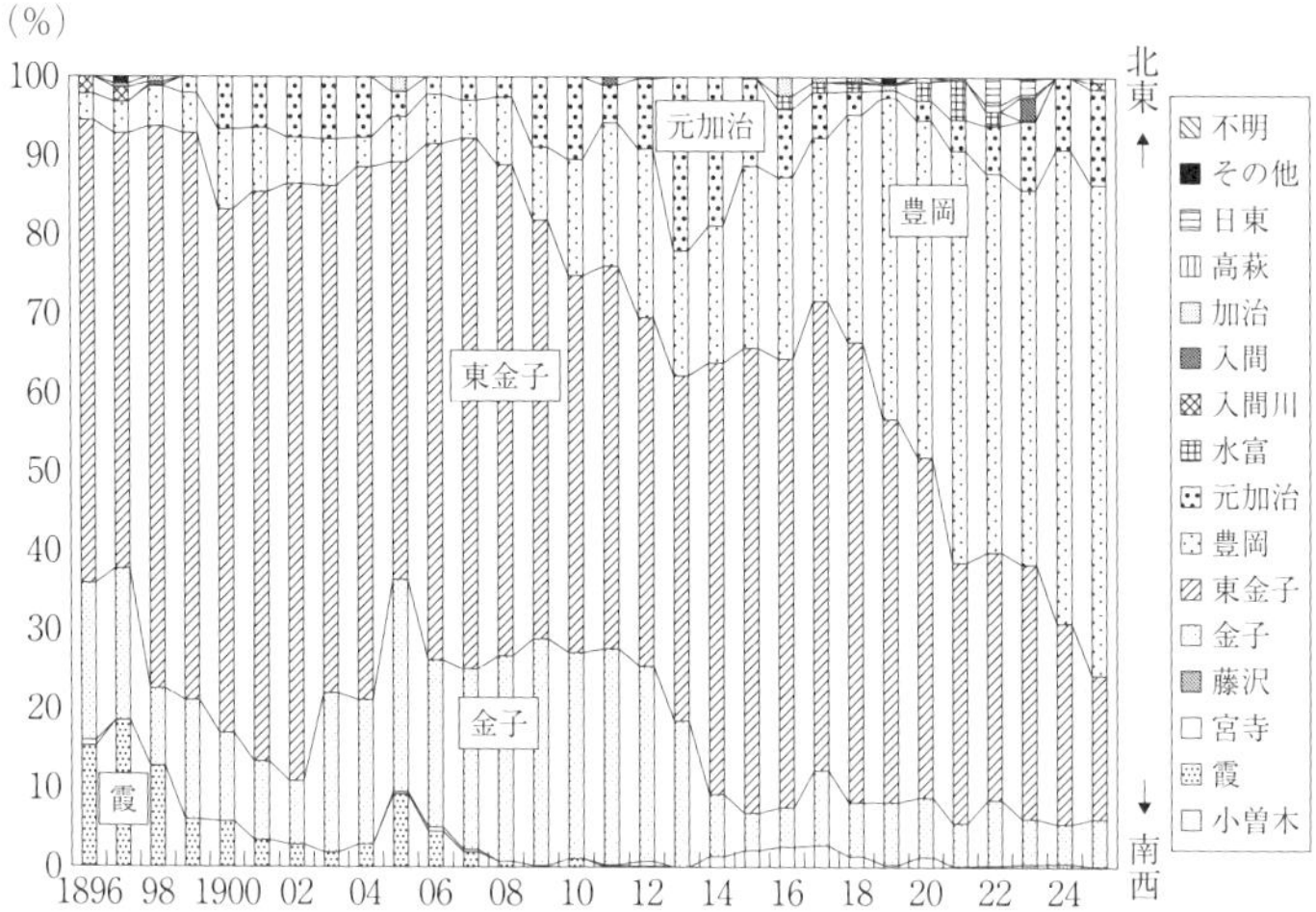


（出所）「出機簿」ないしは「賃織物受渡台帳」（各年版）。

全体の四〇％近くを占めている。第Ⅲ期には一転してこの二村の比率が低下傾向を示し、やはり東金子村に隣接する豊岡町（中心は町場の扇町屋地区ではなく農村部の高倉地区）が四〇％内外の比率を占めるようになった。第Ⅳ期には、それに加えて水富、日東、高萩といった、それまで発注のほとんどなかった村が一定の比率を占めた点が注目されよう。

以上の地理的推移は、何を意味しているのであろうか。霞村の賃織との取引は、東京府下西多摩郡の集散地・青梅への出荷の多い、特有の織物（細糸入り）の取扱いを内容としていた。第Ⅰ期から第Ⅱ期への変化の核心が、その青梅との関係の希薄化であったことは、入間地方が青梅の影響力を脱し、所沢を中心とする凝集的な産地構造の形成に向かっていたことを示している。第Ⅱ期に継続する金子村への発注も、旧村（字）単位で見ると、霞村に隣接する木蓮寺、峯（一八九六年で金子村全体の七〇％）から、第Ⅱ期以降は東金子村に近接する、根岸、寺竹、谷ヶ貫への発注に傾斜した（一九〇七年にはこの三地区で八三％余）。そして第Ⅲ期には、東金子に直接に接する豊岡（高倉地区）の台頭が著しい。発注反数の増加とは逆に、滝沢家所在地と発注先の地理的な近接性が強まっているのである(5)。

この地理的分布の変遷は、賃織管理問題に直接関わる重要なポイントであった(6)。実際、賃織分布の広域化に伴い、出機業者と賃織の間に出現した「周旋屋」の弊害――「往々横糸ノ減耗量ヲ多カラシメ自然製品ニ悪影響ヲ及スノ実例決シテ少シトセス」「元機業者ヨリ委託セラレタル経玉、緯糸ヲ質入レスルモノアリ」――は、地理的な拡大が、出機業者の管理問題を惹起していたことを雄弁に物語っている（埼玉県下北足立郡および川越周辺の事例。一九一六年、埼玉県行政文書・商工務部七九〇）。滝沢家取引先賃織の分布の変遷は、この地理的拡散がもたらす管理問題への、滝沢家による戦略的対応を示すものであった。では、織物集荷をめぐる管理問題は、滝沢家経営においてどのように発現し、かつ処理されていたのであろうか。以下、「原料糸抜き取り」と「納期遅延」の二つの問題を手掛かりに具体的に見ていくことにしよう。

## 4　集荷「管理」(1)――原料糸抜き取り問題

まず、所沢織物同業組合発行による『所沢織物誌』（一九二八年刊行）の次のような指摘を参照しよう。

「賃織業者中には故意に織込を粗にして緯糸過剰せしめ之を横領するの悪習あり慣行の永き殆んど公然の秘密として周知の事実となりながら機業家は商機を逸するを恐れ却つて之を黙認するの傾きとなり」（復刻版・所沢市史編さん室編『所沢市史調査資料別集6』、一九八四年、九〇頁）

図3　景気変動と歩留まり

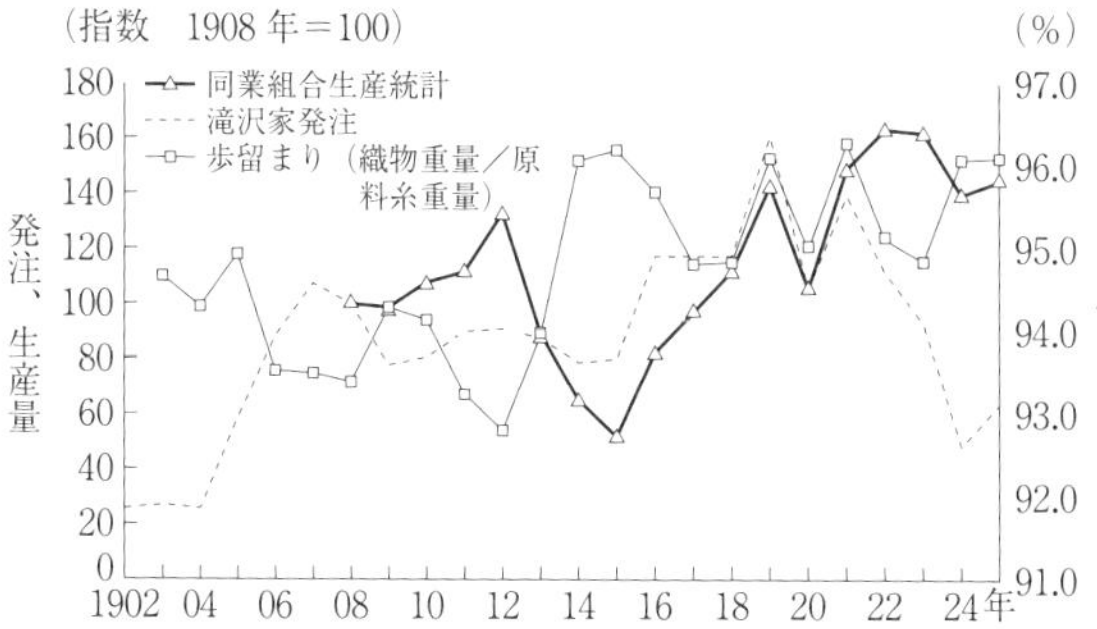


（注）　Y（歩留まり）＝105.75−0.049P（同業組合・生産量）
(157.59)** (−6.76)**
R＝0.93133**
（$t$値），**は1%水準で有意。1908〜17年間のデータによる。
（出所）　滝沢家文書，同業組合データ。

見られるように、賃織が渡された緯糸の一部を製織せず、手元に留保しておく様が指摘されている。織込みの密度が粗い織物は、洗うと縮みがでる粗悪品となるし（宮本［一九八六］、一七〇頁）、地薄となった織物は、「市場ノ声価ヲ失墜」する原因となるものであった（埼玉県行政文書「商工務部七九〇」）。このように入間織物業において、分散的な生産現場に起因する原料糸抜き取り問題は、確かに存在していた。ではそれは、織元経営にとって、どのような影響を及ぼしていたのだろうか。

手掛かりとなるのは、原料糸と製品の重量比率＝「歩留まり」である。図3に見られるように、滝沢家の「歩留まり」は九二・八％〜九六・三％の間を上下していた。「歩留まり」九二・八％とは、原料として渡された糸のうち、七％余が失われたことを意味している。これをそのまま、賃織の「糸の抜き取り＝原料着服」とすれば、一二反掛けの場合、一二反分の原料糸からその七・二％を留保するのであるから、〇・八六反分を賃織が着服し、本来は一一・一四反分にしか相当しない分量で一二反を織り上げたことになる。実際には、歩留まりから算出される減耗率は物理的な損耗を含んでおり、そのすべてが賃織の原料糸の留保であるとはいえないだろうが、それが規定量の糸量を使用していない反物として織り上げられるならば、品質面で欠陥を有することはあきらかであろう。『所沢織物誌』が指摘するように、渡された原料糸が、そのまま製品織物に用いられるとは限らなかったのである。

ただし、賃織が一定程度の原料糸を留保したとして、そのような行為を織元側が掌握し得ていたか否かは、織元の経営にとって大きな相違であった。先に見たように、原料糸の抜き取りが、織元の制御できない行為の結果としてなされていれば、それは製品の品質低下として、織元の信用に大きな負の影響を及ぼすだろう。しかし、このような製品の品質低下を回避するため、織元側が賃織の糸の留保を前提に、あらかじめ多めの原料糸を渡すことも考えられる。実際、織物業者からの「聞き書き」には、「キレ」と称して余分の糸を賃織に与える慣行が指摘されていた（宮本［一九八六］）。その場合、反物自体の品質問題は回避されることになる。では滝沢家の場合、「原料糸留保」の経営的な意味は、どのように評価されるだろうか。

再び図3を見よう。先に「歩留まり」水準の低さを指摘したが、ここでは「歩留まり」の年次変動に着目したい。一九一四、一五年以前に関して見れば、「歩留まり」は入間地方の織物生産動向と逆相関の関係で推移していた(7)。生産量の多いときに歩留まりは低下し、生産量が減れば歩留まりは上昇していたのである。この事態は、賃織の原料糸の留保を、「現物給付」と見る見方に整合的であろう。生産拡大期には賃織獲得競争が発生し、織元は賃織確保のために余分な原料糸＝「現物給付」を賃織に給付することが想定されるからである。逆に、生産量の減る時期には織元は賃織への発注を減少させるため、賃織獲得は容易になり、現物給付量も絞られることになった。一九〇〇年代の滝沢家は、賃織の原料糸留保を掌握し、それを一つの取引の手段としていたのである。それは、滝沢家における集荷管理手法の「発展」とも言いうるものであった。

滝沢家の賃織との取引帳簿には、一八九〇年代から原料糸および製品量目（重量）に関する帳簿記入は散見されるものの、記載は徹底されていなかった。その一方、「ワルシ」など、回収した織物に対しての評価の記載が多いことが、この頃の帳簿記入の特色をなしている。一八九六年には、九七一回の織物の発注＝回収取引のうち、一割近い八七回の取引において、賃織から回収した織物のいくつかにつき「ワルシ」およびそれに類する記載があった。滝沢家は、この時点では出来上がった織物に対して、おそらくは経験に基づく観察眼から品質のチェックを行うが、厳密な重量管理を行うには至っていなかったと考えられる。それが、一八九八年から経糸、緯糸の重量が記載される取引が増加し、一九〇一年には経糸で九割の取引において重量記載がなされた。一年遅れた一九〇二年を画期に、製品織物の重量記載も充実し、ここに重量管理のためのデータが完全に出揃うことになった。図3が一九〇二年から始まっているのは、この事情を反映している。滝沢家の集荷管理の手法は、一八九〇年代から一九〇〇年代にかけて「深化」し、一九〇〇年代に至って、賃織による原料糸留保を完全に経営側の「管理」下におくことに成功したのである。

しかし「現物給付」の実施は、過大な原料コスト支払いとなって経営にはねかえることになる。図3における最小の「歩留まり」で試算するならば、原料糸は必要量に対して七・八％（＝一〇〇／九二・八）余分にかかったことになる。製品価格が上昇しない限り、それは四〇％弱の反当たり利益の喪失を意味していた(8)。以下に見る同業組合の活動は、この「現物給付」水準抑制の試みであったと言える。

一九一二年、織元と買次商から成る武蔵織物同業組合は、申請によって埼玉県庁から、組合管内で賃織の「取締」を行う、「請願巡査」の配置を受けることに成功した。この施策は、取引先賃織の所在地が重なる武蔵絹織物同業組合、武蔵飛白同業組合および青梅織物同業組合と歩調を合わせたものであり、同業組合の記録（『所沢織物誌』）は「緯糸の横領等」の「弊習絶滅」に対して「頗る顕著」な効果を上げたと評価している。事実図3に見られるように、滝沢家の歩留まりは一九一二年を底に急上昇を示し、一九一五年に一つのピークを迎えていた。「請願巡査の配置」は、一九一五年に一旦廃止されたが、第一次大戦期の好況下で「悪習」が復活したとして、一九一九年に再度実施された。滝沢家の歩留まりも一九一九年には、発注反数の増加にもかかわらず上昇している。この歩留まり水準の上昇は、歩留まりが入間地方の織物生産動向と、明瞭な逆相関関係を示さなくなった事実とともに、「現物給付」の意味が変化したことを窺わせるものと言える。

一九一六年制定の埼玉県「機業取締規則」の条項も、原料糸着服問題を考えるうえで興味深い。附則を除いて一四条からなるこの「規則」は、第一、二条が同業組合での製品検査を義務づけた規定であり、第三条以降はもっぱら賃織との取引に関する事項を扱っている。そこではまず賃織の原料糸の取り扱いが細かく規定され、原料糸の「着服」が禁止される。それに違反した賃織は、七日未満の拘留、十円未満の科料が課せられることになった（一二条）。賃織の「原料着服」が、明確に処罰の対象となったのであり、この事態はヨーロッパ史の分野で論議される「原料着服」行為の「余得」から「犯罪」への転換――「モラル・エコノミー」から「ポリティカル・エコノミー」へ――と類似の事態の進行を示唆しているようにも見受けられる(9)。しかしここでは、織元が賃織に対して原料糸を「贈与シ又ハ賃金ノ代償トシテ之ヲ交付スルコト」も禁止されたことに注目したい(第五条)。これに違反した織元には一〇日未満の拘留、または十五円未満の科料(第一一条)が課せられており、量刑は先の賃織に対する規定よりも重かった。すなわち、取締規則がターゲットとしていたのは、賃織以上に織元の行動だったのである。「原料糸の留保」が、賃織の「着服」というよりも、織元が意識的に行う「現物給付」に近かったからこそ、このような織元の行動規制が、問題解決の最も重要な施策とされていたと言えよう。この時点で、賃織の原料糸留保問題は、織元の共同行為による賃織工賃抑制と同質の問題となっていたのである。

滝沢家は、一九〇〇年代初めには、すでに賃織との関係において原料・製品授受を掌握し、賃織の原料糸留保を一定程度前提としながらも、それを管理下に置いていた。一九一〇年代の同業組合の活動が新たにそこに加わり、滝沢家は歩留まり自体の上昇——賃織の原料糸留保の排除——を実現していく。滝沢家の出機経営は、「問屋制の内部矛盾」に直面しつつも、それを掌握し、管理下に置くことで、経営への大きな打撃となることを回避し得ていたのである。

## 5 集荷「管理」(2)——納期遅延問題

分散的な生産現場が生み出すもう一つの管理問題は、納期である。問屋制家内工業では、労働時間の定められた集中作業場での作業と異なり、糸を受け取った賃織がいつの時点で作業を行うかは、賃織側の裁量に委ねられていた。他方、コストの過半を原料糸が占める織物経営にとっては、一般に原料糸の回転を早めることが利潤率を上げる方策の一つとなる。加えて、織物需要には季節性があり、販売時期に合わせて迅速な織物調達を行うことが、経営にとって、最も望ましい施策であった。実際、先の『所沢織物誌』からの引用にも、織物調達において「商機を逸する」ことを問題視する指摘がなされている。では滝沢家の賃織からの織物回収は、どのようになされていたのだろうか。

滝沢家の帳簿から、賃織との取引ごとに、原料糸を渡した日から最後の織物を回収した日までの期間を計算することができる。整経済みの経糸の場合、通常賃織は渡された経糸を一掛のまま織機にかけ、同一の織機で最後まで織り上げるから、この期間は一掛分の織物（一〇反～一四反）を織り上げるのに実際に要した時間をすべて含んでいた。さらに糸の受け渡しから実際に織物製織にかかるまでの時間、最終的な織り上がり時点から織元が回収に賃機を訪れるまでの時間、および場合によっては賃機が原料糸を放置する時間が加わったのが右記の日数である。滝沢家にとってみれば、その日数全体が原料糸が織物となるまでに要した時間であった。以下ではこの日数を指標として納期管理について見ていくこととする。

図4は、一反当たり日数に換算し、六時点それぞれの季節ごとの平均製織日数を示したものである。年次的な変化に着目すると、まず第Ⅱ期に、第Ⅰ期に比して製織日数が有意に短くなったことが注目される。Ⅰ期の中では、一九〇一～〇三年は発注反数が最も少ない時期であり、販売量確保の緊急性が乏しかったとも考えられるが、一八九〇年代の発展のピークを含む一八九六～九八年と較べても、一九〇六～〇八年は各季節とも二〇％以上の製織日数の短縮を見ていた。さらに一九一二～一四年の不況期の上昇をへて第Ⅲ期には、第Ⅱ期よりも一〇％前後短い製織日数となった。第Ⅰ期から第Ⅲ期にかけて、景気変動による上下の波を示しつつも、製織日数は短縮化の方向にあったことが指摘できよう。そして問屋制経営衰退期の一九二〇年代に、そのトレンドは反転した（第Ⅳ期）。では、滝沢家の製織日数短縮化は何によっても

図 4　平均反当たり製織日数の推移（季節別）

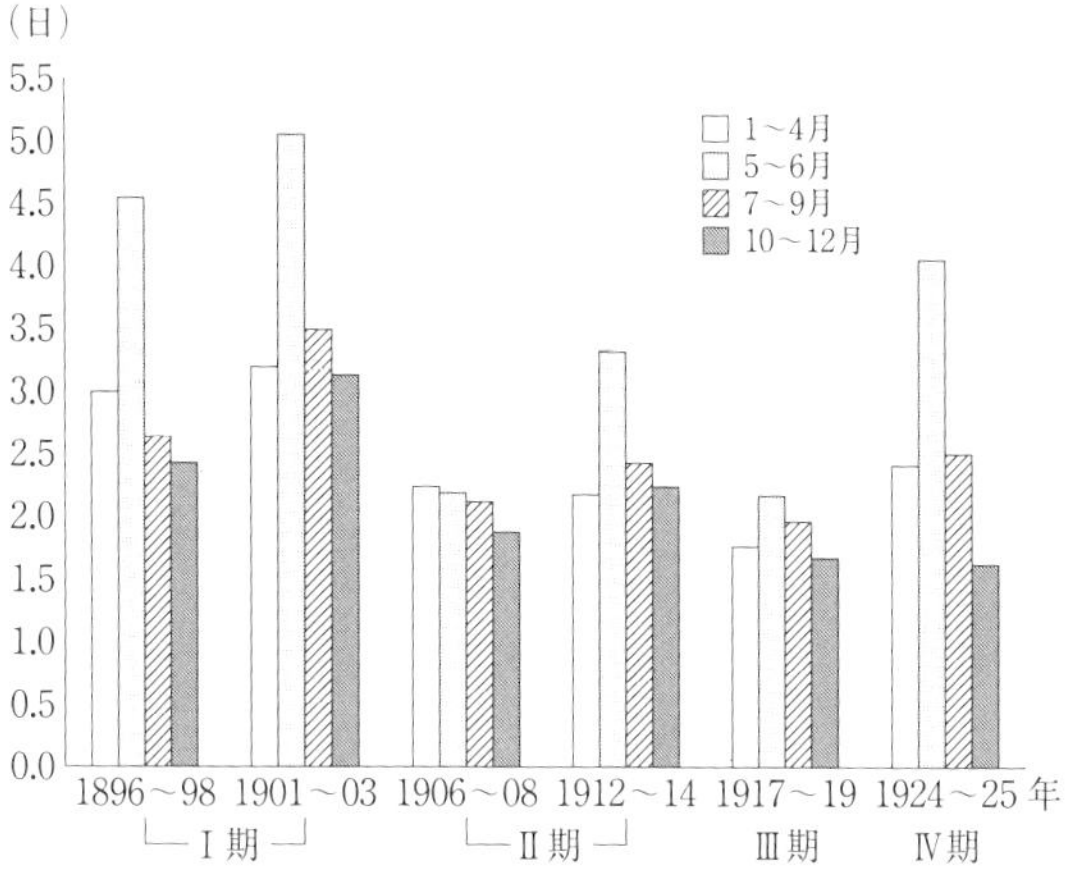

（出所）「出機簿」ないしは「賃織物受渡台帳」（各年版）。

たらされたのだろうか。

第Ⅰ期から第Ⅱ期にかけて生じた、高機からバッタン（飛杼装置付き手織機）への織機転換は、この変化を説明する一因であろう。高機の能率は一日一反であり、バッタンは一日二反の製織が可能であったから、技術的な意味での必要製織時間は半分となったのである。しかし、その効果はあくまで直接の製織時間の範囲に限られることが指摘されなければならない。実際、糸の受け渡しから織物の回収までの期間は、第Ⅲ期においても平均反当たり一・五日を切っていない。バッタン使用による技術的な意味での反当たり製織日数は〇・五日であるから、製織工程以外の時間の処理が大きな問題なのである。この点は、製織日数の季節的な変動からも確かめられる。滝沢家のデータは、農繁期の五、六月に製織日数が顕著に増えることを示していた。織物製織に要する時間が季節によって大きく異なることはないから、日数の差異は、織元側から見て空費される時間がどの程度発生しているかによっている。賃織は、原料糸を受け取ったとしても、自らの都合によって、原料糸を放置したり、製織を中断したりする場合が確かにあったのである。

織元経営の納期管理の課題は、この空費される時間をいかにして縮小するかにあった。表2からは、製織日数の長短に発注先賃織の所在地および発注規模の双方が影響を及ぼしていたことが読み取れる。一九一七年までは、滝沢家の所在する東金子村における賃織の製織日数が最も短かった。発注規模別に見てもそうである。一九一八年に豊岡が東金子を下回るようになるが、豊岡は滝沢家の居住する小谷田（東金子）の隣接地区であるうえに、この年には発注が豊岡と東金子に集中していた。織元との地理的な関係が製織日数に関係していると言えよう。また、同じ町村内では、発注反数の多い賃織のほうが製織日数が短い傾向にあるといってよい。以上の観察事実は、織元との接触の度合いが、製織日数に影響を与えていることを示唆している。地理的に分散した賃織に較べ、織元の居住する村や隣接する発注集中地域に居住する賃織とは、より頻繁な接触が可能なことは容易に想像しうる。また、発注回数の多い賃織とは、頻繁な接触が記録されている。たとえば大口取引先の賃織（都築増太郎）の場合、一九一八年一〇月の一ヵ月間に、発注と回収の行為が想定される日が一六日あった。すなわち滝沢家は、この賃織を、平均して二日に一度は訪れているのである。

このように、賃織との接触は、製織督促や他の織元からの製織依頼への牽制など、賃織の納期管理には不可欠のものであったと考えられる。しかし、それは手間のかかる業務でもある(10)。地理的な集中と発注規模の増大は、その業務の効率の上昇を可能とする一方法であろう。第Ⅱ期から第Ⅲ期への製織日数のある程度の短縮化は、前項でも論じた発注規模の増大と発注地域の集中化による、賃織との接触の効率化にもその要因があったと思われる。滝沢家は、織機の生産性の上昇を前提としながら、賃織との密接な接触

表 2　町村別・規模別の反当たり製織日数（各年 10～12 月）

| 町村名 | 年間発注規模 | 1896年 | | 1907年* | | 1917年 | | 1918年 | |
|---|---|---|---|---|---|---|---|---|---|
| | | 回数 | 製織日数（日） | 回数 | 製織日数（日） | 回数 | 製織日数（日） | 回数 | 製織日数（日） |
| 東金子 | 50反未満 | 4 | 8.1 | | | 7 | 3.2 | 18 | 3.8 |
| 東金子 | 100反未満 | 29 | 2.7 | 16 | 1.9 | 13 | 2.1 | 28 | 2.0 |
| 東金子 | 300反未満 | 101 | 2.2 | 46 | 1.5 | 74 | 1.9 | 95 | 1.8 |
| 東金子 | 600反未満 | 27 | 1.4 | 69 | 1.2 | 98 | 1.6 | 115 | 1.2 |
| 東金子 | 600反以上 | 28 | 1.7 | 35 | 1.0 | 134 | 1.3 | 29 | 0.9 |
| 東金子 | 全　体 | 189 | 2.2 | 166 | 1.5 | 326 | 1.6 | 285 | 1.6 |
| 豊　岡 | 50反未満 | | | | | 7 | 7.1 | 10 | 4.1 |
| 豊　岡 | 100反未満 | | | | | 7 | 2.1 | 14 | 2.6 |
| 豊　岡 | 300反未満 | | | | | 43 | 2.3 | 138 | 1.4 |
| 豊　岡 | 600反未満 | | | | | 21 | 1.1 | 107 | 1.0 |
| 豊　岡 | 600反以上 | | | | | 18 | 1.8 | 20 | 1.5 |
| 豊　岡 | 全　体 | | | | | 96 | 2.3 | 289 | 1.4 |
| 金　子 | 50反未満 | 12 | 4.1 | 22 | 2.8 | 7 | 1.7 | 12 | 3.5 |
| 金　子 | 100反未満 | 21 | 3.2 | 37 | 3.4 | 13 | 1.6 | 47 | 1.7 |
| 金　子 | 300反未満 | 22 | 2.3 | 102 | 1.7 | 25 | 2.4 | | |
| 金　子 | 600反未満 | 12 | 2.1 | | | 28 | 1.7 | | |
| 金　子 | 全　体 | 67 | 2.9 | 161 | 2.4 | 73 | 1.9 | 59 | 2.1 |
| 元加治 | 50反未満 | | | | | 6 | 5.1 | 4 | 2.3 |
| 元加治 | 100反未満 | | | | | 6 | 4.0 | 1 | 1.3 |
| 元加治 | 300反未満 | | | | | 17 | 4.3 | 11 | 2.7 |
| 元加治 | 全　体 | | | | | 29 | 4.4 | 16 | 2.5 |
| 霞 | 50反未満 | 2 | 5.6 | | | | | | |
| 霞 | 100反未満 | 13 | 4.7 | | | | | | |
| 霞 | 300反未満 | 24 | 2.5 | | | | | | |
| 霞 | 全　体 | 39 | 3.4 | | | | | | |

（出所）「出機簿」ないしは「賃織物受渡台帳」（各年版）。
（注）　＊この年は，多種の織物のうち，「十五」「小巾」「格子」の合計。
　　　　発注回数が 10～12 月に数十回ある町村のみを対象とした。

を維持することで、第Ⅱ期、第Ⅲ期の発注反数および賃織戸数の増大の中でも、一応の納期管理を実践しえていたと考えられるのである。

## 4 おわりに

入間地方において出機経営が成立したのは、一八八〇年代後半のことであった。先染めの織物に特化した入間地方において、発注織物の種類は、織物種類、色、意匠、および尺幅に多くのバリエーションがある。このような多様な織物を織元の販売方針どおりに揃えることは、原料供給によってあらかじめ集荷する織物の特性を決定しない限り、難しい。織物市場側からの要求に応え、新たな展開を示す一八八〇年代の織物全国市場において競争力を維持するためには、生産の何等かの形での組織化は不可避であった。

生産を組織化する端的な方法は、集中作業場＝工場形態の採用である。しかしそれは、農家固有の労働力供給パターンとは相容れないものであった。農家内の相対的に安価な労働力を調達するためには、問屋制経営の採用以外にはない。それはまた、相互に独立の動きを見せる販売市場と労働市場の時間的なずれを調整し、高度化しつつあった織物需要と、農村に存在する余剰労働力を結合させることでもあった。それを可能としたのは、問屋制経営における管理問題の克服である。織元は織物重量や納期の管理を徹底し、原料着服や納期遅延を、自らの管理下に収めることに成功していた。もっとも、その代償に管理コストの増大が生じれば、問屋制経営は不利なものとなる。それを回避する方策として、滝沢家は取引先賃織の選択的な編成を行った。中核と周辺の二様の賃織を使い分けることで、織物需要の変動へ対処する。同時に、取引相手の地理的な凝集性を高め、中核的な賃織と長期的な取引関係を形成することで、滝沢家は賃織の機会主義的な行動の抑制を図っていたのである。

このような長期的、かつ密接な取引関係を、織元のコスト負担を抑制しつつ形成するためには、賃織側がそれを受け入れる条件も必要であろう。しばしば指摘される日本の農家の地域固着性は、その条件形成に適合的であるとも考えられる（野尻［一九四二］）。もっともこれらの論点は、近代日本の農村社会の特質に関わる問題であり、それと織物業との関連の具体的な解明は、今後に残された課題である(11)。本章の検討結果が示しているのは、そうした社会的基盤も、織元の戦略的な経営管理と結びつくことによって、はじめて産業展開の基盤として機能しえたことである。織物業における問屋制家内工業は、農家行動や農村社会のありようを基盤に、それを市場に結びつける経営主体の行動を介することで、持続的な産業組織として機能した。逆にそのことが、産業化の進展にもかかわらず、在来的な社会基盤の存続を可能とし、日本の産業組織に、固有の特質を付与することにもなったのである。

＊　本章は、谷本雅之［一九九八］、「織元－賃織関係の分析――『問屋制』の論理と『家内工業』の論理」『日本における在来的経済発展と織物業――市場形成と家族経済』第七章、名古屋大学出版会、を大幅に圧縮したうえで、加筆・修正したものである。

## 注

(1)　なお、この製織技術を前提とする限り、「分業と協業」による生産性向上の余地は乏しいことにも留意しておこう。

(2) 田村均［二〇〇四］は、幕末・明治前期の織物業において、「流行市場」への対応が要請されたことを強調している。

(3) 賃織の労働供給行動に関しては、谷本雅之［一九九八］第六章および第七章を参照されたい。そこでは、賃織農家内に生じる農業労働と家事労働の存在が、特有の労働供給行動を産み、それが生産形態の選択を強く規定したことが主張されている。農業労働との関連については、Sokoloff and Dollar［1997］が、マクロ・データを用いたイングランドとアメリカの比較分析から、同様の主張を行っている。同論文によれば、季節性の強い穀作農業の展開が、一八世紀から一九世紀前半期のイングランドに、アメリカには見られない広範囲の cottage production を展開させたという。

(4) 後述の生産性を参照するならば、年産六〇〇反は一人で生産し得る数量であった。

(5) 第Ⅳ期の反転も、衰退期における余儀ない対応と見れば、その方向性は否定されないだろう。

(6) 坂巻［一九九三］、一四四－一四六頁は、一八世紀末のヨークシャー梳毛工業の紡糸生産部門において、遠隔地への発注が仲介者を介在させざるを得ず、その存在が管理上のネックとなっていたことを指摘している。

(7) 一九〇八から一九一七年に関しては、逆相関は1％水準で有意である（図3）。

(8) 七・八％増を織物価格構成（『埼玉県統計書』による）に当てはめてみると、実際にかかる糸代が〇・〇三九円増の〇・五三九円となり、職工賃で見れば三二・五％の増加に相当していた。このコスト上昇分を、製品価格に転嫁できなければ、差引純益は、金額では〇・〇三九円、率でいえば四〇％の減少となった。

(9) Styles［1983］などを参照。

(10) 一九一三年前後の滝沢家の職工は五名であった。滝沢家はこれに家族労働を加えた人数で、二万反前後の織物の準備工程（外注される場合も考えられる）、および坪廻り（賃織の巡回）をこなしていたことになる。

(11) Ohno and Kikuchi［1998］, Ohno［2001］は、農村社会を「共同体」と捉え、その存在を織物業における機会主義的行動の抑制装置として位置づけている。ただし、滝沢家の事例で観察される織元・賃織間のきわめて市場的な取引関係を前提にするならば、諸主体の市場行動と社会的な規制との関連の具体相について、さらに実証的な検討が要請されよう。

## 参考文献


Abe, Takeshi [1999], "The Development of the Putting-out System in Modern Japan," in Konosuke, Odaka and Minoru Sawai eds., *Small Firms; Large Concerns*, New York : Oxford University Press.

古田和子［一九九〇］、「製糸技術の移転と社会構造」川北稔他編『世界史への問い２　生活の技術・生産の技術』岩波書店、所収。

石井寛治・関口尚志編［一九八二］、『世界市場と幕末開港』東京大学出版会。

黒田明伸［一九九五］、「二〇世紀初期太原県にみる地域経済の原基」『東洋史研究』五四巻四号。

Landes, David S. [1969], *The Unbound Prometheus*, Cambridge, UK : Cambridge University Press.（石坂昭雄・冨岡庄一訳［一九八〇］、『西ヨーロッパ工業史１』みすず書房。）

宮本八重子［一九八六］、『所沢飛白』。

水野廣祐［一九九九］、『インドネシアの地場産業』京都大学学術出版会。

野尻重雄［一九四二］、『農民離村の実証的研究』岩波書店。

Ohno, Akihiko [2001], "Market Integrators for Rural-based Industrialization : the Case of the Hand-weaving Industry in Laos," in Masahiko Aoki and Yujiro Hayami eds., *Communities and Markets in Economic Development*, New York : Oxford University Press.

Ohno, Akihiko and Masao Kikuchi [1998], "Organizational Characteristics of Rural Textile Industries in East Asia," in Yujiro Hayami ed., *Toward an Alternative Path of Economic Development*, Washington, D. C. : Economic Development Institute of the World Bank.

Pollard, Sidny [1965], *The Genesis of Modern Management*, London : Edward Arnold.（山下幸夫・桂芳男・水原正亨共訳［一九八二］、『現代企業管理の起源』千倉書房。）

坂巻清［一九九三］、「一八世紀末ヨークシャーの梳毛工業」『研究年報・経済学』（東北大学）五五巻二号。

Sokoloff, Kenneth L. and David Dollar [1997], "Agricultural Seasonality and the Organization of Manufacturing in Early Industrial Economies : The Contrast Between England and the United States," *The Journal*

*of Economic History*, Vol. 57, No. 2.
Styles, John [1983], "Embezzlement, Industry and the Law in England, 1500-1800," in M. Berg, P. Hudson and M. Sonenscher eds., *Manufacture in Town and Country before the Factory*, Cambridge : Cambridge University Press.
Takeuchi, Johzen [1991] *The Role of Labour-intensive Sectors in Japanese Industrialization*, Tokyo : United Nations University.
田村均［二〇〇四］、『ファッションの社会経済史――在来織物業の技術革新と流行市場』日本経済評論社。
谷本雅之［一九九八］、『日本における在来的経済発展と織物業――市場形成と家族経済』名古屋大学出版会。

# 第5章

# 近世日本の経済発展と株仲間

## 歴史制度分析

岡崎　哲二

## 1　はじめに

本章では、歴史制度分析の枠組みを用いて、近世日本における株仲間の役割を再検討する。次の三つのグループの文献が本章と関連する。第一のグループは経済史の制度分析の方法に関する文献である。ダグラス・ノースとリチャード・トーマスは、経済発展の基本的な原因としての制度、特に所有権を保護する公的制度の重要性を強調した（North and Thomas [1973]）。これをふまえて、アブナー・グライフによる一連の研究は、ゲーム理論を応用することによって制度が生成・存続するメカニズムを経済学的に分析し、歴史制度分析という経済史の新しい研究領域を開いた(1)。

第二のグループは、戦前以来蓄積されてきた近世日本経済史に関する諸研究である。これらの研究の多くは、よって立つ経済理論のいかんを問わず、広い意味で市場経済の発展に関心を払ってきた。特に、一九七〇年代以降に進展した数量経済史研究は、伝統的な経済史研究の中で提起された、近代に連続する経済発展が近世後期に始動したという見方に対して新しい視点と定量的な論拠を与えた（新保［一九七八］、新保・斎藤［一九八九］）。

数量経済史を中心に近世の経済発展を高く評価する研究が進んだことに対応して、経済発展の制度的基礎に焦点をあてた研究も行われている。代表的文献である岩橋［一九八八］は、ノースの視点に立脚して、近世の日本で経済発展に適合的な制度が整備されたことを強調した。岩橋［一九八八］が近世日本経済史に制度の視点を導入したことの意味は大きいが、そこではノースの枠組みにおいて本質的な一つの論点の検討が欠けている。それは、公権力による契約の第三者執行（third-party enforcement）の制度に関する検討である。第2節で論じるように、近世の日本では、公権力による契約の第三者執行に不備があった。近世日本で高水準の経済発展と公的な第三者執行の不備が併存したとすると、これはノースの枠組みにおいては説明できないパズルとなる。このパズルの解決が本章の主要な課題の一つとなる。ここでは解決のための鍵は株仲間にあると考えている。

第三のグループは、本章が直接に対象とする株仲間そのものに関する文献である。株仲間については宮本又次の古典的な研究がある（宮本［一九三八］）。宮本はその中で次のように述べている。「株仲間の如き中間社会の存在するは国家または公的権力の未発達を前提として可能たるべきもの」であり、「当時（近世――引用者）は未だ統一的な成定商法なく、商慣習の公認規定せられたものがなかった。ただ株仲間の規定する伝統に基づく商事慣習のみが、商取引の基準であり商事裁判亦これに準拠して処断された。又奉行所に訴訟するに先立って、仲間内に於て示談し、仲裁し、紛争を未然に解決することが屡々であった」（二五一－二五二頁）。すなわち宮本［一九三八］は、公権力による第三者執行が不備な前近代社会において、私的な組織が商取引契約を執行する役割を担ったという重要な論点を、すでに一九三〇年代に事実上提起していたといえる(2)。

この章では、宮本［一九三八］を継承し、株仲間を契約執行のための制度と見て、その存続のメカニズムと機能を歴史制度分析の視点から分析する。その際、本章では株仲間機能の理論的な解釈にとどまらず、それを実証的にテストすることを試みる。今日までの歴史制度分析の一つの弱点として、ゲーム理論を応用した他の分野と同様に実証が必ずしも容易ではなく、実証研究の蓄積が少ないという点が挙げられる。この点で近世日本の株仲間を対象とすることの意味は大きい。後述するように、徳川幕府は一八四二年に天保改革の一環として株仲間をほぼ全面的に禁止し、解散させた。この出来事は貴重な歴史的実験（natural experiment）と見ることができる。本章ではこの点に着目して、株仲間の機能に関する理論的仮説を記述資料と数量データによってテストする。

# 2　経済発展と法制度

## 1　市場経済の発展——概観

近世日本の経済発展の数量的な把握を試みた研究は、①実体経済の規模と社会的分業の程度に関するもの、および②市場機構の機能に関するものに、大きく分けることができる。①のグループのうち明石［一

図1　18～19世紀の経済成長（明石推計）

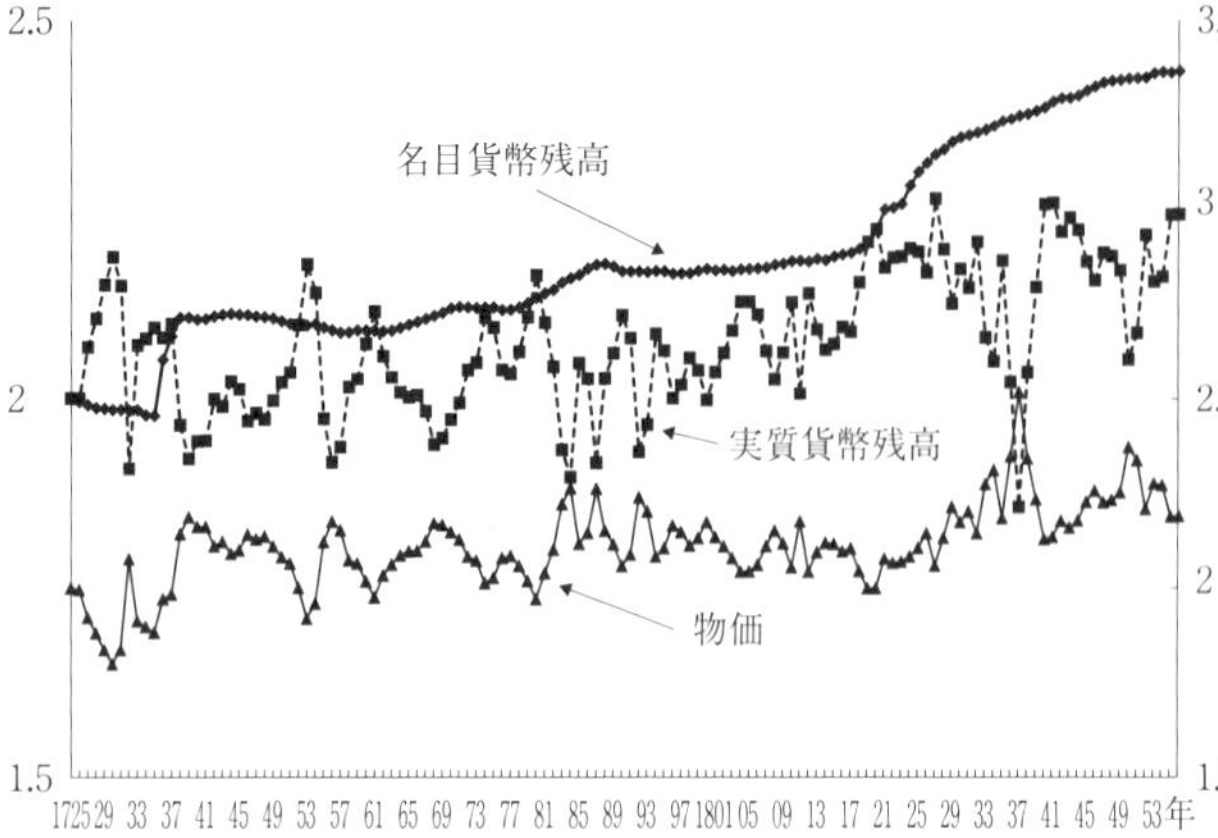


（出所）　明石［1989］。

九八九］は、一七二五～一八五六年の実質貨幣残高を推計し、一七八〇年代まで実質貨幣残高に上昇トレンドは認められないこと、および一七九〇年以降一八五〇年代まで年率〇・七%程度の上昇トレンドが生じたことを明らかにした（図1）。明石はマーシャルの$k$が一定という仮定を置いて、実質貨幣残高に関する右の事実が経済成長率の推移を反映すると解釈している。マーシャルの$k$が一定という仮定はかなり厳しいものであるが、仮にこれを受け入れるとすれば、上の発見の含意は大きい。

第一に近代以前に持続的経済成長が始動しており、第二にその起点が有力な「文政期インフレーション仮説」(3)のいう一八二〇～三〇年代ではなく一七九〇年前後にあったという点である（明石［一九八九］、四七-四八頁）。一七九〇年前後に持続的経済成長への転換点があったという論点は、本章の視点から見て重要な意味を持っている。次節で述べるように、この時期は株仲間が急速に普及した「田沼時代」にあたるからである。起点を一七九〇年前後と見るか一八二〇～三〇年代と見るかは別として、一九世紀初め前後に持続的経済成長が始まったという点については広く見解の一致がある。

速水・宮本［一九八八］は、一七三〇〜一八〇〇年から一八〇〇〜五〇年にかけて人口と耕地面積の増加率がともに上昇したことを明らかにした（四四頁）。また、西川・穐本［一九七七］は、『防長風土注進案』によって、藩内部の社会的分業と藩域外との交易が著しく進展していたことを示した。また、このような市場経済の発展は、活発な信用取引によって支えられていた（宮本［一九五一］、二三四－二四三頁、藤田・宮本・長谷川［一九七八］、一一二－一一三頁）。

一方、②のグループには、岩橋［一九八一］、宮本［一九八八］など、地域別米価の時系列データを用いて地域間の価格裁定を検討した一連の研究がある。宮本［一九八八］は、大阪・広島・名古屋・江戸・会津の五地域の米価変化率について相互の相関係数の平均値を一六五一年から一八五〇年にいたる期間について算出し、一八世紀以降、各地域の米価変化率には高い正の相関があることを見出した。これは地域間の価格裁定が有効に機能していたことを示している。

②のグループには別の観点から市場機構の機能に焦点をあてた研究もある。大阪堂島の米市場が世界の先物市場の歴史の中で早期の例であったことはよく知られている（Duffie［1989］, p. 3）。伊藤［一九九三］と脇田［一九九六］は、堂島米市場が現代の金融理論の意味で効率性を持っていたかどうかをテストした。堂島米市場では「帳合米」と呼ばれる先物の標準米が、清算機構と会員組織を持った市場で毎日取引され、毎日の取引値段で差金決済が行われており、その点で堂島米市場は現代の先物（futures）市場と同じ仕組みを備えていた。伊藤［一九九三］は、効率性仮説を棄却したが、脇田［一九九六］は、先物市場が春・夏・秋の季節ごとに開かれていた点に注目して、春市場と秋市場については効率性仮説が棄却されないと

いう結果を得ている。近世の日本は今日から見ても先端的な市場取引の仕組みを有していたといえよう。

前項の簡単なサーベイから明らかなように、近世の日本では市場機構がよく機能しており、遅くとも一九世紀初めには持続的経済成長が始動した。ノースの枠組みに従った場合、右の事実は近世の日本で契約を執行するための公的制度が整備されていたことを予想させる。しかし以下に述べるように、この予想は事実と一致しない。

## 2 法と裁判制度

近世の日本社会では司法と行政は未分離であり、行政機関である寺社奉行・町奉行・勘定奉行が裁判機関としての役割を担った。寺社・町・勘定の三奉行より上級の裁判機関として三奉行と目付が構成する評定所が置かれた。評定所で審理が行われたのは、重大な刑事事件、および複数の裁判管轄権にまたがる民事事件であった。後者には三奉行の管轄相互に関係する事案のほか、幕府直轄地と大名領の間の事案も含まれた（滝川［一九八五］、一五六〜一五九頁、笠谷［一九九四］、一四七－一四八頁）。今日の刑事事件と民事事件は、近世においてもそれぞれ吟味筋と出入筋として裁判手続きが区別されていた。吟味筋すなわち刑事事件については職権審理主義がとられ、犯罪が発生した場合、告訴の有無にかかわらず奉行所が犯人を逮捕し、取り調べのうえ裁判を行った。他方、出入筋すなわち民事事件については、原告が裁判機関に訴状を提出することによって裁判手続きが開始された（牧・藤原［一九九五］、二三三頁）。本章に関係するのは主に出入筋である。

出入筋はさらに本公事・金公事・仲間事に区分された。金公事は、借金銀・売掛金などの利息付きで無担保の金銭債権に関する訴訟を指す。仲間事は私的な組織のメンバー相互の利益分配に関する訴訟、本公事は右以外の出入筋全体を指した。重要な点は、右の類型に応じて訴権の強さに差違があったことである。最も訴権が強かったのは本公事であった。本公事において債権者が勝訴した場合、裁判機関は一〇日〜一三カ月程度の日限を定めて債務者に一括返済を命令した。対極に置かれたのは仲間事であり、仲間事については内部で解決すべきという立場から、裁判機関はその訴訟を受理しなかった。金公事はその中間にあり、本公事と比べればその訴権は相対的に弱かった（牧・藤原［一九九三］、二四一－二四二頁、笠谷［一九九四］、一六一－一六三頁）。

金公事の訴権の弱さを象徴的に示すのが相対済令《あいたいすましれい》である。相対済令は金公事を裁判機関が受理しないことを定めた法令であり、江戸については寛文元（一六六一）年、同三年、天和二（一六八二）年、貞享二（一六八五）年、元禄一五（一七〇二）年、享保四（一七一九）年、延享三（一七四六）年、寛政元（一七八九）年、寛政九（一七九七）年、天保一四（一八四三）年に相対済令が発令された（石井［一九六〇］、五三二頁）。一七世紀半ばから一九世紀半ばまでの約一八〇年間の間に一〇回、すなわち平均すると二〇年弱に一回の割合で発令されたことになる。近世において相対済令は決して例外的な法令ではなかったといえる。

相対済令は裁判機関が訴訟を受理しないというだけで、債権の存在そのものを否定するわけではない。しかし、近世の日本で公権力による契約の第三者執行が保証されなくなったという事実は重要な意味を持っている。公権力による第三者執行を重視するノースの枠組みでは、この事実と前節で確認した信用取引に支えられた市場経済の発展とを整合的に理解することはできない。本章は、このパズルを解決するための鍵を株仲間の役割に求める。

## 3　株仲間の組織と機能——多角的懲罰戦略

株仲間とは「株を有する者が相寄り相集まって結成する集団」をいう。この場合、「株」は公権力によって認可された営業特権を意味する。したがって株仲間は多くの場合、同業者によって組織された。株仲間は、意思決定機関としての寄合、執行機関としての行司を備えていた（宮本［一九三八］、第三章）。徳川幕府は当初、豊臣政権の楽市楽座政策を継承して商人・職人間の申し合わせ・寄り合いを禁止する政策をとったが、その政策は一七世紀中頃から変化し、一八世紀初めの享保改革時にはむしろ株仲間結成を政策的に促進し、流通・価格統制のために利用するようになった。株仲間の結成が急速に進んだのは田沼意次が老中として幕府の実権を握った一七七〇～八〇年代、いわゆる「田沼時代」である。田沼は、株仲間からの運上金・冥加金を幕府の財政基盤に組み込むとともに、株仲間の広範な組織を通じて商品流通機構を整備することを意図した（井上ほか［一九八八］、八二三頁、新保［一九七八］、三〇八頁）。

宮本［一九三八］は、株仲間の機能を「独占機能」、「権益擁護機能」、「調整機能」、「信用保持機能」の四種に整理しているが、「権益擁護機能」と「調整機能」に分類されているものの中に取引契約の執行に関する機能が含まれている。例えば、大坂「塩問屋定法」（寛保元〔一七四一〕年）には「当地中買衆之内塩代銀不埒之仁有之候はば問屋中申合一切商売致間敷候」という規定がある。仲買人の中で塩の代金について不正を働いたものがある場合、仲間が申し合わせてその仲買人との取引を停止するという内容である。

非常に興味深いことに、このような株仲間の行動様式は、グライフが中世地中海世界のマグリビ(Maghribis) 商人の結託 (coalition) について、ゲーム理論の枠組みを用いて定式化した「多角的懲罰戦略」(multiple punishment strategy) と事実上、同じものである (Greif [1993])。交通・通信手段が未発達な中世地中海世界では、海外との効率的な交易のためには在外代理人を置いてある程度の資金を委託する必要があった。一方、交通・通信手段が未発達であったという同じ事情のために、雇い主による在外代理人の監視が難しく、在外代理人が雇い主が委託した資金を詐取する可能性があった。そのため、在外代理人が資金を詐取しないことにコミットできないかぎり、代理人関係は成立せず、効率的な交易は行われない。

このような状況下でマグリビ商人は結託を組織し、次のような行動様式をとった。すなわち、自分だけでなく結託に属している他のいずれの商人に対しても不正を働いたことがない在外代理人のみを雇用し、自分が雇用した在外代理人が不正を働いた場合は解雇する。多角的懲罰戦略は繰り返しゲームにおけるトリガー戦略の一種だが、結託内の他の商人に対する不正にも懲罰を加える点に特徴がある。この戦略が採用された場合、あるマグリビ商人に不正を働いた在外代理人は、その商人から将来にわたって報酬を得る機会だけでなく、結託を結んでいる商人集団全体から将来にわたって報酬を得る機会を失うことになる。結託がない場合と比較すると、報酬が同じでも不正を働くことによって在外代理人が将来にわたって失う利益ははるかに大きく、そのことがマグリビ商人に対して不正を働くインセンティブを小さくする。また、このことは、在外代理人の誠実な活動を引き出すのに必要な効率賃金 (efficiency wage) の水準をより低くすることができるという含意を持っている(4)。グライフは多角的懲罰戦略が繰り返しゲームの部分ゲーム完全均衡になっており、これが公権力による第三者執行が行われない中世地中海世界で活発な海外交易を可能にするメカニズムとなっていたことを示した（Greif［1993］）。

近世日本の株仲間が商取引に関して多角的懲罰戦略を採用していたことを示す事例は上記の大坂の塩問屋仲間だけではない。表1は宮本［一九三八］が収集した株仲間規約の中から商取引に関する多角的懲罰と考えられるケースをすべて抜き出し、問屋仲間・仲買仲間別に年代順に配列したものである。問屋仲間規約八例、仲買仲間規約四例、計一二例にのぼる。いずれの規約の文言も、ある取引相手が仲間の一人に対して何らかの不正を働いた場合、仲間全員がその相手との取引を停止すること、すなわち多角的懲罰を規定している。仲間による取引停止の対象となる不正の内容は代金の不払い・滞納が多く、問屋仲間規約八例中六例、仲買仲間規約四例中すべてがこれを対象として挙げている。ほかに、代金不払いの一部ともいえるが、口銭の不払い（表1-(a)-②）、仲間の商人が購入した荷物の不渡し（表1-(a)-③）、商品の品質不良（表1-(b)-④）が取引停止の対象とされた。

株仲間が役割を果たしたのは通常の商取引にとどまらない。近世の工業における主要な生産組織であった問屋制についても株仲間の役割が認められる(5)。ランデスは、その古典的著作の中で比較制度論的な視点から問屋制を取り上げ、その固有の問題点として、生産過程を問屋が直接に管理していないことから生じる原料糸の詐取の可能性を強調した（Landes［1969］，邦訳、六八頁）(6)。織物業の問屋制における織元（問屋）と機屋の関係は、上述のマグリビ商人と在外代理人と同じく典型的なエージェンシー関係と見ることができる。織元は在外代理人を雇用するマグリビ商人と同様にエージェント（機屋）の不正の可能性

表 1　商取引に関する多角的懲罰の事例

(a)　問屋仲間

| |
|---|
| ① 塩問屋定法（1741 年）<br>当地中買衆之内塩代銀不埒之仁有之候はば問屋中申合一切商売致間敷候。尤塩代銀訳立有之候はば相談の上商致可申候。併右之訳立無之内は縁者厚意杯と申内証に而堅商致間敷候事 |
| ② 島塩問屋定法（1741 年）<br>口銭定り之内少しに而も減じ渡候仁有之候とも一切請取申間敷候。若右之義に付彼是申仁有之候はば問屋中申合其仁江商を除き可申候事 |
| ③ 淀橋米穀問屋仲間定（1773 年）<br>荷主衆と直段取究買請候荷物不渡仁有之候はば仲間一同取引致申間舗候事 |
| ④ 炭問屋仲間定式帳（1781 年）<br>仲買方炭代銀相滞候仁有之候はば仲間中申合商売相留り可申事 |
| ⑤ 薪問屋永久申合覚（1781 年）<br>問屋払不能之者は其の堀に名前書付差出し店先江致帳市差留可申事 |
| ⑥ 塩魚干魚鰹節三町株元問屋商法申合一札（1787 年）<br>問屋内何れに不寄売代銀相滞不埒之仲買衆在之候はば其仁の名前書付三町一同買合相留可申候勿論銘々勝手に随ひ右申堅相背一分之商事致間舗候事 |
| ⑦ 薪問屋定（1788 年）<br>日々売渡候荷物目立毎度欠等を申候仲買有之候且節季払銀等我儘成仕かけ払方いたし候輩有之候はば仲間及沙汰市表差留穿鑿可致事 |
| ⑧ 生魚問屋定法帳（1818 年）<br>仲買之内，魚代銀滞候商人有之候はば，相対之上申合売懸け申間舗事 |

(b)　仲買仲間

| |
|---|
| ① 砂糖商差上申一札（1781 年）<br>他商売人より組内の者江売代銀過分之損失相掛候人有之候はば其名前行司へ申出一統取引致間敷事。但組内一統家別に売買止札張置艮銀たりとも一切取引致間敷事，尤損方当人より損銀訳け立相済候はば行司迄早速可申出事 |
| ② 藍仲買仲間定（1809 年）<br>滞銀有之商売相休候人再び商売始候とも仲間中古借不残相片付候上取引可仕事。身代限の上名前を変致商売候人江藍取引致間敷事 |
| ③ 七組毛綿仲間式目印形帳（1816 年）<br>当地毛綿小売屋衆中へ銘々より致商内来候処自然右代銀不算用に相成不埒筋に候へば右取引之仁より自分仲間年行司まで相達右行司より外に行司へ通達有之候へば他より新規に売込候儀は決して不相成候 |
| ④ 藍仲買仲間一統商事心得方申合印形帳（1834 年）<br>職方藍代取引之儀に付不実意之取計被致候先者年番行司え名前切出し一統相談之上現銀に而も売買致間敷事。職方衆中之内染崩不実意之取計被致候而渡世差支に相成候趣旨其職方組合より名前切出し売留願出候はば現銀たり共決して取引致間敷事 |

（資料）　宮本［1938］，188-232 頁より作成。

に直面していたのである。エージェントの不正を克服する何らかのメカニズムが存在しないかぎり問屋制は有効に機能しない。近世日本ではそのメカニズムは株仲間による多角的懲罰であった、というのが本章の見方である。

問屋制によって生産が組織されたケースとして、事情が比較的明らかな絹織物産地、群馬県の桐生を取り上げよう。これらの地方で商品として絹織物が作られるようになったのは一八世紀以降であった。注目すべきことに、ほぼ同じ頃から桐生では織物生産の各工程を担う業者ごとに仲間が結成されるようになった。絹買仲間（一七一三年）、張屋仲間（一七七四年）、織屋仲間（一七九七年）など（桐生織物史編纂会［一九三五］、三六〇‐三六一頁）。これらのうち織屋仲間の文政七（一八二四）年の規約（「文政七年申年二月改桐生織屋仲間掟」）には、「績屋・賃機屋共に糸目格別にきれ候節は、右目ぎれ之糸代、よりちん織賃之内ニ而、急度引可申扨怪しき躰に候歟、惣而不埒之儀有之候ハヽ、月行事へ申出べし、仲間一同糸機一切差出申間敷事」という条項があった（表2‐⑦）。績屋とは織屋から糸の前貸しを受けてこれに撚りをかける業者、賃機屋とは同じく織屋から織機と糸の前貸しを受けて織物を生産する業者を指す。ここから一九世紀初めの桐生で撚り糸工程と製織工程が、問屋制によって組織されていたことがわかる。織屋が績屋・賃機屋をエージェントとして生産を組織していたわけである。右の条項が定めているのは、これら績屋・賃機屋が納める製品の量が前貸した糸の量より明白に少ない場合の織屋の対処の仕方である。このような場合、織屋は減少した糸の代金を撚賃ないし織賃から差引くとともに、績屋・賃機屋が故意に糸を詐取した疑いがある時は、織屋仲間の月行司に申し出て、仲間全員がその績屋・賃機屋に対する生産の委託を停止することが規定されていた。

表 2　生産の組織に関する多角的懲罰の事例

| |
|---|
| ① 宝暦元年米両替商仲間定（1751 年）<br>召仕，手代・子ども不届有之暇遣候はば，早速仲間へ相触可申，仮令其主人より差構無之候共其者仲間へ抱申す間敷事 |
| ②（乾物商）極（1753 年）<br>組合中に召遣ひ候手代不奉公致暇出候者組中え相抱申間敷事 |
| ③ 寛政元年三所綿市問屋株仲間作法書（1789 年）<br>仲間内に召遣候奉公人並中仕等に至るまで主人より暇出候者仲間内へ召遣候儀堅致間敷候事 |
| ④ 文化六年七月御国産藍玉仲買名面帳（1809 年）<br>不奉公人は仲間一統決而召抱申間舗事，但無事に暇を出候奉公人たりとも先主人へ引合之上にて相抱可申事 |
| ⑤ 七組毛綿仲間式目印形帳（1816 年）<br>万一右職方名前（紅無地屋，紅摺屋，形附紺屋，絞屋，堺当地更紗屋，同茜屋，藍無地屋，晒屋――引用者）之内に不法之義仕候者有之候ば七組一統申合右之仁へは染地遣し不申趣家別に書附帳置可申候並染屋においても七組之外諸国登り毛綿等一切仕間敷一札取置申候間心得違之仁有之候はば前文之通り |
| ⑥ 文化十三年五月七組毛綿仲間式目印形帳（1816 年）<br>銘々召仕候奉公人不埒有之暇出候もの又は勝手に暇取候者仮令為日雇とも堅召抱申間敷事 |
| ⑦ 文政七申年二月改桐生織屋仲間掟（1824 年）<br>績屋・賃機屋共に糸目格別にきれ候節は，右目ぎれ之糸代，よりちん織賃之内ニ而，急度引可申扱怪しき躰に候歟，惣而不埒之儀有之候ハヽ，月行事へ申出べし，仲間一同糸機一切差出申間敷事<br>男女奉公人，並，日手間取之糸張機拵等，惣而不埒成儀ニ而も，為出候而，差置難相成筋ニ候ハヽ，早速行事へ可申出，品により名前下げ札に致，一同召遣申間敷事 |
| ⑧（椀盃食籠轆轤挽物職仲間）中間取締申合印形帳（1832 年）<br>弟子奉公人年季中不奉公致暇遣候候者有之候はば早速年行司へ相断可申候其旨年行司之者より仲間一同江廻章を以通達仕候，然る上は年行司より沙汰有之候奉公人召抱候儀は勿論日雇杯と名目を付け雇入候義決而致申間敷候，且又年行司より沙汰無之候とも職向仕覚居候者 |

（資料）宮本［1938］，200-229 頁，桐生織物史編纂会［1935］，368-369 頁より作成。

右の条項は二つの点で注目される。第一に、桐生の織屋仲間が対処しようとしていたのは原料糸の詐取、すなわちランデスのいう問屋制に固有の問題点であった。第二に、その問題に対して織屋仲間は、一軒の織屋に対して不正を働いた績屋ないし賃機屋と仲間全員が取引を停止するという多角的懲罰戦略によって対応した。同様の事例は大阪の問屋にも見られる。文化一三（一八一六）年の七組毛綿仲間の「式目印形帳」には「右の職方仲間組合（紅無地屋・紅摺屋・形附紺屋・絞屋・堺当地更紗屋・同茜屋・藍無地屋・晒屋――引用者）名前之者に相限染地遣し可申候。万一右の職方名前之内に不法の儀仕候者有之候ば七組一統申合右之仁へは染地遣し不申趣家別に書附帳置可申候」という条項があった（表2-⑤）。株仲間は、多角的懲罰戦略を通じて問屋制による生産の組織にまつわる取引コストを節約する役割を果たしていたのである。

さらに、株仲間の多角的懲罰戦略はエージェンシー関係にある経営内部の主体にも適用された。右で取り上げた桐生の織屋は績屋・賃機屋の問屋制による管理だけでなく、自家内にも雇用労働力を有していた。これに関して「文政七申年二月改桐生織屋仲間掟」は「男女奉公人、並、日手間取之糸張機拵等、惣而不埒成儀ニ而も、為出候而、差置難相成筋ニ候ハハ、早速行事へ可申出、品により名前下げ札に致、一同召遣申間敷事」と規定していた（表2-⑦）。奉公人や日雇いの織物業者が不正を働いて放置できない場合は、仲間の行事に申し出、不正を働いた者の名前を周知して仲間全員で雇用をしないという規定である。これは経営内の雇用者に対する多角的懲罰にほかならない。

雇用者に対する多角的懲罰については宮本［一九三八］が挙げている株仲間規約の中に、商家の事例が多く見られる。宝暦元（一七五一）年の「米両替仲間定」は、「召使、手代・子ども不届有之暇遣候はば、早退仲間へ相触れ可申、仮令其主人より差構無之候共其者仲間へ抱申間敷候」と規定している（表2-①）。

召使い・手代・丁稚などが不正を行って、彼らを解雇した場合、速やかに仲間に通知する。仮に解雇した元の雇主が差し支えなくても、仲間の両替屋はその解雇された使用人を雇用してはならないという内容である。宮本はこうした再雇用禁止規定の意味ついて、前雇主の符丁・帳簿・顧客との関係などが他の店に漏出することを防止する点を重視している。このことは、宮本［一九三八］で右の事例が「権益擁護機能」ではなく「調整機能」に分類されていることに示される。株仲間の中には、元の戸主が了解すれば他の仲間は被解雇者を雇用してよいと規定しているものもあったから、その場合は宮本の解釈が妥当であろう。しかし右の「米両替仲間定」のように、元雇主の了解いかんにかかわらず仲間による再雇用を禁止する規定は、ノウハウ等の漏出防止だけでは説明できない。これは、使用人に不正を働いた場合の将来にわたる期待収入を低下させて不正を防止する多角的懲罰と見るべきであると考えられる。

多角的懲罰としての性質は同じく宮本［一九三八］にある次の事例により明確に示されている。文化六（一八〇九）年の「御国産藍玉仲買名面帳」は「不奉公人は仲間一統決而召抱申間舗事、但無事に暇を出候奉公人たりとも先主人へ引合之上にて相抱可申事」と定めていた（表2-④）。不正を働いた奉公人については仲間全員がいっさい雇用しない。ただし解雇ないし退職の理由が不正ではない場合は元の雇主に照会したうえで雇用することができるという規定である。株仲間は多角的懲罰戦略を通じて、雇用についてのエージェンシー関係を支える役割をも担っていたのである。

多角的懲罰戦略が有効に機能するためにはいくつかの条件が必要とされる。その一つに、ある取引相手が不正を働いたという情報が、結託ないし仲間全体に迅速に伝えられる情報伝達機構がある。多くの株仲間規約はこの点についても規定していた。すなわち株仲間においては、文書を回す（表2-⑧）、記録する

(表1-(a)-⑥、表2-⑤、表2-⑦)、公開する(表1-(a)-⑤)などの方法によって取引相手の不正に関する情報が伝達され、多くの場合、行司が情報の媒介者としての役割を担った(表1-(b)-①、表1-(b)-③、表1-(b)-④、表2-⑦、表2-⑧)。

いま一つの条件として、ある取引相手が不正を働いて多角的懲罰を受けた場合、その結果、その取引相手の利得が十分小さくなるということが挙げられる。ある株仲間から取引を停止されても、ほかに十分な取引機会があるとすれば、取引停止によって受ける利得の減少は軽微であり、懲罰の有効性は低くなる。この条件を充足するうえで、株仲間が排他的な営業特権を有していたことが意味を持ったと考えられる。株仲間の営業特権のために、仲間以外の同業者がその地域には少なく、不正を行った取引相手が株仲間との取引を停止された場合、同じ商品を取り扱い続けるかぎり、その取引額は大幅に縮小せざるをえなかったであろう。すなわち、株仲間の営業特権が、エージェンシー関係をめぐるゲームにおいて、多角的懲罰戦略が均衡になるように、ゲームのパラメータを変える役割を果たしていたのである。この意味で、本章が着目した株仲間の取引制度としての機能は、宮本［一九三八］のいう「独占機能」と独立ではなかったといえる。

## 4　株仲間機能の実証分析——実験としての天保改革

第1節で述べたように、歴史制度分析の命題を実証することは必ずしも容易ではない。しかし、近世日本の株仲間については、格好の実証的テストの機会がある。一八世紀に株仲間を積極的に公認した幕府は、一八四〇年代の天保改革において一転して株仲間をほぼ全面的に解散させる政策をとった。天保一二（一八四一）年の株仲間停止令である（藤田［一九八九］、一四六－一四七頁）。翌年の触書で確認されたように、株仲間停止令は菱垣回船問屋だけでなく、全国の原則としてすべての仲間に適用された。幕府が、株仲間が一八二〇年代に始まるインフレーションの主因と見なしたことによる。株仲間の禁止は、後述する理由のために一〇年後の嘉永四（一八五一）年の問屋再興令によって解除された（宮本［一九三八］、三三七－三四三頁）。この点に着目すると、株仲間が禁止されていた一八四二年から一八五〇年の九年間の経済を禁止前の期間と比較することによって、株仲間の機能を実証的にテストすることができる。株仲間が取引統治機能を持っていたという前節で述べた仮説から、株仲間の禁止は市場取引の混乱と縮小をもたらすというインプリケーションが導かれる。これを現実と照合することによって右の仮説をテストするわけである。

宮本［一九三八］は、株仲間が禁止された結果、一八四一年以降、「生産組織畏縮・配給組織混乱・諸品不融通」と「信用途絶」が生じたとしている。その論拠の一つとされているのは、江戸町奉行遠山景元の諸意見書である。嘉永元（一八四八）年の意見書の中で遠山は、株仲間禁止の結果、「銘々旧来の株式滅却いたし、金銀益々不融通に相成、物価は引下る事もなく、只々難儀之趣にのみ相聞」と書いている（三三〇頁）。一八五〇年に問屋再興令が制定されたのは、このような認識が幕閣に受け入れられたことよるものであった。問屋再興後の安政三（一八五六）年に幕府が諸色掛名主に命じて行わせた調査も、株仲間停止によって流通機構が混乱し、商品流通が不円滑になったことを示している（本庄［一九三一］）。さらに本庄［一九三〇］は絹織物産地西陣について、株仲間禁止後に参入した織屋が買い手の無知につけ込んで粗製濫造した商品を出荷し、西陣の産地としての名声を落としたとする御寮織物司及び高機元八組行司共

表 3　株仲間禁止の影響

被説明変数：実質貨幣残高成長率

| | (1) | (2) |
|---|---|---|
| 定数項 | 0.0333<br>(0.780) | 0.0625<br>(2.060) |
| タイムトレンド | 0.0065<br>(0.972) | |
| 株仲間禁止ダミー | −0.1414<br>(−1.981) | −0.0830<br>(−2.160) |
| 飢饉ダミー | −0.2254<br>(−3.704) | −0.2254<br>(−3.711) |
| ad$R^2$ | 0.418 | 0.421 |

（注）　本文参照。
　　　（　）内は$t$値。

の陳情書を引用している（四七－四八頁）。これらの記述資料は、いずれも株仲間が取引統治機能を担っていたという仮説を支持している。次に、同じ仮説を数量的なデータによってテストすることを試みる。

以下で行う分析の方針は、第2節で近世における市場経済の発展を確認した際に参照したデータを、株仲間禁止を挟む前後の期間について比較し、株仲間の禁止が市場経済のパフォーマンスの低下をもたらしたかどうかを調べるというものである。第一に、実質貨幣残高の成長率を取り上げる。表3では、まず実質貨幣残高成長率を、定数項、タイムトレンド、飢饉を示すダミー変数、株仲間禁止期間を示すダミー変数に回帰している。飢饉ダミーは深刻な飢饉の記録がある年に一、その他の年に〇、株仲間禁止ダミーは一八四二～五〇年に一、他の年に〇をとる変数である。両ダミー変数の係数はともに負になると期待される。飢饉ダミーの係数は一％水準で有意に負となる。ここで注目している株仲間禁止ダミーの係数は期待された通り負であり、$t$値の絶対値も一・九八一とかなり大きい（$p$値は〇・〇六七六）。さらに係数の絶対値〇・一四一四は、株仲間禁止期間の実質貨幣残高成長率の低下が、非常に大きなものであったことを示している。式(1)で有意とならなかったタイムトレンドを独立変数から落とした式(2)では、株仲間禁止ダミーの係数の$t$値が上がり、五％水準で有意となる。

図 2　大坂・江戸物価変化率

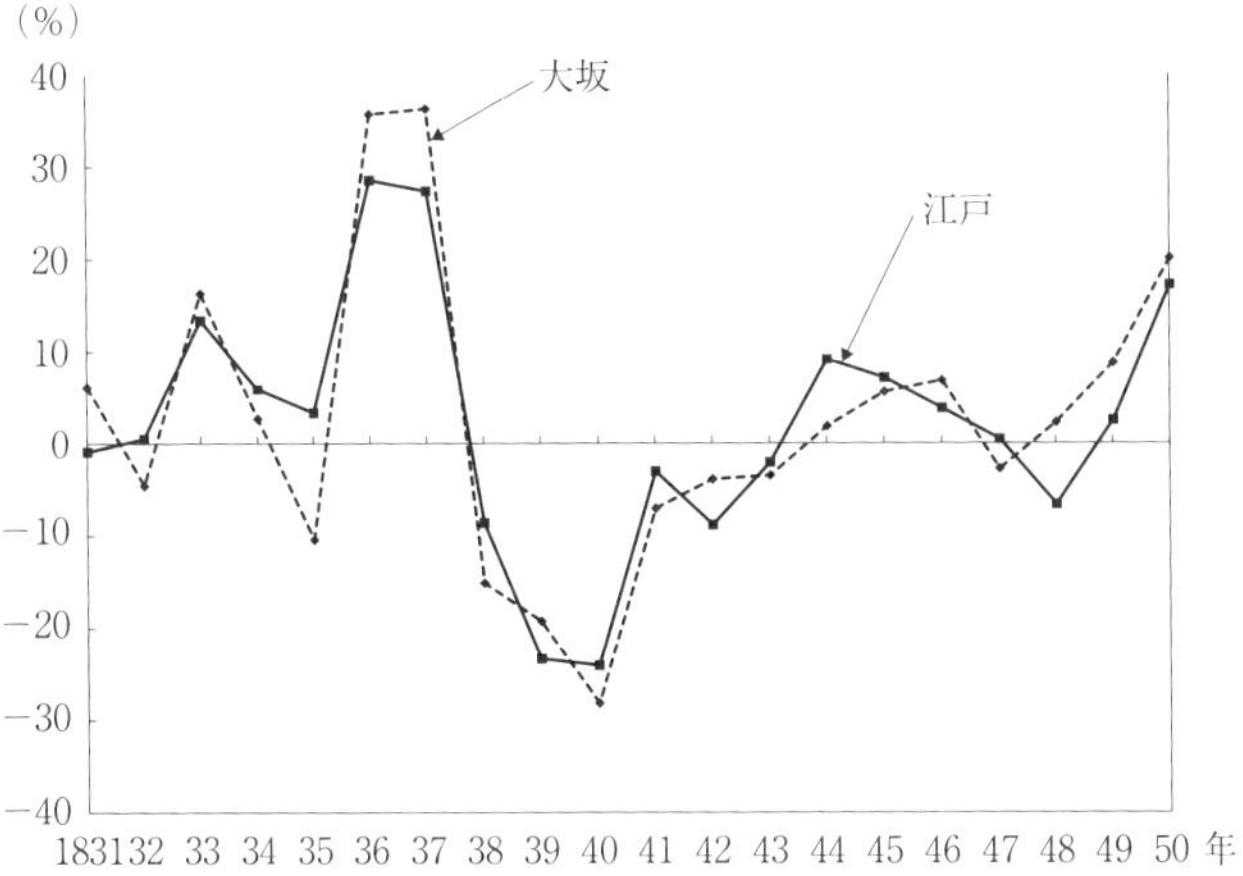


（出所）　新保［1982］。

経済パフォーマンスの指標として第二に、物価を取り上げる。第2節で述べたように、価格変動の地域間の相関度は市場機構の機能の程度の指標となる。株仲間禁止が市場機構の機能を低下させたとすれば、それは価格変動の地域間の相関度が低下に反映されると考えられる。注目されるのは、このような観点からではないが、新保［一九八二］が江戸物価と大坂物価の変動を比較して、「幕末期における一般物価の大坂／江戸比の長期的趨勢が、一八四〇年代中ごろをさかいにして大きく転換している」という事実を指摘していることである（一一頁）。

新保［一九八二］は物価の五カ年移動平均系列を用いているが、ここでの分析目的のためには原系列の方が望ましい。そこで同論文が用いた原資料にもどって、あらためて同じ方法で江戸と大坂の物価指数を作成した。採用品目は江戸、大坂ともに（玄）米、白米、大麦、大豆、繰綿、蠟、黒砂糖、味噌、醤油、清酒の一〇品目、ウェイトは（玄）米が三〇％、他は一律に七％である。両地域の物価変化率の推移は、図2のようになる。一八四〇

表 4　各地米価変化率の相関係数行列（1833～1850 年）

| | | 大坂 | 近江 | 播州 | 福知山 | 広島 | 防長 | 佐賀 | 熊本 | 江戸 | 名古屋 | 信州 | 会津 | 出羽 | 平均 |
|---|---|---|---|---|---|---|---|---|---|---|---|---|---|---|---|
| (a) 1833～41 年 | 大坂 | 1.000 | | | | | | | | | | | | | 0.892 |
| | 近江 | 0.969 | 1.000 | | | | | | | | | | | | 0.853 |
| | 播州 | 0.937 | 0.909 | 1.000 | | | | | | | | | | | 0.877 |
| | 福知山 | 0.974 | 0.962 | 0.979 | 1.000 | | | | | | | | | | 0.893 |
| | 広島 | 0.976 | 0.964 | 0.956 | 0.973 | 1.000 | | | | | | | | | 0.894 |
| | 防長 | 0.969 | 0.910 | 0.941 | 0.966 | 0.951 | 1.000 | | | | | | | | 0.888 |
| | 佐賀 | 0.937 | 0.895 | 0.977 | 0.975 | 0.944 | 0.952 | 1.000 | | | | | | | 0.873 |
| | 熊本 | 0.821 | 0.776 | 0.911 | 0.889 | 0.876 | 0.875 | 0.903 | 1.000 | | | | | | 0.815 |
| | 江戸 | 0.892 | 0.940 | 0.864 | 0.916 | 0.886 | 0.819 | 0.830 | 0.777 | 1.000 | | | | | 0.797 |
| | 名古屋 | 0.992 | 0.972 | 0.912 | 0.961 | 0.955 | 0.941 | 0.909 | 0.790 | 0.924 | 1.000 | | | | 0.874 |
| | 信州 | 0.341 | 0.123 | 0.356 | 0.280 | 0.336 | 0.418 | 0.379 | 0.481 | 0.108 | 0.302 | 1.000 | | | 0.325 |
| | 会津 | 0.947 | 0.889 | 0.900 | 0.915 | 0.962 | 0.951 | 0.885 | 0.860 | 0.811 | 0.918 | 0.511 | 1.000 | | 0.874 |
| | 出羽 | 0.943 | 0.928 | 0.879 | 0.929 | 0.952 | 0.960 | 0.888 | 0.824 | 0.800 | 0.909 | 0.268 | 0.941 | 1.000 | 0.852 |
| | 平均 | | | | | | | | | | | | | | 0.824 |

| | | 大坂 | 近江 | 播州 | 福知山 | 広島 | 防長 | 佐賀 | 熊本 | 江戸 | 名古屋 | 信州 | 会津 | 出羽 | 平均 |
|---|---|---|---|---|---|---|---|---|---|---|---|---|---|---|---|
| (b) 1842～50 年 | 大坂 | 1.000 | | | | | | | | | | | | | 0.642 |
| | 近江 | 0.867 | 1.000 | | | | | | | | | | | | 0.572 |
| | 播州 | 0.893 | 0.888 | 1.000 | | | | | | | | | | | 0.676 |
| | 福知山 | 0.829 | 0.807 | 0.939 | 1.000 | | | | | | | | | | 0.659 |
| | 広島 | 0.458 | 0.259 | 0.450 | 0.663 | 1.000 | | | | | | | | | 0.400 |
| | 防長 | 0.851 | 0.819 | 0.924 | 0.971 | 0.631 | 1.000 | | | | | | | | 0.667 |
| | 佐賀 | 0.603 | 0.633 | 0.789 | 0.912 | 0.736 | 0.921 | 1.000 | | | | | | | 0.569 |
| | 熊本 | 0.702 | 0.695 | 0.779 | 0.832 | 0.765 | 0.847 | 0.874 | 1.000 | | | | | | 0.582 |
| | 江戸 | 0.086 | −0.212 | 0.037 | −0.014 | 0.144 | −0.044 | −0.069 | −0.092 | 1.000 | | | | | 0.001 |
| | 名古屋 | 0.481 | 0.284 | 0.274 | 0.216 | 0.281 | 0.316 | 0.189 | 0.310 | 0.646 | 1.000 | | | | 0.237 |
| | 信州 | 0.624 | 0.691 | 0.634 | 0.430 | −0.095 | 0.532 | 0.316 | 0.442 | −0.379 | 0.041 | 1.000 | | | 0.373 |
| | 会津 | 0.649 | 0.616 | 0.763 | 0.605 | 0.149 | 0.567 | 0.400 | 0.449 | −0.088 | −0.100 | 0.750 | 1.000 | | 0.468 |
| | 出羽 | 0.656 | 0.518 | 0.735 | 0.719 | 0.359 | 0.673 | 0.524 | 0.385 | −0.003 | −0.090 | 0.494 | 0.852 | 1.000 | 0.485 |
| | 平均 | | | | | | | | | | | | | | 0.487 |

（注）　本文参照。

年代初めまでのきわめて高い相関が以後低下したことが明らかであろう。両地域物価変化率の相関係数は、株仲間禁止前(一八三三~四一年)が〇・九六一、株仲間禁止後(一八四二~五〇年)が〇・七八八である。

米については、同じ分析を江戸・大坂だけでなく、全国のより広範な地域について行うことができる。表4において、岩橋[一九八一]は、大坂・近江・播州・福知山・広島・防長・佐賀・熊本・江戸・名古屋・信州・会津・出羽の一三地域について時系列の米価を掲載している。これらの中の二地域ずつの組合せすべて(各期間七八ペア)について株仲間禁止前(一八三三~四一年)と株仲間禁止後(一八四二~五〇年)の価格変化率の相関係数を求め、両期間の間で比較する(表4)。上記一三地域のうち大坂から熊本までの八地域の米価は銀建てで表示されているので、新保[一九七八](一七三頁)の大坂金相場で金建てに換算した。各期間の相関係数全体の平均は株仲間禁止前が〇・八二四、禁止後が〇・四八七であり、大幅な相関の低下が認められる。一三の地域それぞれについて相関係数を平均し、両期間で比較すると信州を除く一二の地域で株仲間禁止期間に平均値が低下したことがわかる。さらに七八の組合せそれぞれについて両期間を比較すると七八のうち七〇の組合せについて相関係数が低下した。株仲間禁止期間はその直前の期間と比べて、地域間の価格裁定機能が相対的に低下したことがほぼ確実であるといえよう(7)。

## 5 おわりに

近世の日本では一七九〇年前後から持続的な市場経済の発展が始動した。一方、繰り返された相対済令は公権力による契約の第三者執行に重大な不備があったことを含意している。すなわち、近世の日本は、公権力による契約の第三者執行に不備がある条件下で市場経済が持続的に発展し得ることを示す事例、言い換えれば公権力による契約の第三者執行が経済発展の必要条件であるというノース的な見方に対する有力な反例を提供する。

公権力に代わって契約執行の役割を担ったのが株仲間であった。株仲間の規約には、仲間の一人に対して不正を働いた取引相手に対して仲間全員が取引を停止するという規定が多く見出される。こうした規定は、グライフが中世のマグリビ商人について定式化した多角的懲罰戦略を、近世日本の株仲間が用いたことを示している（Greif［1993］）。グライフが明らかにしたように、多角的懲罰戦略は、取引相手が不正を働くインセンティブを低下させることを通じて、不正を防止し、円滑な取引を可能にする。株仲間はこの戦略を、商取引の相手、問屋制によって組織していた小生産者、自己の経営内の使用人などに対して行使した。すなわち、株仲間による多角的懲罰は、一般の商取引だけでなく、生産の組織をも支える役割を果たしたと考えられる。

株仲間は、多角的懲罰戦略を有効にするいくつかの条件を備えていた。第一は仲間内における情報伝達の仕組みである。仲間の一人に不正を働いた相手に関する情報は、行司を媒介にして、文書に記録する、回状を回す、公開するなどの方法で周知された。第二は株仲間の営業特権である。株仲間の営業特権は、先行研究ではもっぱら仲間による独占的レントの取得と関連づけて理解されてきた。しかし、その意味は独占的レントに関するものだけではない。株仲間が特定地域で排他的な営業特権を持っていたことは、株仲間の取引停止によって不正を働いた取引相手が被る利得の減少を大きくし、懲罰の有効性を高める意味を持っていた。

本章では、株仲間が多角的懲罰戦略による不正の防止を通じて市場取引の制度的基礎となっていたという理論的仮説を、天保改革時の株仲間禁止が提供する「実験」の機会を利用して実証的にテストした。第一に、いくつかの記述資料は、株仲間停止期間に流通機構が混乱し、粗製濫造が発生したことを報告している。第二に、株仲間禁止期間に、直前の期間と比べて実質貨幣残高成長率が有意に低下した。第三に、物価指数変化率および個別商品価格変化率の地域間の相関が、株仲間禁止期間に、直前の期間と比べて低下した。これらの結果は、いずれも株仲間の禁止が市場経済のパフォーマンスを低下させるという上記仮説のインプリケーションと一致する。

* 本章は、岡崎［二〇〇一］、「近世日本の経済発展と株仲間――歴史制度分析」岡崎哲二編『取引制度の経済史』東京大学出版会、所収、を縮約したものである。岡崎［二〇〇一］は、Okazaki［2005］において拡張されているので、あわせて参照されたい。

## 注

(1) グライフの一連の研究は、Greif［2006］にまとめられている。

(2) 株仲間に関する戦後の研究史については今井［一九八九］、岩淵［一九九四］を参照。戦後の研究は、株仲間を幕藩体制を構成する仕組みの一つとして位置づける方向に進展した。津田［一九六一］、林［一九六七］、中井［一九七一］等がその代表的な文献である。最近では、吉田［一九八五］、今井［一九八九］等、株仲間の都市社会集団としての側面に焦点を当てた研究が進んでいる。これらの研究との関連では、本章は、宮本［一九三八］が強調しながら、戦後の研究において主要な対象とされなくなった株仲間の取引制度としての側面にあらためて光を当てることを意図したものということができる。

(3) 「文政期インフレーション仮説」については新保［一九七八］、梅村［一九八一］、宮本［一九八九］を参照。

(4) マグリビ商人が結託内の他の商人に対して不正を働いた経歴を持つ在外代理人を雇用しない理由は次の通りである。在外代理人を雇おうとしている商人をAとしよう。一方、過去に結託内の商人に対して不正を働いたことがある在外代理人Bと不正の経験がない在外代理人Cがいたとしよう。在外代理人Bにとって、今回Aに対して不正を働いても働かなくても、将来結託内の商人から雇用される確率には変化はない。何故ならその在外代理人の履歴にはいずれにしても結託内の商人に対して不正を働いたことがあるという事実が記録されているからである。これに対して在外代理人Cは、今回Aに対して不正を働くことによってその履歴にあたらしく不正の事実が記録され、将来雇用される確率が低下する。したがって在外代理人CはBより不正を働くインセンティブが小さい。そのため、商人Aが在外代理人Bを雇用した場合、在外代理人Cを雇用する場合より不正を行われる可能性が大きく、したがって商人Aは不正の履歴がある在外代理人を雇用しない。

(5) 近世の主要な工業であった綿織物業において問屋制の役割が大きかったことは、綿織物産地の盛衰から推測できる。阿部［一九八八］は、地方史・同業組合史などに散在している情報を積み上げるという作業を通じて、いくつかの重要な知見を導いた。第一に、綿織物が商品化された時期は多くの産地で一八世紀後半以降であり、「いわゆる田沼時代は綿織物業の発達史上の画期であった」。第二に、一八世紀以降発展した新興産地は概して近畿地方等の旧来からの産地に比べて急速に発展し、それら新興産地では多く問屋制が見られた。これらの事実は、問屋制が一八世紀後半以降の新興綿織物産地の成長を導いたことを示唆している。

(6) 時代は異なるが、一九〇〇年代初めの泉南地方で、賃織業者が、原料糸の詐取、借金の踏み倒しなどの不正を織元に対して働いたことが知られている（阿部［一九九〇］、二〇三－二〇四頁）。

(7) 宮本［一九八八］は同じ一三地域について各年の米価水準の変動係数をクロスセクションで計算してその推移を検討した。その結果、一八三〇年代以降に変動係数が上昇したとして、これが「米市場の全国的ネットワークに構造的変化が生じたことを暗示している」と指摘している。宮本は株仲間については言及していないが、本章の視点から見ても重要な事実発見といえる。

## 参考文献


阿部武司［一九八八］、「近世日本における綿織物生産高」尾高煌之助・山本有造編『幕末・明治の日本経済』日本経済新聞社、所収。

阿部武司［一九九〇］、「綿工業」西川俊作・阿部武司編『産業化の時代』上、岩波書店、所収。

明石茂生［一九八九］、「近世後期経済における貨幣、物価、成長――一七二五～一八五六」『経済研究』第四〇巻一号。

Duffie, Darrell [1989], *Futures Market*, Englewood Cliffs : Prentice Hall.

Greif, Avner [1989], "Reputation and Coalitions in Medieval Trade : Evidence on the Maghribi Traders," *Journal of Economic History*, Vol. 49, No. 4.

藤田覚［一九八九］、『天保の改革』吉川弘文館。

藤田貞一郎・宮本又郎・長谷川彰［一九七八］、『日本商業史』有斐閣新書。

Greif, Avner [1993], "Contract Enforceability and Economic Institutions in Early Trade : The Maghribi Traders' Coalition," *American Economic Review*, Vol. 83, No. 2.

Greif, Avner [1997], "Microtheory and Recent Developments in the Study of Economic Institutions through Economic History," in David M. Kreps and Kenneth F. Wallis eds., *Advances in Economics and Econometrics : Theory and Applications*, Vol. 2.

Greif, Avner [2006], *Institutions and the Path to the Modern Economy : Lessons from Medieval Trade*, Cambridge : Cambridge University Press.

林玲子［一九六七］、『江戸問屋仲間の研究』御茶の水書房。

速水融・宮本又郎編［一九八八］、『経済社会の成立一七―一八世紀』岩波書店。

本庄栄治郎［一九三〇］、『増訂改版　西陣研究』改造社。

本庄栄治郎［一九三二］、「幕末の株仲間再興是非」『経済論叢』第三二巻三号。

今井修平［一九八六］、「近世都市における株仲間と町共同体」『歴史学研究』五六〇号。

今井修平［一九八九］、「株仲間論」村上直他編『日本近世史研究事典』東京堂出版、所収。

井上光貞・永原慶二・児玉幸多・大久保利謙編［一九八八］、『日本歴史大系』3、山川出版社。

石井良介［一九六〇］、『日本法制史概論』創文社。

石井良介［一九八二］、『近世取引法史』創文社。

伊藤隆敏［一九九三］、「一八世紀、堂島の米先物市場の効率性について」『経済研究』第四四巻四号。

岩淵怜治［一九九四］、「問屋仲間」川北稔編『交換と消費』弘文堂、所収。

岩橋勝［一九八一］、『近世日本物価史の研究』大原新生社。

岩橋勝［一九八八］、「徳川経済の制度的枠組」速水融・宮本又郎編『経済社会の成立一七 − 一八世紀』岩波書店、所収。

笠谷和比古［一九九四］、「習俗の法制化」、朝尾直弘他編『岩波講座 日本通史』第一三巻、岩波書店、所収。

金融研究会編［一九三七］、『我国商品相場統計表』金融研究会。

桐生織物史編纂会［一九三五］、『桐生織物史』上巻、桐生織物同業組合。

幸田成友［一九二八］、『日本経済史研究』大岡山書店。

Landes, David S. [1969], *The Unbound Prometheus*, Cambridge : Cambridge University Press.（石坂昭雄・富岡庄一訳［一九八〇］、『西ヨーロッパ工業史』1、みすず書房。）

牧英正・藤原明久編［一九九五］、『日本法制史』青林書院。

三井文庫編［一九五二］、『近世後期における主要物価の動態』日本学術振興会。

宮本又次［一九三八］、『株仲間の研究』有斐閣。

宮本又次［一九五一］、『日本近世問屋制の研究』刀江書院。

宮本又次（大阪大学近世物価史研究会）編［一九六三］、『近世大阪の物価と利子』創文社。

宮本又郎［一九八〇］、「幕末明治初期京都の物価変動について 一八三〇〜七九年——大阪との比較において」『大阪大学経済学』第三〇巻二、三号。

宮本又郎［一九八八］、『近世日本の市場経済』有斐閣。

宮本又郎［一九八九］、「物価とマクロ経済の変動」新保・斎藤［一九八九］、所収。

中井信彦［一九七一］、『転換期幕藩制の研究』塙書房。

西川俊作・穐本洋哉［一九七七］、「防長一円〝経済表〟序説」社会経済史学会編『新しい江戸時代史像を求めて』東洋経済新報社、所収。

North, Douglas C. and Robert P. Thomas [1973], *The Rise of the Western World : A New Economic History*, New York : Cambridge University Press.

大石慎三郎［一九九八］、『享保改革の商業政策』吉川弘文館。

Okazaki, Tetsuji [2005], "The Role of the Merchant Coalition in Pre-Modern Japanese Economic Development : An Historical Institutional Analysis," forthcoming in *Explorations in Economic History*.

大阪商工会議所［一九六六］、『大阪商業史資料』別巻、大阪商工会議所。

新保博［一九七八］、『近世の物価と経済発展――前工業化社会への数量的接近』東洋経済新報社。

新保博［一九八二］、「幕末における江戸の物価水準――大阪との比較において」『国民経済雑誌』第一四五巻五号。

新保博・斎藤修［一九八九］、「概説　一九世紀へ」新保博・斎藤修編『近代成長の胎動』岩波書店、所収。

滝川政次郎［一九八五］、『日本法制史』講談社学術文庫。

津田秀夫［一九六一］、『封建経済政策の展開と市場構造』御茶の水書房。

梅村又次［一九八一］、「幕末の経済発展」近代日本研究会編『幕末・維新の日本』山川出版社、所収。

脇田成［一九九六］、「近世大阪堂島米先物市場における合理的期待の成立」『経済研究』第四七巻三号。

吉田伸之［一九八五］、「町人と町」歴史学研究会編『講座日本歴史5』、東京大学出版会、所収。

# PART 3

# サプライヤー・システム

第6章

# 企業ネットワークにおける生産と流通のコーディネーション

## 日本の自動車産業で達成されたフレキシビリティの評価

浅沼 萬里（岡崎哲二抜粋・編集）

## 1 はじめに

今日の製造業が生み出す典型的な財は、通常のミクロ経済学の教科書の中で想定されている姿とは異なり、単一の生産者が生産過程のすべてを担っているわけでもなければ、その生産者が直接に最終消費者に売り渡しているわけでもない。それは特定の一ブランドに（あるいは一組の複数のブランドに）責任をもっている企業が、他の諸企業と取引関係を開始することによって作り出す多数企業のネットワークによって生産され流通しているのである。このネットワークの組織者である企業のことを、当該ネットワークの「中核企業」と呼ぶことにしよう。中核企業は、典型的には、その諸製品の各モデルの設計のための基本コンセプトを案出し、基本設計の開発と決定をおこない、またその諸製品について品質保証をおこなう。

それに加え、中核企業は、しばしば、その最も重要な諸製品を社内の最終組立工場で組み立てているし、いくつかの重要部品を社内の部品製造工場で製造する。しかしながら、一般的に、最終製品に組み込まれる部品の中の相当な比率を占める部分が他の諸企業によって製造され、そこから調達される。時には、いくつかの最終製品の組立て、あるいは設計の一部が、契約的アレンジメントに基づいて他の諸企業に委託される。さらに、小売店舗の大部分は他の諸企業によって経営されている。こうして、現代の経済に特徴的な大量に販売される耐久財の製造と販売における競争は、不可避的に、多数企業のネットワーク間の競争となる。

ここで、ミルグロムとロバーツ（Milgrom and Roberts [1990]）が認識している現代の製造業を貫く次の三つの傾向性に注意を払っておく価値がある。第一に、今日の製造業は、単一の標準的な製品の大量生産から多様化された製品のフレキシブル生産へという根本的な推移を経つつある。第二に、フレキシブル生産にかかわる製品戦略、生産戦略、およびマーケティング戦略の間には広範な補完性が存在するため、生産がフレキシビリティの度合いを進めるに従って、伝統的には互いに分離した職能を形成していた製品設計、工程設計、製造、およびマーケティングの間に、より大きなコーディネーションが必要となる。第三に、フレキシブルで汎用性をもつ設備が使用される程度が大きくなるにつれて、垂直的統合の必要性は減じる。ミルグロムとロバーツは、これら三つの傾向性を結びつけ、次のような予測を提出している。それは、最終製品とそれの部品との垂直的に統合された製造にとって代わって、「買い手側の企業から所有権の上では独立していて、密接なコミュニケーションおよび共同のプランニングによって関係づけられるサプライヤーの広範な利用」が、ますます多く現れることになるであろうという予測である。この予測は、個々の中核企業がどの国を本拠として発展してきた企業であるかにかかわりなく、どの国でおこなわれている生産と流通を分析するためにも、上記のようなネットワークの観点に立つ分析を展開することが、今後ますます重要になるであろうことを示唆している。

同じ予測はまた、そのような観点に立つ生産と流通の分析をおこなう上で、次の二つの属性をもつ概念的枠組みを発展させることが決定的に重要となるであろうことを示唆している。第一に、その枠組みを構成する諸概念は、「系列」という言葉の場合とは異なり、中核企業がどの国を本拠として発展してきた企業であるかにかかわりなく、所与の製品分野に作り出されるどのネットワークに対しても、普遍的に適用可能なものであるべきだ。第二に、それらの概念は、伝統的な企業と市場の概念がとらえられずにきた企業内および企業間に作り出される諸関係の種々のタイプと諸側面を、系統的に識別する力をもつものであるべきだ。

そうした属性をもつ枠組みを発展させるには、まず焦点を定めた実証的研究をおこない、次にその研究で見出された諸事実に基づいて一般化をおこなうことが、最も重要と思われる。そうした努力は、多数企業ネットワークの上流側に関しては、すでに相当の程度おこなわれてきている（浅沼［一九八四 a］、［一九八四 b］、Asanuma［1989］,［1992］, Kawasaki and McMillan［1987］, Asanuma and Kikutani［1992］, Clark and Fujimoto［1991］）。これに比べ、下流側に関しては、相対的に解明が遅れている。ネットワークの構造と作動様式を、上流側についても下流側についても同じ程度の精密さで分析するためには、とりわけ次の諸点を知る必要がある。

⑴　中核企業は、販売面の諸活動と製造面の諸活動との間のコーディネーションを、どのような仕方で

おこなっているのか。

(2) 中核企業は、ディーラーとの取引のガバナンスを、どのような種類の契約的枠組みを用いておこなっているのか。

(3) その契約的枠組みの中には、ディーラーに対するどのようなインセンティブが組み込まれているか。また、取引に伴うリスクは、中核企業とディーラーとの間で、どのように分担されるのか。

(4) 所与の中核企業が組織している多企業ネットワークが、当該ネットワークの環境に起こる諸変化に対して効率的に対応することを可能ならしめるには、ディーラーの側にはどのような種類の能力または技能が求められるか。

(5) 中核企業の側には、どのような種類の能力または技能が求められるか。

(6) 前に言及したように現代の製造業を貫くトレンドとして観察される、よりフレキシブルな生産に向かう傾向性は、所与のネットワークの中でおこなわれる企業内相互作用と企業間相互作用に、どのような影響を与えるか。

この方向における研究の発展を促進するため、この章では、一九八九年四月から九二年四月までの期間に私が自動車産業を対象としておこなったフィールドワークから得られた諸発見を報告する。メーカーとディーラーとのインターフェースの相対的に長期的な諸側面を詳細に論じること（つまり上に列挙した諸問題のうち(2)を全面的に扱うこと）は別の機会に譲り、この章では、所与のネットワークの中で継続的かつ日常的に営まれている業務に伴う企業内相互作用と企業間相互作用にスポットライトを当てる。

## 2　自動車メーカーが直面している挑戦

### 1　自動車産業における製品多様化の本性

この項では、今日の主要自動車メーカーが、どのように製品多様化戦略を追求しているかを見ることにしよう。一九九一年一月の時点で、GMは、シボレー事業部の車という総括的な名称の下に、アストロ／GMCサファリ、ベレッタなど一〇個の車名の車を乗用車市場に提供していた。これに加え、GMは、ポンティアック事業部の車という総括的な名称の下に八個の車名、ビュイック事業部の車として八個、オールズモビル事業部の車として九個、キャデラック事業部の車として六個、サターン事業部の車として一個、合計四二個の車名の車を会社全体で提供していた。これに対して日本を見ると、一九九〇年四月の時点で、トヨタは、日本の乗用車市場に対して二二個の車名の車を提供していた。もし、これら乗用車が売られるのと同じチャンネルを通して売られる軽トラック、ミニバス、およびいわゆる「ワゴン」を含めれば、提供されている車名の総数は、GMの数字にもっと近づく。一つの自動車メーカーが四〇個にものぼる車名の車を提供していることは、相当な程度の製品多様化だと考えることもできようが、しかし、もし考察をここで止めるならば、真に重要な点を見逃すことになろう。

今日では、自動車産業における製品多様化のはるかに大きな比率を占める部分が、個々の車名それぞれの内部でのバリエーションというレベルにおいて、もたらされている。表1を見よう。この表は、クラウンという単一の車名の内部でどれだけ多くのバリエーションがトヨタによって提供されているかを、過去の二つの時点について示している。これを見ると、一九六六年四月から七八年四月にいたる一二年の間に、この特定の車名の内部で注文可能なバリエーションの数が爆発的な成長をとげ、一〇万のオーダーに達したことがわかる。

表1は、それほど大きな数にのぼる注文可能なバリエーションがどのようにして出現するにいたるかを知る手がかりを提供している。所与の車両の仕様は、車型（ボデータイプ）、エンジン、トランスミッション等々の項目のそれぞれを具体的に定めることによって確定するのであるが、これら項目のそれぞれについて、自動車メーカーは複数の選択肢を提供するにいたる。この選択肢の数自体は典型的にはそれほど大きなものではないが、項目がかなり多いため、可能な選択の組合せの個数は非常に大きくなる。

表1　トヨタクラウンの発注可能仕様数の推移

| 種　類 | 1966年4月 | 1978年4月 |
|---|---|---|
| ボデータイプ | 2 | 4 |
| エンジン | 2 | 4 |
| キャブレター | 2 | 2 |
| 燃　料 | 2 | 3 |
| トランスミッション | 3 | 7 |
| グレード | 4 | 8 |
| シート形状 | 2 | 5 |
| 注文装備（オプション） | 1 | 20 |
| 塗　色 | 14 | 13 |
| 設定種類数 | 322 | 101,088 |

（注）設定種類数は，項目の組合せの中に発注可能でないものもあるため，各項目の単純かけ算にならない。
（出所）自動車工学全書編集委員会編［1980］，186頁。

一カ月とか三カ月とかいった特定期間内に現実に生産されるバリエーションの数は、典型的には、注文可能なバリエーションの総数よりも、ずっと小さい。にもかかわらず、それは相当な数に達し、その結果、バリエーション一種類当たりの車両生産台数・販売台数はきわめて小さくなる。表2は、トヨタが市場に提供しているもろもろの車名の中から選ばれた四個の車名のそれぞれにつき、過去のある時期の特定の三カ月間に現実に生産されたバリエーションの数と車両生産台数とを示したものであるが、このデータは、いま述べた点の好例を与えている。よかれ悪しかれ、これが、現代世界の大規模自動車メーカーが、きわめて個別化されたニーズと嗜好をもつ消費者たちの需要を汲み上げるために追求している製品多様化の実状なのである。

表2　3カ月間に生産された仕様の数と台数

| | 仕様数 | 生産台数 | 台数／仕様数 |
|---|---|---|---|
| A 車 | 3,700 | 63,000 | 17 |
| B 車 | 16,400 | 204,000 | 12 |
| C 車 | 4,500 | 53,000 | 12 |
| D 車 | 7,700 | 44,000 | 6 |
| 計 | 32,100 | 364,000 | 11 |

（出所）　大野監修・門田編［1983］，15頁。

## 2　製品多様化がもたらすディレンマ

製品のバリエーションがこのように増殖してくると、自動車メーカーにとって、自社の生産と市場における自社製品に対する需要との調整を確保することは、次第に困難性と複雑性の度合いを増していく仕事となる。より具体的に言うと、自動車メーカーは、次の種類のディレンマに直面することになる。前項で見たような膨大な数のバリエーションが導入されれば、供給を需要に適合させる課題は、総量のレベルで適合を実現する仕事に加えて、種類のレベルでも精確な適合を確保するという仕事を要求することになる。例えば福岡・岩月［一九八九］は、当該の会社がある一カ月間に供給した製品の仕様総数のうち半数近くについては、その特定の仕様をもつ車両を買おうとする消費者は、その月にちょうど一人しかあらわれなかったことを示している。このことは、この会社にとってまさにそのバリエーションの車を実際に買いたいと思う消費者から注文を受けないうちに、そういった車両を組み立ててしまうことは、きわめて危険なことになることを示唆する。他方において、生産には依然として相当なリードタイムを要する。それゆえ、ある車両を生産するのに必要とされる製造諸活動のうち少なくとも一部は、その特定の車両を最終的に買うことになる消費者からの注文を受け取るより前の時点で開始しなければならない。そうでなければ、その消費者は非常に長く待たされることになるであろうが、特別に贅沢な種類の車の場合は別として、今日の消費者たちは、そんなに長く待とうとはしたがらないであろう。メーカーは、このディレンマをどう解くであろうか。世界の主要自動車メーカーは、各自その解法を捜し求めてきたが、その結果、それらの会社が到達した解法の間には、かなり一般的なパターンがあるように思われる。このパターンの概要を次節で述べることにしよう。

## 3 メーカーはこの挑戦にいかに対応してきたか

### 1 月間生産計画を立てる三つの方法

**方法1**　まず表1を振り返って眺め、いかにすれば一台の車両の仕様全体を一般的かつ抽象的に表現できるかを考えてみよう。その一般的な形式は、以下のように与えることができる。

$$X = (X_0, X_1, \cdots, X_m, \cdots, X_s)$$

ここで、$X_0$は、この企業が人びとに対してオファーしているさまざまな車名の集合$\{x_{01}, x_{02}, \cdots, x_{0k}\}$を表す。また$X_1$は、この企業が車両を組み立てる際に選択肢として提供できるさまざまな車型（ボデータイプ）の集合$\{x_{11}, x_{12}, \cdots, x_{1d}\}$を表す。$X_2$は、この企業が自社で生産する車両に搭載できる利用可能なさまざまなエンジンの集合を表す。さらに$X_3$は利用可能なさまざまなトランスミッションの集合等々といった具合に記号法を定める。さて、許容されている選択をすべておこない、ベクトル$X$の成分をすべて確定して、例えば $(x_{05}, x_{13}, \cdots, x_{m6}, \cdots, x_{s9})$ のように定めれば、ある具体的な車両一台の「総仕様」(full specification) が定まる。それゆえ、$X$のことを、スペシフィケーション・ベクトルと呼ぶことにしよう。

ここで、ある所与の自動車メーカーが、$M$月の月間生産計画を立てようとしている状況を考えよう。この計画を立てる最も原始的な方法は、ある目標日を定め、この日までに下流側からこの会社に送られてきたシグナルと、この会社自身の判断とに基づいて、この日までに、$M$月の間に生産すべきすべての車両を、各車両のスペシフィケーション・ベクトルの全成分を確定した上で定めてしまうことである。この総仕様確定ずみの月間車両生産予定表が完成すれば、ただちに会社は生産スケジュールの作成に進む。スケジューリングは、月間車両生産予定表に記載されているすべての車両を、$M$月を構成する三個の旬のそれぞれに割り当てることから始まり、引き続き、各作業日の組立順序計画を漸次作り上げていくことによって完了する。以上の方法が、月間生産計画を立てる最も硬直的な（つまりフレキシビリティの最も小さい）方法であり、方法1と呼ぶことにする。なぜこのように特徴づけることができるかは、以下の議論の過程で明らかになっていくであろう。

もし、$X_0$から$X_S$にいたるすべての項目が、それを準備するのに同じ長さのリードタイムを要するならば、月間生産計画を立てる方法としては、方法1を使う以外の道はありえないだろう。しかし、現実には、ある項目は比較的長いリードタイムを要するが、別の項目は敏速に準備できる。この差を考慮に入れると、月間生産計画は、時間の進行に従い、いくつかのステップを逐次踏んでいくやり方で作り上げていくことができる。これが、月間生産計画の作成と実施の過程にフレキシビリティの要素を導入する道なのである。

最初に確定されるべき項目は$X_0$である。より正確に言えば、どの自動車メーカーも、それがオファーしている車名のそれぞれについて、問題の月（$M$月）の間に何台を製造するかを最初に決めなければならない。なぜなら、その会社には複数の車両組立て工場があるのが普通だが、それぞれの管理陣は、その工場に割り当てられている車名の計画生産量を本社から受け取り、それをシグナルとして、$M$月の初めまでに、その月のアセンブリー・ラインのスピードの決定、および工場の作業者の雇用量と配置の月次の調整をおこなうことになっているからである。$M$月の間に製造されるべき車両の台数が車名ごとに決定されたのち、この計画台数は$M$月の各作業日に割り当てられる。これが月間生産計画の基本的枠組みを提供する。そして、この枠組み計画に入っている車両のそれぞれにつき、$X_1$から$X_S$にいたる仕様項目は後の時点で埋めればよい。なぜなら、それらは$X_0$に比べ、より短い準備期間しか必要としないからである。

**方法２**　月間生産計画を立てる第二の方法は、二つの段階から成り立つ。第一段階では、ある目標日までに、$M$月の間に製造されるべき車両の数が車名ごとに決められ、その次の段階で、これら計画された車両が作業日のそれぞれに割り当てられる。この第二段階は、$M$月を構成する各旬について繰り返し実施されるのであるが、このとき、第二段階は次のように進行する。第一段階が完了すると、ただちにメーカーは生産予定車両のディーラー間への配分をおこない、ディーラーたちに各自が配分を受けた車両についての注文（order）を、なんらかの時間的順序に従って送ってくるように求める。この際各注文は、車両一台ごとに、当該ディーラーが販売に関してもつ予想と販売計画とに基づいて、$X_1$から$X_S$にいたる各仕様項目を特定しなければならない。ある目標日までにディーラーたちから送られた注文に基づき、メーカーは$M$月上旬の生産スケジュールを作成する。中旬および下旬についても、同じプロセスが反復される。

図1　月間生産計画を作成する2つの方法

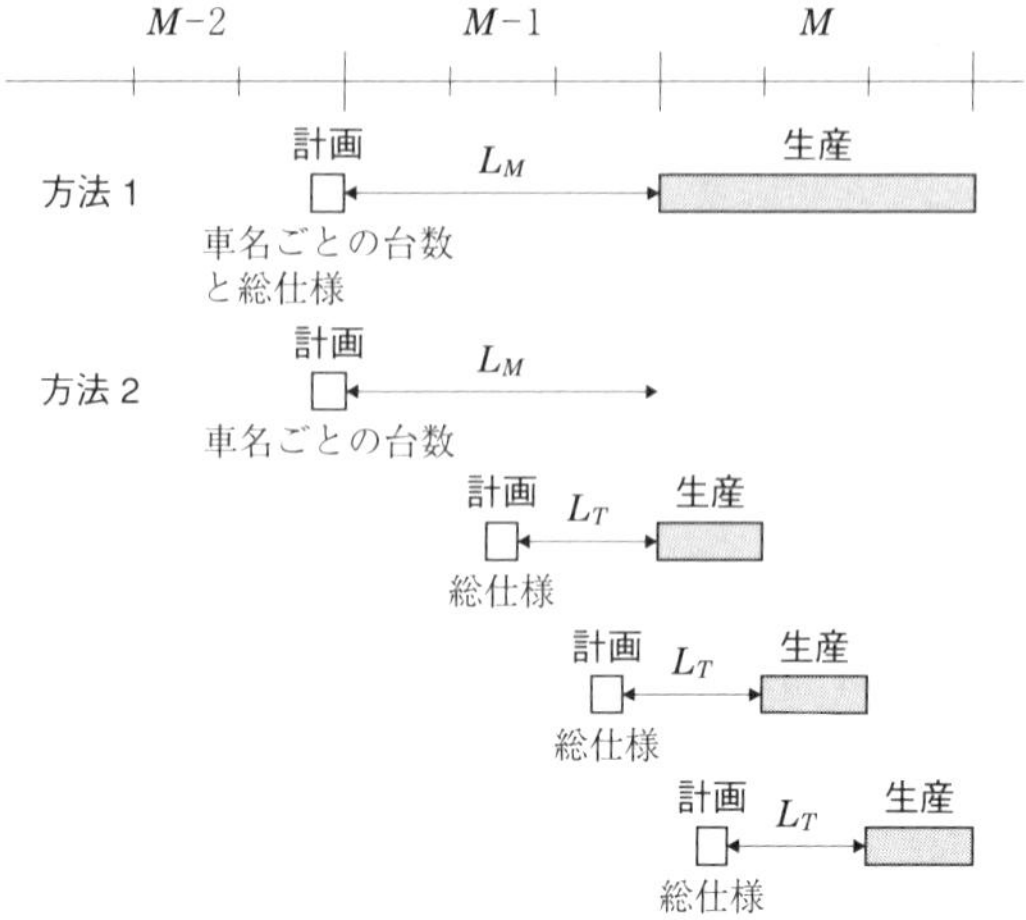


ここで、図1の助けを借りて、上記二つの方法を比較してみよう。方法1の下では、$M$月の間に製造されるべき車両のすべてについて、各車両の総仕様を構成する項目のすべてが、ある目標日までに決定されなければならない。この目標日と$M$月の最初の作業日との間にあるリードタイムを$L_M$で表そう。さしあたり、この$L_M$の長さが、図1にあるように一ヵ月だとしよう。これは、($M-2$)月の月末に決定される$M$月の月間生産計画が、この($M-2$)月の月末より少し前の時点までに完成させられるべき需要予測に全面的に基づかなければならないことを意味する。一般的に、$L_M$が長いほど需要予測に誤りが生じる確率が大きくなり、逆の場合は逆であることは容易に理解できよう。

他方において、方法2の下では、たとえ$L_M$の長さが同一に保たれたとしても、製造されるべき車両の仕様を含む計画は、いまや、一ヵ月の間に三回、生産予定月の旬ごとの計画を立てればよく、その計画は、それぞれ、当該の旬の最初の作業日から逆算して$L_T$の長さのリードタイムだけ前にさかのぼった日までに作成が完了すればよい。これに伴うメリットは、$L_T$が一般に$L_M$より小さいということだけではない。それに加えて、$M$月の中旬および下旬におこなう生産は、いまや、方法1の場合と比べてずっと後の時点でおこなわれる需要予測に基づいておこなうことができる。たとえば、図1に描かれている状況の下では、$M$月の下旬に製造される車両の最終仕様に関する計画は、いまや$M$月の初めに立てればよく、方法1が採用されている場合に比べ、一カ月以上も後の時点にもってくることができる。これは、その計画が、方法1の場合と比べて一カ月以上も後に形成される需要予測および判断に基づくものとなりうることを意味する。その結果、方法1に比べ、方法2は、自動車メーカーとディーラーが、どの仕様の車が他の仕様の車よりもよく売れるかという点に関して誤った判断を下すリスクを、大幅に減少させることができる。

**方法3**　月間車両製造予定表と、計画車両の配分に基づいてディーラーから入った注文とを基礎にして、所与の旬に関する生産スケジュールが完成すると、メーカーは、各ディーラーに対し、そのディーラーが注文した車両のうち、どの車両が当該の旬の中のどの日に組み立てられる予定になったかを知らせる。方法2の下では、ディーラーたちに対するこの情報フィードバックをもって計画作成サイクルが終了する。しかしながら、方法2に若干のステップを付け加えると、もう一段大きなフレキシビリティを導入することができる。この点を次に説明しよう。

前に見たように、方法2の下では、製造されるべき個々の車両の総仕様のうち$X_1$から$X_S$にいたる項目は、メーカーが旬生産計画を立てる段階ですべて確定される。しかしながら、これら項目の間には、生産に必要なリードタイムに関して差がある。典型的には、車型（ボデータイプ）、エンジン・タイプ、トランス

図 2　月間生産計画を作成する第3の方法

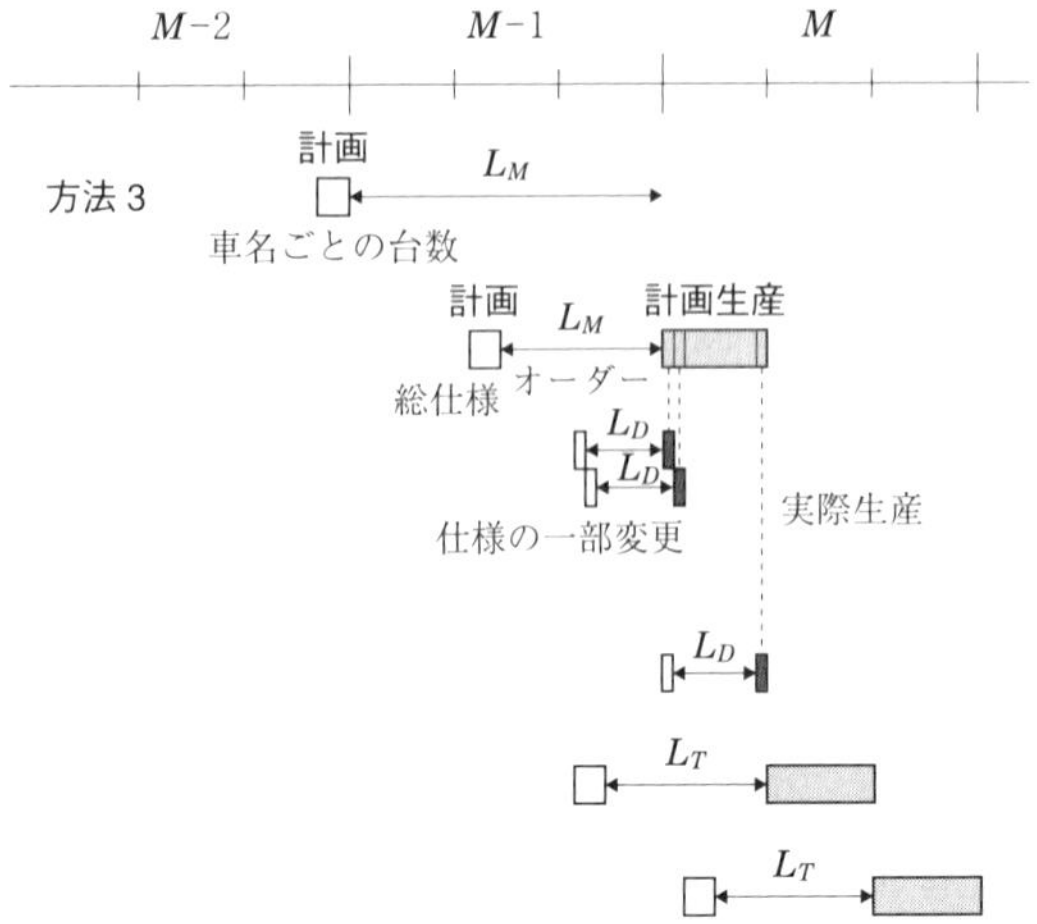


ミッション・タイプ、および車の豪華さの程度のような項目は、この時点か、あるいはもっと前の時点で確定されなければならない。車両の仕様のうち、これらの項目を定めることによって決まる部分を、「基本仕様」と呼ぶことにしよう。しかしながら、オプション部品とか色のような他の項目は、必ずしもこの時点で最終的に確定される必要がない。車両の総仕様のうち、基本仕様を除いたこの部分を「二次的仕様」と呼ぶことにしよう。月間生産計画作成の第三の方法は、いったんメーカーに入れた注文のうち、この二次的仕様に属する項目については、のちの変更を許容するものである。この方法の下では、ディーラーたちは、前記のフィードバック情報――つまり注文した各車両の組立予定日の通知――を受領したあとで、注文ずみの車両の二次的仕様に関し、彼らが希望するようになった変更が当該車両の組立予定日から逆算して$L_D$のリードタイムをもつ時点までに投入される必要がある。図2は、方法3がどのように作動するかを図示したものである。

実際には、ディーラーから投入される一番初めの注文は、ほとんど全面的にそれらディーラーたち自身の期待と予測に基づいている。ディーラーからの注文が、最初から最終消費者が出した注文に基づいているケースは、非常に稀である。他方において、二次的仕様に属する項目についてディーラーが送ってくるデイリー変更オーダーは、ほとんどの場合、次のような最終消費者の意向に基づいている。それは、ディーラーの店舗を自分が訪問するか、あるいはディーラーのセールス・パーソンの訪問を受けはしたが、ディーラーの店頭在庫の中にも、またディーラー店舗に配送予定となっている商品リストの中にも、ちょうど自分が希望するような仕様をもつ車を見つけられなかったような最終消費者である。これらの理由により、方法3は、ディーラーのリスクを著しく減少させるのに役立つ。

## 2　フレキシビリティの観点から見た生産システムの比較

ここまでの議論によってすでに明瞭になってしかるべきことであるが、所与の自動車メーカーとそのディーラーたちによって構成されている生産システムは、そのシステムが方法1の下で操業している状態から方法2の下で操業している状態に移ったとき、従来より大きなフレキシビリティをもつ高次の段階への進化をとげたと言うことができる。同じシステムが方法3の下で操業するようになったとき、それは、いっそうの進化をとげたと言うことができる。このことに注意して、ある生産システムが月間生産計画の作成に関して方法1（2、3）で操業しているとき、それは進化の第一（二、三）段階にあると言うことにしよう。

第一段階の内部においても、ある生産システムがコンスタントに従来よりも小さな$L_M$で操業できるようになれば、そのシステムは、より高い程度のフレキシビリティを達成したと言えることにも注意すべきであろう。同様に、第二段階の内部においても、ある生産システムが、他のシステムよりも、ベクトルの順序づけの意味で小さな（$L_M$, $L_T$）または（$L_M$, $L_W$）を達成したならば、前者は後者よりもフレキシビリティの高い状態にあると言える。また同様に、第三段階の内部においても、二つのシステム、あるいは一つのシステムの相異なる二つの状態は、（$L_M$, $L_T$, $L_D$）または（$L_M$, $L_W$, $L_D$）を比較することにより、フレキシビリティの観点から順位づけを与えることができる。

これらの考察を結合して、私は、生産システムのフレキシビリティの度合いを、三次元ベクトル（$L_M$, $L_T$, $L_D$）または（$L_M$, $L_W$, $L_D$）で測ることにする。当該の生産システムが第一段階にあるときは、$L_T$ (or $L_W$) = $L_D$ = ∞と表せる。同様に、当該のシステムが第二段階にあるときには、$L_D$ = ∞と書くことによって、そのことを表現できる。フレキシビリティを議論するに当たって、さしあたり、これらの尺度で表せる領域に思考を集中することにしよう。

## 4　流通と車両生産とのコーディネーション

第3節の初めに、月間生産計画を作成するための相異なる三つの方法を導入した。そこでの議論は、（方法1の場合には）個々の車両の確定仕様つきの全面的な月間生産計画表、あるいは（方法2と方法3の場合には）車名ごとの生産台数のみ定めた月間生産計画表のいずれかが、生産月$M$の最初の作業日からリードタイム$L_M$の大きさだけさかのぼるある時点において、なんらかのメカニズムにより決定されていることを前提した上で出発していた。表現を簡潔にするため、この時点において決定される計画のことを、これから、「計画1」と呼ぶことにしよう。この節では、前の節でブラックボックスとして扱った二つのメカニズムを調べる。すなわち、一つは、計画1を個々のディーラーからの情報投入を出発点として作り上げていき決定するためのメカニズムである。もう一つは、計画1にリストアップされた生産予定車両を個々のディーラーに配分していくのに使われるメカニズムである。

## 1 計画1を作り上げるプロセス

計画1は、グローバルな規模で展開しているコーポレーションとしての$J_A$社全体にとっての計画であり、月ごとに、$J_A$社のブランドを付与されている車両に対する全世界からの月次の需要と、これらの種類の車両を生産するのに利用できる日本および他の諸国に存在している生産能力とが突き合わされ、マッチングが達成された上で、この計画ができ上がるのである。この計画は、複雑な情報処理と交渉の結果として作り上げられる。

まず、国内市場の側から出発しよう。$J_A$社の内部で、国内における販売ならびにマーケティング諸活動の計画とコーディネーションに責任をもっている組織単位は、国内販売企画部（以下、DSPと略記）である。組織図の上ではDSPと横に並ぶ関係にあるものとして、五つの車両営業部があり、そのそれぞれが車両販売のチャンネル一つを扱っている。車両営業部は、車両の流通を担当し、部のメンバーである地区担当員を通してディーラーと直接の接触を保っている(1)。

各ディーラーは、月ごとに、$J_A$社に対して「月次オーダー」と呼ばれる文書を提出する。これは、当該のディーラーが問題の月の間に販売するために仕入れたいと思う車両の台数を、彼がフランチャイズ契約により販売権をもっているすべての車名についてリストアップしたものである。しかし、この文書に記載されている数が、そのまま自動的に生産側に伝達されるわけではない。DSPと各車両営業部は、国内市場と各地域市場について、車名ごとに会社独自の販売予測、各ディーラーの態度と能力に関する評価、および問題の月にかかわるネットワーク内部の生産能力の利用可能性に関する予測値をもっている。これらの情報セットと、地区担当員たちの意見に基づき、$J_A$社は各ディーラーがオーダーに記載した数字に調整を施す。この意味で、「月次オーダー」は実際には要望であり、かつ月間生産計画作成プロセスを開始するのに必要な情報上のインプットであるが、正確に満たされうるとは期待できないものである。調整を施された数字に基づいて、DSPは国内市場で販売するために生産されるべき車両のリストを作成する。これが、この組織単位がコーポレーションの内部において自分が代表する立場にあるディーラーたちのために確保に努めるべき目標となる。

$J_A$社の内部で海外における販売ならびにマーケティング諸活動の計画のコーディネーションに責任をもっている組織単位は、海外販売企画部（以下、OSPと略記）である。$J_A$社のブランドを付与されている車両が販売されている日本以外の国または地域の市場のそれぞれにおいて、$J_A$社の子会社、海外支店、あるいは総代理店のいずれかが、国内市場におけるDSPの役割と同様の役割を果たす。つまり、それがOSPに対して、DSPが国内でしているのと同様の仕方で作成された月次車両オーダー・リストを提出する。OSPは、このリストを基礎にして、もう一段の調整を施し、海外全市場における販売のためコーポレーションの生産側に要求すべき車両のリストを作り上げるのである。

計画1は、コーポレーションの本社で月ごとに開催される「車両生産会議」において決定される。興味深い一つの点は、J$_A$社においては、販売ならびにマーケティング諸活動の全体を代表し、車両生産会議に月次の車両要求リストが提出される前に、ヒエラルキー上の高い地位からDSPとOSPをコーディネートできる上級管理者は存在していないことである。

DSPとOSPは、それぞれが作成したリストを会議に提出する。これは、DSPとOSPが、とりわけ車の需要が生産能力を上回る局面では、それぞれが希望する車両の台数を確保しようとする中で、コーポレーションの最高決定のレベルにおいて互いに競争し合うポジションにあることを意味する。車両生産会議に提出される計画1の原案を作成するのは、本社生産管理部（以下、CPCと略記）の責任である。DSPからの需要とOSPからの需要を生産能力とコーディネートする必要があるだけでなく、車名の異なる車の間のコーディネーションも必要となる。なぜなら、しばしば同一タイプのエンジンが相異なる二つ以上の車名の車に使われているため、これら車名は、同一のエンジン工場の生産能力をめぐって競合する関係に立つからである。CPCは、計画1の原案を作るにあたり、コーディネートされるべき諸部門ならびに諸工場と、コーポレーションのヒエラルキー上で同じ高さのレベルに立つコーディネーターの役割を演じ、上記のような諸コンフリクトを解決することに努める。しかし、それでもなお車両生産会議は、コーポレーション全体にとっての均衡解に到達するまで非常に長時間を要する白熱した会議となる。いずれにせよ、コーポレーションは、スケジュールに定められている目標日が終わるまでには計画1を決定しなければならないのである。

## 2　中核企業が期待するディーラーの役割

月間生産計画を作成するサイクルの最初の手順としてディーラーから集められる情報インプットを、なぜメーカーの側が自動的に「オーダー」として受容することができないかは、ここまでの議論によって明瞭になっているはずである。中核企業が張っている企業ネットワーク全体の観点から見た均衡に到達するため、毎月、ネットワークの流通側が計画センターに伝達してくる需要の全体と利用可能な供給能力全体の間で調整がおこなわれなければならない。この目的のため、なんらかの割当メカニズムを使う必要が出てくる。需要が生産能力を上回る傾向をもつ局面では、ディーラーたちが提出する注文の方を切り詰める必要がある。他方、需要が能力を下回るさいには、DSPやOSPのような組織単位は、ディーラーたちを督励して、自然のままに放置すればディーラーたちが注文してくるはずの台数よりも多くの台数を彼らが仕入れようとするよう努力しなければならない。生産能力は敏速に増やしたり減らしたりできるものではないから、流通側は、この調整の負担を、無視できない程度において吸収することが期待されている。

同じ論理は、所与の期間中に生産される車両総数のうち、消費者からの確定注文に基づいて製造される車両が占める比率には許容可能な上限があるかという問題にも当てはまる。私の今回のサンプルの中にある日本の自動車メーカーは二社とも、この比率が一〇〇%に達するようなシステムが現れることはなかろうと見ていた。彼らの意見では、両社が到達した三五%という現在の数字が、ほぼ妥当な天井なのであり、それはなぜかと言えば、本来あるべきディーラーの車の売り方は、かなりの比率を自分が立てる予想と積極的な販売計画に基づいて車を仕入れ、売っていくべきものであって、入ってくる消費者のために単に受動的な電子端末の役割しか果たさないようなものであってはならないからである。この見方の基礎には、次のような恐れが横たわっているように思われる。それは、もしディーラーが、そのような役割しか果たさないように自分の役割を限定してしまうならば、生産の変動があまりにも急激となり、生産側がうまく機能し続けられなくなるであろうという恐れである。要するに、中核企業は、共通して、ネットワークの生産能力側の需要側に対する調整を容易ならしめるために需要変動を平滑化することがもたらす重荷のいくぶんかを、ディーラーたちが負担してほしいという主張をもっているのである。

## 3　計画1に載せられた車両のディーラーへの配分法

上に見たような調整がおこなわれるにもかかわらず、計画1に入れられる車両の総量は、市場の全般的状況を反映して変動せざるをえない。このリストに載った生産予定車両は、どういうやり方で、種々の地域市場に向けて分解されていき、最終的に、当該ネットワークの小売り側の末端を構成する個々のディーラーに配分されるにいたるのか。これら車両は、ディーラーたちに、中核企業が個々のディーラーに付与している「ウエイト」に応じて配分される。このウエイトを計算する方法または公式の詳細は中核企業ごとに異なるが、最も重要な因子は、中核企業がどの国に本拠を置く企業であるかにかかわらず、全中核企業に共通である。その因子とは、当該の中核企業が自動車について挙げている全売上台数の中で、そのディーラーが占めているシェアである。

したがって、大づかみに言えば、もし、あるディーラーのシェアが最近の月にいたるまで連続して何カ月かの期間を見て一%であったとしたら、このディーラーは、きたるべき月に中核企業が生産しようと計画している車両が何台であれ、その一%を配分されるのである。ディーラーは、突然普段より大きな台数を注文することによって飛躍的に大きな配分を獲得することはできない。このように、各ディーラーの持続的なパフォーマンスと、中核企業によるこのパフォーマンスの評価とが、メーカーとディーラーとの関係において中心的な役割を果たす。この関係は、スポット市場を介して現れるような関係とは違った種類のものなのである。

## 5 車両生産と部品供給とのコーディネーション

### 1 中核企業が適切な部品の適時の供給を確保する方法

この節では、ネットワークの上流側に目を転じる。どの自動車メーカーにとっても、部品サプライヤーと社内の部品工場に対して、月次の部品オーダーを、彼らが生産と出荷を準備することを可能ならしめるだけの十分なリードタイムを確保しつつ送り出すことが必要である。しかし、中核企業が生産システムを方法1に従って運営しているのでない限り、計画1が決定された時点においては、計画1に記載されている各車両の仕様のうち車名以外の項目は、まだ決まっていないはずである。中核企業は、上流側に送り出すオーダーの内容を、どのようにして決めるのだろうか。

$J_A$社は、月次オーダーの内容を予測に基づいて決めている。会社の販売記録から、例えば最近三カ月間にわたる販売傾向に関するデータが抽出できるが、このようなデータに基づき、各車名ごとに相異なるさまざまな最終仕様のそれぞれについて、その出現確率を推定することができる。そこで、きたるべき$M$月の間に売るべき目標台数が各車名ごとに決まれば、その数に、この確率分布を当てはめて、各最終仕様ごとの目標生産台数を予測でき、この予測に基づいて、相異なるオプション部品のそれぞれにつき調達されるべき必要量を計算できる。自動車メーカーが発出する月次の部品オーダーは、この計算に基づいて作成されている。したがって、この段階において自動車メーカーが上流側に要請する各部品の数量と、同じメーカーが、もっと後の諸段階で下流側から詳細な仕様つきで車両の注文を受領するにつれ実際に必要とするにいたる数量との間には、食い違いが生じる可能性が常にある。すべての中核企業が共通して直面する大きな問題は、この食い違いに、いかにして対処するかという問題である。

$J_A$社が、国内の操業でとっている慣行を見ることにしよう。計画1の最終決定に引き続いておこなわれる予測作業が終わるとともに、本社生産管理部（CPC）は、予測された最終仕様を計画1に記載されている各車両に割り付け、その上で日割りの生産計画を作成する。この日割りの車両生産計画に基づき、会社は上流側の各組織単位に対して日割りの月次部品オーダーを発出する。同時にCPCは、当該月の三つの旬生産計画のそれぞれに関し、車両の最終仕様に関して実際に生じる需要と当初に予測された需要との間に起こる食い違いを受けとめるため、旬生産計画の時点でどの程度の変動を許容するかに関するガイドラインを設定する。通常、車型（ボデータイプ）は予測通りに固定され、基本仕様を構成する他の項目については、もとの計画値の上下一〇%以内までの変動が許容される。このガイドラインを、ディーラーたちから送られてくる旬オーダーと突き合わせた上で、国内販売計画部（DSP）は所与の旬についての車両の要求表を作成し、それをCPCに送る。この要求表に、計画1に記載されている海外市場向けの車両のうち、この旬に製造が予定されている分を加えて得られるデータを基礎としてCPCは旬生産計画を作成し、かつDSPを経由して各ディーラーに個々の車両の組立予定日を通知する。

上流側にある大部分の組織単位については、旬生産計画は何の波及効果も及ぼさない。彼らは、月次オーダーの受領とともに必要な準備を開始しており、実際の生産と納入は、「かんばん」その他のシグナル伝達手段を受け取ることによって起動されるのであるが、これら伝達手段は、オプション部品の場合には、デイリー変更オーダーの締切がすんだ後になってはじめて中核企業から送達されてくるのである。

こうして、この段階で用いられる「かんばん」その他のシグナル伝達手段は、月次オーダーの微調整という意味をもつ。納入の詳細なタイミングがこれらのシグナルによって決まるばかりでなく、細部において異なる部品相互の間で、要求される数量に関する変化が、この時点で起こることもある。たとえば、月次オーダーの段階では、ある作業日に必要とされる部品として標準型部品三〇個とデラックス型部品二〇個が表に記載されていたのに、実際の部品引取りのシグナルとしてやってくる「かんばん」に記載されている数量をその日について集計してみると、標準型部品二八個とデラックス型部品二二個が、その日に納入されるよう求められる結果になっているというようなことがあるかもしれない。

## 2　平準化された生産スケジュール

最終消費者による選択は極度に多様であり、さまざまな場所にあるディーラー店舗の端末から入力される相異なる仕様の車両への注文は、もし単純に自動車メーカーがそれら注文を受領した時間的順序のまま配列すれば、いかなる規則的パターンをそこから読みとることも極度に困難な配列が生み出されるような仕方で入力されている。生産側の操業を安定的に保つためには、ディーラーから受け取られたシグナルの、このもとの配列を、なんらかの種類の規則性を持つ別の配列に変換する必要がある。

このような変換をもたらす特定のある方法は「生産の平準化」と呼ばれるが、これがフレキシブルな生産を達成するのに不可欠であるように思われる。生産の平準化という概念の中には、「量の平準化」と「種類の平準化」という二つの概念が含まれている。前者は、所与の期間について、一日当たりの加工対象の数量を毎日均等にすることを指す。これをおこなう目的は、一労働者当たり、一生産ライン当たり、一職場当たり、および一工場当たりの作業負荷が毎日変動することを避けることにある。もし、会社が単一の標準化された財を生産しているのであれば、平準化はここで終わりとなろう。しかし、製品に多数のバリエーションがある場合には、種類の平準化が重要となる。このとき種類の平準化は、次のような仕方で達成される。ある工場が、ある車名――たとえばC――の車を、きたるべき月の間に一万台組み立てなければならないものとしよう。さらに、この車名の内部に、三種類のバリエーション――たとえば$C_P$、$C_Q$、および$C_R$――があり、この工場は、$C_P$を五〇〇〇台、$C_Q$を二五〇〇台、そして$C_R$を二五〇〇台組み立てなければならないものとしよう。もし、問題の月一ヵ月間の作業日が二〇日あるものとすれば、生産の平準化のフィロソフィーは、この月の各作業日につき、$C_P$を二五〇台、$C_Q$を一二五台、そして$C_R$を一二五台組み立てることを要求する。さらに、それは、毎作業日の組立順序が、次のパターンの反復から構成されることを要求する。すなわち$C_P$、$C_Q$、$C_P$、$C_R$である。このパターンがアトム、つまり、それ以上分割できない許容可能な最小の集まりである。このパターンを繰り返すことにより、製品の多様化という条件の下での最も安定的な操業が確保できる。

その基本的理由は、次の通りである。いま、第一の部品または材料は$C_P$にしか使われていないが、第二の部品または材料は$C_Q$にしか使われず、第三のそれは$C_R$にしか使われないものとしよう。このとき、もし、

$C_P$が月の前半に連続的に組み立てられ、かつまた、$C_Q$（$C_R$）が月の第三クォーター（第四クォーター）に連続的に組み立てられるような仕方で組立てがおこなわれるとすれば、$C_P$のための材料を生産するラインは、月の前半に生じる一日当たりの需要（つまり五〇〇台分）を毎日満たすに足るだけの生産能力をもつ必要があるだけでなく、月の前半にはピーク・ロードで操業し、それから突然、月の後半には操業を止め、能力を遊ばせておく必要に迫られることになる。これと同じ論理は、第二の材料を生産するラインにも、第三の材料を生産するラインにも当てはまる。しかしながら、もし、車両組立工場における生産が上に述べたような仕方で平準化されれば、三つの上流側生産ラインのそれぞれにおいて要求される生産能力は、ずっと小規模なものであることができ（たとえば第一の材料については一日当たり五〇〇台分でなく二五〇台分）、その上、もっとずっとコンスタントに操業することができる。

$J_A$社の本社生産管理部（CPC）がとっている運営方法の次の二つの特徴は、注目するに値する。第一に、CPCは、生産の平準化のフィロソフィーを、自社の車両組立工場だけでなく、上流側にある部品製造工場にも——サプライヤー所有の部品製造工場も含めて——適用しようと奮闘してきた。この目的で、CPCの内部には、相手が社内の工場であっても、またサプライヤーの工場であっても、その工場の生産工程を診断し改善する作業に、助力を提供することを任務とする課が設けられている。第二に、他の多くの会社は、車型（ボデータイプ）など基本仕様を構成する項目に関して平準化された生産を達成することで満足しているが、$J_A$社のCPCは、部内で開発された特別の公式を適用して、二次的仕様を含む最終仕様のすべての構成項目に関して、平準化を追求している。上記二つの特徴のうち第一のものは、サプライヤーが部品の納入に非常に近い時点で最終注文を受け取っても供給できる敏速な対応能力を育成するのに貢献してきたように思われる。また第二の特徴は、各サプライヤーから供給される各項目の一日当たりの納入必要量を極度に平準化するのに役立ち、それによってサプライヤーの生産スケジュールがあらかじめ極度に平準化されていることは、デイリー変更オーダーが入ったときに、サプライヤーの生産および出荷のスケジュールに与える波及効果を最小限度に抑えるのに役立ってきたように思われる。第3節で指摘したように、$J_A$社がディーラーからデイリー変更オーダーを受け付けるとき、オプション部品の人部分については、デイリー変更オーダーによる数量変更が、所与の期間につき最初にスケジュールされた数量の一〇%を超えないという制約条件の下でオーダーが受容されている。生産の平準化が上に述べたレベルにいたるまで追求されると、オプション部品の各項目につき毎月の変更許容可能量は一目瞭然となる。

## 3　維持可能な月間生産計画

$J_A$社が張っているネットワークの中で発展させられてきた実務慣行のもう一つの面は、計画1、すなわち当該月の車名別の生産予定台数リストが、関係者たちにより、その計画に対応する月の間に正確に達成されるべきものと考えられており、その計画が最終決定され、かつ、さまざまな手続きがそれに基づいて開始された後で、計画の中の数字に調整が施されることはめったにないということである。$J_A$社が個々の車両に対応する注文を受け取ることなく車両を製造することは決してないから、いま述べたことは、次の二つのことを意味する。すなわち、(1)この会社の計画1は、需要の非常に注意深い評価と、販売側と生産側の間の緊密なコーディネーションの結果として作成されるということ、および(2)この会社の営業部門は、ひとたび計画1が最終決定された後では、そこに記載された生産予定車両を、どうにかして、みんなディーラーたちに引き取らせるのに成功してきたということである。

読者の中には、ここで、$J_A$社のシステムはアメリカの自動車会社のシステムに比べ、自社の営業部門とディーラーたちに、計画1の中で所与の月の間に製造されるべきものと決定された車両台数を、それが何台であれ、必ず販売側が引き取るように、ずっと大きな圧力を加える仕組みのものではなかろうかという疑問を提起する人もいるかもしれない。たしかに、その可能性を全面的に否定することはできない。しかし、次のことに注意を払うべきであろう。それは、最終需要が最初に予想したよりも実際に弱くなっている場合には、販売側の担当者がどんな圧力やインセンティブを受けたところで、いまや誤っていることがわかった推定に基づく計画を販売側が長きにわたって支えることはできないということである。むしろ、次の事実が注目に値する。それは、アメリカのシステムでは計画1は生産月の約二カ月前に作成されるのに対して、$J_A$社のシステムでは計画1は生産月の最初の作業日からわずか一七作業日だけさかのぼった時点に最終決定されるということである。これは、この計画が、組織内部における情報処理とコーディネーションの長い過程を経た後ではじめて完成させられていることを意味する。日本ではレイオフが困難であるから、計画1は、当該の生産月を通して維持可能なものとして作成される必要がある。そして、少なくとも$J_A$社のシステムの場合には、中核企業は、計画1にそのような性格をもたせることに相対的に成功を収め、それに見合う程度において、計画1はサプライヤーたちに対し信憑性のあるシグナルとして機能してきたように思われる。

上の二つの小節でおこなった分析に基づき、私は、次の二つの要因が、フレキシブルな生産システムを達成する上で中核企業の側が発展させることが要求される組織的技能の、決定的に重要な要素であると主張したい。それは、(1)生産スケジュールの平準化を、各車両の基本仕様だけでなく、詳細仕様の各項目のレベルにおける平準化まで推し進める意欲とノウハウ、および(2)維持可能な月間生産計画を作り上げようとする意欲とノウハウである。

## 6 おわりに

この章では、分析の対象を自動車産業に限定しながら、今日の経済の中の典型的な中核企業が、その製品の生産と流通のために、他の諸企業と関係を発展させることによって作り出す企業のネットワークを分析した。本稿を閉じるにあたって、二つの注意事項を述べておくことが、おそらく適切であろう。第一に、フレキシビリティという概念は、実は、この章では考察の対象から除いたもう一つの面を含んでいる。それは、新製品または製品の新しいモデルの速やかな開発である。この章では、ディーラー、中核企業、およびサプライヤーという三種類の主体の間の相互作用の理解を容易ならしめるために、分析の対象を、すでに開発ずみの製品の継続的な生産と流通に限定した。第二に、この章では、製品の多様性の増加という傾向と、これに伴ってメーカーが直面するフレキシビリティを高める課題とを、最も明瞭に代表していると思われるいくつかの大企業の実務慣行に焦点を絞った。もっと小さな規模で操業している中核企業は、通常、もっとはるかに少ない数のバリエーションしか提供していないが、それにもかかわらず、そうした企業の中には、供給している車の評判が高いために顧客を強く引きつけておくことに成功している企業がある。企業とその製品がもつ魅力は多くの要因から構成されるもので、製品の多様化と、消費者からの注文へのスピーディな対応は、その多くの要因の中の二つにすぎないのである。

青木（Aoki [1990]、青木［一九九五］）とウイリアムソン（Williamson [1991]）の仕事が示すように、最近、経済学者たちの間では、雇用主と被雇用者との関係、メーカーとサプライヤーとの関係、および銀行とメーカーとの関係、以上三種類の関係の存在様式の間には補完関係があるに違いないという予想に基づき、その補完関係の性質を調べるという課題に、次第に大きな関心が集まってきている。この章で私が展開した考察は、企業ネットワークの第四の側面であるメーカーとディーラーの関係をも、この課題の下で研究されるべきもう一つの項目として付け加えることを強く促している。

＊ 本章は、浅沼萬里［一九九五］、「グローバル化の途次にある企業ネットワークの中での生産と流通のコーディネーション」青木昌彦＝ロナルド・ドーア編『システムとしての日本企業』第九章、NTT出版、を編者（岡崎哲二）が抜粋・編集して再録したものである。

## 注

(1) ウイリアムソンは、スポット市場における契約という取引様式が、関係的契約（たとえばフランチャイズ契約）という取引様式や、流通過程への前方統合という取引様式に道を譲るのは、どういう条件が成立する場合かを分析した（Williamson [1981] pp. 1549-50, [1985] pp. 180-82）。彼がおこなった分析は、製造側を担当する主体と販売側を担当する主体とが構成する一つのシステムを考え、ブランドが付与されている財またはサービスの品質の劣化や評判の劣化の可能性から、このシステムを守るために必要とされる防衛措置に焦点を置くものである。さらに、彼のそこでの議論は、個々の流通側担当主体の行動をモニターすることが困難であることに起因する外部性の問題に煮詰まる。私がここでおこなった記述は、フランチャイズ契約がもつウイリアムソンが光を当てた面と補完的なもう一つの面にスポットライトを当てている。この記述が示唆しているのは、次の面である。すなわち、まず一方において、変動する環境の下でシステムの効率性を確保するために、ディーラーたちは、ある程度まで当該のシステムに特殊的な技能を発展させることを求められる。他方、メーカーの側は、持続的な関係を保つことを通じてのみ、こうした技能を評価することが可能となる。そして、この両方の要因が、関係の持続性を要求することになる。

## 参考文献

Abegglen, J. C. and G. Stalk, Jr. [1985], *Kaisha : The Japanese Corporation*, New York : Basic Books.（植山周一郎訳［一九八六］『カイシャ――次代を創るダイナミズム』講談社。）
Aoki, M. [1988], *Information, Incentives, and Bargaining in the Japanese Economy*, Cambridge, MA : Cambridge University Press.（永易浩一訳［一九九二］『日本経済の制度分析――情報・インセンティブ・交渉ゲーム』筑摩書房。）
Aoki, M. [1990], "Toward an Economic Model of the Japanese Firm," *Journal of Economic Literature*, Vol. 28, No. 1, pp. 1-27.
青木昌彦［一九九五］「システムとしての日本企業――英文文献の展望と研究課題」青木昌彦＝ロナルド・ドーア編『システムとしての日本企業』第一章、NTT出版、所収。
浅沼萬里［一九八四a］「日本における部品取引の構造――自動車産業の事例」『経済論叢』第一三三巻、一三七－一五八頁（Asanuma, B. [1985], "The Contractual Framework for Parts Supply in the Japanese Automotive Industry," *Japanese Economic Studies*, Summer, pp. 54-78.）
浅沼萬里［一九八四b］「自動車産業における部品取引の構造――調整と革新的適応のメカニズム」『季刊現代経済』五八号、三八－四八頁（Asanuma, B. [1985], "The Organization of Parts Purchases in the Japanese Automotive Industry," *Japanese Economic Studies*, Summer, pp. 32-53.）
浅沼萬里［一九八六］「情報ネットワークと企業間関係」『経済論叢』第一三七巻、一－二一頁。
Asanuma, B. [1989], "Manufacturer-Supplier Relationships in Japan and the Concept of Relation-Specific

Skill," *Journal of the Japanese and International Economies*, Vol. 3, Issue 1, pp. 1-30.（浅沼萬里［一九九〇］，「日本におけるメーカーとサプライヤーとの関係——関係特殊的技能の概念の抽出と定式化」『経済論叢』第一四五巻，一－四五頁。）

Asanuma, B. [1992], "Japanese Manufacturer-Supplier Relationships in International Perspective : The Automobile Case," Chapter 7 of P. Sheard ed., *International Adjustment and the Japanese Firm*, Sydney : Allen and Unwin.（浅沼萬里［一九九二］，「国際的展望の中で見た日本のメーカーとサプライヤーとの関係——自動車産業の事例」『経済論叢』第一四九巻，二一四－二五四頁。）

Asanuma, B. and T. Kikutani [1992], "Risk Absorption in Japanese Subcontracting : A Microeconometric Study of the Automobile Industry," *Journal of the Japanese International Economies*, Vol. 6, Issue 1, pp. 1-29.（浅沼萬里・菊谷達弥［一九九三］，「中核企業によるサプライヤーのリスクの吸収——日本の自動車産業のミクロ計量分析」『経済論叢』第一五一巻，一九七－二三七頁。）

Chandler, A., Jr. [1962], *Strategy and Structure*, Cambridge, MA : MIT Press.

Clark, K. B. and T. Fujimoto [1991], *Product Development Performance : Strategy Organization and Management in the World Auto Industry*, Boston, MA : Harvard Business School Press.

Cusumano, M. A. [1985], *The Japanese Automobile Industry*, Cambridge, MA : Harvard University Press.

福岡泰男・岩月伸郎［一九八九］，「トヨタのネットワークシステム構築による企業情報戦略の展開」日本オフィスオートメーション協会『戦略情報システム構築の狙いと活用』日本オフィスオートメーション協会，一七七－一八九頁。

自動車工学全書編集委員会編［一九八〇］，『自動車の販売流通システム』自動車工学全書二〇，山海堂。

Kawasaki, S. and J. McMillan [1987], "The Design of Contracts : Evidence from Japanese Subcontracting," *Journal of the Japanese and International Economies*, Vol. 1, Issue 3, pp. 327-349.

Milgrom, P., and J. Roberts [1990], "The Economics of Modern Manufacturing : Technology, Strategy, and Organization," *American Economic Review*, Vol. 80, No. 3, pp. 511-528.

Monden, Y. [1983], *Toyota Production System*, Industrial Engineering Management Press, Atlanta, Georgia : Institute of Industrial Engineers.

NADA (National Automobile Dealers Association) [1990], *NADA Date*, McLean, VA : NADA Industry Analysis.

日本自動車販売協会連合会［一九九〇］,「第四三回（平成二年三月期）自動車ディーラー経営状況調査報告書——総集編」日本自動車販売協会連合会。

大野耐一監修, 門田安弘編［一九八三］,『トヨタ生産方式の新展開』日本能率協会。

Stalk, G., Jr. [1988], "Time : The Next Source of Competitive Advantage," *Harvard Business Review*, July-August, pp. 41-51.

Williamson, O. E. [1979], "Transaction-Cost Economics : The Governance of Contractual Relations," *Journal of Law and Economics*, Vol. 22, No. 2, pp. 233-261.

Williamson, O. E. [1981], "The Modern Corporation : Origins, Evolution, Attributions," *Journal of Economic Literature*, Vol. 19, No. 4, pp. 1537-1558.

Williamson, O. E. [1985], *The Economic Institutions of Capitalism : Firms, Markets, Relational Contracting*, New York : Free Press.

Williamson, O. E. [1991], "Strategizing, Economizing, and Economic Organization," *Strategic Management Journal*, Vol. 12, Winter Issue, pp. 75-94.

Womack, J. P., D. T. Jones and D. Roos [1990], *The Machine that Changed the World*, New York : Rawson Associates.（沢田博訳［一九九一］,『リーン生産方式が, 世界の自動車産業をこう変える——最強の日本車メーカーを欧米が追い越す日』経済界。）

第7章

# 戦前期の自動車部品工業の構造と展開

植田　浩史

## 1　はじめに

本章では、戦前期の日本の自動車部品工業を対象に、その構造と展開について考察する。対象とする時期は、GMやフォードが日本国内でノックダウン生産を開始した一九二〇年代後半から戦時下で自動車部品工業が統制される四〇年ころまでである。

本章の課題は、次の三点である。

第一に、自動車部品工業を、自動車のアセンブルに使用される組付部品だけに限定するのではなく、使用後の修理・補修に用いられる補修部品を含めた部品工業全体を対象に考察することである。日本のような自動車産業の後発国では、自動車は国内で量産される以前から輸入され、輸入自動車は部品の修理や交換を必要とした。こうした補修部品は、当初輸入品が中心だったが、早い段階から国内で代替品が製造され、販売されていた(1)。自動車生産が本格化する以前に、こうした形ですでに補修部品工業が形成されていたことの意味は、その後の自動車部品工業にとって決して小さくなかった。日本国内で自動車産業が根付いていく一九二〇年代から四〇年代には、輸入自動車用補修部品の製造から展開した補修部品工業と、GM、フォードの日本での現地生産、さらに国産メーカーによる国産化に対応した組付部品用の部品工業とが並存、あるいは重なり合って存在していた。本章では、こうした後発国における自動車生産の初期段階の特徴を踏まえながら、戦前期の自動車部品工業の全体構造を考察する。

第二に、既存機械工業分野がどのように自動車部品工業に組み込まれていったのか、またその日本的な特徴はどのような点に認められるのか、が検討の課題となる。自動車は大量生産される機械製品としては、最も多くの部品を使用する製品であり、多様な種類の部品を含む。したがって、自動車部品工業の実態を明らかにすることは、自動車部品工業のみならず、広く機械工業全体の特徴を明らかにすることにつながる。自動車産業自体、機械製品としては後発であることから、その展開に当たっては、さまざまな既存機械工業分野を部品工業として組み込んでいった。日本でも同様であり、特に自動車製造事業法による政策的な自動車産業育成に際しては、政策的に既存工業分野を自動車部品工業として組み込んでいった。

第三に、戦後への展望を考慮しながら、戦前期の自動車部品工業の構造と展開を把握していくことである。国内自動車部品工業は、戦前すでに自動車の国内生産拡大によって形成されつつあったものの、戦時経済統制のもとで、戦時生産における自動車産業の位置づけ低下と部品メーカーの他軍需産業部門への吸収によって最終的には解体されてしまった。したがって、戦前期の自動車部品工業の「形成」は直接的には戦後にはつながらなかった（植田［二〇〇四］）。しかし、戦前期に一定規模の自動車生産を可能にする部品工業が存在していたこと、戦前期に自動車部品（補修部品、組付部品どちらであっても）の生産を経験していたメーカーが少なからず存在していたことは、戦後に自動車部品工業が再び形成されていく際に何らかの意味があったと思われる。この点からも、戦後の前提として戦前の自動車部品工業を位置づけ、その特質を把握する必要がある。

また、分析に当たっては、前述したように自動車生産では欧米の先発国と比べ遅れて本格的な生産を志向した後発国における自動車部品工業の展開という視点を重視する。特に、すでに大量生産体制を確立し、多国籍企業として海外市場への輸出、海外現地生産を進めていたアメリカ自動車メーカーの存在は、さまざまな点で後発国の日本の自動車産業、自動車部品工業に影響を与えている。後発国としてどういった影響を受けていたのか、それはその後の自動車産業、自動車部品工業にとってどういった意味を持っていたのか、さらに日本以降の自動車生産後発国と日本とはどのように異なるのか、といった点を念頭に置きながら、分析していきたい。

## 2　戦前期の自動車生産と部品工業

### 1　国内市場への自動車供給と生産の推移

自動車産業の戦前の概況について、データから確認しておこう(2)。表1は、国内市場への自動車の供給状況を示している。輸入完成車は、一九二三（大正一二）年の関東大震災後に増加し、二八（昭和三）年に七八八三台を記録した後、減少傾向を見せる。一方、一九二〇年代後半にはフォード、GM、クライスラーが日本国内に工場を設立し、現地生産、輸入組立が増加した。三六年に自動車製造事業法が制定され、その後輸入組立が事実上禁止されるまでは、日本国内における自動車生産の中心は輸入組立であった。国産メーカーによる国内生産は、アメリカメーカーの日本国内での生産撤退の後増加を見せ、四一年にピークを迎える。ただし、四一年時点でも輸入組立と国産メーカーの国内生産を合わせた国内供給のピーク(三七年)よりも国内供給台数は少なかった。また、四一年の日米開戦以降の戦時統制強化と戦時生産重点化によって、自動車メーカーは自動車生産から航空機部品等の生産に転換し、自動車生産は減少していく。戦前の自動車産業は、軍事的要請から国内メーカーの育成が行われるが、戦時経済下で軍事的要請によって崩壊していったのである。

さて、自動車の国内供給増加によって国内で利用される自動車の台数は、一九三〇年代半ばには一〇万台を超えていたものの、自動車の先進国であったアメリカはもちろん、西欧諸国の普及状況をも大きく下回っていた(商工省工務局［一九三六］)。しかし、一〇万台の自動車が保有されていたことの意味、特に一〇万台の自動車が補修部品を必要とし、その一定部分を日本国内での生産で供給するようになっていったことの意味は、自動車部品工業の形成にとって決して小さくなかった(3)。自動車部品メーカーの社史には、一九二〇年代から三〇年代にかけての時期に補修部品生産を行っていたことに言及したものも多く、これらの企業は自動車製造事業法以降の国産化に対応した部品生産や戦後の部品生産の担い手となっていくことになる(4)。

国内供給，輸入　　（単位：台，円，%）

| 輸移出台数(D) | 国内供給(A+B+C−D) | 輸入価額 完成車両(E) | 部品(F) | 計(E+F) | F/(E+F) |
|---|---|---|---|---|---|
| | | 2,216,051 | 5,093,784 | 7,309,835 | 69.7 |
| | | 4,955,211 | 8,527,069 | 13,482,280 | 63.2 |
| | | 8,772,861 | 12,413,272 | 21,186,133 | 58.6 |
| | 5,202 | 4,600,009 | 7,061,433 | 11,661,442 | 60.6 |
| | 11,303 | 5,324,535 | 10,391,666 | 15,716,201 | 66.1 |
| | 16,865 | 8,063,062 | 10,218,901 | 18,281,963 | 55.9 |
| | 32,571 | 13,770,655 | 18,474,168 | 32,244,823 | 57.3 |
| | 34,793 | 9,545,870 | 24,062,513 | 33,608,383 | 71.6 |
| | 22,727 | 4,896,992 | 15,876,738 | 20,773,730 | 76.4 |
| | 22,522 | 3,378,063 | 12,951,105 | 16,329,168 | 79.3 |
| | 15,944 | 2,894,234 | 11,927,189 | 14,821,423 | 80.5 |
| | 17,254 | 1,864,392 | 12,006,958 | 13,871,350 | 86.6 |
| 349 | 36,252 | 3,357,061 | 28,945,163 | 32,302,224 | 89.6 |
| 626 | 36,189 | 3,202,241 | 29,387,106 | 32,589,347 | 90.2 |
| 1,731 | 42,569 | 3,577,575 | 33,458,910 | 37,036,485 | 90.3 |
| 1,495 | 48,660 | 不詳 | 不詳 | | |
| 1,311 | 43,577 | 不詳 | 不詳 | | |
| 5,684 | 28,830 | 不詳 | 不詳 | | |
| 4,915 | 41,126 | 不明 | 不明 | | |
| 2,210 | 44,288 | 不明 | 不明 | | |
| 1,180 | 36,008 | 不明 | 不明 | | |
| 1,599 | 24,280 | 不明 | 不明 | | |
| 213 | 21,549 | 不明 | 不明 | | |
| | 6,726 | 不明 | 不明 | | |

所『日本自動車産業ノ変遷ト将来ノ在リ方』（商工省工務局調査資料）。

## 2　自動車部品の輸入と生産の推移

次に、表1から部品（部分品）を含めた自動車関係の輸入品の動向を見よう。表1にあるように第一次世界大戦後に自動車の完成車輸入は増加し、それにともなって部品輸入も増加している。関東大震災後の一九二四年には自動車輸入が急増するが、同時に部品輸入も急増した。一九二〇年代半ばにフォード、GMの現地生産が始まるまでの部品輸入はほ

表 1　自動車の

| 年次 | 輸入完成車台数（A） | 国内生産台数（B） | 輸入組立車台数 | | | |
|---|---|---|---|---|---|---|
| | | | 日本フォード | 日本 GM | 共立自動車 | 計（C） |
| 1922 | 752 | | | | | |
| 1923 | 1,938 | 大正年間で | | | | |
| 1924 | 4,063 | 約 740 台 | | | | |
| 1925 | 1,765 | | 3,437 | | | 3,437 |
| 1926 | 2,381 | 245 | 8,677 | | | 8,677 |
| 1927 | 3,895 | 302 | 7,033 | 5,635 | | 12,668 |
| 1928 | 7,883 | 347 | 8,850 | 15,491 | | 24,341 |
| 1929 | 5,018 | 437 | 10,674 | 15,745 | 1,291 | 29,338 |
| 1930 | 2,591 | 458 | 10,620 | 8,049 | 1,015 | 19,678 |
| 1931 | 1,887 | 436 | 11,505 | 7,478 | 1,201 | 20,199 |
| 1932 | 997 | 860 | 7,448 | 5,893 | 760 | 14,087 |
| 1933 | 491 | 1,681 | 8,156 | 5,942 | 998 | 15,082 |
| 1934 | 896 | 2,247 | 17,244 | 12,322 | 2,574 | 33,458 |
| 1935 | 934 | 5,094 | 14,865 | 12,492 | 3,612 | 30,787 |
| 1936 | 1,117 | 12,186 | | | | 30,997 |
| 1937 | 1,100 | 18,055 | | | | 31,000 |
| 1938 | 500 | 24,388 | | | | 20,000 |
| 1939 | | 34,514 | | | | |
| 1940 | | 46,041 | | | | |
| 1941 | | 46,498 | | | | |
| 1942 | | 37,188 | | | | |
| 1943 | | 25,879 | | | | |
| 1944 | | 21,762 | | | | |
| 1945 | | 6,726 | | | | |

（注）輸入組立車は，各車の和と表の計の値は一致しない。
（出所）自動車の国内供給台数は，日本自動車工業会［1988］14 頁，原資料は日本自動車会議
輸入価額は，自動車工業会［1948］による。

とんどが補修用の部品と考えられるが、一九二〇年代には前半も含めて部品の輸入が完成車の輸入を上回っていた。輸入車を国内で使用するためには相当量の輸入補修部品が必要だったと考えられる。

自動車および部品輸入のピークは、一九二八～二九年と一九三四～三六年の二回ある。最初のピークには輸入急増が貿易収支赤字を増大させ、商工省内で国産化の議論を引き起こすことになった

表 2　戦前期の自動車部品工業生産額（1935～42 年）

（単位：1,000 円）

| 年 | 自動車 | | 自動車部品 | | | | B/A (%) |
|---|---|---|---|---|---|---|---|
| | 工場数 | 生産額（A） | 工場数 | | 生産額（B） | | |
| | | | 職工数 5 人以上 | 職工数 4 人以下 | 職工数 5 人以上 | 職工数 4 人以下 | |
| 1935 | 633 | 100,180 | | | 28,235 | | 28.2 |
| 1936 | 760 | 107,797 | | | 33,398 | | 31.0 |
| 1937 | 979 | 156,672 | | | 55,772 | | 35.6 |
| 1938 | 1,126 | 149,852 | | | 84,941 | | 56.7 |
| 1939 | 113 | 174,241 | 1,571 | 513 | 130,093 | 2,820 | 76.3 |
| 1940 | 86 | 157,937 | 1,755 | 519 | 230,964 | 3,006 | 148.1 |
| 1941 | 61 | 137,242 | 1,752 | 436 | 316,323 | 2,458 | 232.3 |
| 1942 | 54 | 293,229 | 1,487 | 311 | 118,735 | 2,130 | 41.2 |

（注）自動車製造工場数の 1935～38 年までは部品製造工場も含む。
（出所）商工省（軍需省）『工場（工業）統計表』より作成。

『大阪朝日新聞』一九二九年四月二日付）。ただし、このときは二八年が完成車輸入のピークで、その後完成車輸入は減少した。一方外国車の現地（日本）生産は二九年に一度ピークとなるが、三〇年から三三年までは為替レートが円安ドル高になったことや世界恐慌の影響から低迷を続ける。再び生産が増加するのは三四年以降であり、部品輸入も急増し、三六年には三〇〇〇万円を超えている。後者の部品輸入のピークは輸入組立のピークと重なっていることから考えると、輸入組立用の部品の輸入が多かったと考えられる。もちろん、後者の場合であっても補修用の部品輸入は相当額存在していたと推定できる。

一方、自動車部品の生産の推移は、自動車部品の範囲をどのようにとるのかで異なってくるため、データとしてとりにくい。特に、組付用部品とは異なる補修品市場向けの製品を加えた正確な工業生産額を把握することは不可能に近い。表2では、一九三〇年代半ば以降の自動車および部品工業の変化を工場統計から示し、次の点が指摘できる。

第一に、自動車製造、自動車部品（部分品）製造工場数は、

両者が統計上分割される三八年にすでに一〇〇〇以上あった。自動車工場は三九年以降減少するが、それでも四二年には五四存在していた。部品工場は二〇〇〇以上存在し、四〇年代に入り減少していった。工場統計で自動車部品工場と分類されていた工場数が多かったことは留意しておかなければならない。

第二に、自動車部品の生産額は、一九四一年までは自動車の生産額以上のペースで増え続けていたことである。部品生産の急増の背景には、組付部品だけではなく、補修部品の生産が大きかったと考えられる。

# 3 自動車の国産化と部品工業

## 1 KD生産の拡大と補修部品工業の形成

前述したように、一九二〇年代半ばから三〇年代中ごろまでの日本における自動車生産のかなりの部分は、フォード、GMなどによる輸入組立車であった。横浜鶴見の日本フォードの工場や大阪の日本GMの工場では、組付部品をアメリカから輸入して、組立を日本で行うというノックダウン（KD）方式で生産をしていた。これらの工場で部品は日本国内からどの程度調達されていたのか、外資系工場の存在は国内自動車部品工業の形成にとってどのような意味を持っていたのかなど、外資系組立工場とローカルな部品工業との関係について検討すべき点は多い。

大場［二〇〇一］では、日本フォードと日本GMの日本国内の部品製造業者に重なりが多いことから「日本GM、日本フォードはほとんど同じ部品を同一製造業者へ大量に発注したため、これら部品メーカーを専門製造業者へ発達させた」（二八五頁）としている(5)。他方、尾高［一九九三］では、日本フォードについて、「現地購入の組付用品には目ぼしいものはほとんどなにもなかったといってもよい」「これら購入品の買いつけ費用が車両価格に占める比率を計算すると、乗用車、トラックともに四・五％程度だった」（一八三頁）と指摘している。自動車の現地生産が国内の部品工業の形成に与えた影響については、量的な側面とともにそのインパクトについても検討されなければならないが、この点については、後でデータ的に確認する。

いずれにしても、フォードやGMの現地生産の拡大は、国内市場を拡大し、前述したように国内で使用される自動車台数を増大させた。その結果、国内各地に自動車修理工場が登場し、修理用の部品（補修部品）が供給されるようになる。補修部品は、一般に自動車メーカーが補修部品として認定した純正部品(genuine parts)とそれ以外の部品に分かれる。純正部品も、自動車メーカーが生産する場合もあれば、他の部品メーカーが生産したものを純正部品として認める場合もある。現在の自動車より遥かに故障が多く、走行条件も悪かったなかで、当時の自動車がこうした補修部品を大量に必要としたことはいうまでもない。それでは、こうした補修部品は、外資系自動車メーカーが日本での現地生産を拡充するなかで、どのように供給されていったのだろうか。

この点について柳田［一九四四］では、フォードやGMが日本国内市場を制覇した理由として、販売網とサービス網を重視し、サービス網として「純正サービス部品の充備」が重要だったとする。この純正部品は、もともとはアメリカ本社から来ていたものだが、これに対し当時の日本では純正品以外に「価格の低廉と品質の劣悪」が特徴とされる「社外品」（イミテーション・パーツ）と呼ばれる国産部品が流通していた。そして、「このイミテーションパーツの普及は車輛の普及と不可分の關聯性をもつてをり、これあるが為め純正品の不足は不知不識補はれ、需給両者共に不便を感ずることなく安心してその普及を自然に任せて置けるものである」（一一五頁）とし、イミテーション・パーツの存在が不足がちになる純正部品に代替するものとして、当時の自動車の普及にとって重要であったと指摘する。さらに、フォードやGMはこれらイミテーション・パーツのなかから「試験の結果純正品と看做して差し支へないものはどしどし純正品として採用するようになつた」（一一五頁）。部品メーカー側も、「フォード、シボレーなど外國車の純正品として自社の製品が指定されることは當時としては名譽であつた許りでなく且つ自社の経営上にも非常な有利となるので喜んで純正品として指定され」、その結果「漸次両車の組立用部分品にも國産品が加へられ、各デーラーで賣る純正品（サービス）の中にも國産名が見られる様になり、両車の普及發達に附随して國産部分品工業も繁栄の途を辿つて行つた」（一一五頁）としている。

柳田の指摘は大変興味深い。実際どの程度の部品が純正品として認知されていたのかは不明だが、その数が増えていたこと、純正品として指定されることで自動車部品メーカーとして格が上昇していくこと、さらに純正品以外のイミテーション・パーツを製造していた部品メーカーは純正品メーカーよりも多く存在していたこと、などの指摘は、当時の日本自動車部品工業の特徴を示している。表2にあるように、自動車部品製造に関係する工場の数は、関東大震災以降の輸入車の増加、そしてフォード、GMの現地生産の拡大に対応して増えている。フォード、GMの現地生産は、組付部品の国内生産の拡大への寄与よりも、補修部品市場を拡大することで広範な部品メーカーの層を広げていったことに意味があった。

自動車生産の後発国であった日本では、国産が本格化する以前に輸入車やKD生産車という形で国内では多くの自動車が利用されており、国内の機械・金属工業の一定の発展を背景に自動車の利用の上で必要とされる補修部品の一部を国産化していた。もちろん、量的・質的に求められていたものがすべて供給できていたわけではなかったが、一九三〇年代後半以降の国産化や、戦後の自動車生産の急増に対応可能な部品工業を形成する上では重要であった。

それでは、日本でこうした補修部品を供給する自動車部品工業が、限界はあっても形成された条件は何だったのだろうか。次のような点がとりあえず考えられる。第一に、自動車部品工業が求められる以前に一定の機械・金属工業の蓄積が見られていたことである。部品工業を形成する上で必要な、人材や技術、機械・設備を供給する条件が当時の日本には存在していた。第二に、こうした自動車部品を生産する中小工場と連絡を持ち、時には製造の指導もし、時には新しい製品や技術情報を与えてくれるような問屋や商社が存在していたことである(6)。問屋や商社については、「問屋制下請」のイメージで捉えられるような寄生的な側面ではなく、新しい需要分野に対して情報を提供し、需要との媒介を果たすべき積極的な側面も評価されるべきである。第三に、イミテーション・パーツから純正部品へ、あるいは後述するように優良部分品としての認定、さらには国産車の組付部品への適用など、技術的な課題が具体的に設定されていたことである。品質や技術の面でより高いレベルに進んでいくことが、部品メーカーの課題として見えやすかったし、企業として量的に拡大していく上で不可欠となっていた。

## 2　商工省調査に見る日本フォードの外注状況

一九三〇年代前半の機械工業の外注状況を商工省が調査した資料として有名なのが、商工大臣官房統計課『機械器具工業外註状況調』（三六年一一月、以下『外註状況調』）である。このなかで自動車製造業につ

表 3　商工省調査による自動車工場の外注状況（1932～34 年）

（単位：円，％）

| 職工数規模（人） | 工場数 | 総生産額（A） | 外注金額（B） | 既製品購入額（C） | B/A | C/A |
|---|---|---|---|---|---|---|
| 30～49 | 32 年 9 | 768, 629 | 178, 780 | 123, 351 | 23. 3 | 16. 0 |
| | 33 年 11 | 923, 137 | 320, 390 | 166, 080 | 34. 7 | 18. 0 |
| | 34 年 13 | 1, 256, 955 | 478, 188 | 272, 263 | 38. 0 | 21. 7 |
| 50～99 | 32 年 7 | 854, 161 | 126, 987 | 89, 753 | 14. 9 | 10. 5 |
| | 33 年 7 | 1, 126, 120 | 168, 078 | 105, 901 | 14. 9 | 9. 4 |
| | 34 年 7 | 1, 779, 750 | 195, 128 | 142, 927 | 11. 0 | 8. 0 |
| 100～199 | 32 年 5 | 1, 233, 377 | 90, 329 | 171, 719 | 7. 3 | 13. 9 |
| | 33 年 5 | 2, 310, 074 | 309, 457 | 481, 708 | 13. 4 | 20. 9 |
| | 34 年 5 | 3, 111, 720 | 461, 947 | 670, 236 | 14. 8 | 21. 5 |
| 200～499 | 32 年 3 | 15, 927, 711 | 464, 574 | 9, 847, 267 | 2. 9 | 61. 8 |
| | 33 年 3 | 21, 741, 856 | 790, 033 | 12, 599, 617 | 3. 6 | 58. 0 |
| | 34 年 4 | 49, 412, 146 | 1, 989, 366 | 25, 668, 610 | 4. 0 | 51. 9 |
| 500～999 | 32 年 1 | 2, 657, 084 | 548, 399 | 628, 761 | 20. 6 | 23. 7 |
| | 33 年 1 | 4, 672, 942 | 1, 386, 820 | 1, 057, 596 | 29. 7 | 22. 6 |
| | 34 年 1 | 6, 684, 556 | 2, 616, 613 | 2, 045, 561 | 39. 1 | 30. 6 |
| 1, 000～ | 32 年 1 | 6, 050, 193 | 1, 533, 113 | 104, 050 | 25. 3 | 1. 7 |
| | 33 年 1 | 12, 025, 197 | 2, 842, 091 | 2, 457, 874 | 23. 6 | 20. 4 |
| | 34 年 1 | 15, 786, 558 | 3, 386, 198 | 2, 365, 634 | 21. 4 | 15. 0 |
| 計 | 32 年 26 | 27, 521, 155 | 2, 942, 185 | 10, 964, 901 | 10. 7 | 39. 8 |
| | 33 年 28 | 42, 799, 326 | 5, 817, 344 | 16, 868, 776 | 13. 6 | 39. 4 |
| | 34 年 31 | 78, 031, 685 | 9, 127, 440 | 31, 165, 231 | 11. 7 | 39. 9 |

（出所）　商工大臣官房統計課『機械器具工業外註状況調』（1936 年 11 月）より作成。

いては、表3にあるように約三〇工場（三二年二六、三三年二八、三四年三一）を対象に調査が行われた。表3で注意したいのは、二〇〇～四九九人の層が他の層とは著しく数値や特徴が異なっている点である。実は、この層には日本フォードが含まれていると考えられ、他の層と比べ生産額等の数値を大きく押し上げている[7]。逆に言えば、日本フォードの特徴が、この層を詳しく見ることで検討できる。

まず、問題となる二〇〇～四九九人の層を除いて外注金額と既製品購入額を出し、総生産額に占める比率を見ると、前者が一九三二年二一・四％、三三年二三・九％、三四年二四・九％となり、後者がそれぞれ九・六％、二〇・三％、一九・二％となる。機械器具工業全体ではどちらも一〇～一二％程度なので、自動車製造業は機械器具工業のなかでは外部に依存する割合が大きい産業分野であったといえる。

次に日本フォードの影響が大きく表れていると考えられる二〇〇～四九九人の層にはどういった特徴が見られるか、検討しよう。表3にもあるように、第一に総生産額に対して外注金額が少なく、他の層と比較するとその比率（B/A）は三～四％と著しく低い。一方、第二に、既製品購入額は他の層を圧倒しており、総生産額に占める比率（C/A）も五～六割程度になっている。一九三四年調査では、調査対象となっている各種機械器具五七一発注工場全体での既製品購入額が約七九二七万円なので、自動車のこの層だけでそのうちの三二・四％を占めている。既製品購入額の多さが、自動車メーカーのなかだけでなく、機械器具発注工場全体のなかでいかに特殊なのかを示している。

『外註状況調』では、発注工場の所在地府県別に受注（外注）工場の所在地別受注額（発注額）を調べている。神奈川県所在の自動車製造の発注工場からの受注額は一九三二年九四二万円、三三年一二二三万円、三四年二四五二万円である。この受注額には外注金額だけでなく既製品購入額も含まれていると考えられるが、興味深いのは受注工場の所在地では「その他」が約九割を占めている点である。「その他」の大部分は海外からの輸入であり、アメリカからの輸入部品がここに含まれているのだろう。そこで、日本フォードの生産台数は、一九三二年七四八三台、三三年八〇五四台、三四年一万七一八五台であるので（尾高［一九九三］一七六頁）、その他地域の受注額がすべて日本フォードと仮定して、受注額を台数で割ると三二年一一三六円、三三年一三六六円、三四年一二八七円となる。この数字を一台当たりの海外からの組付用部品の金額と仮定する。一方、商工省『工場統計』（一九三四年版）によると自動車（輸入組立）の神奈川県（工場数一、台数一七二七台、生産額四二一八万円）の一台当たりの生産額は二四四二円になり、海外からの部品購入代は少なくとも一台当たり生産額の四～五割以上に当たっていることが認められる(8)。

この数字は日本フォードの日本での生産の特徴をどのように示しているのだろうか。一九三一年一二月に金本位制から離脱した日本円の対ドル為替レートは大きく下落し、その結果日本の輸入に影響したことはしばしば指摘されている。KD生産をしていたフォードやGMにとって、この時期の円安ドル高は輸入部品価格を上昇させることになった。GMやフォードが二〇年代後半に輸入部品によるKD生産を行っていたのは、①日本現地に使用できる部品が少なかった、②相対的にドル安で輸入に有利、③完成車よりも部品の方が関税率が低い（完成車三五％に対し部品は二五％）、といった理由からであった。しかし、三〇年代前半の円安進行、三二年度から部品と完成車の税率が等しく三五％とされたことで条件が大きく変化した。その結果、現地メーカーからの購入がどの程度進んだのか、円安は部品の現地生産・現地購入化をどの程度進展させたのかが、自動車部品工業の展開を考えていく上で焦点になる。しかし、円安が進んだ段階でも、自動車一台当たりの販売価格に対して部品の輸入価格は五割以上になっており、逆に言えば、価格ベースで部品購入額の相当な割合は輸入品によって占められ、依然として輸入部品の占める割合は高かったこと、そして車両一台当たりの部品輸入額は三四年に輸入組立台数が急増しても下がらなかったことから、部品の国産化には限界が見られたこと、は指摘できるだろう。

## 3　自動車製造事業法と部品工業の育成

自動車産業の国産化は、一九三六年七月に自動車製造事業法が制定されて以降本格的に進んでいくことになるが、その際に問題になったことの一つは部品工業の育成であった。すでに見てきたように、国内最大のメーカーであった日本フォードは、組付部品の多くをアメリカからの輸入に依存しており、国内部品メーカーは純正部品メーカーとして活用されることが多かった。また、三〇年代半ばには商工省（軍需省）『工場（工業）統計表』に見られるように自動車部品メーカーは量的には一定数存在していたものの、その多くは補修部品、しかも社外品を製造していたメーカーが多かったと考えられる。自動車の国産化は、こうした状況からスタートすることを強いられていたのである。

自動車製造事業法制定後の一九三七年六月に商工省で検討されたと思われる「自動車部品製造業、確立方策」（『国策研究会文書』Bb：4：12）では、国産化を実現する上で必要となる部品工業の確立に向けた対策として、部品専門業者を育成し、専門化、大量生産、規格統一によってコスト低減と技術向上を図る、としている。そして商工省は、生産能力、品質、技術等を考慮の上、部品業者の指定を行い、国産メーカーの側も指定工場にできる限り発注すること、が指摘された。また、この「確立方策」には処置事項の一つとして「国産メーカーニ於テモ自己ノ指定工場ヲ設クルト共ニ出来得ル限リ自己ノ下請部品業者ノ培養ニ努力スルコト（資金ノ貸付、技術指導）」とあり、専門部品メーカーだけでなく特定の自動車メーカーとの関係の強い下請部品メーカーについても対策を講じようとしていたことがわかる。ここで、専門部品メーカーと下請部品メーカーを具体的にどのように分けて考えていたのかは不明だが、特定の名称を持つ部品に専門化しているものを専門部品メーカー、そうではなく特定の加工分野は持つが、自動車メーカー側の要望に対してどんなものでも加工するようなメーカーを下請部品メーカー（下請部品業者）というように区分していたようである。

専門業者の育成については、自動車五カ年計画との関連で「部分品工業ニ関スル方策」「部分品工業ノ指定制要綱」（いずれも『国策研究会文書』Ca：17：12）があり、このなかで優秀部品工場の指定制度は一九三八年三月の優良自動車部分品及自動車材料認定規則（商工省令）として現実化していくことになる。第一回の認定は三八年六月に実施され、二六品目四七業者が認定された（柳田［一九四四］四三九頁）。その後認定企業は増大し、四一年六月時点の認定部品は六一品目、メーカーの数はのべ一六七となっている。認定企業は戦前期の主な部品メーカーを網羅している。しかし、認定された優良部品メーカーであっても、部品の品質に問題があり、自動車メーカーの方でも部品を内製に切り替えるケースが生じていたという（田端［一九三九］）。また、柳田［一九四四］は、この認定規則では、「当時に於ける部分品とは主として組立用部分品を指すものであつて、修理用部分品に付ては殆んど何等の考慮も払はれてゐなかつた」、「完成車一台に付いてその二、三割の修理用部分品を一セットとして自動車生産計画は樹てられなければならないのであつて、況んや保有車輛に対する修理用部分品はこれとは別個に補給が期せられなければならぬ」（四三九－四四〇頁）とし、補給部品について考慮されていなかった点を批判している。

一方、下請についても自動車五カ年計画に関連して「自動車製造会社ノ下請指導方針ノ指示」（『国策研究会文書』Ca：17：12）という文書に「会社ハ差当リ自己ノ工場ニ於テ製造セザルベカラザルモノヲ除キテハ其ノ下請工場ヲ自己ノ工場ノ一部ノ如ク看做シテ之ガ培養ヲ図リ技術ノ指導等ヲ為スベシ」と記されていた。「培養」については、必要な場合は資金融通、機械貸与、材料供給などを考慮すること、将来の事業計画を示し、能力等の不足のものには充実を図ること、発注工場が複数の場合には協力して指導に当たり、奪い合いは避けること、会社で指定工場を設けある程度の保障をすること、下請工場培養状況を報告すること、などが指摘されている。下請制生産の拡大・振興を実際の下請取引関係に調整・規制を加えながら行っていこうとしていることがわかる。

このように、商工省で自動車産業の下請部品工業への対応が非常にはっきりした形で検討されていたのは、自動車生産の外注依存が他の機械工業に比べ高かったこと、自動車産業自体が発展途上であり、しかも政策的に重要視されていたこと、などによる。もちろん、ここで示した政策の具体化の過程、自動車産業の実際の下請関係への効果については必ずしも明確ではないし、過大評価することはできない。しかしながら、①大量生産体制の確立のため専門部品製造業者の育成とセットであった、②下請取引関係のあり方に対する問題を取り上げていた(下請培養の重視、相互の関係の強化など)、などの点については、一九四〇年の機械鉄鋼製品工業整備要綱以降の下請関係政策の一つのモデルとして位置づけられる(植田[二〇〇四]参照)。

## 4　組付部品メーカーと自動車メーカー

一九三六年自動車製造事業法以降、自動車生産の国産化に合わせて部品生産の国産化、部品産業の育成が図られることになった。しかし、実際は部品メーカーと自動車メーカーの関係は、各自動車メーカーに委ねられ、商工省等が関与する余地は少なかった。

日産、トヨタ、いすゞ(当時ヂーゼル自動車工業)という当時の許可会社の一九四一年時点における外注利用状況を見ると、必ずしも一様ではなかったことがわかる（自動車工業振興会［一九七九］八五－八六頁）。専門部品については、それぞれ専門メーカーを利用していたが、いすゞと比べトヨタや日産は内製化している部品が多かった。また、鋳鍛造やプレス部品については、日産は内製化傾向が強く、トヨタやいすゞが中小工場を活用していたのとは異なり、一貫生産を志向していた。

外注利用状況では各社で違いが見られたものの、各社とも部品の内外製の決定や外注工場の管理については苦労をしていた。例えば、トヨタでは、第二次世界大戦の勃発を契機に一九三九年に「今後ノ経営方針」という文書を作成し、そのなかで部品の購買方針の変更を指摘している。具体的には、新しく建設した挙母工場の稼働率の引上げと製品品質の向上のために外注部品の内製化を検討し、実行した。その結果、四〇年一月には従来七〇〇点近くあった外注部品を五七〇点に減少したが、さらにそれを三八〇点に減らし、金額では三分の一に減少させることが目標とされた（トヨタ自動車工業［一九六七］一七二－一八二頁）。初期の自動車工業では特に品質とコストに関する部品の問題は大きく、自動車メーカーと部品メーカーとの関係も確固としたものが確立されていたわけではなかった。補修部品から組付部品へと展開した自動車部品メーカーにとって、自動車メーカーから求められる課題は大きかったのである。

## 4　おわりに

本章では、日米開戦前後ころまでの戦前期の自動車部品工業について概観してきた。自動車の生産では欧米先発国に比べ、後発であった日本では、国内で生産が本格化する以前に、輸入車、ＫＤ生産によって国内で利用される自動車は一九三〇年代初めにすでに一〇万台を超えていた。機械・金属工業の一定の蓄積があった日本では、国内で利用される自動車の補修部品生産を担う部品工業が、完成車生産よりも早く形成されていた。

日本フォード、日本GMは、一九二〇年代後半から日本国内でKD生産を開始し、大量の部品を輸入した。三〇年代に入り世界恐慌後の円安や部品関税引き上げにより、輸入条件が悪化するなかで一時的に輸入組立は減少するが、三四年以降再び増大する。そのときも依然組付部品の中心は輸入部品であった。日本の部品工業の発展にとって、組付部品購入の意味は決して大きくはなかった。むしろ、国内で使用する社外品(イミテーション・パーツ)や純正品の需要を増大させたこと、また部品メーカーが純正品指定を受けるための品質向上や技術向上を喚起したことが重要であった。

一九三六年の自動車製造事業法制定以降の自動車国産化は、こうした補修部品を中心とした部品工業の存在を前提に展開する。自動車部品を生産しているメーカーは、広範に存在していたものの、組付部品メーカーとしての経験は乏しく、自動車の国産化を部品から進めていく上では独自の課題を抱えていた。また、専門部品メーカーと加工部品メーカーの違いや自動車メーカーの内外製の調整など、さまざまな問題を自動車メーカーと部品メーカーは持っていた。自動車の国産化が本格的に展開するなかで、こうした問題は徐々に調整されつつあった。しかし、日中戦争が泥沼化し、日米開戦によって統制経済が強化されていくにしたがい、自動車生産自体が縮少し、さらに自動車部品工業についても企業整備が進められていくことになる。自動車メーカー自身も航空機部品生産に動員されると同時に、専門部品メーカーも関連する航空機部品の生産に特化していった。また、自動車メーカーと三〇年代後半から深い関係にあった下請工場も航空機メーカーの一次下請、二次下請として動員されていくなど、自動車メーカーを中心に形成されつつあった分業体制ははやくも戦時期には崩れていったのである（日本経済聯盟会［一九四四］一三一―一九頁）。

戦後の自動車産業における分業生産構造は、戦前とは戦時期に一度切れた形で展開していくことになる。また、自動車産業自体が一九五〇年代に入るまで本格的な安定的拡大を進められなかったこと、部品工業が戦後生産復興の過程で補修部品生産の比重が高く、部品工業が自動車メーカーと離れ自立的な展開を遂げる条件が存在していたことなど、戦後しばらくの間自動車メーカーと部品メーカーの間に長期安定的な関係を存続させる条件がなかった。自動車産業で、八〇年代に議論されるような日本的下請（サプライヤ）システムの特徴が形成されるようになるのは、五〇年代以降のことである（植田［二〇〇一］参照）。

＊　本章は、植田浩史［二〇〇二］、「戦前期自動車工業の構造と展開」『季刊経済研究』（大阪市立大学）第二四巻二号、を加筆・圧縮したものである。

## 注

(1)　尾崎正久［一九五五］では、「明治四十年前後、自動車が増加したころ、バス、トラック等の営業車が多くなったので、性能部分以外の金属部分品の製造を行うものが現れて来たが、これらは概ね自動車修理を行うための補修部品の自製のかたちをとつていた。……大正時代になると、軍用自動車、オートバイ、三輪車等各種自動車の製造計画が現れ、また生産数も増加したので、歯車を除く足廻りの薄鉄関係、スプリング、蓄電池を含む電装品等の外国品模倣工業が現われ、その数は二十数社に上っている。」（五九七―五九八頁）と自動車普及にともなって補修部品、外国模倣品製造が始まったことが指摘されている。

(2) なお、自動車部品工業の展開を考える場合、普通自動車だけではなく、三輪車や二輪車などを含む小型自動車についても視野に入れる必要がある。これらについては、呂［一九九九］、GP企画センター［二〇〇〇］等を参照。

(3) 当時の新聞では次のように記されている。「……昭和八年八月現在における我が国自動車の使用台数は十万六千台に達し従つて補給部分品の需要は著しく増大し且又国産自動車も漸次増加の傾向を示しているので自動車部分品の製造は最近著しく発達し自動車部分品で製造不可能なものはないまでに進歩した」（『中外商業新報』一九三四年一一月六日付）。この評価は過大なところがあるが、補給部分品（補修部品）への需要が増大したことは事実だろう。

(4) 例えば、次のような指摘がある。「ラジエーター産業は最初は修理業からスタートした。町工場のような修理屋は、数は非常に少なかったが、わが国に自動車が現れるとほとんど同時にできたようだ。街を走る自動車が多くなるにつれ、ラジエーターの修理だけでなく製造に手を染めるところが出てくる。しかし、技術的にはみな外国車のラジエーター部分を分解して、そこから自習したものであった」（東洋ラジエーター［一九八六］六一頁）。ほかにも大金製作所［一九八五］三七頁、プレス工業［一九六五］四五頁、太平洋工業［一九八〇］七頁など参照。

(5) 大場［二〇〇一］二八四頁に掲載されている「日本GMと日本フォードの部分品製造業者一覧表 昭和11年」に記された業者は、その後部品専門業者となるものもあるが、輸入業者や商社も含まれる。また、部品業者としては発展しなかった業者も多く含まれ、引用のような評価は難しいと思われる。

(6) 柳田［一九四四］では、「抑々我が部分品工業の生成発達の歴史を考へると先づ部分品の直輸入商乃至問屋の下請製造業者としてその多くは先づ発生した。即ち部分品直輸入商が自己の直輸入品と類似した製品を製造すべくこれを下請製造せしめてこれに自家の商標を附して売るか乃至は問屋が数多くの下請業者を擁してこれに所要の部分品を製造せしめ、自家の商品として捌くのが普通であつた。」としている（一一六頁）。また、社史にも商社・問屋を通じて自動車部品の販売を行った事例が見られる（太平洋工業［一九八〇］七頁、大金製作所［一九八五］三七頁、等参照）。

(7) 『自動車年鑑（一九三六年版）』（一九三五年）では、日本フォードの従業員数は四〇〇人となっている（一七頁）。また、『機械器具工業外註状況調』の別のデータから、神奈川県所在の発注工場の購入額が多いことが示されており、当時の状況から考えて、このように判断した。

(8) 豊田喜一郎が一九三七年二月ころに記したとされる「原価計算ト今後ノ予想」では、日本フォード、日本シボレー（GM）車の原価は二四〇〇円と推定している（和田編［一九九九］一八二頁）。

## 参考文献


GP企画センター［二〇〇〇］、『懐旧のオート三輪車史』グランプリ出版。

岩崎松義［一九四二］、『自動車と部品』自研社。

自動車工業振興会［一九七九］、『日本自動車工業史行政記録集』。

日本経済聯盟会［一九四四］、『現下輸送問題より観たる自動車工業の現況』。

日本自動車工業会編［一九八八］、『日本自動車産業史』。

大金製作所［一九八五］、『大金製作所六〇年史』。

尾高煌之助［一九九三］、「日本フォードの躍進と退出――背伸びする戦間期日本の機械工業」猪木武徳・高木保興編『アジアの経済発展――ASEAN・NIEs・日本』同文舘出版、所収。

大場三千男［二〇〇一］、『日本自動車産業の成立と自動車製造事業法の研究』信山社。

尾崎正久［一九五五］、『自動車日本史』上、自研社。

プレス工業［一九六五］、『プレス工業株式会社四〇年史』。

呂寅満［一九九九］、「戦間期日本における『小型車』工業の形成と展開――三輪車を中心にして」『社会経済史学』第六五巻三号。

桜井清［一九八七］、『戦前の日米自動車摩擦』白桃書房。

商工省工務局［一九三六］、『自動車製造事業参考資料』。

田端廣志［一九三九］、「部品認定規則の再検討」『自動車工業』一九三九年八月号。

太平洋工業［一九八〇］、『太平洋工業五十年史』。

トヨタ自動車工業［一九五八］、『トヨタ自動車二〇年史』。

トヨタ自動車工業［一九六七］、『トヨタ自動車三〇年史』。

東洋ラジエーター株式会社［一九八六］、『東洋ラジエーター五〇年の歩み』。

植田浩史［二〇〇二］、「高度成長期初期の自動車産業とサプライヤ・システム」『季刊経済研究』（大阪市立大学）第二四巻二号。

植田浩史［二〇〇四］、『戦時期日本の下請工業——中小企業と「下請け＝協力工業」政策』ミネルヴァ書房。

和田一夫編［一九九九］、『豊田喜一郎文書集成』名古屋大学出版会。

柳田諒三［一九四四］、『自動車三十年史』山水社。

吉崎良造［一九三〇］、『産業保護自動車論』。

第8章

# 日本における「流れ作業」方式の展開

## トヨタ生産方式の理解のために

和田　一夫

## 1　問題の設定

日本の製造企業の生産システムが注目を浴びてから，かなりの時間が経過した。戦後日本の輸出品の構成を見ると，鉄鋼などの素材産業をのぞけば，一九五〇年代からミシンやカメラ，船舶などの輸出が伸び，その後に電気機器，自動車などの輸出が伸び，七〇年代にはわが国の輸出品の三分の二までがいわゆる重化学工業製品となる。とりわけ加工組立型産業の成長は目覚ましく，この加工組立型産業の象徴的存在として注目を浴びたのが自動車産業である。この自動車産業を語るとき必ずといってよいほど言及されてきたのが，トヨタ自動車で実践されていた生産方式，いわゆる「トヨタ生産方式」であった。戦後の日本における加工組立型産業の高い国際競争力を端的に示す例としてトヨタ生産方式に多くの者が着目してきた。

このトヨタ生産方式の根底をなすのは、生産工程全体に平準化した「流れ」を作り出すという意識である。ここで「生産工程全体」という言葉を使ったが、それは単に工場内での「流れ」を意味しているのではなく、資材や部品の外部での生産・購入を含めた「全工程」のことである。つまり、協力企業から自社工場内での最終工程までの一貫した「流れ」を作り出し著しい成果をあげたのが、この生産方式であったのである（大野［一九七八］、六一－六二頁）。

トヨタ生産方式の研究は、日本の製造企業の生産方式を考える場合には、今や無視できない。しかし、このトヨタ生産方式についての歴史家からの発言は極めて限定的なものにとどまっている。史料（資料）的な制約のためか、トヨタ生産方式の形成プロセスに関しては、率直に言えば逸話的なものが繰り返し述べられてきたように思われる。分析者の意図にかかわらず、こうした研究のあり方が、トヨタ生産方式が他の企業の経験とは隔絶した、独自的な発展をしたものだと強調する結果になってきたことは否めない。本章では、トヨタ自動車内部での生産システムを直接の分析対象とせず、日本における「流れ作業」方式の展開を追うことで、トヨタ生産システムの発展を相対化してみようという試みである。本章では、あえてトヨタという企業の外側に眼を向け、トヨタ生産方式が提唱される以前に、トヨタ生産システムの基礎的な条件である「生産工程をできるかぎり流れるようにする」意識が定着し、一体どのような生産方式が提起されていたのかを考察したい（和田・柴［一九九五］も参照のこと）。

本章では、特に航空機産業で生まれた「流れ作業」方式への取組みに焦点を当てる。その理由は、航空機産業が組立加工産業であるだけでなく、戦時期の日本において特に生産の増強が必要とされたため、技術者は生産システムについて深く考察していたからである。この航空機産業からの技術移転という側面に関しては、これまでは設計に関する部面に限定されて論じられてきた。村上勝彦は戦時期の軍需産業を扱った論文の中で、航空機産業の生産方式を論じ、日本の場合には「戦時の航空機産業の経験が戦後の自動車工業に継承されたと言える」と論じたが（村上［一九九四］、一七一頁）、その根拠は「航空機の発動機生産に要する技術は自動車の同部門におけるよりも高度だが、両者は近接性があり転換が可能であったから」という極めて一般的な指摘にとどまっている。山本潔は戦時期の航空機産業の生産方式について実証密度の高い著作を発表したが、この点について積極的なコメントは行っていない（山本［一九九四］）。第二次大戦中にドイツの「ユンカースの工程管理資料を見て、それにヒントを得てつくった」といわれる飛行機工場の工程管理方式として提唱された「推進区管理法」に触れて、中岡哲郎は「トヨタのかんばん方式と似ている」と興味深いコメントを残している（中岡［一九八一］、〔中〕四七頁）。この中岡の指摘は、これまで研究者がトヨタ生産方式の起源や形成プロセスを扱う際にとってきたアプローチに反省を迫っていよう。すなわち、トヨタの生産方式の形成をトヨタの社内にのみ焦点を合わせて検討することでよいのかという反省である。

具体的に航空機産業における生産システムを検討する前に、次節では当時の技術者の考え方を最初に見ておこう。

## 2 「流れ作業」方式への着目

### 1 日本学術振興会による「流れ作業」方式の調査

フォードが自動車の量産に成功した後、航空機生産に携わる多くの技術者は飛行機をフォードの自動車のように量産することを夢見た。しかし、そのような夢は夢にとどまった。一九三九年になっても、アメリカ最大規模の機体メーカーでさえ、受注残があってもせいぜい日産三機しか生産できなかったのである(Holley [1987], p. 578)。フォード自身も飛行機の大量生産方式で製造するという夢にあこがれた一人であり、ウィローラン工場で実際に飛行機B-24の量産を試みた。機体全体の生産工程を二万に細分し、機体を七〇の主要部分に分割し、それらを個々別々に組み立て、その後にコンベアで運び、最終組立ラインで機体組立を行った。この生産のために、七五万~一〇〇万ドルをかけ、約二万九〇〇〇の型と約二万一〇〇〇の治具・取付具が製作されたという。これは「デトロイト的大量生産を軍用機の生産に適用した、最も極端な実験」であったが、結果は「せいぜいのところ、引き合わない勝利」でしかなく、フォード自身による航空機製造への大量生産方式の適用も実質的には失敗であった(Zeitlin [1995], pp. 375-76)。

日本でさえ、技術者は飛行機の量産を夢見た。まだ自動車の大量生産でさえ軌道に乗せていない状況で、飛行機の量産とは無謀な試みだと読者は思うに違いない。しかし、当時の日本にあって飛行機の量産は重大な政策課題になりつつあり、それをどのように実現するか真剣に考えられたのである。その際に、技術者が意識したのも、フォードの大量生産方式であったが、日本の技術者たちは自分たちのおかれた状況を考えながら、生産の流れを重視していく。

一九四一年四月一日に日本学術振興会は、戦時の資材、労働力不足のもとで生産力拡充をはかる方法を研究するために、工業改善第一六特別委員会を設置し、この特別委員会の第三分科会が同年に全国的な規模で流れ作業方式に関する実態調査を行う。しかしこの時点でさえ流れ作業を実施していた工場は少なかった（日本学術振興会［一九四三］）。この調査が実施された理由は、既存の設備・人員を前提に生産増大を図るには流れ作業の実施が不可欠と考えられたためであった。しかし、機械工業一般に流れ作業方式を導入し、普及することを企図してはいなかった。第三分科会それ自体の目的からして、「航空機生産工程の合理化」研究の一環として流れ作業の調査が行われたにすぎない。

## 2　「流れ作業」の定式化

流れ作業とは何かについては、さまざまな異なった見解がありえよう。しかし、戦時期の生産技術者の考え方を追っていくと、奇妙な流れ作業の説明にとまどうことがある。それは次のような流れ作業の説明である。

「流れ作業の本質は物を製造する順序に従って淀みなく作業し、生産過程の中途に於ける間隙と逆流を除くことにある。従って一人で手工業的生産をなす場合にも流れ作業に依り得る……。」（日本学術振興会［一九四四］、二頁）

「一人で手工業的生産」を行う場合でさえ、流れ作業となりうるなどというのは馬鹿げた考えだと、疑問を抱く読者は多いはずである。このような流れ作業の考え方に対して違和感を抱く読者にとり、次の引用文のような批判は説得的に響くだろう。

「歴史的な段階的発達の観点に立たないで、流れ作業もまた多量生産方式の一種であるとか、「最も合理的な」方式であるとかいってみても始まらないであろう。

甚だしきに至っては、「流れ作業の本質は、物を製造する順序に従って淀みなく作業し、生産過程の中途に於ける間隙と逆流を除くことにある」といふのは、法外な概念の超歴史的拡張といふ外ない。この高度な生産方式の段階において、幼稚な手工業的生産を「流れ作業化」するなどといふことになると、時代錯誤の感を催す外はない。たとへ精密な且つ大掛かりな専門生産化をみた、たとへばスイス時計工業における工業形態の場合でも、そこでリレー的生産速度が保持されたとしても誰も「流れ作業方式」とはいはないであろう。何故なれば、それは方式成立に必要な機械的基礎と歴史的条件とを欠いてゐるからである。」（相川［一九四四］一三五－一五六頁）

流れ作業に関する前者の見解は、日本学術振興会の工業改善第一六特別委員会第三分科会が一九四四年に公表した報告書によるものである。この第三分科会が、戦時期における航空機生産工程の合理化研究の一環として流れ作業を研究していたのであれば、その報告が「一人で手工業的生産をなす場合にも流れ作業に依り得る」というのは、まさしく上記の批判者がいうように、「概念の超歴史的拡張」を行った「時代錯誤」の誇りは免れない。しかし、第三分科会が批判者のような見解を知らなかったと考えるのは早計である。この第三分科会報告の「第三部　流れ作業実施に基く生産期間短縮の実例」は、「コンベア式流れ作業の概況」と題する節で始まるが、その書き出しは次のとおりである。

「流れ作業方式といふのは、結局作業機械と運搬装置との結合によって、手持ち及び手持ちの無いやうに品物が流動し、計画通りに生産が行はれるやうな生産方式であるといへる。流れ作業の基礎的諸問題に就いては、第一部に於いて述べた……。」（日本学術振興会［一九四四］、二九頁）

すなわち、第三分科会としても、先の批判者が意図することは十二分に承知しながら、あえて「第一部」では「流れ作業」を広義に理解し、「第三部」では狭義の「流れ作業」の例を示したのである。それにもかかわらず、前述の「法外な概念の超歴史的拡張」という批判はまことに的確のように思われる。このように、流れ作業を極めて広義に理解することは、戦前の日本では当然のように行われていた。第三分科会の報告は流れ作業方式を極めて広義に定義し、その枠内の限定されたものとして「本格的」流れ作業を位置づけたのである。おそらく日本の生産管理技術者の多くはフォードの移動式組立法に着目しながらも、そのコンベア等による機械的運搬方式を二義的なものとみなし、生産工程の流れの形成を重視したのであろう。

このように「流れ」を重視し、「流れ作業」方式を広義に理解する第三分科会の定式化は、批判があったにもかかわらず、技術者の間に定着していったように思われる。

## 3　「多量生産」実現の方策としての「流れ作業」方式

太平洋戦争開戦後、とりわけ一九四二年末以降になると、航空機と船舶の増産が統制経済の重要な課題となった。一九四三年六月には「戦力増強企業整備要綱」が制定され、企業整備が促進される。この意図を商工省機械局長美濃部洋次は次のように述べている。航空機と船舶の増産という緊急課題を遂行するために「企業内部の作業運営それ自体に中心を置いた企業整備」を行う理由は、「作業方式、仕事のやり方を変えて行くことによって各個の企業の生産性を高いものに」することにあり、この「生産性の昂揚の一大眼目」は「日本的な大量生産方式を拵へて行く」ことにあると⑴。

日本における「時間研究」導入の先駆者の一人である野田信夫は、このような時局を踏まえ「増産決戦と多量生産」という興味深い短文を一九四三年に公にする（野田［一九四三］）。彼によれば「戦争は物財の大量消耗を必至とするから、戦時の生産は言ふまでもなく多量生産でなければならない」。したがって「多量生産方式への転換が現下の日本能率界の最大問題である」と論じ、「多量生産」を次のように定義する。

「多量生産とは、互換性部品の大量組立であると言ひ得る。ここに互換性部品と称するのは、用途を異にする製品相互間に於ける部品の互換性を指すのではなく、同一製品に対し多数の同一部品が、何れも即座に嵌合するように仕上げられた部品を言ふ。即ちA製品を構成するa、b、cと言ふ三種の部品があるとする。今a部品のどの一個を取つて、どのA製品にとり着けても手仕上げを要せず即座に取り付け得る。b部品、c部品、も同様である如き組立製品を造らなければ多量生産は成立せぬ。更に言ひ換へれば、A製品を幾つか解体してa、b、cの部品を分類集合し、再び元と同じ数の部品を任意の部品個体を以て直ちに組立て得る如き互換性を持つ製品でなければ、多量生産は成立せぬ。要するに、所謂「絶対互換性」の確保を必要とする。これが多量生産品の本質である。従つて期の如き製品を多量生産することが多量生産の本質である。故に所謂「仕上工」を多く要する如き機械工場は、生産方式が低度であることを示すものである。」（野田［一九四三］、二頁）

これがフォード（正確には彼のゴースト・ライター）による著名な大量生産方式を定義した『ブリタニ

カ百科事典』の論稿を意識していることは、引用の最後の部分がフォードの論稿にある有名な一節「大量生産には仕上げ工はいない」("Mass production has no fitter.")と呼応していることからでも明らかであろう (Ford [1926], p. 822)。フォードがマスプロダクションと呼び、我々が今日では通常「大量生産」と訳しているものを、野田はここでは「多量生産」と呼んだのである。

当時の日本では「工場を大きくし、機械の台数だけ増やし、此を以て、多量生産なりと考へてゐる例が珍らしくない」が、「かかる生産様式は決して多量生産ではない」と野田は断じ、「多量生産は流れ工程でなければならないことを明確に知る必要がある」と主張する。つまり、野田にとって「互換性部品の大量組立である」多量生産の本質は、流れ工程にある。しかし「流れ工程そのものは、決して機械化を前提とするではな」く、「純然たる手作業でも流れ工程はいくらでも成立する」。その上で、野田は「本式の多量生産は『機械化した流れ工程』の生産様式をその本質とする」と論じる(野田 [一九四三]、二一-二三頁)。こうした論理の展開により、「多量生産」ではなく、「本式の多量生産」こそがマスプロダクションと定義し直される。

野田が「本式の多量生産」を「多量生産」と区別したことは、彼がおかれていた時代状況からすれば当然ともいえた。戦争遂行上、軍需物資の増産が至上命令となったにもかかわらず、「作業を高度に機械化」できない現実、数多くの工作機械を投入できない現実が彼の前にあった。こうした状況で現実的な対応策として考えられるのは、「作業を高度に機械化」せず、増産を推し進めることでしかありえない。こうした状況把握が、野田に「本式の多量生産」と区別された「多量生産」を構想させた。これは、また工業改善第一六特別委員会の認識と軌を一にしていることは明らかであろう。野田も、増産のために必要なことは、流れ工程、あるいは流れ作業をいかに実現するかだ、と問題を絞り込んだのである。

流れ工程を実現する要件として、野田は単一工場内の工程だけの分析を越えて、企業間の分業関係まで踏み込んだ。すなわち大規模企業（工場）と中小規模の企業（工場）との関係までを視野におき、流れ工程を行って多量生産を実現させなければならないと論じるにいたったのである。

「多量生産は大工場に生産を集中させることであるから、中小工場は不用になると言ふ考へに傾き易い。これは大なる誤りである。多量生産は……互換性部品の大量組立であって、大工場を要するのは、この組立作業と基本部分の一貫工作とを行ふ工場であって、其の他数千種類を数へる部品は、本来皆協力工場又は下請工場に於て製作又は加工されるのである。故に、一軒の多量生産の大工場を能率よく成立せしめる為には、数千の中小工場を絶対に必要とする。」（野田［一九四三］、五頁）

野田の念頭にあるのは、飛行機の生産であり組立加工の問題である。飛行機を「多量生産」するには、多種類、多数の部品を生産し、それを組立加工しなければならないが、その生産全体を一つの大企業で行うことは経済合理性に反し、企業間の分業を考えるべきだというのである。

組立作業を担当する大工場と部品の製作を行う中小工場（協力工場）との分業関係によって、「多量生産」の実現を企図する構想は、当時の状況に対する批判となっている。大工場が「形だけは大きくなり過ぎる位大きくなっても……片々たる部分の機械加工等迄やって」おり、「只屋根が大きくなっただけで、生産様式は変わっていない」状況を変革しない限り、「多量生産」は実現できない。大工場が「片々たる部分の機械加工等迄」行わなければならないのは、信頼できる中小企業が不足しているためであり、これまで協力工場を育成してこなかった大工場側の責任でもあるが、当時の状況下では協力工場を育成指導する技術者が不足していると野田は嘆く。外部の中小企業を部品の製造に組み込み、流れ工程の一環に位置づけるには、大工場とともに部品の製作を行う中小企業を協力工場として育成していくことが不可欠というのが、野田の構想である。

流れ工程を実現するとともに、大企業と中小企業との企業間分業によって、多量生産を実現しようという考えは、野田だけが抱いた構想ではない。多くの技術者が、野田の構想と同じ考えを表明している。野田論文が掲載された翌年（一九四四年）に出版された『航空機の多量生産方式』は、タイトルからもわかるように、「航空機の大量需要が存在する」状況を目前にし、「多量生産方式を採用」しなくてはならないことを訴えた書物である（内然機関編輯部編［一九四四］、二頁）。工業改善第一六特別委員会の「流れ作業」の定義を援用しながら、この書物では「多量生産方式」を「一言にして言へば機械化された流れ作業方式であると定義する。そのうえで、流れ作業とは製品の生産過程が一定の順序に従つて淀みなく進行し、生産過程の中途に於ける間隙や逆流が生じない」作業方式だとする（同上、四頁）。この「流れ作業」の捉え方は、大企業と中小企業との企業間分業によって「多量生産」を実現しようという意図とともに、「工場の中の流れ作業式も必要ですが、各工場間の流れ作業式まで」（同上、七頁）実現しなければならないという意識を生み出す。つまり、一工場や一企業を越え、生産工程全般にわたる「流れ」の確保が重要だという意識を生み落とすまでになったのである。

## 3 航空機生産工程における「流れ作業」方式

わが国で飛行機生産が始まったのは第一次大戦直後である。当時、航空機メーカーは欧米から技術者を招聘し、その指導の下に生産を行いながら設計技術などを習得した。その後、国産機の開発が進められたが、生産台数も限られており、飛行機生産の重点は試作に置かれていた。やがて、この段階を経て生産が増加すると、航空機メーカーは尾翼工場や胴体工場等のように部品の種類別に工場を分類し、工場間の分業を行うとともに、各工場内部を製造する部品ごとに分割して増産を図った。さらに一層の増産が必要になると、全体の構造には手をつけず、工場を拡張し工員数を急増させた。こうした対応によって生産の絶対量は増加したものの、「各工場の連絡不充分、命令の不徹底のために部品の生産は不平均を来し、局部的部品の増加に依り半成品倉庫は膨大化」し、「一人宛の生産頓数は些かの増加もなし得なかった」。まさに「生産管理は混沌たる状態となり、救ふべからざる混迷状態を生ぜしめ……拡充の限界点を突破した能率の低下を」技術者は「しみじみと痛感せねばならなかった」。こうした状況に直面した技術者は「試作工場の独立、生産管理部門の強化拡充、作業方式に流れ作業を採用することに依り解決しようとした」（佐々木［一九四四］、六九頁）。つまり、生産量の増大に対し、工場間や工場内部の分業により対応したが、ある限界を超えてしまい能率が低下した。そのため作業方式を見直す必要にせまられ、流れ作業の導入が図られたのである。とはいえ、それは簡単なことではなかった。飛行機の生産を流れ作業的に実施しようとした代表的な例としてあげられれのは、わが国の二大航空機メーカーの中島飛行機と三菱重工業であろう。

しかし、この両社とも流れ作業の導入には多大な時間と努力を注がざるを得なかったのである。

以下では、飛行機生産を流れ作業的にするために構想された作業方式を機体組立と部品製造のそれぞれの部門に分けて考察することにしたい。

## 1　機体組立における流れ作業方式

機体組立の分野で「最も能率を上げ得る方策は分割作業方式並に前進作業方式である」と、三菱重工業名古屋航空機製作所の技師であった守屋［一九四四］は断定的に書いている。飛行機は当初は船舶と同じように、胴体と翼をまず作りその中に艤装部品を取り付けて組み立てられていた。その後、飛行機の機体を分割して艤装部品をほぼ取り付け、その後に機体を組み立てる方式が採用されるようになった。これが機体の構造を分割して製作し、組み立てる方式である。（本章では引用文以外では分割組立方式と呼ぼう。）

### 1　分割組立方式

中島飛行機の太田製作所では、一九三八年から量産を行った陸軍の九七式戦闘機キ-27の設計に際し、「主翼を一枚構造とし、胴体を前後部に分割し、別々の組立ラインで製造する革新的な分割構造方式を採用し」工数を大幅に短縮し、「同業他社が一五日要したものが、四日半で完成」させることに成功したといわれている（富士重工業［一九八四］、二九頁）。機体を分割して製作すれば、各部位の製作作業を同時並行的に進めることが可能となり、製作日数の短縮が可能となったわけである。これに対し、機体設備を大幅に拡張したにもかかわらず、三菱は生産方式が旧態依然のままであったために、中島に遅れをとったと考えられている。こうした対比的な説明はそれなりの説得力をもっている。その理由は、戦略爆撃団の調査報告という精度の高いと思われる資料に基づくものであり、また実際に一九四三年以降、三菱の機体生産数が中島に追い抜かれているだけでなく、労働者数と機体生産量による「労働生産性」の推定によっても中島が一九四三年夏に三菱を上回り、三菱の「生産性」は四一年以後、停滞的だと考えられるからである（村上［一九九四］、一六九頁）。

しかし、日本機械学会が戦後に上梓した書物は、分割組立の試みのなかで「最も進歩したものが三菱のキ-67」だったと評価している。このキ-67（陸軍の四式重爆撃機飛龍）という機種の製作は、一九四二年末から三菱重工業名古屋航空機製作所で行われており、機体製作の「作業期間は一般に三箇月に対して一箇月半にて竣工された」という（日本機械学会［一九四九］、九七七頁）。しかし、この機体製作期間の短縮が画期的な意味をもつか否かは、先に述べた中島の場合と較べてみても、基準としている同業他社の製作日数が一五日間と三カ月間と隔たりがありすぎ、（飛行機の機体そのものの重量および構造面での変化もあるから）日数短縮の効果を同列に論じられるか疑問である。したがって、製作日数の短縮効果だけで、中島と三菱の分割組立のいずれかが「最も進歩し」ていたと論じるわけにはいかない。だが「最初から徹底した分割組立方式のもとに設計の最初より計画された……と同時に、わが国の設計と生産が同列になし得た最初の記念すべき飛行機」だったという記述に注目すべきであろう（日本機械学会［一九四九］、九七七頁）。

三菱重工業名古屋航空機製作所の陸軍関係の機体製作を担当していた第二工作部で実施された分割組立方式が「設計と生産が同列」にあったという具体的な内容は何だったのであろうか。名古屋航空機製作所はキ-67の試作一号機を一九四二年一二月に完成し、四四年四月には量産体制に移行している（守屋［一九八八］、一八七頁）。このキ-67の試作に際して、名古屋航空機製作所は試作機を早く作ることに力点を置いてきた従来の方針を転換し、「如何にして多量生産の方式を試作の時に織り込むか、如何にして試作より多量生産に早く入り得るか」を重視した態勢をとった（奥田［一九四二］、一三〇頁）。名古屋航空機製作所第二工作部がキ-67の直前に量産していたキ-21（陸軍の97式重爆撃機）は、分割組立方式を採用していなかったため、艤装に時間がかかり「とても多量生産できるものではなかった」という（同上、七五頁）。このためキ-67設計に際しては、「試作機の設計当初における現場と設計の連絡」を最重要視した。具体的には、生産現場の工作技術を一括して管理する工作技術課を設置し、この技術課内に各工場の専門部門の担当者からなる工作技術委員会を設置し、この委員会が「試作機の構造決定の時から、設計の諮問に応じてこれに参与し、意見を具申して、多量生産の可能なる構造を取り、また個々の部品に対しても、工作の容易なる方法を設計に取り入れてもらうことにした」のである。つまり、量産可能な工作法を試作機の設計に反映させたというのである。機体分割に関してでも、この「設計と現場の綿密なる協調」の結果、機体構造を分割して組立作業を行うにとどまらず、キ-67の場合には設計面にも大きな変革があった。飛行機の基本構想ができあがり、設計、製造関係者の会議で望ましい分割の仕方を決定すると、その分割案に基づき、分割ごとの設計図が描かれたが、その設計図には関連する艤装品が全て書き込まれた。キ-67の機体の設計図は、従来の説明的な図面をやめ、製作単位ごとの図面を作成し、単一部品、部品組立、総組立の各段階に図面を分けた。「どうやって造るかという体系、および手順、工程、すなわち材料の流れ、従業員配置予定表に必要な資料に至るまで、どんなものを造るか、という従来の設計図を分解し、整理して、生産の工程ごとに必要な資料に展開して、整理し[2]」た図面を揃えたわけで、この結果、機体が分割されたまま艤装が行われるようになったのである。

## ② 前進作業方式

機体を分割して組み立てる志向が生ずると、機体の組立工程に「流れ作業」方式の導入が試みられた。それが前進作業方式である。この方式では、一定の時間内に一定の作業を行い、合図によって一斉に次工程に加工対象物を移動させた。この方式の観察者は「タクト・システムによる前進式流れ作業」と呼び、各作業現場での「組立時間の限度が到来」すると各作業現場の機体は次の作業現場まで一斉に移動すると、当時の模様を語っている（日経産業新聞社政経部編［一九四三］、九頁）。つまり、作業者はそれぞれの持ち場で機体の組立に一定時間携わり、ラッパや国旗の掲揚などの合図で、作業を止め、次工程に機体を送り、作業者が別の機体の作業にとりかかったのである。この作業が、ある定まった時間間隔で（しかも、その間隔が短く）淀みなくなされた場合には、機体生産を大幅に上昇させることのできる方式だと喧伝されたのである。この作業方式は、三菱重工業名古屋航空機製作所で陸軍司令部偵察機キ-46を試作する際に佐木渉、土井守人、石井稔の三技師が考案し（西川［一九七一］）、試験的に成功したのは一九四一年九月であったといわれている（相川［一九四四］、一〇七頁）。この後、「昭和十八年四月、陸軍第二回技術研究会において同方式研究及び実施代表者佐々木渉技師の表彰」がなされた後、この前進作業方式は「能率協会その他の機関を通じて『公開』され」た（相川［一九四四］、一九三頁）(3)。この結果、この方式は他のメーカーでも実施されることになった。

名古屋航空機製作所が何を意図して前進作業方式を導入したのであろうか。この方式を導入した技術者は次のように説明する。

「三菱の前進作業は流れ作業を初めから実施する為に行ったのではなく、現在より少しでも作業を容易にして生産を挙げる為と、部品を合理的に、又容易に集める為、詰り部品は組立の方から逆に引張ると云った意味で、先づ組立工場から始めたのである。実際は部品工場から始めた方が計画的で宜いと思ふが入り方としては組立から入った方がやり易いと云ふ意味で、組立から実施した訳である。」

（土井［一九四三］、一〇頁）

これは、「後工程が前工程から部品を引き取るという『引っ張り方式』として知られる方式であり、その意味で革命的」とされた考え方と酷似している。つまり、大野耐一が『トヨタ生産方式』の中で「脱常識をはたらかす」として「前工程が後工程へ物を供給する」ことを「逆に考えてみた」ことが（大野［一九七八］、一一頁）、既に戦時中の航空機メーカーの片隅で企図され、実験され、全面的に実施されつつあったのである。前進作業方式が「後工程引き取り」という考えで始まったことは大いに注目されてしかるべきであろう。「部品が予定通り入手出来る」ことが「現状としては直ちに是が望めない」状況下で、前進作業方式は「後工程引き取り」を結果として実現していたことになる。

## 2　部品工程における「流れ作業」方式の導入

生産技術者が新たなアイデアによって作業方式を変革しようとしたのは、機体部門にとどまらなかった。前進作業方式は機体組立という最終組立に適用されただけにすぎない。しかも、どの程度まで実際に行われたかについては懐疑的にならざるを得ない。しかし技術者にとっては、前進作業方式は「流れ作業」方式を適用する一つの突破口であった。ある技術者は「前進作業の最大の敵は部品の遅延することである。

部品がよくついて行けば前進作業もうまく行き、前進作業がうまく行けば、部品の整備又容易になる」と述べている（守屋［一九四四］、四五 - 四六頁）。実際、部品生産の生産を流れ作業的に行おうとする試みがなされた。ピストンなどの生産量が多い部品については、ほぼ完全な流れ作業を行うことができた。だが生産量の少ない部品を流れ作業的に生産することは困難であった。

これに一つの解答を与えたのが、中島飛行機武蔵野製作所が実施した「半流れ作業生産方式」である。この方式は生産数量が少なく流れ作業方式を完全には実施できない部品に、擬似的な流れ作業を行おうとしたものである。例えば、歯車は大きさや形状が異なっても生産に必要な工程はほぼ同じである。このような類似の生産工程を持つ部品を同じ設備で加工することにし、必要な機械を工程順に配置し、大きさや形状の異なる部品を同じ設備を使い、流れ作業的に生産しようとしたのである。ただ、あくまでも類似の生産工程を持つといっても、細かく見れば大きさや形状によって必要な工程は異なる。それを完全な流れ作業にはできない。そのため生産工程全体をいくつかの作業区に分割する。各作業区での加工時間を同一になるように工夫すれば、生産工程全体はあたかも流れ作業のようになると考えたのである。加工時間を各作業区で同じにするためには、工程の綿密な分析が前提となるのは言うまでもない。

だが、どんなに綿密に工程分析を行ったところで、大きさや形状が違う部品の加工時間が各作業区でまったく同一になることは不可能であろう。そのため、各作業区での加工が終わった後に「プール」が配置された。これは作業区の倉庫であった。しかし同時に、複数の作業区での加工時間の差を調整するバッファーとしての役目を果たした。作業区での加工が終わると検査が行われた（つまり、各部品は全生産工程を終わる前に何度か検査を経ることになる）。このため各作業区に検査員が配置され、検査機能がある程度まで作業現場に委譲された。さらに組長と推進係が各作業区に配置され、彼らが作業区内の作業の配分や進捗に責任を持つことになった。したがって、生産現場の管理は多少なりとも分権化されたのである。

また仕掛り部品の管理にも注意が払われており、仕掛り部品は「完成期日、工程順序、機械番号、運搬先等」が明示された運搬箱に納入され、作業者が伝票によらずとも運搬箱を見さえすれば、加工指示の情報を直ちに確認できる工夫も提案されていた（日本学術振興会［一九四四］、二四頁）。

しかし、この半流れ作業方式を適用できるのは、実質的に類似の工程を持つ部品群のみである。そうした部品の種類には限りがある。また設計や製造方法に変更があれば、機械の配置の変更が必要となる。したがって、この方式の持つメリットには限界があった。この方式さえ実施できない工場に生産技術者はどのような生産方式をとろうとしたのだろうか。生産単位の小さい場合には、「完全な機械化された流れ方式」を導入できないから、少なくとも「正味の作業時間」を「標準作業時間を以て規律」できる場合しかない（野村［一九四三］、六四頁）。こうした発想から出てきたのは、何種類もの部品を加工する工場内部での機械配置をいかに合理的に行うかということであった。当時、こうした工場が使う機械には個々に動力が付けられておらず、動力はシャフトとベルトを介して工場全体の機械に提供されるのが通常であった。こうした制約を考慮した上で、最も合理的な機械配置を考えようとしたのである。生産技術者らが出した結論は、工場内部の運搬距離が全体として短くなり、仕掛り品が生産の進行に伴い一定の方向に進み、仕掛り品が可能な限り行きつ戻りつしないよう配置することであった。幾種類もの部品を加工している工場内部の工程経路を全体として短くし、たとえ各部品の加工経路が入り組んでも、全体としてみれば資材が工場の一方から入り、他方から成形されて出ていくように配慮した（内燃機関編輯部編［一九四四］、一三二

―一三七頁）。しかし工程が大幅に変更されたり「大きく生産機種が変更すれば」、工場内の工程の編成替えが必要となり、工程の経路は変わり、作業手順の変更により作業標準も変動する。したがって、ある時点で工場内の編成が合理的だったとしても、それは長期間にわたり合理的根拠を持ちえない。しかも、工場内の工程を再編成するためには、多くの労力が必要となる。加えて、敗戦間近ともなれば「材料が入らねばどんな理想を持ってをっても駄目で出来れば材料工場を管理して材料をぐっと握ってゐるやうな機械工場でないとどんな生産方式をとっても直ぐ駄目になる」と嘆く状況になっていたのである（内燃機関編輯部編［一九四四］、一三九頁）。

だが、敗戦間近の航空機の機体部品工場では、それまでの工程管理の反省にたって新たな試みがなされていた。それは「推進庫方式」と呼ばれるものだった。これは航空機の機体部品工場における工程管理の困難さを解決するために、「従来の工程管理の観念を離れて、新しき構想の下に工程管理を行ふべきことを痛感」して構想され、伝票を多用する工程管理を止めようとした（新居崎［一九四五］、四頁）。つまり「工場組織の企画管理部門（企画課とか管理課と云ふ）から発行された一連の伝票によって材料の出庫や各作業の実施が命令され、同じ伝票によってそれらの実績が報告されて進度管理や実績資料管理を行ふ」方式（『日本能率』［一九四六］、三一頁）、つまり伝票を用いて「中央統制式」に工程を管理することを止めることにした。これは当時の工場の実情を反映していた。飛行機の設計に手直しが絶えず行われ、部品もそれに対応した設計、仕様変更などが必要となると、当該加工部品を現場から探し出し、その部品についている現品票を回収し、訂正発行する必要があった。しかし、当該部品の加工が行われているはずの場所を探しだしても、実際にはその工程には当該部品がなく、現場の担当者が時間を空費する状況が生じていた。

伝票を用いる工程管理の方式にも利点はあったが、量産が行われると、この方式の欠陥が顕在化した。加工工程の多い部品を多量に何種類も生産すると、発行される伝票の数も多くなった。その数は「戦時中に飛行機工場で数十万に達したところがある」とも（『日本能率』［一九四六］）、「現場に流す伝票だけで月にトラック一台分を必要とする場合」もあったともいわれ（小野［一九五二］、六九頁）、この伝票の発行に関わる事務量だけでも膨大なものとなった。さらに緊急に部品数個を組立工場に送る必要が生じても、現場の担当者は事務に不慣れな場合が多いため伝票の処理は後回しにされがちで、伝票の紛失が頻繁に生じたという。この結果、伝票と現品が乖離し、伝票を基に日程計画、生産量を把握しても無意味となった。この管理方式の「欠陥は戦時中に航空機、兵器等の多量生産に於いて次第に大きく露呈して来たので各工場で之を打開せんとする試み」が行われ、戦争末期に「機体部品工場の社内」を対象として推進庫方式が提唱されたのであった（新居崎［一九四五］、七頁）。

この方式は「工程管理の主体を現品管理に求め」たものだという。具体的には、「推進庫」という倉庫を備えた一種の職場単位を生産現場に配置して、その推進庫という職場単位に部品生産の日程管理や工程管理の責任を委ね、推進庫間の調整を中央の管理部門が行う分権的なやり方に特徴があった。推進庫という単位には班長と進行係、検査係が配属され、前工程にある推進庫から送られてきた仕掛り部品を検査して倉庫に収納し、部品完成の日程計画に従って仕掛り部品を倉庫から出し、加工にまわすことが任務であった。推進庫に配置された班長などが事務手続きを行うことで、現場作業者にかかる事務的な負担を取り除こうとした。現場の作業単位ごとに倉庫を設置し、現場作業単位の長を仕掛り品管理の責任者と位置づけ、仕掛り品を意図的に収納させ、工程内にある仕掛り品を管理させ、工程内在庫の把握も可能とした。さらに推進庫をなるべく数多く工程内に配置した。推進庫という職場単位の分担する工程範囲を細分化し、その狭い範囲内の管理にのみ推進庫が責任を負うよう設計した。この数多くの推進庫間の連絡を図るために「現場管理班」を任命し、この管理班が「毎日、絶えず推進庫を巡回して、状況の報告を受け、必要とあればこれを他の推進庫、或いは中央管理係に伝え、事故ある時は推進庫、現場と協働して、これを解決」するよう期待された（新居崎［一九四五］、五頁）。つまり、生産現場に小さな管理的な単位を配置し、その上に立って間接的に管理を行おうとしたのである。しかし、この方式は幾つかの航空機メーカーで実験的に試みられただけで、本格的に普及することなく、敗戦となる。

## 4　戦後の展開――推進区制方式の提唱と実施

戦時期に提唱された数々の工程管理に関するアイデアは、一見すると戦後に継承されることはなかったかのようである。しかし、戦後の一時期に推進区制方式と呼ばれる（推進区間方式とも、簡単に推進区方式と呼ばれることもある）方式がわが国の製造業企業に採用されたことがあった。戦時中に推進庫を実施していた技術者は自動車メーカー、高速機関工業で一九四九年六月一日より二年間の長期調査を行い、『推進区制管理』システムの総仕上をねらった」(4)。この後、戦時期に航空機生産工程の変革に関与していた主要な生産技術者が参画した日本能率協会が、この方式の普及を図った。推進区制方式は戦時の経験を踏まえた設計がなされていた。月末の駆け込み生産を防ぐために進度管理をきめ細かく行うことにしていたし、さらに計画変更に柔軟に対応できるように生産予定の指示の仕方に工夫がなされたのである。すべての構成部品を統一的に管理し、たとえ変更が生じても、全構成部品について変更が容易となるようにしたのである。また、製品の生産数に対する部品の過不足も簡単にわかる工夫もされた。

推進区制方式は戦後の一時期には造船業も含めて大きな影響を与えた。しかし一九五〇年代末頃になると、この方式に対する企業側の関心は薄れていった。この方式は「一九五〇年代前半（しかしその頃にかぎって）大きな成功を収め」た（中岡［一九八一］、（中）四九頁）。推進区制方式が姿を消した原因は、この方式の持つ問題点というよりも、むしろ企業側が要求する工程管理の質が変化したことがより重要な意味を持っていた。推進区制とは作業の安定度が極めて低く、形だけタクト方式を導入し、ベルトコンベアを導入しても、タクト・タイム（サイクル・タイム）を一定にできない状況下で、「徐々に（作業の）安定度が高くなり、機械も増して来る過程に於いて、充分発達してきた場合に到達せらるべき、タクト作業への準備訓練乃至実習と体験」という過渡的な性格を持つものだったのである（森川［一九五〇］、一七二頁）。

## 5　おわりに

日本において「流れ作業」を定着させようとした技術者の努力は、戦時期の航空機の最終組立部門では分割組立方式や前進流れ作業方式などを生み出した。こうした方式は、タクト・タイムが一定に定まらないなどの限界があったものの工程を流れ作業的に編成しようとしたものであった。しかし、部品工程では流れ作業的に編成することは、著しく困難をきわめていた。その中から推進庫方式なる考えが提唱され、戦後には推進区制方式として体系化され、特に一九五〇年代初め頃の日本企業では、重要な工程管理方式の一つとして採用されたことがあった。この推進区制方式は、ある意味で戦中からのわが国の生産技術者の努力の到達点として評価されるべきものである。これは、工作機械を多用できない状況下で「流れ作業」を極めて広く解釈し、工程を編成してきた試みの帰結であった。

後にＴＱＣの名の下で品質管理運動が多くの日本企業で展開されていったときに、現場での小単位毎にＱＣサークルを形成したことや工程での品質のつくり込みなどのアイデアが、それほど抵抗にもあわず普及していったことなどは、戦時中から現場で作業区、機械区等と呼ばれる小規模の管理単位を配置してきたことと整合的だったとも考えられる。戦後の一時期、推進区制方式が多くの製造企業で採用されたことは、わが国の航空機の機体や部品工場における管理工程技術の成果を製造企業が吸収する点で大きな意義があったのである。航空機生産工程で戦時に実施されていた管理とおよそ無縁であった企業にも、戦時期に技術者が主張していた「生産能率向上のためのオーソドックスなアプローチ」である「基準の設定の必要性、工程管理の計画性の徹底、そのための工程分析、時間研究動作分析等の必要性」（奥田［一九八五］、五一八頁）などが急速に広まったのである

アメリカの生産管理技術の導入と推進区制方式の衰退とほぼ時を同じくして、トヨタ自動車工業では独自の生産方式の構築が行われつつあった。スーパーマーケット方式やカンバン方式がこの頃に同社で導入され、それを核として同社は後に日本的生産方式の代表とされたトヨタ生産方式を展開していく。通常、こうしたトヨタの生産方式改善への歩みは、同社独自の行程と考えられがちだが、トヨタのみが隔絶した環境の中で、時代の制約を超えて独自の問題を追求していたわけでも、独自の解決策をすべて自社内で生

み出したわけでもない。同社のシステムの中核となったアイデアの多くは、戦時期から戦争直後の生産技術者の試みの中にも現れている。後工程が前工程を引っ張るという考えは、たとえ生産工程の違いがあったとしても、航空機工業に既に存在していた。推進区制は「最良の管理が行われる時、仕掛り品が最小になるようにシステムが作られる点では、後のトヨタのかんばん方式と似て」(中岡［一九八二］、(中) 四七頁) いるのである。生産工程を流れ作業的に編成しようとしたことや、生産の平準化、あるいは仕掛り在庫を少なくしようとした点では、トヨタは多くの企業群の中の一社に過ぎず、その生産工程の編成は従来からの考え方から多くを学んでいたのである。とすれば、もしも、いわゆるトヨタ生産方式が一般に言われるように革新的なものであるとすれば、それはいかなる意味で革新的なのであろうか、それは何故トヨタで、どのようなプロセスを経て生まれたのであろうか。この点の解明が別稿の課題となる。

＊ 本章は、和田一夫［一九九五］、［一九九六］、「日本における『流れ作業方式』の展開――トヨタ生産方式の理解のために」『経済学論集』(東京大学) 第六一巻三・四号、を加筆・訂正し大幅に圧縮したものである。原論文の図等は全て割愛し、引用文も一部表記を現代表記にした。

## 注

(1) 戦時経済の展開については、簡単には中村［一九八九］所収の論稿、ならびに村上［一九九四］を参照。

(2) 引用文は、戦後日本の造船工法の改革・ブロック建造方式に貢献をしたといわれる真藤恒の『造船生産技術の発展と私』(［一九八〇］、二一一頁)。真藤は引用文の直前の段落で「飛行機の予定生産機種の全体一式の設計と、エンジニアリング資料を細かく分析していくうちに、……造船技術者としては、全く未経験であった複雑な構造物を量産する時の生産体系と、設計から出される資料とが完璧に一致していることに気がついた」という (同上、二一一頁)。飛行機産業から造船産業へのアイディアの伝播をうかがわせる記述に注意されたい。

(3) ただし、『名航工作部の戦前戦後史』三六〇頁によれば、タクト・システムに対して陸軍大臣表彰を受けたのは、一九四二年である。

(4) 中岡[一九八一]、中、四八頁。推進区方式は、戦時中の推進庫方式にそのアイデアの起源を持つが、戦後になって総仕上げされ、体系化された点を考え、本稿では戦時の「推進庫」方式と戦後の「推進区」制を区別した。なお、推進区制の戦後における体系化の過程、またその意義については、中岡の論稿(中岡[一九八一・八二])から最も示唆を受けることが大きかった。

## 参考文献


相川春喜[一九四四]、『技術及び技能管理』東洋書館。

土井守人[一九四三]、「組立作業に於ける前進作業実施に就いて」『日本能率』第二巻九号。

Ford, Henry [1926], "Mass Production," *The Encyclopaedia Britannica*, 13th ed., Supplementary Volume II, London.

富士重工業株式会社社史編纂委員会[一九八四]、『富士重工業三十年史』。

Holley, I. B., Jr. [1987], "A Detroit Dream of Mass-Produced Fighter Aircraft : The XP-75 Fiasco," *Technology and Culture*, Vol. 28, No. 3.

美濃部洋次[一九四三]、「企業整備と決戦経済」産業経済新聞社編『企業整備読本』産業経済新聞社、所収。

三菱重工業株式会社名古屋航空機製作所[一九八八]、『名航工作部の戦前戦後史』。

森川覚三[一九五〇]、『経営合理化の知識』ダイヤモンド社。

守屋学治[一九四四]、「航空機の多量生産」小林吉次郎著者代表『多量生産研究』兵器航空機工業新聞出版部、所収。

守屋学治[一九八八]、「キ-67飛龍の試作その後」三菱重工業株式会社名古屋航空機製作所『名航工作部の戦前戦後史——私と航空機生産・守屋相談役』所収。

村上勝彦[一九九四]、「軍需産業」大石嘉一郎編『日本帝国主義史3 第二次大戦期』東京大学出版会、所収。

内燃機関編輯部編［一九四四］、『航空機の多量生産方式』山海堂。

中村隆英編［一九八九］、『「計画化」と「民主化」』（日本経済史7）岩波書店。

中岡哲郎［一九八一・八二］、「戦中・戦後の科学的管理運動　上・中・下」『経済学雑誌』（大阪市立大学）第八二巻一、三号、第八三巻一号。

新居崎邦宣［一九四五］、「工程管理の一方式」『日本能率』第三巻五号。

日本学術振興会学術部改善研究第一六特別委員会第三分科会［一九四三］、『我国ニ使用セラルル流レ作業及之ガ原則ノ応用ニ関スル調査報告』斯文書院。

日本学術振興会学術部改善研究第一六特別委員会第三分科会［一九四四］、『生産力と流れ作業』大日本工業学会。

日本機械学会編［一九四九］、『日本機械工業五十年』日本機械学会。

日本産業経済新聞社政経部編［一九四三］、『全国模範工場視察記』霞ヶ関書房。

『日本能率』［一九四六］第五巻四号。

西川武［一九七一］、「思い出」三菱重工名古屋菱光会編『往時茫茫――三菱重工名古屋五十年の懐古』第三巻、所収。

野田信夫［一九四三］、「増産決戦と多量生産」『日本能率』第二巻五号。

野村大度［一九四三］、『航空発動機の生産と生産管理』山海堂。

奥田健二［一九八五］、『人と経営』マネジメント社。

奥田健蔵［一九四三］、「キ-67飛龍の生産技術革命」三菱重工業株式会社名古屋航空機製作所『名航工作部の戦前戦後史』所収。

大野耐一［一九七八］、『トヨタ生産方式』ダイヤモンド社。

小野常雄［一九五二］、「まだまだ運用の妙に暗い工程管理」『マネジメント』第一一巻五号。

佐々木渉［一九四四］、「航空機の多量生産」内燃機関編輯部編『航空機の多量生産方式』山海堂、所収。

真藤恒［一九八〇］、『造船生産技術の発展と私』海事プレス社。

和田一夫・柴孝夫［一九九五］、「日本的生産システムの形成」山崎広明・橘川武郎編『「日本的」経営の連続と断絶』（日本経営史4）岩波書店。

山本潔［一九九四］、『日本における職場の技術・労働史』東京大学出版会。
Zeitlin, Jonathan [1995], "Flexibility and Mass Production at War : Aircraft Manufacture in Britain, the United States, and Germany, 1939-1945," *Technology and Culture*, Vol. 36, No. 1.

第9章

# 企業間分業における知識のマネジメント

武石　彰

吾人は開花の潮流に押し流されて日に日に不具になりつつあるということだけは確かでしょう。それを他の言葉でいうと自分一人ではとても生きていられない人間になりつつあるのである。自分の専門にしていることにかけては、不具的には非常に深いかもしれぬが、その代り一般的の事物については、大変に知識が欠乏した妙な変人ばかりできつつあるという意味です。

夏目漱石「道楽と職業」、明治四四年

## はじめに

企業は市場競争に勝ち残らなくてはならない。しかしそのために必要な業務のすべてをみずからまかなうことはできない。何かを他の企業にゆだねながら、つまりアウトソーシングをしながら、競争に臨むのを常とする。では、企業は競争相手に優るためにアウトソーシングをどのように営んでいけばよいのだろうか。とりわけ、イノベーションにおいて他社に優るためにはどうしたらよいのだろうか。この問題を知識のマネジメントという視点から考えてみようというのが本章の狙いである。

アウトソーシングといえば委託先に任せる業務のマネジメントに目を向けがちだが、みずからの競争優位、そしてイノベーションにつなげるためにはその業務に関する知識のマネジメントについて考えることも大切になる。日本の自動車産業における自動車メーカーと部品メーカーの製品開発分業の実例を題材としてとり上げて、企業がイノベーションを実現していくためにどこまでみずから知識を持つべきか、必要な知識を蓄えるためにどのような工夫と努力がなされているのかを探っていく。

## 1 問題の所在——アウトソーシングのジレンマ

アウトソーシングとは、あるビジネスを遂行する上で必要な一連の業務活動の一部を外部の企業にゆだねることをいう。企業と企業の分業によって生じる営みである。

いかに強大・有力な企業であろうとみずからのビジネスに関わる活動をすべて自社でまかなうことはできない。ことに一九九〇年代に入ってから、アウトソーシングが重要度を増しており、世界中で多くの企業がアウトソーシングを重要な経営手法として積極的に活用しようとしている（Rigby［2001］）。アウトソーシングによって外部の専門企業の能力や資源の利用が可能になり、みずから負担するコストやリスクを軽減できることへの期待がその背景にある。

しかし、すべての経営手法と同様、アウトソーシングもまた万能薬ではない。自社でかかえる負担やリスクを軽減することだけが問題関心であれば、アウトソーシングはさほど難しい営みではない。優れた相手をみつけたり、満足のいく成果が得られるように交渉、調整するのは大変だが、自ら手を下すよりは望ましい結果が得られる限り、大きな問題はない。しかし、企業にとってアウトソーシングが投げかけるより本質的な論点は、競争相手との市場競争に勝ち残らなくてはならない中で、アウトソーシングがみずからの競争力にどのように貢献するのかという点にある。

アウトソーシング先の企業がどんなに優れていようと、どんなに優れた成果を提供してくれようと、その企業が競争相手とも取引していたらどうだろう。競争相手も同じパートナーから同じような成果を享受できるのであれば、差はつかない。差がつかなければ競争上は効果をもたない。といって、独立した企業であるパートナーの行動を縛って競争相手とつきあわないように求めるのは難しい。仮にできたとしてもそれは必ずしも得策ではない。パートナーの取引関係をコントロールし、排他的関係を築くのであれば、結局のところそれは内製の延長とさほど変わらなくなってしまう。アウトソーシングゆえに得られる便益（パートナーの規模の経済や多様な経験の活用など）の可能性を封じ込めてしまうことになる。

競争に負けないためにアウトソーシングすることが必要不可欠であったとしても、アウトソーシングは競争に勝つことまで約束してくれるわけではない。競争優位を得るための必要条件であったとしても十分条件とはならない。優れたパートナーであるほど、多くの取引先とつきあっている可能性は高いだろう。アウトソーシングのメリットを享受するために優れたパートナーと分業しようとすればするほど、実はかえって競争優位を確保するのが難しくなりかねない。あまっさえ、パートナーに任せた結果、付加価値や技術的な主導権を握られてしまうかもしれない。

むろん競争上重要でない業務活動だけをアウトソーシングするなら、問題は深刻ではない。みずから携わる業務は競争力の源泉になるような核となる強み、能力（コア・コンピテンス）に関わるもの、外に任せる業務は競争上重要でないもの、ときれいに使い分けることができれば、たしかに企業としては効率的に競争力強化に集中できる。アウトソーシングは企業の競争にとってどちらかといえば付随的な問題となる。だが実際にはことはそう簡単にはこばない。

自社に余裕がなくて重要な業務を外部にゆだねなければならないような場合がある。何が重要で、何が重要でないか、判断すること自体が難しいこともある。重要であることがはっきりしていて、かつまたそれを自分でやる能力があったとしても、外部に優れた専門企業が存在することもある。自前で行うことに固執していると、優れた外部の専門企業を積極的に利用している競争相手に敗れてしまうかもしれない。重要な業務をやむを得ずアウトソーシングをしなくてはならない状況や、明確な判断ができないままアウトソーシングに踏み切るケースは決してめずらしいことではない。

競争上重要な業務を外部の企業にゆだねながら、しかし競争優位は築かなくてはならない。多くの企業が直面する問題である。この、アウトソーシングの持ってうまれた性ともいうべきジレンマをどのようにして克服するか。これがアウトソーシングのマネジメントに投げかけられた大きな挑戦である。以下、知識のマネジメントに注目しながら、この問題を考える。

## 2 分析の視点と題材

### 1 分析の視点――分業と知識

企業間の分業のあり方を考えるということは，そもそも企業はなぜ存在するのか，組織の境界はどのように引かれるのかを考えることにつながる。いわゆる「企業の理論」である。R・コースがこの問いとそれに対する有力な解答（Coase［1937］）を提示して以来，ウィリアムソンらの一連の研究の貢献（Williamson［1975］）もあって，取引コストが企業の理論を考えるための鍵概念となってきた。

しかし，市場取引にともなう費用から企業の存在理由，境界を説明しようとする考え方，つまり本来は市場取引が望ましいのだが，それが高くつくことがあるので組織が存在するのだ，という考え方には与しない研究者もいる。例えば，組織が存在する理由として人々の機会主義を前提としなくてはならないとか，イノベーションをうまく扱えない，といった点が取引コスト論の問題点として指摘されている（Kogut and Zander［1996］, Langlois and Robertson［1995］）。取引コスト論に代わるひとつの視座として登場しているのが，知識を鍵概念にして企業の存在理由，境界のあり方を探っていくという考え方である（Conner and Prahalad［1996］, Demsetz［1991］, Grant［1996］, Kogut and Zander［1992, 1996］）。「知識ベースの企業の理論」とよばれることもある。

知識を鍵概念として企業の理論を考える際に重要になるひとつの問題が，知識の獲得のし方と利用のし方の違いである（Demsetz［1991］）。知識は狭い範囲に限定し，専門化することで効率的に学び，創造することができる。しかしその知識が価値を生むには他の専門化された知識を必要とする。各人が特定の知識分野に特化し，他の知識と組み合わされることがない社会では，皆が「何でも屋」となる社会より生活水準は低くなってしまう。かといって他者の知っていることをあらためて学ぶのであれば，専門化のメリットは失われ，知識の進歩は緩やかなものになってしまう。知識の獲得と知識の利用の間に横たわるこの違いは、社会的組織にとって根源的な意味を持っている。企業、産業は知識獲得が知識利用よりもより専門化した方法で進められなければならないという要請を考慮に入れた組織を形成しなければならない。

獲得と利用の違いの問題に立ち向かうためのひとつの手立てが、関連する知識を体現した製品やサービスを購入して、その財を開発、生産するための知識をみずから習得せぬまま成果だけを利用することである。自らの付加価値創造や競争優位の確保に欠かせない知識については組織の内部で人々が協働しながら会得し、創造に努める。しかし詳細な知識を必要としない財についてはその生産に必要な知識の会得・創造は他の組織に任せて、その成果のみを入手すれば良い。財の使用は、生産に比べて必要とする知識は少なくてすむ。鋼板を使って自動車の車体を生産する自動車メーカーは鋼材の作り方について知る必要がないから買ってくれればよい。その財の生産について知らなくても使用できるのであれば、財を売ることができる。ここに市場取引が成立し、企業の境界が引かれる。これがデムセッツの知識ベースの企業理論による議論のひとつのポイントである。

通常、企業間の分業のあり方を考える時の対象や単位は取引や業務活動である。前者は文字通り取引コスト論の焦点であり、後者は例えばフォン・ヒッペルが「業務の分割」をめぐって論じている（von Hippel［1990］）。これに対して、知識ベースの企業理論は、そうした取引、業務を背後でつかさどる知識をどのように生み出し、いかに活用するかという視点から企業という存在の意味やその境界をとらえようとする。「業務の分割」ではなく「知識の分割」に着目する。

企業の理論を直接扱ったものではないが、分業における知識の重要性についてはFine［1998］やBrusoni and Prencipe［2001］も強調している。前者は「設備（capacity）への依存」と「知識への依存」の違い、後者は企業が「やっていること」(what firms do) と「知っていること」(what firms know) の違いが重要であるとし、ともに企業間分業のマネジメントにおいて知識が鍵となることを示している。

知識をベースにした企業論のこのような議論を踏まえ、本章は、企業間の分業から競争優位、イノベーションを実現していくための知識マネジメントのあり方について検討していく。分析の題材は自動車メーカーと部品メーカーの製品開発分業の実例である。

## 2 分析の題材

自動車産業は企業間分業を分析するための格好の材料を提供してくれる。数多くの多様な部品から構成される自動車の開発生産は、最終組立メーカーと多数の部品メーカーの分業によって成り立っている。ここでとりあげるのは、新車開発をめぐる自動車メーカーと部品メーカーによる分業である。自動車メーカーは新しいモデルを開発する際に、開発工数の過半を部品メーカーに任せている。ブレーキ、ヘッドランプ、シートなど個々の部品について仕様を提示して、詳細設計・試作・量産を部品メーカーにゆだねるという方法で、業界では「承認図方式」などともよばれている。

本研究では、多くの自動車メーカーから委託を受けて承認図方式で新車向けの部品開発を行っている部品メーカーを対象に、アンケートと聞き取り調査を実施し、実際の開発プロジェクトがどのように進められたか、自動車メーカーの間で部品メーカーとの分業のあり方にどのような違いがあったか、そして結果として開発された部品の設計品質はどのようなものであったか、などを調査した。また、自動車メーカーを対象に、部品メーカーに任せている設計業務に関連してどのような取組みを行っているかについても別途聞き取り調査を行った。いずれの調査も主に一九九五年から九七年にかけて行った。こうして集めた定量的データ、定性的データを用いた分析の結果を次節で紹介する(1)。

## 3 アウトソーシングにおける知識の役割

### 1 知識の重要性

特定の部品の生産、開発を長年生業としてきた部品メーカーは、その部品について深く、高度な知識を持っている。だからこそ自動車メーカーは設計開発をまかせる。そのことはしかし、自動車メーカー側でその部品について知識を持っていなくてもよいことを意味するわけではない。

まずもってどのような部品が必要なのか、基本的な要求仕様は自動車メーカー側が決める。寸法、外形、重量、機能、性能、耐久性、品質、価格など様々な問題について満たすべき仕様を定める。そのためには個々の部品についての知識が不可欠である。仕様を踏まえて部品メーカーが作ってくる設計図、見積り、実験結果、テスト・データ、試作品、量産試作品、量産品などを評価するための知識も必要だ。

自動車メーカーは、部品開発のアウトソーシングに必要なこうした知識をどの程度持っているのだろうか。メーカー間で知識のレベルで差はあるのだろうか。あるとすれば、それは分業の成果に影響を与えるのだろうか。

これらの問いかけについて分析するため、部品メーカーへのアンケートで、部品の設計開発にとって重要であると思われる知識内容一八項目をリストアップし(2)、回答者である部品メーカーのエンジニアに、担当したプロジェクトで相方となった自動車メーカー側のエンジニアが当該部品についてどの程度知っていたかをたずねた。取引のある主要納入先ごとに答えてもらうことで、部品メーカーからみた、自動車メーカー各社の知識レベルの相対比較が可能になる。得られた回答を集計して、重回帰分析を行ってみると、自動車メーカーの設計技術者の知識レベル（変数名ＥＫＮ）が開発分業の成果である部品の設計品質（同ＣＤＱ）と正の関係をもっていることが確認できた（表1のモデル1）。つまり、自動車メーカーの設計者が部品についてより知っている程、よい成果が得られるという関係である。

外部にゆだねる業務について知っている方がいい結果につながるという発見事実はしごく当たり前のことだ。しかし、ここで注意しなくてはならないのは、分析で用いているサンプルのプロジェクトにおいて自動車メーカーはいずれも競争相手と部品メーカーを共用しているという点である。多くの自動車メーカーと取引がある部品メーカーは、技術、ノウハウを自動車メーカーの間で伝播させるチャネルとして機能し、自動車メーカー間の格差を平準化する役まわりを果たす。様々な自動車メーカーとの取引を通じて良い技術やノウハウを蓄積し、他の自動車メーカーへの売り込みに利用するのは部品メーカーとしては自然なふるまいである。あからさまにはやらないだろうし、また若干の時間差は設けるにしても、それこそが魅力ある部品メーカーとしてのセールスポイントとなる。自動車メーカーの方でもそうした役割を期待している。他社とつきあっている優秀な部品メーカーを開発のパートナーとして選ぶことで、競争相手が生み出し、活用している技術やノウハウを同じように利用したい、と自動車メーカーが考えるのもやはり自然なことだろう。

このように漏洩の下地があるにもかかわらず、依然として自動車メーカーの間で知識のレベルに差があ

**表 1　自動車メーカーの知識レベルと開発分業の成果**

| モ　デ　ル | 1 | 2 | 3 | 4 |
|---|---|---|---|---|
| 交　差　項 | 0.040 | 0.041 | 0.026 | 0.029 |
| PSP：問題解決パターン | 0.242**<br>(0.107) | 0.231**<br>(0.109) | 0.362***<br>(0.112) | 0.358***<br>(0.116) |
| COM：コミュニケーション | 0.021***<br>(0.004) | 0.022***<br>(0.005) | 0.018***<br>(0.004) | 0.019***<br>(0.004) |
| EKN：設計技術者の知識水準 | 0.291**<br>(0.133) | | 0.139<br>(0.139) | |
| EKN1：部品知識 | | 0.104<br>(0.092) | | 0.013<br>(0.096) |
| EKN2：統合知識 | | 0.175**<br>(0.078) | | 0.099<br>(0.080) |
| SLD：売上依存度 | 0.857***<br>(0.296) | 0.870***<br>(0.299) | 0.675**<br>(0.287) | 0.720**<br>(0.304) |
| STK：資本参加 | −0.173<br>(0.110) | −0.177<br>(0.111) | −0.097<br>(0.108) | −0.114<br>(0.116) |
| NWT：技術的新規性 | −0.179<br>(0.162) | −0.185<br>(0.163) | −0.290*<br>(0.158) | −0.270*<br>(0.175) |
| CMP：CAD/CAE 利用度 | −0.172<br>(0.306) | −0.149<br>(0.310) | −0.190<br>(0.287) | −0.152<br>(0.296) |
| NWTxEKN | | | 1.181**<br>(0.479) | |
| NWTxEKN1 | | | | 0.686*<br>(0.343) |
| NWTxEKN2 | | | | 0.444<br>(0.475) |
| 調整済み決定係数 | 0.457 | 0.450 | 0.523 | 0.507 |

（注）1）$N=45$。（　）内は標準偏差。*：$p<0.1$；**：$p<0.05$；***：$p<0.01$。

2）自動車メーカーの委託を受けて部品メーカーが新車向けに設計開発した部品の設計品質（変数名：CDQ）を被説明変数とする重回帰分析の結果。日本の一次部品メーカー9社から各社平均5プロジェクト，合計45プロジェクトについて回答を得たアンケート調査（1997年実施）のデータに基づいている。部品メーカーを共用する自動車メーカーの間で分業の成果にどのような違いがあり，何がその要因になっているかを分析したもの。

3）各変数の意味は以下の通り。PSP：自動車メーカーによる部品メーカーとの問題解決のパターン（問題解決の統合度，前倒し度）。COM：自動車メーカーと部品メーカーの打合せの頻度。EKN：自動車メーカーの設計技術者の当該部品についての知識水準（EKN は EKN1 と EKN2 の平均）。SLD：部品メーカーの自動車メーカーに対する売上げ依存度。STK：自動車メーカーの部品メーカーへの資本参加の有無（ダミー変数）。NWT：新技術の利用の有無（ダミー変数）。CMP：CAD/CAE の利用度。どの変数も部品メーカー，部品の違いによる影響を除くため，回答部品メーカーごとにスコアを相対化してある。

4）アンケートの概要，各変数の定義と測定方法，スコアの相対化の方法など，データならびに統計分析の詳細については，武石［2003］を参照のこと。

（資料）部品メーカー・アンケート・データ。

り、それが成果の違いにつながっている。この意味するところは重要である。企業の差はアウトソーシングしない内部の業務、内製の部品や技術だけで達成されるのではなく、アウトソーシングする業務、部品、技術においても企業の差が生じているのである。アウトソーシングは、たとえ競争相手と共通のパートナーと取引する場合でも、単なる競争の必要最低限の条件を満たす（競争相手と同じ立場に立つ）ためだけにあるのではなく、競争優位を実現する有効な手段ともなりうる。アウトソーシングは競争優位に対して消極的な役割ではなく、積極的な貢献を果たしうるということになる。

では、なにゆえ自動車メーカーの間で知識のレベルに差が残っているのだろう。これが次の問いかけになる。この問題を考えるために、もう一歩分析を進めて、一体どのようなタイプの知識が、どのような場面で重要になっているのかを探っていく。

## 2　二つのタイプの知識とその役割

「設計技術者の知識」（ＥＫＮ）という変数は、上述の通り、事前に設定した一八項目についてアンケート調査で得られた回答の平均値をそのスコアとしたが、得られた回答結果について主成分分析を行うと、大きく二つのタイプの知識に区別できることがわかる。

ひとつは当該部品固有の性能、コスト、生産プロセスに関する知識である。ここでは「部品知識」（変数名ＥＫＮ１）とよぶことにする。どのような材料が用いられるか、求められる機能、性能や耐久性をどのように実現するか、どのような製造プロセスで生産されるのか、コスト構造はどのようになっているのか、品質はどのように管理するのか、といった類の知識である。もうひとつが構造的、機能的に関連する他の部品との調整に関する知識である。ここではこれを「統合知識」（変数名ＥＫＮ２）とよぶことにする[3]。

これら二つのタイプの知識が、分業の成果にどのように関わっているのか。さらに統計分析してみた結果が前掲の表１のモデル２に示されている。二つのタイプの知識の内、統合知識（ＥＫＮ２）の方が設計品質に与える影響が大きく、部品知識（ＥＫＮ１）については影響が小さくなっている[4]。

なぜ統合知識の方が重要なのか。まず、部品知識は部品メーカーから提供されるため、自動車メーカーにとっては競争上実質的な価値を持たない。そもそも部品メーカーはその専門性ゆえに開発分業のパートナーに選ばれているのである。しかし統合知識はそうはいかない。さまざまな部品を組み合わせてクルマに仕上げる作業こそが自動車メーカーの本務であり、付加価値、差別化の源泉である。自動車を構成する多様な部品は構造的、機能的に相互に複雑に関連している。特定の新車モデルの開発において関連する部品間の構造的、機能的な調整を積み重ねて全体最適を追求していく作業がとても重要となる。自動車メーカーにとって統合知識の方が競争優位にとって重要であるのは、まさに自動車メーカーの存在意義がそうした部品同士の擦り合わせ作業にあることを示している。

これはちょうど前出のデムセッツが論じる効率的な知識の分業のあり方にあてはまる（Demsetz［1991］)。自動車メーカーは特定の部品を開発するための詳細な知識については立ち入らない。設計図、試作品という形でその成果を利用し、自らの統合知識を駆使してそれを完成車向けに仕上げるプロセスに知識を集中すればよい。

統合知識は、他の自動車メーカーと部品メーカーを共有していたとしても他社には伝播しにくいという事情もあるだろう。部品の設計図を単独でみても、その設計のよしあしを評価できない。あくまでも、どのような狙いを持った車にどのような部品と一緒に搭載されるのかがわかってはじめて評価が可能になる。そうした統合知識は限られた範囲しか扱わない個々の部品メーカーではなかなか持ちにくい。共通の部品メーカーという知識の「導管」があってもそう簡単に流れてはいかない。伝わりにくいからこそ、自動車メーカーにとって他社に差をつける上で価値を持つ。

かたや部品知識の方は、自動車メーカーとして高い知識を持っていたとしても容易に部品メーカーを通じて流れ出てしまう。持っているに越したことはないが、部品メーカーが得意とする領域であり、流出も防ぎにくく、競争優位の源泉にはなりにくい。

ところが、例外的に自動車メーカーが高い部品知識を備えていることが重要になる場面がある。それは新しい技術をとり入れる場合である。

## 3　通常のプロジェクト対新規技術プロジェクト

アンケートで集めたサンプル・プロジェクトには実は二つのタイプのものが混在している。すでに熟成し、安定した技術を用いて、特定の新車モデル向けに応用していくタイプがひとつ。もうひとつが、新しい技術を用いるタイプで、部品メーカーとしても、また発注側の自動車メーカーとしても未経験の製品技術、生産技術を用いるものである。例えば、ブレーキにアンチロック・システムを採り入れるとか、車載用オーディオ・システムと空調システムのプリント基板、スイッチ類を一体化して開発、生産する、といった類の新技術を新車モデルに搭載するためのプロジェクトである。

これら二つのタイプのプロジェクトを識別して統計分析を行うと、新規技術を用いるプロジェクトの場合には、自動車メーカーにとって統合知識のみならず部品知識がはたす役割も大きいことがわかる。前掲表1モデル4で部品技術（EKN1）と技術の新規性（NWT）の交互作用項の係数が統計的に有意で、統合知識（EKN2）と新規技術（NWT）の交互作用項の係数より大きくなっている。

この結果は、出来上がった技術を用いる通常の部品開発プロジェクトでは自動車メーカーは統合知識を持っていればよいが、開発プロジェクトが新規性の高い技術を用いる場合になると、自動車メーカー側もその部品固有の知識を持っていないと優れた開発成果が得られない、ということを意味している。設計図や試作品という成果物を活用するための知識がまだ確立してないからである。部品に用いられる技術を知らずして、新しい技術を組み込んだ部品を評価し、他の部品との組合せを最適化しながら完成車に仕上げるのは難しい。

そもそも新規技術をとり入れる際には部品知識と統合知識を区別すること自体が難しいという問題もあるだろう。後述するように、自動車には部品内部の問題に関する知識と部品間の問題に関する知識を明確に区分けするのが難しいという性質がある。とくに新しい技術をとり入れる時に両者を区分けしにくくなる。なにが部品固有の問題で、なにが他の部品とのやりとりや相互依存関係に影響を及ぼすのかがはっきりしていない。その洗い出し自体に部品知識が必要になると考えられる。

同様のことは部品メーカー側からもいえる。部品メーカーへの聞き取り調査によれば、通常のプロジェクトであれば部品固有の問題に専念していればよいが、新しい技術を用いるプロジェクトの場合には自動車としてどうまとめあげていくかについても知っている方がよりよいものができるという。

これはやっかいな問題である。通常のプロジェクトであれば、部品メーカーが部品知識、自動車メーカーが統合知識に専念していればよい。得意の分野に特化した、効率的な知識分担の線引きである。しかし、新しい技術をとり入れるより、革新的なプロジェクトでは、自動車メーカーと部品メーカーがお互いに相手の領分にまで入り込んでいかなくてはよい成果が生まれない。会得すべき知識の領域が重複する、冗長な線引きとなる。「分」をわきまえず、「分際」を越えた取組みが必要となる。

こうした重複は、デムセッツが指摘するように、短期的には非効率である（Demsetz［1991］）。だが、イノベーションを生み出すためには短期的な効率性を犠牲にしても知識分担の重複、無駄が重要となる。野中が指摘したように、イノベーションを生み出すプロセスでは組織間にある種の冗長性がある方が望ましいのである（Nonaka［1990］）。

さきほど触れたように、自動車メーカーは鋼板の作り方を知らなくても自動車が作れるのであれば、通常は鋼板を買ってくればよい。使い方、つまり鋼板のプレスの仕方、溶接組立の仕方、塗装の仕方さえ知っていれば、作り方については立ち入らなくてもよい。ところが新しい種類の鋼板を用いたり、鋼板の作り方が新しくなったりする時、それが鋼板の使い方、自動車の作り方にどのような影響を及ぼすのかを再検討しなくてはならなくなることがある。この時に自動車メーカー側が鋼板やその生産技術についての知識を持っていることが重要になる。

しかし、そうしたイノベーションの機会はそう頻繁におとずれるわけではない。しかも新しい技術がひとたび設計図、量産部品として具現化、商品化されれば、その後は部品固有の知識は明示化され、体系化される。市場での評価も定まり、新しい機能、性能とコスト、価格の関係も明らかになる。統合知識と部品知識の区分けも整理される。自動車メーカーは部品の内部にあまり深く立ち入らずに、設計図なり試作品を成果物として利用できるようになる。再び、自動車メーカーが部品知識を持っていても競争上は価値を持たなくなる。先ほどの分析結果で確認したところである。

つまり、任せている業務の内容は同じでありながら、競争上必要な知識の範囲(知識からみた企業の境界)はイノベーションとその後の技術の熟成というサイクルに合わせて脹らんだり縮んだりする。ちょうど地形(業務分担の線引き)は変わらなくとも、潮の満ち引きによって海岸線(知識分担の線引き)が変化する様子に似ている。地図だけみていても潮の干満はわからないように、業務だけみていては必要な知識の範囲の伸縮もわからない。

まれにしか必要ない。しかも実際に必要になるかどうか事前にははっきりしない。そんな知識をどう持ち続けるか。これが、知識からみた企業の境界についてのひとつのジレンマとなる。

## 4 知識マネジメントのさらなる難題

問題はそれにとどまらない。さらにやっかいなことに、二つのタイプの知識は実はトレードオフの関係にある。

図1は自動車メーカーの設計担当者の部品知識と統合知識のレベルをプロットしている。前出の部品メーカーのアンケートの結果に基づいている。統合知識と部品知識の間には緩やかだが負の相関関係がみられる。統合知識を高めようとすると部品知識がおろそかになる。逆に部品知識の強化に努めると今度は統合知識が後退してしまう。つまり、両方のタイプの知識を高めるのは容易なことではない。

図 1　部品知識と統合知識の関係

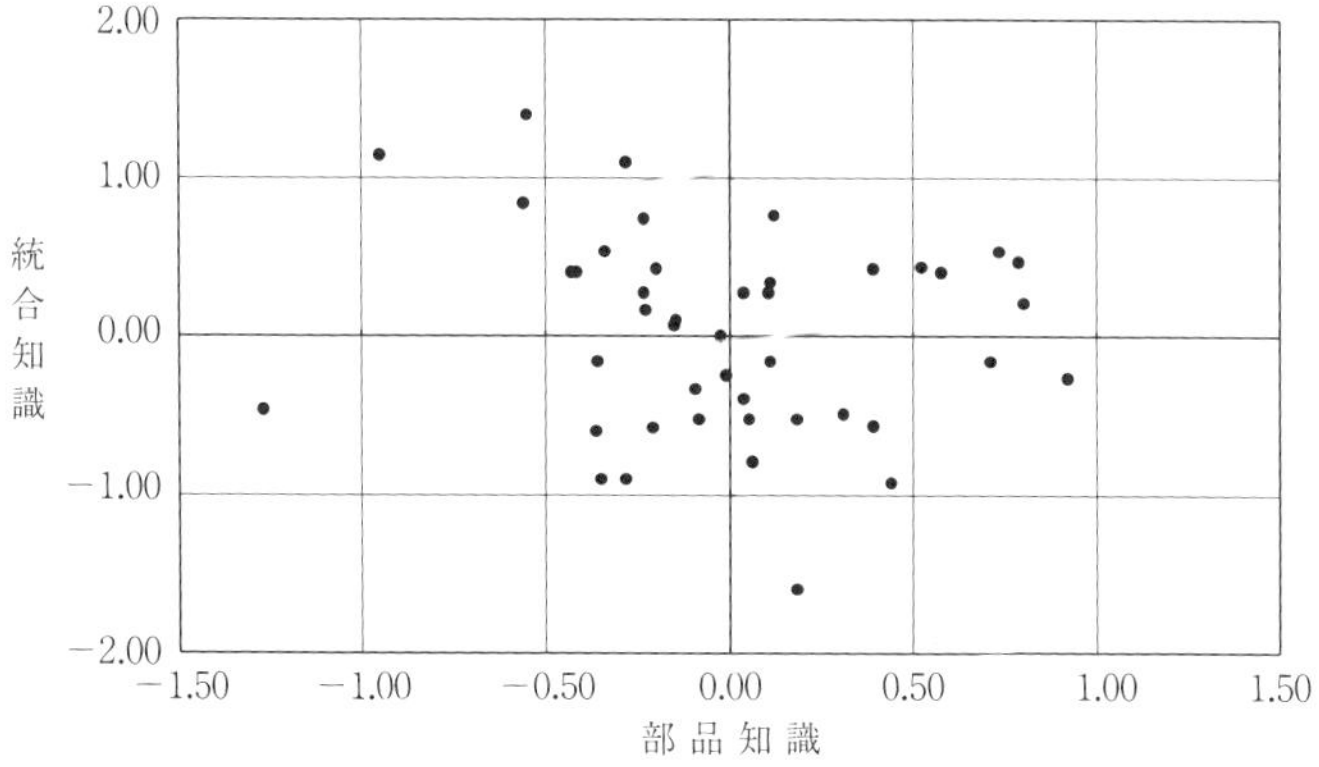


（注）　部品知識と統合知識の相関係数は−0.152（$p$=0.320）。
（出所）　部品メーカー・アンケート・データ。

もうひとつやっかいな問題がある。部品に関する知識は、その設計開発業務を外部の部品メーカーに任せていると衰えてしまう。

表2をみてみよう。部品メーカーに対する別のアンケートで、自社の主力部品について自動車メーカー側がどの程度知っているかをたずねた結果を集計し、部品の開発生産の分担方式別に自動車メーカーの知識水準を比較したものである。分担方式は、①貸与図部品（部品メーカーは生産だけ担当）、②承認図部品（部品メーカーが詳細設計と生産を担当）、③標準部品（部品メーカーが仕様決定、詳細設計、生産を担当）と右列にいくほど部品メーカーがになう設計上の役割の範囲が大きくなっている。そしてその順に、つまり、自動車メーカーがみずから直接設計開発業務にたずさわる範囲が小さくなるにつれて、自動車メーカーの知識のレベルが低くなっている。

知識は往々にして実際に業務に携わる経験の中で身に付き、生み出されていく。「経験による学習」である。実際の開発業務にたずさわることなく知識を維持するのは容易

表 2　部品設計の分担方式と自動車メーカーの知識水準

| 開発分業方式（部品メーカーの役割） | 貸与図（生産のみ） | 承認図（詳細設計＋生産） | 市販品（仕様設定＋詳細設計＋生産） | 平　均 |
|---|---|---|---|---|
| 統合知識 | 4.22 | 3.89 | 3.09 | 3.78 |
| 部品固有知識 | 4.24 | 3.61 | 2.71 | 3.61 |

（注）部品メーカーによる主要取引先自動車メーカーの技術者の知識レベルの評価。リカート・スケールによる評価で，5=「当該知識をかなり蓄積している」，1=「当該知識をあまり蓄積していない」。サンプル数は貸与図が16，承認図が128，市販品が6。一次部品メーカー153社へのアンケート調査（1999年）の結果による。

（出所）藤本・松尾・武石［1999］。

なことではない。例えば，みずから手を汚さないものは，試行錯誤を重ねる中で経験する数多くの失敗から知識を得ることができない。

このデータでさらに注目されるのは，部品知識だけでなく，統合知識も低下していくという点である。部品知識ほどのペースではないが，やはり右列にいくにしたがって自動車メーカーの統合知識のレベルは落ちていく。どの分担方式であれ部品をまとめてクルマに仕上げていく作業は自動車メーカーの領分である。まとめる業務はみずから取り組んでいるのだから統合知識は維持されてもいいはずだ。ところが，部品メーカーに設計を任せるほど統合知識も衰えてしまう。なぜだろう。

自動車の部品は個々の部品内部の知識と部品同士のつなぎ方に関する知識を明確に区別，分離するのが簡単ではないことが背景にあるのかもしれない。モジュラーなアーキテクチャの製品では部品間の相互依存関係と部品内の相互依存関係を区分けすることが可能になる。部品内は相互依存性が高く，部品間は相互自律的であるというのがモジュラー・アーキテクチャの基本的な特質である（Baldwin and Clark［2000］）。部品の中身を知らなくとも部品間の調整には支障はない。しかし，自動車のように部品内の相互依存関係と部品間のそれの区別が必ずしもはっきりしていないより統合的なアーキテクチャ（藤本・武石・青島［二〇〇一］）では二つのタイプの知識が明確に分離しにくい。部品内で起きる問題が、部品間の問題にも影響を与える。だから中身の知識がなくなっていくと部品間の調整の知識も衰えていくのではないだろうか。

## 4　アウトソーシングのための知識のマネジメント

ここまでの議論を振り返ると、アウトソーシングにおいて知識は重要な役割を担っているものの、その創造、維持には次の三つのやっかいな問題がつきまとうということになる。①短期的な効率性のための要件（統合知識だけ持っていればよい）と、重要ではあるけれどもめったにないイノベーションのための備え（部品知識も持っている必要がある）との間の相違、②二つのタイプの知識のトレードオフ（部品知識と統合知識を同時に高めることは難しい）、③実際の活動をしないまま知識を獲得し、維持することの難しさ（業務を任せるほど部品知識も、そして統合知識も衰えていく）。

しかし、先ほどの分析結果から明らかなように、アウトソーシングをめぐる知識のマネジメントにそうした難しさがある中でも、ある企業は相対的に知識のレベルが高く、その結果として他社に優る成果を得ているし、別の企業は知識が劣っているために満足のいく成果を得ることができない。この差はどこからくるのだろう。部品メーカーへのアンケートで技術者の知識レベルがおしなべて高いとの評価を受けている自動車メーカーがどのような工夫や努力を重ねているのか。聞き取り調査で明らかになったいくつかの取組みを紹介してみよう。

**ローテーション**　個々のエンジニアの部品知識と統合知識の両方を高めるひとつの有力な方法がローテーションである。一定期間特定の部品に専念して部品知識を高めた後、別の部品の担当に異動する。長期的に一貫性のある人事方針を立てて、組織としてきちんとローテーションを実行し、関連するいくつかの部品の設計を経験することで、部品知識を身につけながら、いろいろな部品をクルマとしてまとめ上げていくための統合知識も高めていくことができる。そして多様な経験をしたエンジニアの中から、やがてクルマの開発全体を統率する優秀なプロダクト・マネジャーが育つ（Clark and Fujimoto [1991]）。

**技術標準、社内研修、人事評価**　部品知識を高める上で重要なのが、各部品で技術標準の整備や社内研修制度の充実を図って、エンジニアの間で知識を蓄積し、共有し、伝承することである。個々のエンジニアに部品知識の高度化を促すため、個々のエンジニアの人事評価において、担当している部品についての部品知識を深めていくことにどれだけ貢献しているかを重視している自動車メーカーもある。

**部分統合**　部品知識を習得する上でもっとも直截的な対策は自社でも部品を設計・生産してみることである。自動車メーカーによってはほとんどのプロジェクトで部品メーカーに設計・生産をまかせながらも、一部のプロジェクトではみずから設計・生産することがある。いわゆる「部分統合」である。部分統合は規模の経済からいっても、社内にそのための人材や設備を抱えておかなくてはいけないという点からいっても負担が大きい。外部の専門の部品メーカーに生産や設計開発を任せているのであれば、全面的に任せた方が効率性も高く、無駄もない。しかしみずから必要な知識を獲得し、維持するという目的からすれば、部分統合は有益である。

**系列部品メーカーの活用**　系列の部品メーカーを抱えて、そこの知識を活用するという手もある。自社のエンジニアを系列の部品メーカーに送り込んで、部品知識の習得に努めさせている自動車メーカーもある。これも一種の緩やかな部分統合であり、一定のコストがかかる。株式を保有しなくてはならないし、資本参加は部品メーカーを怠惰にしてしまうおそれがある。しかし、部品知識をグループ内で維持し、必要に応じて動員するようにしておくという点では価値のある方法となるかもしれない。

**学習態度**　いつもアウトソーシング先と共同で問題を解決するようにつとめることで部品知識を吸収するとか、とにかく質問や勉強を重ね、任せている業務の中味をできるだけ理解するといった地道な努力も重要である。あるいは、できるだけ部品メーカーの開発、実験、生産の現場を足繁く訪ね、「現場、現物、現実」の知識を習得するように努力することも大切だろう。同じように外部の部品メーカーに設計業務を任せていても、そこから何かを学ぼうとする努力を積み重ねることでより多くの部品知識を獲得することができる。

**知識の普遍化**　より普遍的なレベルで知識を蓄えていくという方法もある。アウトソーシングした個別の業務からその都度具体的な知識をそのまま学ぶのではなく、様々な経験の中からより抽象的、普遍的な知識へと体系化していくのである。個々の部品プロジェクトからその都度具体的で詳細な知識を学ぼうとしても、手を汚さない自動車メーカーにはどうしても難しさがある。しかし自動車メーカーは様々な部品について、様々な部品メーカーから学ぶことができる。個々の部品メーカーには経験できない多様な経験から知識を得て、それを例えば材料別や生産技術別に再整理、体系化して技術標準、コスト・データを作るなど、より抽象的、普遍的なものへと昇華させていくのである。獲得、蓄積、伝承において最も効率的なのは、科学的、理論的な理解に基づく、より一般的な適用可能性が高い、普遍的な知識である。具体的、実践的なレベルで部品知識を獲得、蓄積、伝承するのに比べて、一見遠回りに思えるが、より普遍的なレベルで部品技術を理解しようとする努力によって、結果的に新しいプロジェクトにも応用の利く、効率的な知識のマネジメントが可能になる。

いくつかの取組みを断片的に紹介したが、一部の自動車メーカーは、部品知識と統合知識のトレードオフを克服するため、上記のような仕組みを組み合わせながら、努力と工夫を重ねているのである。技術標準の整備、社内研修の充実、個別部品についての専門性重視の人事評価制度などを実施し、あるいは必要であれば部分統合にも踏み切る。また外注先から真摯に学ぶという姿勢を大切にし、さらに個別に得られた知識をより普遍的な知識へと体系化し、それを社内で共有、伝承していく。こうして部品知識の強化をはかる一方で、一貫したローテーション制度や強力なプロダクト・マネジャーの育成により統合知識の強化を追求する。

一つ一つの仕組みは目新しいものではないかもしれない。だが実際にきちんとやり通すのは簡単ではない。技術標準や社内研修の整備、知識の普遍化は日々の業務に忙殺されておろそかにされがちである。常に目前の仕事に追い立てられているエンジニア達に余裕はない。部品メーカーから学習するといっても、手間も時間もとられる。専門性が高いからこそ任せているわけで、自分が直接手をくださない作業についてわざわざ外注先から学ぶというのも、いうのは簡単だが、実行するのはやはり難しい。通常のプロジェクトでは部品知識が十分な水準になくても、部品メーカーに任せておけばさほど大きな支障がないだけに、ついおろそかにされがちである。

さらに、部品知識を着実に蓄積、伝承していく工夫や努力を怠ると、統合知識を高めるためのローテーションも難しくなってしまう。特定の部品で経験を積んで専門性を高めたエンジニアを異動した後、後任のエンジニアがなかなか一人前になれないようでは、足下のプロジェクトに支障が生じてしまう。こうなると現場の抵抗は強く、ローテーションはなかなか実行されなくなってしまう。実際、聞き取り調査をしてみると、部品別の研修制度を実施している自動車メーカーも、ローテーションを積極的に実行している自動車メーカーも、むしろ少数派であった。部品知識を体系的に蓄積し、それを技術標準や研修を通じて、後任のエンジニアに迅速に確実に伝承する仕組みを持つ自動車メーカーだけが効果的なローテーションが可能になる。

つまり、外部の企業に詳細設計を任せている部品について、トレードオフ関係にある二つのタイプの知識を同時に強化するためには、多面的な仕組みをバランスよく、一貫した形で、根気よく、時間をかけて実行していかなくてはならない。地道で長期的な努力を要する複数の仕組みを組み合わせることによって、二つのタイプの知識をともに高めることがようやく可能になる。

二つのタイプの知識を高め、維持することの難しさは、しかし逆にいえば、そのための仕組みを築いてきた企業にとっては、部品メーカーを共用していても競合メーカーにそうやすやすとは模倣されないことを意味する。自らの努力と工夫によってトレードオフ関係にある両方のタイプの知識をなんとか高め、維持することができれば、アウトソーシングしながらも競争優位を確保し、さらには技術革新において他社に先駆けることが可能になるのだ。

# 5 結語

本章の分析結果は、企業間の分業について考える上で、単に取引や業務のマネジメントだけに目を向けるだけではなく、その背後にある知識のマネジメントについても注意を払うことが重要であることを示している。とりわけ、分業を通じてイノベーションを目指す場合、知識のマネジメントが鍵になる。

本章は、知識ベースの企業理論を踏まえながら、「業務、取引における企業の境界」と「知識における企業の境界」は一致しないこと、そして企業に求められる知識の境界は分業の対象となる業務が新しい技術を取り込むものなのかどうかによって変動することを明らかにした。イノベーションの局面に応じた知識境界の伸縮は企業にとって頭痛の種であると同時に、逆にうまく取り組むことができれば成功の鍵となる。デムセッツが提示した議論（Demsetz［1991］）は技術体系が流動化する状況を明示的には考慮に入れていなかったし、ウィリアムソン自身も指摘しているように、イノベーションと企業の境界の関係は取引コスト論でも扱いにくい問題であったが（Langlois and Robertson［1995］）、本章の議論は、イノベーションをめぐる企業間の分業や境界について考える上で、知識に着目しながら分析していくことが興味深い作業であることを示唆している。

以上の議論は自動車産業の分析に基づいており、全ての産業にあてはまるものではない。統合型でクローズドなアーキテクチャを持つ自動車産業と違って、パーソナル・コンピュータのようにモジュラーでオープンなアーキテクチャの製品であれば、統合知識（サブシステム同士のつなぎ方に関する知識）は業界標準として広く共有されており、それ自体が差別化、競争優位の源泉となるわけではない（藤本・武石・青島［二〇〇一］）。部品知識の強化に専念することが重要であり、本章で議論したような難題に直面しなくてもすむ。

しかし、オープンでモジュラーなアーキテクチャにおいても、特定の部品の性能の飛躍的向上や、新たな機能の追加にあわせて部品同士のつなぎ方を見直さなくてはならないような局面が時折やってくる（楠・チェスブロウ［二〇〇一］、Gawer and Cusumano［2002］）。こうした局面では全体のまとめ方に関する知識（統合知識）を持っていることが重要になる。つまり、たまに訪れるイノベーションの局面で、普段の競争にとっては重要ではない知識が必要になる。これは先ほど自動車産業について論じた問題と本質的には同じ問題である。

先の議論でもうひとつ前提になっていたのは、イノベーションのために必要な知識をみずから蓄えておかなくてはならないという考え方である。だが、別の方法もある。必要な知識を必要な時に必要なだけ外部から調達するという方法である。必要な知識を持っている技術者をスカウトするとか、企業を買収すればよい。わざわざ自社で時間をかけて苦労して人材を育てる必要はない。アメリカではこうしたやり方が積極的に活用されている。

だが、知識の外部調達にも一定の条件がある。ひとつは、人材や企業を円滑に調達できる労働市場、資本市場が必要である。これが当てはまらない産業や国では、やはり内部努力が必要だ。もうひとつは、外部調達が可能な場合でも、イノベーションで先行し、自社の競争優位を実現するためには、他社よりもいち早く、有利な条件で人材や企業を「青田買い」しなくてはならない。そしてそのためには、目利きができる人材を社内に抱えておかなくてはならない。とすれば、やはりいざという時（イノベーション）のために普段の業務に直接は必要のない知識を備えた人材を抱えておかなくてはならないことになる。

むろん、アーキテクチャの違いや、知識の外部調達の可能性によって、具体的な知識マネジメントのあり方は違ってくるだろう。しかし、技術革新にともなって既存の知識の体系が見直される時に備えて、自社の生業の範囲を超えた知識をみずから蓄えておかなくてはならないという点では、問題の本質は同じである。ここに知識マネジメントからみた企業間分業の難しさがあり、その難しさを克服するための工夫や努力次第で企業間の差がつくことになるという点で大きな違いはない。

技術的なリーダーシップを目指す企業の課題はしかし、そうした工夫や努力だけではすまない。アウトソーシングしながら、二つのタイプの知識を同時に維持し、高めようとすると、結局のところ、短期的にみればどこかに余計な負担がかかる。既存の技術体系を前提とする競争にとっては、部品知識が競争優位を生み出さないことに変わりはない。この無駄を意味あるものとするためには、その無駄を活かして確実に革新的な商品に結実させ、なおかつそれを収益につなげて次の無駄のための原資にしていく、というダイナミックな好循環をつくらなくてはいけない。いわば「積極的な意味での自転車操業」である。継続的にイノベーションを生み、その果実を得て、次のエネルギーをためる。走り続けることで無駄をかかえながらも倒れることなく前進できる。とどまることはゆるされない。

これは簡単に維持できる好循環ではない。だが、これができれば他の企業にはそう簡単には追いつかれない。たとえ、重要な部品の設計開発業務を部品メーカーに依存し、なおかつその部品メーカーを競争相手が同じように利用していても、アウトソーシングからイノベーションを生み出しながら持続的な競争優位を達成することができる。アウトソーシングは、そうした大きな長期的な戦略の中で位置づけてこそはじめて競争優位とイノベーションにつながる。固定費やリスクの軽減を主目的とした短期的な視野でアウトソーシングをとらえていては決してつながらない。

アウトソーシングはその意味ですぐれて戦略的な問題であり、継続的な努力を要する苦しい営みである。バブル崩壊後の日本のように景気低迷が長期に続くと、努力を続けるのがさらに難しくなる。向かい風の中でも、自転車をこぎ続けることができるのか。今は必要ないが、次の急な登り坂の時に必要になるかもしれない荷物の重さにたえながらこぎ続けられるのか。その苦しさにたえながら一体どこに向かおうとしているのか。アウトソーシングをする企業はそこを問われているのである。

＊ 本章は、武石彰［二〇〇三］、『分業と競争――競争優位のアウトソーシング・マネジメント』有斐閣、の一部を要約・加筆したものである。ベースになった研究は、マサチューセッツ工科大学の国際自動車研究プログラム（IMVP : International Motor Vehicle Program）で行ったものであり、同プログラムの支援に改めて感謝したい。

## 注

(1) 紙幅の関係で、本章では分析のさわりだけを説明する。より詳しい内容については、武石［二〇〇三］を参照されたい。

(2) とりあげた一八項目は以下の通り。①材料設計、②機能設計、③構造設計、④耐久性設計、⑤コアテクノロジー、⑥製造性設計、⑦ユーザー・ニーズ、⑧製造プロセス、⑨生産管理、⑩品質管理、⑪構成部品コスト、⑫材料コスト、⑬加工コスト、⑭労務コスト、⑮その他コスト、⑯組付性設計、⑰他部品との構造上の調整、⑱他部品との機能上の調整。この内、後述の統合知識に該当するのが⑯～⑱、部品知識に該当するのが①～⑮である。

(3) これは、ちょうどHenderson and Clark［1990］が論じた二つの知識のタイプ、「部品知識」と「アーキテクチャ知識」に照応する。前者は部品の核となるコンセプトとそれを実現するための方法についての知識であり、後者はそうした部品を統合し、相互に結びつけ、全体としてまとまりのよい、一貫性のあるシステムにするための方法についての知識である。部品知識、統合知識を構成する知識内容については、注(2)を参照のこと。

(4) 統合知識の係数は五％水準で統計的に有意であったのに対して、部品知識の係数は一〇％水準でも有意でなく、また標準化された係数（ベータ係数）をみると部品知識は統合知識の五割弱の水準にとどまっている。

## 参考文献


Baldwin, Carliss Y. and Kim B. Clark［2000］, *Design Rules : The Power of Modularity*, Volume I, Cambridge, MA : MIT Press.（安藤晴彦訳［二〇〇四］『デザイン・ルール――モジュール化パワー』東洋経済新報社。）

Brusoni, Stefano and Andrea Prencipe［2001］, "Unpacking the Black Box of Modularity : Technologies, Products, and Organizations," *Industrial and Corporate Change*, Vol. 10, No. 1, pp. 179-205.

Clark, Kim B. and Takahiro Fujimoto［1991］, *Product Development Performance : Strategy, Organization, and Management in the World Auto Industry*, Boston, MA: Harvard Business School Press.（田村明比古訳［一九九三］『製品開発力』ダイヤモンド社。）

Coase, R.［1937］, "The Nature of the Firm," *Economica*, Vol. 4, No. 16, pp. 386-405.（宮沢健一・後藤晃・藤垣芳文訳［一九九二］『企業・市場・法』東洋経済新報社。）

Conner, Kathleen R. and C. K. Prahalad［1996］, "A Resource-based Theory of the Firm : Knowledge Versus Opportunism," *Organization Science*, Vol. 7, Issue 5, pp. 477-501.

Demsetz, Harold［1991］, "The Theory of the Firm Revisited," in Oliver E. Williamson and Sidney G. Winter eds., *The Nature of the Firm : Origins, Evolution, and Development*, New York : Oxford University Press, pp. 159-178.

Fine, Charles H.［1998］, *Clockspeed : Winning Industry Control in the Age of Temporary Advantage*, Reading, MA : Perseus Books.（小幡照雄訳［一九九九］,『サプライ・チェーン・デザイン――企業進化の法則』日経ＢＰ社。）

藤本隆宏・武石彰・青島矢一編［二〇〇一］,『ビジネス・アーキテクチャ――製品・組織・プロセスの戦略的設計』有斐閣。

藤本隆宏・松尾隆・武石彰［一九九九］,「自動車部品取引パターンの発展と変容――我が国一次部品メーカーへのアンケート調査結果を中心に」東京大学経済学研究科ディスカッション・ペーパー, CIRJE-J-17。

Gawer, Annabelle and Michael A. Cusumano［2002］, *Platform Leadership : How Intel, Microsoft, and Cisco Drive Industry Innovation*, Cambridge, MA : Harvard University Press.（小林敏男訳［二〇〇五］,『プラットフォーム・リーダーシップ――イノベーションを導く新しい経営戦略』有斐閣。）

Grant, Robert M.［1996］, "Toward a Knowledge-based Theory of the Firm," *Strategic Management Journal*, Vol. 17, Winter Issue, pp. 109-122.

Henderson, Rebecca M. and Kim B. Clark［1990］, "Architectural Innovation : The Reconfiguration of Existing Product Technologies and the Failure of Established Firms," *Administrative Science Quarterly*, Vol. 35, Issue 1, pp. 9-30.

Kogut, Bruce and Udo Zander［1992］, "Knowledge of the Firm, Combinative Capabilities, and the Replication of Technology," *Organization Science*, Vol. 3, Issue 3, pp. 383-397.

Kogut, Bruce and Udo Zander［1996］, "What Firms Do? Coordination, Identity, and Learning," *Organization Science*, Vol. 7, Issue 5, pp. 502-518.

楠木建・ヘンリー・W・チェスブロウ［二〇〇一］,「製品アーキテクチャのダイナミック・シフト」藤本隆宏・武石彰・青島矢一編『ビジネス・アーキテクチャ――製品・組織・プロセスの戦略的設計』有斐閣, 所収。

Langlois, Richard N. and Paul L. Robertson［1995］, *Firms, Markets and Economic Change : A Dynamic Theory of Business Institutions*, London : Routledge.

Nonaka, Ikujiro [1990], "Redundant, Overlapping Organization : A Japanese Approach to Managing the Innovation Process," *California Management Review*, Vol. 32, No. 3, pp. 27-38.

Rigby, Darrell [2001], "Management Tools and Techniques : A Survey," *California Management Review*, Vol. 43, No. 2, pp. 139-160.

武石彰［二〇〇三］、『分業と競争――競争優位のアウトソーシング・マネジメント』有斐閣。

von Hippel, Eric [1990], "Task Partitioning : An Innovation Process Variable," *Research Policy*, Vol. 19, Issue 5, pp. 407-418.

Williamson, Oliver E. [1975], *Markets and Hierarchies*, New York : Free Press.（浅沼萬里・岩崎晃訳［一九八〇］、『市場と企業組織』日本評論社。）

第10章

# カオスにおける自己組織化

## トヨタ・グループとアイシン精機火災

西口敏宏＝アレクサンダ・ボーデ

### はじめに

日本のサプライヤー管理手法は過去十年余り欧米をはじめとする諸外国で多くの関心を集めてきた。しかし日本的管理の手法の中でも、サプライヤー同士の協調関係を含むいくつかの領域は比較的見逃されてきた。本章の目的は、一九九七年二月に発生したトヨタとその部品供給ネットワークを巻き込んだ火災事故の検討を通して、そうした協調関係の重要性と企業競争力に与える含意を明らかにすることである。あるトヨタ系部品メーカー（アイシン精機）の工場が火災に見舞われ、重要なブレーキ関連部品の供給が全面停止した時、トヨタのサプライヤー群がいかにしてグループ全体の資源を有効かつ迅速に再組織化し、一旦マヒした現場をまるで生き物のように柔軟に変化させ、新しい臨界を自己組織化して、同部品の生産を再開するに至ったかを詳述する。

もとより、たった一つの事例だけで一般的な意味合いを引き出してしまうことには慎重であらねばならない。特に、紙幅の限られた文章の場合には、一層注意すべきであろう。しかしトヨティズムに関する豊富な既存文献（例えば、Womack et al. [1990]、藤本［一九九七］および我々独自の研究成果（例えば、Nishiguchi [1994], Beaudet [1998]）に照らし合せてみて、アイシン火災事故に際してグループ全体が示した顕著な回復努力を一体どう評価すべきであろうか。この問に対して本章では、トヨタのサプライヤー・ネットワークに長年蓄積された潜在能力が、突発事故によって一気に呼び起こされ、顕在化した賜物であるとの結論に達する。

こうした潜在能力が共有されているため、本章の扱うような未曾有の危機においても参与者は効果的な対応ができ、また平時においても企業グループの持続的な好業績を支える分権的な問題解決を可能にしていると考えられる。トヨタの影が偏在するとはいえ、その直接の指導監督がほとんど見えない、もしくは不在の場合でもこうしたことが可能なのである。

サプライヤー関係に示される長期協調的パートナーシップ、それに基づく日本型モデルは、近年経営学者や実務家の間で世界的な関心を集めてきた。欧米の自動車メーカーの多くは、同モデルを手本とし、直接取引するサプライヤー数を大幅に削減し、選択されたサプライヤーとの間に協調関係を築く努力を続けている（Nishiguchi [1994], Helper and Sako [1995], Dyer [1996a]）。その結果、製品開発の初期段階にサプライヤーを関与させたり、自動車メーカーと部品メーカーが協力してコスト削減に取り組むことが、日本の製造業独特の諸慣行と合わせて、急速に自動車業界を含む多くの産業で世界標準となりつつある（Womack and Jones [1996]）。

しかしながら、先の重要ブレーキ部品工場が突然灰燼《かいじん》に帰した際のトヨタ・グループの対応から、日本型モデル、もしくは少なくともトヨタ型モデルというのは少数の厳選されたサプライヤーとの長期的双務関係（bilateral relationships）以上のものであることが判明した。それは、サプライヤー間の多辺的な関係（multilateral relationships）の重要性である。より一般的には、火急の際に、どう危機に対処するかリーダーの意思や決断が、混乱し明確でない場合でも、システムの構成要素間の自律的な相互作用が、その場において自己組織化（Ulrichi and Probst［1984］）を促し問題解決を図るということである[1]。この偏在するとはいえ目立たないコントロールは、本章で検討するような緊急事態発生時に、伸縮自在で調整のとれた対応を導くばかりでなく、長期的な競争力を培う源泉にもなる。また、分権的なグループ全体の日々の活動を通して、日常的な問題を解決し全体の業績と柔軟性を向上させるのにも役立つ。

問題の事故は、一九九七年二月一日土曜日早朝に発生した。アイシン精機の一工場が火災で焼け落ち、トヨタ・グループ全体を数週間生産中止に追い込みかねない事態になった。これは大手部品メーカーでトヨタが最も信頼するサプライヤーの一つであるアイシン精機[2]が、プロポーショニング・バルブ（以下業界用語のPバルブと略す）の独占供給者であったからである。同社製造のこの重要な小型ブレーキ関連部品はトヨタの全車両に取り付けられていた。トヨタもアイシン精機もジャストインタイム（ＪＩＴ）生産の原則を堅持していたため、手元の在庫は数日分しかなく、トヨタ・グループの工場群（数百のサプライヤー工場を含む）の一時閉鎖は避けられないと見られた。

この異常事態の発生はとりわけタイミングが悪かった。というのも、同年四月一日から実施された消費税二％引き上げ直前の自動車の駆け込み需要を狙って、トヨタの工場群は近年にないほど期間工・残業等を駆使してフル操業の最中であったからである。たとえ数日間であっても、生産ラインの停止はトヨタおよびトヨタ関連企業が巨額の補塡不能な損失を被ることを意味していた(3)。

しかし、トヨタ・グループ内のサプライヤー同士の緊密な協力に加えてグループ外企業の助けもあり、生産停止による被害は最小限に抑えられ、組立工場はわずか二日間の完全閉鎖ののちに再開したのであった。これは、アイシン以外の工場で代替生産をするために早急な自律的努力がなされたおかげで達成された。数日のうちに、それまでPバルブを作ったことさえなかった企業が約百品目に達する同部品の前工程(ないし一部では後工程)を分担し、アイシンに納入した。アイシンではそれらを最終組立てし検査したのち、トヨタや他の顧客の自動車組立工場に出荷した。この驚くべき代替生産活動には二〇〇社を超える企業(うち六二社が直接Pバルブを加工・製造した)が参加したが、それはほとんどトヨタによる直接的コントロールなしに整然と組織化され、しかも技術所有権や金銭面の補償問題に関する駆け引きも皆無であった。

多くの論者がグループ企業間の伝統的な取引関係が弱まってきたと指摘しつつあったまさにその時、トヨタ・グループは再度その結束力の強さと柔軟性を見せつけた。今後の注文を確保しようとする意識、そして長年築いてきた評判を維持すべきプレッシャーが各企業を互いに協力せしめた面も確かにあるが、後述するように、協力体制が有効かつ迅速に作られたのは、トヨタ・グループ内で問題解決のための活動が制度化され、その活動を通じて様々な潜在能力が培われ共通のプラットフォームにおいて共有されてきたためでもあった。

本章では、トヨタ、アイシン精機を含むこの事件の当事者であった六社に対する徹底インタビューから得られた独自データに基づき、火災後の混乱の中からどのように関係者が立ち上がり、共通のプラットフォームを再構築し、迅速な生産復興を実現したのかを明らかにしたい(4)。我々はこの事故から企業間関係と競争力について重要な意味合いと教訓を引き出せると信じる。これによって、サプライヤー関係を日本型モデルの方向へと再構築しつつある企業のみならず、日本型モデルからの脱却を図っている企業――政治経済的圧力を受けて、より市場原理に基づいた部品調達を目指しているように見受けられるいくつかの日本企業――でさえも興味をおぼえるであろう。

以下我々は、いかにしてアイシン精機の危機が発生し、復帰作業が指揮・調整され、個々の企業が多様な自己組織的対応によって事態に臨んだかを検証する。報酬問題に触れたのち、アイシン精機火災後の目覚しい復帰活動が、トヨタのサプライヤー・ネットワークという場に内在し共有された潜在能力の賜物であるとの結論に達する。この共有された潜在能力こそが、参加企業に日常活動の継続的改善を促すとともに、より大きな偶発事件に対しても有効な対応を可能にするのである(5)。

## 1　アイシン精機の危機

先述のように、火災事故は一九九七年二月一日土曜日午前四時一八分に起こった。アイシン精機刈谷第一工場において火の手が上がり一気に燃え広がったのである。午前八時五二分までにPバルブと他の二つのブレーキ部品（クラッチ・マスター・シリンダーとタンデム・マスター・シリンダー）の専用生産ラインが、特殊工作機械やドリルを含め復興に数カ月を要するほど破壊されてしまった。Pバルブ生産ラインの突然の消滅は、トヨタに決定的な打撃を与えた。というのも、同社が生産するほぼすべての車両に、この工場だけで製造されているアイシン製Pバルブが装着されていたからである。同工場では、日産三万二五〇〇個のPバルブを量産し、トヨタおよびトヨタ・グループ企業である日野自動車工業、ダイハツ工業、さらに三菱自動車工業、スズキ、いすゞ自動車にも同部品を納めていた。

Pバルブは、あらゆる自動車に装着されており、後部ブレーキの圧力をコントロールし、車輪の滑り止め（アンチ・スキッド）を補助する。煙草一箱分ほどの大きさのこの部品を大量生産するに当たり、アイシンでは専用のトランスファー・マシンを使うことで、コストダウンを維持し、高い生産性と信頼性を確保していた。構造的には単純で単価七七〇円から一四〇〇円と決して高価ではないが、Pバルブは安全なブレーキ・システムに不可欠な信頼性と耐久性を保証するために、高度で複雑な精密機械加工を必要としている。

トヨタにとってアイシン精機が、この重要度の高い精密部品の唯一のサプライヤーであったという事実に、多くの人々は驚いた。というのも、まさにそのような生産停止等のリスクを軽減するため、近年トヨタは複社発注（マルチプル・ソーシング）を増やしてきたからである(6)。しかしながら、アイシンのケースは例外的である。というのも、同社はその売上げや人的・資本的つながりにおいてトヨタとの関係が最も緊密なサプライヤーの一つであり、同社のコスト、品質および納入実績が優れていたため、代替サプライヤーに注文を出すことは困難であった(7)。

ジャストインタイム生産方式（JIT）の結果、手元には約二日分のPバルブしかなく、トヨタは降って湧いたような危機に直面した。予想通り、週明けの二月三日月曜日、トヨタは三〇本のアセンブリー・ライン（委託生産分を含む）のうち二〇ラインを止めると発表した。二月四日火曜日から二月五日水曜日にかけてトヨタと関連企業の工場がほぼ全面閉鎖され、トヨタ・グループ全体が生産停止に追い込まれた(8)。その結果、数百にのぼる関連サプライヤーも、地元の電気・ガス・運送会社と同様、納入再開には発注元工場の再始動を待たねばならなかった。このようなジャストインタイムの脆弱性を露呈する不測の事態が起こると、ネットワーク全体さらには産業群までも生産中止に追い込まれ、深刻な影響を被る(9)。

トヨタは事実上最悪の危機に直面していた(10)。しかしながら、二月三日月曜日、火事のわずか二日後に試作品が、そして二月四日火曜日、三日後には最初の代替Pバルブが、アイシンのサプライヤーである興立産業の仮設生産ラインから早くも出荷された。これが以下記述する復帰プロセスの開始を告げるものであった。多数の企業による協力の結果、二月六日木曜日にはトヨタの田原工場および日野自動車工業の羽村工場が再開され、翌七日には閉鎖されていた他の自動車工場も一直体制で生産を再開した。翌週の月曜日二月一〇日には、火災事故からわずか一週間余りというのに、トヨタ・グループの全組立工場は、一直当たり日産一万三〇〇〇~一万四〇〇〇台という通常の生産量に戻っていた。さらにその一週間後には、以前からの計画通り、一直当たり日産一万五五〇〇台の通常生産レベルを回復し、グループ各社はフル操業にいそしんでいた。けれども、この時点ではアイシン自体が製造したPバルブは、必要総量のわずか一〇%未満という状態であった。その後アイシンの生産量は次第に増え、三月一四日までには必要量の六〇%、三月末には一〇〇%近くまでに回復した。Pバルブの代替生産には興立産業を含む六二社が最優先で取り組み、週末も二直体制で生産を続けた。

この火災事故でアイシンは全体として七八億円の損失(『日経ウィークリー』一九九七年五月一九日)を出す一方、トヨタは七万台分の生産未達となり、売上げ金額で一六〇〇億円のマイナスになったと報道された。トヨタの関係筋は未達分の大半を残業および休日出勤で埋め合わせたと主張したが（『ウォール・ストリート・ジャーナル』一九九七年五月八日）、代替生産拠点の設置が高くつき、二〇〇億～三〇〇億円の損失は避けられなかったとも報じられた。だが、とどのつまりトヨタとアイシン精機は、グループ企業が総出で生産復興を支援し、壊滅的な事態に陥ることを防いだことに対する貢献を高く評価したと言われている。

## 2 生産復興努力

いかにＰバルブ代替生産は組織され、一日必要量の三万二五〇〇個ものＰバルブの出荷がこれほど短期間に可能となったのであろうか。以下その自己組織化的な復帰プロセスを論じるに当たり、フィールド調査で訪れた六社、すなわち、トヨタ、アイシン精機、デンソー、大豊工業、カヤバ工業、および興立産業の役割を詳述する。これらの企業は、規模、得意分野、価値連鎖の中での位置、およびトヨタとの資本的つながりの面で多様であるが、ジャストインタイム生産能力とそれへのコミットメント、さらに根本から問題を解決しようとする姿勢（トヨタ用語に言う「源流方式」）など共通の特徴を共有している(11)。

代替生産復興には、アイシン一社ばかりでなく他の多くの会社も関与した。というのも、アイシンが以前の生産能力を回復するまで、他社の助力が不可欠なことが事故直後から明らかだったからである。最初の数日間、トヨタ・グループの内外を問わず多くのサプライヤーにできるだけ早くＰバルブの代替生産拠点を設けるよう矢継ぎ早の打診、交渉、依頼がなされた。アイシンが技術指導を行い、設計図面、仕様指図書や火災現場から救出された治具（特注のドリル）、工作機械、原材料（鋳鉄）などを提供するというものであった[12]。アイシン自体も同社の別工場に代替生産拠点を設ける作業を即座に開始した。

結果的に六三社がアイシン精機の要請に応え、しばしば非常に異なる手法を駆使しながら、ただちにPバルブの生産準備を開始した。これらの企業の内訳は次の通りである。(1)アイシンのサプライヤー二二社(興立産業等)、(2)トヨタ自動車、(3)トヨタの継続的サプライヤー三六社[13](デンソーや大豊工業等のトヨタ系列企業、カヤバ工業や曙ブレーキ工業等の独立系サプライヤー、住友電気工業等の他系列所属企業)、(4)通常継続取引のなかったサプライヤー四社(ナブコ等)である。

これらの企業の他に、工作機メーカー七〇社を含む約一五〇社が復帰プロセスに間接的に関与した。というのも、火事で破壊された機械、ドリル、備品およびゲージ類を取り替える必要があったからである。工作機メーカーは、国内のみならず海外にまで及び、ショールームの展示モデルや他の顧客向けの機械を含む、手元のあらゆる機械をかき集めるよう要請された。回復を急ぐため、通常の取引業者だけでなく継続的取引のないサプライヤーもアイシンに呼ばれた。彼らの並外れた協力体制は復帰努力を成功させるために極めて重要であった。協力した企業の多くは、この危急時に自分たちがいかに協力的だったかをトヨタの記憶に留めようとして、自社の貢献ぶりを目立たせ、将来トヨタへの売上げを伸ばそうと目論んでいたことは疑いない。

これらの企業は、アイシンの仕様指図書と鍛造ブロックを用いて必要な部品を機械加工し、アイシンに納入するよう依頼された。アイシンは責任を持って最終アセンブリーと品質管理を行い、トヨタと他の顧客に完成部品を納入するという段取りをとった。ナブコ、住友電気工業、曙ブレーキ工業のような少数の企業は、異なるタイプのPバルブを製造したことがあったが、大多数の企業はこの特殊部品を作った経験がなかった。協力したミシン製造業者のブラザー工業に至っては、自動車部品すら作ったことがなかった（『ウォール・ストリート・ジャーナル』一九九七年五月八日）。Pバルブ製造に必要な技能と技術は（トランスミッションと比べれば）比較的単純ではあったが、無数の複雑な開口部は、高度な精密機械加工を必要としていた。このため、火事で大半が焼失したアイシンの専用機なしでは、Pバルブの製造は非常に時間がかかり困難を極めた。

このような事態にどう対処するか未経験であったことに加え、十分な工具がなく、Pバルブ生産の経験もなく、多くの企業にとっては暗中模索の状態が続いたには違いないが、実践的な問題解決能力と柔軟な経営資源の展開がこれらの空隙を埋め、Pバルブ生産とトヨタの組立工場の急速な復興に大いに貢献したのであった(14)。

## 1　準備作業

最初のステップとして、二月一日土曜日午前五時三〇分（Pバルブ生産ラインがまだ炎に包まれていたとき）、アイシンは応急対策本部を設置し、迫りくる危機対策の指揮命令系統の組織一本化を図った。午前六時三〇分、この応急対策本部は火災対策本部に改組され、以下の四チームに分割された。①生産関連チーム（代替拠点を作る）、②物流チーム（資材をこれらの拠点に出荷する）、③得意先チーム（主にトヨタ対応であり、同社に即刻連絡をとった）、④渉外チーム（アイシンの労働組合と交渉する）である。火災対策本部の第一回目の会合は、同日正午に開かれ、その後二月二一日までの間に二七回の会合が持たれた。

第二のステップは、協力してくれそうな企業に連絡し、どの企業が何をするかを詳細に確定することであった。というのも、主要な品番だけで一〇〇品種以上のPバルブが必要で、使用可能な治工具類と生産能力は企業によってまちまちであったからである。まずアイシンはどのPバルブの生産を優先させるか顧客の意向を聞いた。そして、二月二日日曜日（火事の翌日）には自発的に協力を申し出た企業（大豊工業はラジオで火事のことを聞きアイシンに連絡を入れた）に仕様指図書をファックスで送った。また同日アイシンあるいはその顧客から要請されて協力することを引き受けた企業（カヤバ工業は、火事発生日に三菱自動車から協力を要請され、翌日トヨタとアイシンからも協力要請を受けた）にも仕様指図書をファックスで送った。

「自発的」に協力を申し出たこれらの企業は、状況的に見てアイシンとトヨタへの協力を言わば「余儀なく」されたことに注目すべきであろう。もし協力しなければ、将来トヨタ・グループ企業との取引関係が自社にとって不利になる可能性があるうえ、ジャストインタイム生産方式のため、大半のサプライヤーはトヨタの工場が閉鎖されている間カンバンが回ってこず（ということは注文がこず）、一日当たり数百万円もの損失を被っていたからである。

しかしながら、協力は双方向で働いた。例えば、トヨタは、アイシンの他の顧客（三菱自動車工業）を犠牲にしても自社との取引を最優先させるような圧力をアイシンにかけなかった。アイシンが資本的、取引的にトヨタに大きく依存しているので、トヨタは、自社に有利にやろうと思えば、容易にできたにもかかわらずである。というのも、もしそうしていれば、トヨタは短期的な利得を得たであろうが、長期的にはそのような行動は被害を被った側が記憶に留め、何らかの形で報復措置をとるのが常であろうから。

ファックスで受け取った仕様指図書、設備の使用可能性、持てる技術能力の適不適を検討したのち、各企業はアイシンに復帰作業に協力できるかどうかの決定を伝えなければならなかった。このプロセスは容易ではなかった。なぜなら多くの企業はPバルブ製造経験を欠き、その技術的意味合いが分からなかったからである。そのうえ、これらの企業が受け取った仕様指図書には、初めて作る側には必要な詳細な技術情報が欠けており、もっと分かりやすいものに解読し直す必要があったからである。

さらに悪いことに、これらの機器は火災で深刻な被害を受けていたからである。Pバルブの生産を編成しなければならなかった。これらの機器はアイシンが使っていた専用機械とドリルなしで、Pバルブは高度な精密機械加工を必要とし、一日に三万個以上製造するには専用の治具、ドリル、トランスファー・マシンが不可欠である。ところが、大多数の企業では、すでに持っているマシニング・センターのような汎用機械を使い、Pバルブを製造しなければならなかった。とりもなおさずこれは、通常以上の労力を必要とし、低い生産性しかもたらさない。そして問題は、アイシン精機の製造ノウハウが専用トランスファー・マシンだけに偏っていたことである。このため、アイシンが協力企業に他の方法でどうやってPバルブを製造するかを指示することは困難であった。しかも、少数のドリルが火災現場から回収されたとはいえ、一社当たり一本支給するのがやっとで、これが生産を遅らせた。壊すと終わりなのでこれら貴重なドリルを腫れ物に触るように使用しなければならなかったからである。加えて、通常は一つのドリルでなく多数の異なったドリルが必要なうえ、アイシンから受け取った数少ないドリルは、マシニング・センターに完全にフィットするものではなかった。

もう一つの問題は、アイシンの特殊なゲージ類なしで、品質を管理することが困難だったことである。

ブレーキ・システムの信頼性と耐久性を確保するため、品質管理は極めて厳格で、一個当たり少なくとも七〇ステップものチェック・ポイントがあった。アイシン側でも協力企業から納入されたPバルブを一つずつダブル・チェックすることになっていたが、アイシンへの出荷前に、各企業は汎用ゲージで何らかの品質管理を行わなければならなかった。

それに輪をかけて、危機発生直後の数日間、アイシンは極度の混乱状態にあり、連絡もままならなかった(15)。アイシンが直ちにすべての企業を直接支援するのに必要な経営資源を有していなかったため、協力企業は、自分たちで適当なドリルを手配または製作し、Pバルブ生産のためにマシニング・センターをどうプログラムすべきか手探りで解決しなければならなかった。例えば、デンソーは日本中からドリルを集め、特殊なものは、デンソーのテネシー工場に仲介してもらい、アメリカのメーカーから取り寄せた。アイシンはこうした各企業の試みをできるだけ支援し、ドリルの供給を調整するため刃具センターを設置し、技術的問題を洗い出してその解決方法を協力企業に伝えるための会合、問題解決対策会議を開いた。とはいえ、各企業はPバルブ生産開始に際し、自らの能力と判断に大きく依存しなければならなかった。

これら諸々の理由のため、多くの企業が自社の設備と能力がPバルブ生産には不十分だと判断し、協力を断った。しかし、デンソー、大豊工業、カヤバ工業、トヨタのように協力に同意した企業も多数あり、各社それぞれ二種類から五種類のPバルブ製造に同意し、ただちに準備を開始した。

この時点で各社のPバルブ生産へのアプローチに大きな違いが現れた。デンソーはPバルブ内製を最優先にし、そのため、他の通常内製業務の一部を一時的に外注に出した。Pバルブを外注に出すのではなく内製した方が良いと判断したのは、前述した諸々の困難のためである。社内で計約四〇台のマシニング・

センターがＰバルブ生産に充当された。

大豊工業は火事の翌日、まず同社のサプライヤーのうち三〇社と会い、適切な分業体制の計画を練った。結局、技術力のあるサプライヤー一一社が協力することとなり、大豊工業自身が最終工程を受け持つことになった。近辺の同社三工場のうち二工場で五〇台のマシニング・センターがＰバルブ生産に振り向けられた。

トヨタは代替生産拠点を本社工場に設置し、実験、試作品生産と機械のメンテナンスを行う第一生技（生産技術）部実験整備課にＰバルブ生産を任せた。この部門のエンジニアと作業員は、新型モデル用の機械設置と量産体制への移行準備について得難いノウハウを持っていた。

これとは対照的に、カヤバ工業のアプローチは、Ｐバルブを同社のサプライヤーのうち三社に外注するもので、自社工場ではＰバルブを一つも作らないという選択肢をとった。試作品専門のサプライヤー三社が選ばれ、うち最大手の一社は従業員一一〇人を擁していたが、他の二社はそれぞれ一六名と六名の零細企業であった。（従業員六名の会社は、社長、二人の熟練工および三人の女子パート・タイマーのみから成っていた。）当初約一〇社に打診し、設備の有無と技術的能力を基準にこれら三社が選択されたのである。

この段階で、協力企業各社はＰバルブ生産関連の業務を調整するため、それぞれ緊急対策本部を設けた。そこで問題となったのは、通常は密接な関係のない部門間で緊密な協力を確保する必要に迫られたことであった。これを受けてカヤバ工業では、同社の生産技術担当取締役をリーダーとし、品質管理・保証部、生産技術部、および購買部員計一六名からなる特別チームを設け、管理を一元化し関連サプライヤーとの業務を調整することにした。営業担当者も三名アイシンに派遣され、リアル・タイムで情報を入手させ、フィード・バックさせた。トヨタでは生産管理部がPバルブ生産の内製を調整するとともに、アイシンに対する直接支援体制を指揮した。

## 2 代替生産開始

第三のステップは、各企業が最初の試作品をアイシンに送り認証を得ることだった。前述の通り、火事のわずか二日後、二月三日月曜日にいち早く試作品を届けたのが興立産業という比較的小さな二次サプライヤーであった[16]。トヨタ・グループ部品メーカーの中で最大にして最も著名なデンソーは二番目で、二月五日早朝試作品を届けた。続いてトヨタと大豊工業がその日のうちに相次いで納入した。カヤバ工業の最初の試作品は、従業員一六名のサプライヤーが二月六日に納入し、さらに七日と八日には、それぞれ従業員一一〇名のサプライヤーと従業員六名のサプライヤーが試作品を納めた。

各社の試作品作製のスピードは、アイシンまたはブレーキ関連部品を熟知している度合いを反映し、各社のマシニング・センターと試作品製造に関する技術力も影響した[17]。しかし、これらすべての事例において、第三者にとって不可欠な詳細仕様情報がアイシンの仕様指図書にはないこと、適切な設備およびアイシンの直接支援のないことなど、前述した諸々の困難のため、作業は煩雑となった。したがって生産に関する多くの意思決定は、協力企業自身の判断で実験的に行わなければならなかった。これがPバルブの製造方法が各社各様になった原因である。例えば類似した穿孔作業を行うのに、大豊工業では二本のドリルを用いたのに対し、トヨタは一本で済ませた。カヤバ工業が生産委託したサプライヤー三社のうち、従業員六名の会社を含む二社が、結局必要なドリルを自分たちで作ってしまった。

いったん各試作品が認証されると、各社は量産に移行した。興立産業は早くも二月四日火曜日に量産を始めた。デンソーは二月五日の夕方、日産一六〇〇個の量産を始め、トヨタの要望で二月一〇日以降は日産二二〇〇個に引き上げた。大豊工業は二月六日に量産を開始し、最初は五〇個程度の少量生産であったが、次第に日産二〇〇〇個体制に持っていった。カヤバ工業は二月七日に日産五二〇個で生産を始めた。

## 3 ボトルネックの解決

次のステップは量産時に出てきた様々な技術的ボトルネックを解決することであった。前述のように、これらの問題の多くはアイシンでも馴染みのないものであった。同社は長年専用機のみでPバルブ生産を行っていたため、汎用機であるマシニング・センターによるPバルブ製造の経験が乏しかったからである。この段階でデンソーは重要な役割を果たした。同社の技術力の証としてデンソーの技術者はボトルネックを次々と解決していった。アイシンが協力企業のために特別に設けた問題解決対策会議で、これらの解決策が同様の問題に悩んでいた他の参加企業に効率良く伝授されていった。デンソーはアイシンの仕様指図書と工程指示書もマシニング・センターに適合したものに修正し、アイシンの認可を得て同社を通して他の企業に配布された。こうして火災事故によって一時的に麻痺したかに見えたトヨタのサプライ・チェーンは、復興に協力したサプライヤー間の相互作用の活性化によって、息を吹き返した。

このような問題解決能力は、トヨタ生産方式（ＴＰＳ）またはリーン・プロダクションの原則が浸透している企業の神髄である。素早く解決策を企業間に伝播する能力もトヨタ・グループ企業の特徴である。

同グループでは、協力会活動の一環としてトヨタが無料で送り込んだコンサルタントが臨席し指導するベンチマーキング研究会を定期的に開催するばかりでなく、主な一次サプライヤー約三〇〇社から選ばれた力量のある六〇社からなる「自主研」(自主研究会の略)と呼ばれる問題解決研究グループを設置し活発な企業間学習活動を続けている。トップ・マネジメントの例会、サプライヤーの従業員を対象にした多くの訓練プログラムやインターンシップ、様々な形態の企業間人事交流などが頻繁であることとあいまって、こうした慣行は、ベスト・プラクティスが水平的かつ垂直的に急速に伝播することを可能にしている。

ところで新たに発見されたベスト・プラクティスを広めPバルブ生産を標準化させるためのこうした努力が払われる一方、すべての活動が画一的に規制されていた訳では決してなかった。いくつかの企業は自分たち独自のアプローチを守った。だから、多様なやり方や自由裁量に基づく意思決定が依然として行われたということになる。例えば大豊工業はアイシンが提案した設計変更案六つのうち五つを断った。というのも、これらが大豊工業の既存設備との間に不具合を起こすからであった。

主要なボトルネックの解決後は、改善活動を通して生産性を上げ、生産量を増やすことに努力が傾注されるようになった。ここでも長年にわたるトヨタ生産方式諸原則の訓練によって、すでに蓄積されていた目的遂行のための適切な能力と日常業務が生かされ短期間で効果を上げた。例えばトヨタではマシニング・センターの事前セットを行うことで段取り替え時間を短縮し、二~三週間のうちにサイクル・タイムは二分超から一分二〇秒に短縮された。(ただし、アイシンの専用トランスファー・マシンの欠如によって、生産性向上には限界があり、相対的にはPバルブ生産における工程あたりのサイクル・タイムは依然として遅かった。)さらに将来に備えて、これら改善活動の様子は「組織の記憶」(organizational memory）としてビデオに収録され保存された（筆者らは一九九七年三月末に現場を訪れた時、実際にそのビデオの一部を観る機会を得た）。

トヨタとその協力企業がごく短期間に段取り時間の短縮を行い、全面的にジャストインタイム生産を再開したことは、いかにこれらの企業にトヨタ生産方式が浸透していたかを如実に示している。例えば大豊工業ではPバルブを製造するのにカンバンを使い、一日八回アイシンに納入した。経営陣はこれが自分たちが知っている唯一の効率の良い方法なのでそうしたのだと力説した。

こうした復帰努力の全過程を通して、トヨタを始め多くの日本企業によく見られる伸縮自在な人員配置や諸手続きの運営も通常以上に観察された。アイシンでは労働組合の協力を得て過半数の従業員がこの復帰努力に動員された。中には広報や経理部門のホワイトカラー社員で工場作業を手伝った者もいた。トヨタでは状況が切迫していたので必ずしも通常の手続きを踏まず、上司または経理担当者の許可を取らずに、マネージャーや従業員がその場その場でリアル・タイムに意思決定をし行動した。とどのつまり、彼らは極めて異常な状況に立たされ、平時の部門間の垣根を飛び越え、多くの官僚的手続きを緩めざるを得なかったのである。例えば正式の注文伝票なしに機械と資材を発注したり、規定の事前通知なしに従業員のシフトを替えるという事態が発生し、これらは事後承諾の対象となった。

こうした人の移動は企業間でも起こった。例えば、少なくとも三〇〇人にのぼるトヨタの生産管理、保善、生産技術、購買、品質管理、物流部門等の社員が、事故直後の三週間アイシンに派遣され、とりわけアイシンの常設Pバルブ組立ラインの再開を支援した。他の自動車メーカーからも約四〇名がアイシンに派遣された。トヨタの社員は（特に工機・保善部門から）デンソーにも派遣され、すべてが順調にいっていると判断されるまで滞在して、Ｐバルブの代替生産工程を支援した。トヨタの社員は工作機メーカーにも派遣され、アイシンの損傷したトランスファー・マシンの修理を手伝った（この修理は三月中旬に完了した）。アイシン・グループ内でも様々な従業員の移動が起こり、アイシンのサプライヤーからアイシンへ約二五〇名が支援に来た。危機のピーク時には総計五〇〇名以上がアイシンの顧客メーカー、サプライヤー、トヨタ・グループ企業などからアイシン精機の応援に駆けつけていた。

最終的には、Ｐバルブ生産復興活動は、一時的な生産拠点を設置しそれらの生産性を向上させる個別的な発意やイニシアティブを発揮させる以上の成果をもたらした。企業内・企業間の人事異動、技術的なボトルネックの解決策を探り伝播させるために行われた各種の会合、アイシンの火災対策本部やトヨタの生産管理部がその努力を傾注した様々なグループ・レベルの調整など一切の行動が、単なる個々の力の総和以上の目覚しい結果を生み出すのに貢献したのである。

このようなグループ・レベルの調整と組織間学習能力については、事件から半年後、工場火災のような大事故に際し、いかにして迅速な復旧活動を行うかについてまとめられた四七頁の小冊子の発行によってさらに明らかとなった。（アイシン精機編『緊急生産復旧行動ガイド』一九九七年九月三〇日発行。この小冊子は、アイシン社長の命により、後日その教訓を役立てるべく火災事故発生当日から事後処理が完結するまでの諸活動の一切合財を記録分析した同社経営企画室によって編纂された。）この火災事故から得た教訓に基づき、同冊子は復旧活動に参加したすべての企業（アイシンの顧客メーカー、サプライヤー、トヨタ・グループ企業、工作機械メーカー、ドリル供給業者）および全協豊会メンバーに配布された。この配布については、これら企業の助力に対する感謝の表明であるとともに、同じ過ちを二度と繰り返さないようにするための組織間学習成果の共有という意味も込められていた。こうしてアイシン事故の教訓は「組織間の記憶」（interorganizational memory）として形式知化され、必要があれば協力したすべての企業がいつでも利用できる小冊子に凝縮されたのであった(18)。

### 4 補償問題

Pバルブの生産は、デンソーでは三月一〇日まで続き、大豊工業では三月六日まで（少量生産の一品目は三月末まで）、トヨタでは三月一五日まで、カヤバ工業では四月一〇日まで続いた。この過程で労務費（専用機械の欠如、Pバルブ製造の経験不足、度重なる残業・休日出勤等により労務費は嵩んだ）、機械および工具コストを含む多額の経費が累積された(19)。

この事故の驚くべき特徴は、デンソーやカヤバ工業等の企業がかかるべき費用の補償についてトヨタやアイシンと改まった取決めを結ぶことなく、そういった問題を話題にすらせずにPバルブの生産を開始したことである。そうしている時間も理由もなかった。その後アイシンは、協力企業がPバルブ生産に拠出した経費を労務費も含めて全額補償することに同意した。例えばデンソーはアイシンから労務費、設備、特注のオイル等の対価として三億円以上を補償してもらう手筈となった。しかしながら、この取決めは直接経費の支払いのみに関するものであった。より重要なのは、組立工場の閉鎖によって車やその関連部品を生産できなかった分、トヨタや影響を受けたサプライヤーすべてが被った逸失利益をどうするかであった。

トヨタはこの問題を驚くべき方法で解決した。それは一九九七年一月初頭から三月末日までのトヨタへの、自動車部品等の売上げ金額の一％相当額を、一次サプライヤー全社に追加的に支払うというものであった。これは総額一五〇億円以上にのぼり、例えばデンソーは一五億円受け取ることとなった。このトヨタの申し出は補償ではなく、協力してくれたことへの「報酬」であるとする見方もあった[20]。

そしてトヨタのこの決定は、そのサプライヤー・ネットワーク全体で同様の補償を行うよう方向づけた。トヨタからの強制も示唆もなしに、一次サプライヤーのほとんどは、これらの支払い金額の大半を彼ら自身の（二次）サプライヤーに移転することを発表した。さらに多くの二次サプライヤーは、彼ら自身の（三次）サプライヤーに対して同じ方法で補償することを発表したのである。

## 3　結論と含意

アイシンの火災事故とそれを克服したトヨタ・グループの組織立った努力からどのような教訓を引き出せるのであろうか。ジャストインタイム・システムの観点からの単社発注のリスクに関する意味合いはいくつかあろう。ただし我々はこれらには余り関心がない。というのも、このような事態が再発する可能性は通常低く、しかも本章の関心がより日常的で平時の状態にも当てはまる、もっと一般的な意味合いを探求することだからである[21]。自然災害や自然発生の火事を除けば、本章で扱ったような大規模な人為的事故の発生とそれに対する大がかりで緊密な対応が必要となる事態はめったにないであろう。（ストライキによる生産中断は全く別の問題を生み出す。なぜなら他の企業で代替生産拠点を設置することはストライキ妨害と見なされ、一般に労働組合が同意しないからである。このような事態は北米でしばしば見受けられる。)

本章冒頭に述べた理由により、議論の無条件の一般化は慎むとしても、トヨティズムに関する豊かな既存研究の成果に鑑み、我々はトヨタが築き上げた「クラスター型」企業ネットワークの利点に関して、このエピソードから、より一般的な教訓を抽出できると思う。アイシン事件は、こうしたネットワークが企業とグループの業績を着実に向上させる日常の問題解決に役立つばかりでなく、今回のような重大な危機に際して自己組織的で柔軟な対応をするのにも、目覚ましい底力を発揮することを示した。そしてこれを可能にした潜在力はトヨタ・グループが日々の業務の中で継続的に蓄積してきたものである。換言すれば、トヨタの工場を数カ月後でなく数日後に再開させることを可能にした底力は、平常時にトヨタとそのサプライヤーを世界的に最も競争力ある企業群の一つにしているものと同じであるというのが我々の主張である。

これらの底力は、様々な制度化された慣行によって培われてきた。この点に関して鍵となる慣行は、単にバッファー(緩衝)在庫を下請に負わせ、そこからジャストインタイムで納入させるだけという浅薄なものではない、企業間の真の同期化生産という意味でのジャストインタイム生産方式である。この方式は制約条件や技術的ボトルネックを即座に露呈させ、間断なく立ち現れてくる問題を参与者にリアル・タイムで発見させ、直ちに解決するよう駆り立てる。この事件においても、ジャストインタイム方式の効能によって、どこがボトルネックなのかが容易かつ精確に指摘でき、代替Pバルブの生産性を向上させるのに役立ったことにも象徴されるように、そのメカニズムは詳細に観察された。このような環境では、有効かつ実践的な問題解決能力が急速に企業間に伝播・蓄積されていき、新たに発生した問題にネットワーク全体としてより良く対処できるようになる。この事件が明らかにしたように、これらの問題解決能力はトヨタとその一次サプライヤー（例えばデンソーやカヤバ工業など）が共有するだけでなく、多くの二次サプライヤーも共有しているのである[22]。そしてこうした慣行がサプライヤー網の隅々にまで浸透し、深く共有されているからこそ、トヨタとサプライヤーという関係だけでなく、サプライヤー同士の企業間関係においても、瞬時にしてその問題解決能力を駆動させることが可能となるのである。

日常業務の相互作用から深くサプライヤーの間に浸透している生産哲学と慣行、そしてそれを支える現場において共有され、各サプライヤーに蓄積された潜在能力は、緊急時において全く遜色ないどころか、まさにそこにおいてこそ十全に働き、グループ全体の問題解決能力を培うのを助ける。

アイシンの事例において、Pバルブ生産が原状回復するまでは、トヨタからの注文は極端に削減されるので、デンソーのような企業あるいはカヤバ工業でさえトヨタとアイシンの苦境を見て見ぬ振りをすることは不可能であった。深刻な問題が発生した場合、源流でいち早く問題を解決するために、トヨタの組立作業員がいつでもラインを止めるように指導されているのと同じように、このケースではトヨタ自体が「コードを引っ張り」、原材料供給者から組立工場まで一連の価値連鎖のすべてを止めてしまったのである。このため、その場に参与する誰もが即座に問題に対処するように駆り立てられた。アイシン事件は、トヨタ・グループ企業がどれだけこうした問題に有効に対処し得るかについてその底力を見せつけた。この底力は、企業間関係における調整と協力が価値連鎖全体のスムースな運営にとって不可欠な環境で長年彼らが協業してきた賜物である。

日本の系列内部の生き残りをかけた競争が激化している今日、トヨタのサプライヤーは将来のビジネス・チャンスを増やしてもらえるかもしれないという期待から協力したとも考えられる。しかし、そのような協力へのインセンティブだけでは十分に事に対処できない。なぜなら、有効に協力し得る「能力」こそが最も重要だからである。

この点に関して外部の観察者の多くが、最初アイシンにおける未曾有の危機をジャストインタイム生産方式のせいにしたことは興味深い。彼らは、予想外の問題（この場合アイシンの火災）がにわかにジャストインタイムに彩られたシステム全体を完全に機能不全に陥らせると考えた。換言すれば、彼らはアイシン事件はジャストインタイム・システムの「脆さ」を端的に露呈すると信じていた。しかし、この事件で損害を被ったにもかかわらず、トヨタも我々がインタビューした他のどの会社も、ジャストインタイム方式を廃止してはいない。一台当たり三万点の部品からなる自動車という複雑な製品を扱う以上、その全ての部品について、安全のためバッファー在庫を持つことは極めて高くつく。工場火災等の予想外の危機にはいかなる生産システムも脆弱なのである。

そのような危機がいつ起こるか予測することは不可能だが、有効かつ迅速に危機に対処し克服するのに必要な能力は事前に育成できる。ジャストインタイム生産が突きつける制約条件は、こうした能力開発を平時において徐々にだが着実に進めさせる。というのは、ジャストインタイムの環境においては、日常の問題さえ常に「ミニ・クライシス」（小規模な危機）に転じる可能性を孕んでおり、実際の危急のときでもその解決が新しい学習経験をもたらすことが頻繁にあるからである。換言すれば、ジャストインタイム・システムは本質的にその脆弱さを抱えているがゆえに、個別企業レベルでもグループ・レベルでも日常的問題とより大規模な危機の双方に対処するために、問題解決と継続的改善の能力を育成する役割を果たしていると考えられる。

企業はそうした能力を開発するうえで、前述した自主研や協豊会における情報とノウハウの共有、グループ企業間の定期的人事交流、頻繁な対面接触を含む諸々の慣行等、企業ネットワーク内に制度化された多くの慣行によって支えられている（Beaudet［1998］）。これらの慣行は「グループ全体の」組織学習を促進させ、強い運命共同体意識や共通の「行動規範」（norms）、技術や経営に関する「ゲームのルール」（例えばジャストインタイムについての）についての理解を深めるのを助け、グループ・メンバー同士が熟知し合うように仕向ける。こうしたメカニズムが、本章で分析した事件のみならず、平常時でも観察される調整の種類とコミュニケーションの容易さを支える基盤となる。というのも、暗黙の合意と理解は何もかも説明しないでも、情報が的確に伝わることを条件づけているからである（Nonaka［1991］，Nonaka and Takeuchi［1995］）。

ジャストインタイム・システムが課す相互依存や将来の注文を確保しようとする競争は、同一グループの成員であるというプレッシャーがグループの規範に従うよう心理的圧力をかけるのと相俟って、協調的行動以外の行動をとる余地をほとんどなくす面がある。ところが、現実には企業が相互に深く理解し合っているコミュニティーでは、協調はごく「自然に」生まれる。このことは復帰努力の全過程で明瞭に示された。各企業は、基本的に自分たちの努力に対する補償は黙っていても与えられるだろう、しかもそれは公平なものであろうと正しく予測していた。代替生産活動に加わる他の企業が、特殊事情に乗じて企業秘密を盗んだり注文を略奪したりしないことも確信していた(23)。アイシンの火災事故のような出来事、そしてそこにおいて積み重ねられた一つ一つの事実は、このような意識をより強固なものとする。大きな危機が起きる度に信頼と相互利益がはかられ蓄積されるからである(24)。

確かにトヨタの存在自体がサプライヤー間の協調を事実上強制する一面もある。トヨタはリーダーと認知され、グループの目指す方向をコントロールできるからである。トヨタの潤沢な財力と総合的な戦略能力が、同社を生得の指導者に押し上げている。しかし同社の提言とイニシアティブにグループ企業各社が従うのは、長期にわたる好業績という証明済みの記録があるからである（Nishiguchi and Anderson［1995］）。トヨタのサプライヤーが一貫して平均以上の利益を上げている事実が示すように（Dyer［1996b］）、各企業はこのリーダーについていけば自分も儲かることを知っている。各企業は業務改善の淘汰の圧力に常にさらされる一方、積極的にそれを受け入れている。なぜなら前述した様々な慣行のおかげで、各社は単独で能力開発に取り組め、と放っておかれることもなく、トヨタは自社でできないことを理不尽に他企業に要求しないという事実が広く認知されているからである。トヨタの要求（例えばコスト削減目標）は、同社が常に自らその根拠を示すことのできる合理的な計算と議論の余地のない証拠に基づいているのである。

トヨタのリーダーシップは、疑いなくいつどこにでも存在するが、同時に大変「分権的」で「目に見えない」ものであり、しかもなお、メンバー間に深く意識されているものである。直接詳しい命令をグループ各企業に与えるよりも、トヨタは自ら開発し長年練り上げてきた一般的アプローチないし「レシピ」（ものづくりの基本的なアプローチであり、例えば「源流」問題解決方式、すなわち問題をその現象面だけでなく根本原因にまでさかのぼって解決する方式、「目で見る管理」等）を伝播し、危機に際し各企業に自己組織化的に対処し得るためのツールを与え、生起する問題を自律的に解決させるのである。これらのツールはまず一次サプライヤーに広められ、続いて一次サプライヤーがその傘下の二次サプライヤーに教え、今度は二次サプライヤーがその下の三次サプライヤーを指導するといった具合にネットワーク全体に広められる。こうして同一のレシピに基づく生産哲学と問題解決能力がネットワークの場全体を通してトヨタからの明示的な命令なしに「自己相似的に」反復される（例えばトヨタの一％上乗せ補償金支払い決定をグループ全体が同様に採用したことに示されるように）。この方法の利点は、個別企業の特殊状況に応じて対応を差別化でき、柔軟な適応を可能にすることである。なぜならレシピは詳細にわたるがんじがらめのコントロールとは違って、ヒエラルキーの様々なレベルにおいて、適切な裁量権の余地を残しているからである。

もし実質的な恩恵がそれほどあるなら、なぜすべての企業がトヨタ・グループの慣行を取り入れないのかという疑問が湧いてこよう。これに対する回答は、一つには業種環境や利用できる諸資源の分配構造が異なっていれば単純なコピーはあまり意味がないであろうということであり、もう一つにはたとえ環境や資源の諸条件が似通っていたとしても、長期間にわたる参与者同士の相互作用によってここまで強靭な企業グループに進化してきたトヨタ・モデルを成功裏に真似することは容易ではないということである。というのも、このモデルは長年にわたるサプライヤーの能力への投資、信頼、コミットメントの賜物だからだ。他の多くの競合メーカーは、たとえそれを欲していたとしてもトヨタ・グループの構造や好業績を再現できないでいる。しかしながらサプライヤー関係におけるトヨタ・モデルは仮に万能薬ではないとしても、他の多くの企業が目指すべき優れた模型を示唆し、提供していると考えられる。サプライヤーの能力を育成し企業ネットワークにおける知識の共有を促進する真摯な努力を継続すれば、長期的な競争力や柔軟性の面で実質的な利益を得ることができよう。これこそが大変な努力を払ってサプライヤー関係をパートナーシップ・モデルに向けて再構築しつつある多くの企業が目指すべき次の段階となるであろう。

＊ 本章は、西口敏宏＝アレクサンダ・ボーデ［一九九九］、「カオスにおける自己組織化――トヨタ・グループとアイシン精機火災」『組織科学』第三二巻四号、五八－七二頁を本書収録のため加筆・修正したものである。その編集作業において法政大学経営学部の天野倫文さん、一橋大学イノベーション研究センターの小貫麻美助手には大変お世話になった。この場を借りて謝意を表したい。

## 注

(1) 誤解のないように申し述べておくが、本章では自己組織化という言葉をまさにこのような意味において用いている。したがって一部論者のように、個別主体の意図的なコミットメントによる均衡状態からの逸脱現象に、この用語を適用しようとする考え方とは一線を画している。

(2) 一九九七年の調査時点で同社総売上げのうち六五％がトヨタ向けである。

(3) 一方、この危機が比較的「良い」時期に発生したという見方もある。良い時期という意味は、国内売上げが伸びていたためトヨタの利益が史上三番目に高いレベルにあったこと、当時の円安傾向、そして製品開発その他の分野でコスト削減を図り、これによりトヨタが二五億ドルもの節約を達成していたことを指してのことである（『ビジネスウィーク』一九九七年四月七日号、四四－五〇頁）。

(4) 我々は一九九七年三月二四日、二五日および二六日に愛知県・岐阜県を訪れ、トヨタ自動車、アイシン精機、興立産業、大豊工業、カヤバ工業、デンソー（旧日本電装）の責任者たちに集中的なインタビューを行った。また適宜生産現場を訪れ、代替生産がいかに行われたかの説明を受けた。さらに同年一一月二六日には、筆頭筆者がアイシン精機のその後の対応について同社マネジャーに追加インタビューを行う機会を得た。

(5) アセンブラー（組立メーカー）＝サプライヤー関係の日本型モデルについては、既存の文献で詳しく論じられているので本章では詳述しない。関心ある読者は以下の文献を参照されたい。Dyer and Ouchi [1993], Nishiguchi

[1994], Nishiguchi and Brookfield [1997], Womack, Jones, and Roos [1990].

(6) 単一のサプライヤーからのみ特定部品を調達する方法（シングル・ソーシング）は、日本では普通考えられているほど一般的でない（Richardson [1993]）。あるカー・モデルの特定部品が一社に発注されることはあっても、わずかばかり仕様が異なる同種部品がその競合サプライヤーに発注されることが多い。リチャードソンはこのようなやり方をパラレル（併社）ソーシングと呼んだ。この方式により、カー・メーカーは各サプライヤーの成績を相対評価し、サプライヤー間の長期的競争を促進しようとするのである。日本では一社発注は規模の経済性を享受できない小規模な自動車メーカーによって行われることが多い。

(7) デンソー同様、アイシン精機は一九四九年の分離独立以前はトヨタの一部門であった。一九九七年の調査時点でトヨタはアイシンの発行済み株式のほぼ二〇％を所有し、アイシンの役員のうち数名は、アイシンの現社長豊田幹司郎氏（トヨタの前社長で現名誉会長の豊田英二氏の子息）を含めトヨタの出身者である。しかしながら、こうした人的つながりを超えて、アイシン自体の業績と信頼性の高さも当然考慮されるべき要素であろう。

(8) トヨタの車両は自社工場だけでなく、トヨタ車体、アラコ、関東自動車工業、豊田自動織機、中央自動車工業、岐阜車体、日野自動車工業、およびダイハツ工業等の系列工場でも組立てられている。二月四日火曜日にはダイハツ工業の池田工場のみが操業した。三菱自動車工業もアイシンのPバルブを使っていたが、手元に二日分の在庫しかなく、二月五日にはいくつかの組立てラインを止めざるを得なかった。一方、いすゞ自動車とスズキは影響を受けなかった。この二社ではPバルブの在庫自体、いすゞで五日分、スズキで三〜四日分をかかえていたうえ、とりあえずアイシン製Pバルブを使わないモデルの生産を優先させてしのぐことができたからである。

(9) 通商産業省（現経済産業省）の試算によると、この事件による全輸送機器産業の生産高は、一九九七年二月で八・二％減、金属関連産業では一％の減少であった。

(10) 一九九五年一月の阪神大震災の際、トヨタの生産量は数日間減少したが、損失は今回の事件ほど大きくはなかった。というのも、被害を受けたトヨタのサプライヤー工場（住友電気工業および富士通テン）の生産設備（治具および備品、工作機械、トランスファー・マシン）は、ほぼ無傷で救出され、もしくはただちに修理されたからである。結果的にトヨタの組立工場では数モデルの生産が中断しただけであった。これに対し一九九七年の火災では、アイシン製Pバルブはトヨタのほぼ全車種で使われていたうえ、同部品の専用ラインは完全に焼失してしまい、三台のトランスファー・マシンも復旧に一カ月半を要するほどのダメージを受けていた。したがってアイシン精機以外での代替生産が必須であった。他方、阪神大震災では、被害を受けたサプライヤー以外には代替生産拠点を設ける必要はなかった。トヨタが、被災したサプライヤー工場の敷地内でその生産復旧活動を支援するだけで十分間に合ったからである。

(11) 一九九七年の調査時点で、トヨタ（従業員数六万九〇〇〇人）は世界第三位の自動車メーカーで、売上げが日本最大の企業である。アイシン精機（従業員数一万一〇〇〇人）とデンソー（従業員数五万六五〇〇人）は、トヨタ自身がトヨタ・グループと定義する集団（デンソーのような主要サプライヤーや、日野自動車工業、ダイハツ工業など自動車メーカーを含む一四社から構成される）に属している。アイシンとデンソーは各々売上げの六五％と五〇％をトヨタに納入し（ただしトヨタ依存率はわずかずつではあるが減ってきている）、トヨタによる株式保有割合はアイシンが二〇％、デンソーが二三％である。今日の多くのトヨタ・サプライヤーと同じく、彼らの顧客には日本の自動車メーカー全社と世界の多数のメーカーが含まれる。アイシンはブレーキ関連部品（および子会社アイシン・エィ・ダブリュ、元アイシン・ワーナーで製造しているトランスミッション）など主に機械加工自動車部品に専門化しているのに対し、デンソーは自動車用電装品に特化しており、後者は今や世界第四位の自動車部品サプライヤーとなっている。大豊工業（従業員数一三五〇人）は、名目的にはトヨタ・グループの一員ではないが、その売上げの七四％をトヨタ・グループ企業に納入しており（五九％はトヨタ自動車本体に納入）、トヨタが同社株式の五八％を所有している。また同社の重要役職者には、会長をはじめとしてトヨタ出身者が多い（対照的にデンソーでは調査時点でトヨタ出身の役員は一名であった）。大豊工業の主力製品は、エンジン・ベアリング、アルミニウム・ダイカスト製品および金型である。カヤバ工業は、日本の自動車産業では「独立系」サプライヤーと見なされ、トヨタと日産自動車が同社株式をほぼ同程度保有している（各八・五％と八・一％）。同社の顧客は比較的分散しており、トヨタ向け売上げが二五％、三菱自動車工業と日産自動車がそれぞれ一六％と一二％である。カヤバ工業は、ショック・アブソーバーと油圧機器を専門にしており、ショック・アブソーバーでは日本で四七％、世界で二二％のシェアを持つ。興立産業（従業員数三二〇人）は二次下請サプライヤーで、トランスミッション関連部品を専門にしており、その売上げはアイシンに大きく依存している。

(12) 主としてPバルブの生産をこのように外注委託することにしたのは、同時に火災の被害を被ったクラッチ・マスター・シリンダーとタンデム・マスター・シリンダーの社内生産能力はなんとか確保されたからである。Pバルブと異なり、これらの部品はアイシン刈谷工場以外でも製造されていた。したがってクラッチ・マスターとタンデム・マスター・シリンダーに関しては、アイシン以外にわずか五社に生産委託するだけで済んだのであった。

(13) 換言すれば、トヨタに納入するサプライヤーの組織である協豊会メンバーである(詳細はSako [1995]を参照)。

(14) トヨタの主要な一次サプライヤー約三〇〇社すべてを含む協力会(トヨタでは協豊会)ではなく、選ばれた二割の六〇社だけが参加する自主研究会(自主研)は、平時から各社の専門分野を超えて、トヨティズムに基づく普遍的な問題解決能力の涵養に貢献しており(Beaudet [1998])、このような危急の際にも日常的に蓄積された潜在能力が遺憾なく発揮された。なお、この二割という数字は、イタリアの経済学者パレートの「八〇対二〇の法則」(二〇%の者が八〇%の貢献を行う)を思い起こさせて興味深い。

(15) アイシンは非常に混乱した状態にあったので、火災当日の夕方時点では、大豊工業の生産管理担当役員は、Pバルブでなく、マスター・シリンダーが致命的にやられたとの誤報を得ていた。殺到する問い合わせに対処するため、数日内にアイシンは新たに二五〇台の室内電話と三〇〇台の携帯電話を導入した。しかし、外部からの問い合わせ件数が膨大で、ただただアイシンの応答能力を圧倒した。

(16) 興立産業は恐らく例外的なケースであろう。同社の社長は、アイシンのサプライヤー協力会(加盟会社九三社)の会長を務めており、アイシンの最優秀サプライヤーの一つで、高品質が認められて賞を数回授与されている。同社はアイシンのために献身的に働いた。この事件の最中、同社社長は一日が二四時間でなく、三〇時間あればもっとアイシンを支援してあげられるのにと嘆いたほどであった。しかし、これは狭義の商売上の取引だけでなく、ノウハウの交換、能力向上活動を含む数十年来の継続的で安定した関係の帰結である。例えば、若芽会と呼ばれるプログラムでは、興立産業など二次下請サプライヤーの若い役員がアイシンに長期トレーニングのため派遣される。そのような長期協力関係を通じて、高度の忠誠心と献身的態度だけでなく、組織と技術に関して共有された言語と暗黙知が生まれる。したがって興立産業がPバルブ生産を準備するに当たり、アイシンが色々と事細かに説明する必要がなかったのである。

(17) 地理的にカヤバ工業（岐阜県可児市）がアイシンから一番遠く、対照的にデンソーはアイシンと同じ市内（愛知県刈谷市）に位置している点も留意されるべきであろう。

(18) この小冊子は以下の部分から構成されている。①危機の最中に遭遇したアイシンの準備不足によるものを含む主要な問題項目リスト（例えば実際にはそこにはなくて使えなかった専用機のためのドリルを配布したこと）、②緊急対策活動を組織化する際の基本的ガイドライン（火災対策本部設置の仕方や諸条件など）、③迅速な復旧活動を可能にするキーポイント、④危機の始まりから終わりまでアイシンがとった諸活動のフローチャート、⑤各チームの機能を説明したフローチャート、⑥各チームの活動に関する詳細なガイドライン（危機に際して用いられたチェックリストや伝票類の実例付き）。

(19) 全体で数百名ものデンソーの従業員が二交代制で働き、最初の二週間は週末も出勤して連日Pバルブ生産に従事した。大豊工業では約七〇名が緊急生産体制に直接関与し、うち五五名はフルタイムでPバルブ生産に携わった。トヨタでは二五名の従業員が直接Pバルブの内製に従事する一方、他の数百名がアイシンその他の企業に派遣され復帰作業を支援した。

(20) しかし継続的な円安の結果、この時点ではトヨタが予想以上の為替差益を上げており、同社がこうした支払いをする余裕があったことを記しておくべきであろう。この補償計画は円安による予想外の利益を移転させ、トヨタだけが利益を独占しているという批判をかわす目的を持っていたと解釈することも可能である。

(21) アイシン火災事故に際して、今後同様の災害が引き起こす生産中断のリスクを軽減するためにトヨタにおいて提案された対策は、以下のようなものである。①部品のバラエティーを削減する。とりわけPバルブは品種が多過ぎた（主なタイプで一〇〇種類以上あった）ため、事故後の代替生産拠点を設ける活動を非常に煩雑にした。②生産設備を分散させる。③火事および事故防止に関する教育活動の強化。最後に④複社発注である。しかし、未確認のレポートによるとPバルブに関する限り、恐らくトヨタはほぼ全面的にアイシンに依存し続けるであろう。もしこの情報が誤りでないとすると、そうした選択は単社発注の多くの利点を放棄することに対するためらいを示している。単社発注の利点とは、規模の経済を追求することによる相当なコスト削減の可能性、部品調達と品質管理活動の単純化、そしてより少数のサプライヤーとの間に緊密な信頼関係を築いて維持することである。

(22) アイシンのサプライヤーで従業員数三二〇名の興立産業が、他の大手をさしおいて事件後わずか二日目に最初のPバルブを完成させてしまった例や、カヤバ工業傘下の従業員六名の試作品専門企業が、自分たちであっという間にPバルブ用ドリルを作ってしまった事実などがこのことを雄弁に物語っている。

(23) ただしPバルブは比較的成熟した製品であり、これについてアイシンの技術が特に先端的とか企業秘密となるようなものでなかったことも指摘しておく。

(24) 例えば自動車メーカーのダイハツ工業は一九九五年の阪神大震災の後トヨタ・グループから受けた支援の見返りとして積極的にアイシン事故後の復帰作業に協力した。同社は直ちに設備要員を派遣して、アイシンが半田工場に新しいPバルブ組立てラインを設置するのを手助けした。

## 参考文献


Beaudet, Alexandre [1998], "Knowledge Diffusion in the Japanese Automotive Industry: The Role of Kyoryokukai and Jishuken," unpublished Master's Thesis, Graduate School of Economics, Hitotsubashi University.

Dyer, Jeffrey H. [1996a], "How Chrysler Created an American Keiretsu," *Harvard Business Review*, July-August, pp. 42-56.

Dyer, Jeffrey H. [1996b], "Specialized Supplier Networks as a Source of Competitive Advantage: Evidence from the Auto Industry," *Strategic Management Journal*, Vol. 17, No. 1, pp. 271-291.

Dyer, Jeffrey H. and William G. Ouchi [1993], "Japanese-style Partnerships: Giving Companies a Competitive Edge," *Sloan Management Review*, Vol. 35, Fall, pp. 512-563.

藤本隆宏［一九九七］、『生産システムの進化論――トヨタ自動車にみる組織能力と創発プロセス』有斐閣。(Fujimoto, Takahiro [1999], *The Evolution of a Manufacturing System at Toyota*, New York: Oxford University Press.)

Helper, Susan R. and Mari Sako [1995], "Supplier Relations in Japan and the United States: Are They Converging?" *Sloan Management Review*, Vol. 36, Spring, No. 3, pp. 77-84.

Nishiguchi, Toshihiro [1994], *Strategic Industrial Sourcing : The Japanese Advantage*, New York: Oxford University Press.

Nishiguchi, Toshihiro and Erin Anderson [1995], "Supplier and Buyer Networks," in Edward H. Bowman and Bruce M. Kogut, eds., *Redesigning the Firm*, New York: Oxford University Press.

Nishiguchi, Toshihiro and Jonathan Brookfield [1997], "The Evolution of Japanese Subcontracting," *Sloan Management Review*, Vol. 38, Fall, pp. 89-101.

Nonaka, Ikujiro [1991], "The Knowledge-creating Company," *Harvard Business Review*, November-December, pp. 96-104.

Nonaka, Ikujiro, and Hirotaka Takeuchi [1995], *The Knowledge-creating Company : How Japanese Companies Create the Dynamics of Innovation*, New York: Oxford University Press.

Richardson, James [1993], "Parallel Sourcing and Supplier Performance in the Japanese Automobile Industry," *Strategic Management Journal*, Vol. 14, pp. 339-350.

Sako, Mari [1996], "Suppliers' Association in the Japanese Automobile Industry : Collective Action for Technology Diffusion," *Cambridge Journal of Economics*, Vol. 20, pp. 651-671.

Ulrich, Hans and Gilbert J. B. Probst eds. [1984], *Self-organization and Management of Social Systems*, Berlin: Springer-Verlag.（徳安彰訳［一九九二］『自己組織化とマネジメント』東海大学出版会。）

Womack, James P., Daniel T. Jones and Daniel Roos [1990], *The Machine That Changed the World*, New York: Rawson Associates.（沢田博訳［一九九〇］『リーン生産方式が、世界の自動車産業をこう変える——最強の日本車メーカーを欧米が追い越す日』経済界。）

Womack, James P. and Daniel T. Jones [1996], *Lean Thinking : Banish Waste and Create Wealth in Your Corporation*, New York: Simon and Schuster.（稲垣公夫訳［二〇〇三］『リーン・シンキング』日経ＢＰ社。）

# PART 4

# 日本の企業組織

第11章

# 日本的生産システムの歴史的背景とその現代的展開

下川 浩一

## 1 はじめに

日本的生産システム、いわゆるジャストインタイム（JIT）生産システムは、硬直化してしまったアメリカ的大量生産システムのハイボリューム・ハイスピード至上主義の行きづまりを打破するフレキシブルで情況適応的な生産システムとして世界的に大きな注目を集めている。いわゆるJIT革命とかリーン生産革命と称される形で、それは世界の製造業の生産現場に静かに浸透しつつある（Roos et al.［1990］）。

今日までこのシステムは、現場の技能を最大限に駆使し、TQC活動や企業グループや系列部品メーカーすべてに浸透するジャストインタイムのものづくりを集団的組織的に取り組むやり方として、日本独特のものと強調されてきた。これは日本の工業現場の従業員の教育水準や知識水準が高いことや、民族的同一性と集団主義的行動様式になじみやすい社会システムの存在、終身雇用制による従業員の定着率の高さと愛社精神の強さ、といった日本企業のもっている体質的特性がジャストインタイム生産システムのような全員参加型の生産方式の追求と不可分のものというふうに考えられていたからである。

しかし、ジャストインタイム生産システムは、いろいろな現場の改善活動やＴＱＣ活動の集大成の中から生まれるべくして生まれたとも言えるが、同時に、生産システムにおける大量生産による作りだめを是とする既成観念を打破し、必要なものを必要な時に必要なだけ作るという新しい発想への転換がその根底に存在している。この新しい発想を体現したものこそ生産の平準化であるが、この発想がはたしてまったくの特殊日本的なものかどうかとなると、そのように断ずることはかならずしも妥当ではない。この発想そのものは、歴史的な経過をたどれば、ヘンリー・フォードの生産ライン同期化の思想の中に源流を見出すことができるし、この点からすると国際的な普遍性を有している。この観点に立つと、日本ではこの発想を生産システムの中に生かしていく活動のスタイルそのものが、日本的なやり方や社会的特性を反映したものとなっただけであると見ることもできる。とはいえ、この日本的な取組みそのものが極めて効果的であったが故に、それは日本的生産システムと称されるに至ったと言うこともできよう。

このようにジャストインタイムの生産システムの基本発想と生産思想には国際的普遍性があるという理解に立てば、海外におけるＪＩＴ革命の進行や日本企業の現地工場におけるこの生産システムの移転といった現実の事態の進行を、それなりに評価することもできる。またその国際的普遍性は、市場のニーズの多様化と変化の加速化、製品開発のリードタイムの短縮化傾向の定着にもとづく多品種少量生産の世界的な広がりによっても裏打ちされている。

そして近年自動車工場の自動化、とくに残された労働集約的工程である最終組立ラインの自動化が進むとともに、ジャストインタイム生産システムを自動化やハイテク情報化技術と結合しようとする試みがいろいろな形で進行している。曰くＦＭＳ（flexible manufacturing system）、電子カンバン、ＣＩＭ（computer integrated manufacturing）自動搬送モデュラーライン等々、トータルシステム的な自動化への試みが進行する中で、多品種少量生産とそれに対応したフレキシブルな生産システムの原理を生かす試みがなされているのである。

元来、日本的生産システムは、工場の生産工程における生産技術のノウハウの蓄積をベースにして、労使一体のＴＱＣ的な全員参加による徹底したムダの排除と工程での品質の作り込みを進める中で、ジャストインタイムの生産思想を現場の中に徹底する形で進められてきた。このような生産システムは人間の技能や知恵をベースにするとはいえ、人海戦術的要素をもすこぶる帯びており、今後予想されるように構造的労働力不足が表面化する中にあっては、いつまでもこのやり方だけに頼っているわけにはいかない。

しかし、究極的に無人化ラインを志向するかに見える現代の自動化の潮流の中にあって、ロボットやハイテク情報機器などのハード面の自動化だけでなく、ソフト面の自動化とそのソフトウェアのバックアップを人間の技能と結びつけてどのように作り上げていくかが、ジャストインタイムの生産思想を現代的に生かす道である。

本章では国際的普遍性をもつ日本的生産システムの歴史的背景をたどりつつ、最近の日本では、その生産思想の延長と現代的展開の上に現在進みつつある構造的労働力不足のもとで自動化の進展が見られることを明らかにし、自動化と結合した日本的生産システムの抱える問題点を考察したい。

## 2 源流としてのライン同期化と生産の平準化

ジャストインタイム生産システムは、その源流をたどると、フォードシステムにおけるライン同期化の原則にぶつかる。大量生産方式は、J・B・レイも指摘するように、精密性（precision）、標準化（standardization）、互換性（interchangeability）、そして同期化（synchronization）、継続性（continuity）の五つの原則の統合の上に成り立っている。このうち精密性、標準化、互換性の三つの原則は、フォードシステムが登場する以前から、アメリカの一九世紀の工業史に出現している（Rae［1984］）。しかし自動車のように複雑で高度な製品は、一九世紀末まではほとんど存在せず、あってもそれは大量生産されなかったから、同期化の原則は徹底して追求されたことはなかった。

そもそも分業による生産方式には、加工生産方式と組立生産方式があるが、使用される原料や素材の材質と加工方式の異なる多くの部品を組み付けて完成品を作り出すのが、組立生産方式である。この組立生産方式は、製品が高度なものになればなるほどその部品の素材から機械加工に至るまでの精密性が要求されるとともに、それぞれの要素部品を作り、いろいろな加工を規則的に行おうとしても、それぞれの部品や工程ごとの加工や運搬の時間的なアンバランスがあるために工程間の滞留、すなわち加工待ちや運搬待ちといったアイドルタイムが発生することは避けられない（馬場［一九六六］、四九–五三頁）。このような工程間滞留を極力なくしていくには、一つには機械や設備の加工精度と効率を上げ設備の加工能力のアンバランスを減らす努力が必要である。それとともに部品から最終組立に至るまでの製品の加工手順や工程間の時間配分を適正化する生産工程のスケジュール化、すなわち生産管理技法の活用が不可欠である。

そのような努力を誰がどのような手法で進めるかについては、現場の熟練工と協力してこれを行うか、テイラー主義的にＩＥ（Industrial Engineering）専門家や能率技師といったエリート集団が行うか、大まかに言って二つの道がある。とはいえこの二つの道を厳密に分かつことは、生産管理技術が一つのシステムとしてその体系を確立するまではむずかしい。どんなにすぐれたＩＥ専門家や能率技師といえども、その生産管理技術を確立するまでは現場の熟練工のもっているノウハウや知識を借りることなしには生産管理システムの前提となる適正な工程分割と工程ごとの作業標準を確定することはむずかしいからである。

フォードシステムの成立期には、まさにこのような問題が存在し、フォードシステムそのものは、それが一つのトータルシステムとして完成した後は、エリート主義の道をたどった。しかしその成立期においては、むしろ前者の道、多くの熟練工と一体となって生産工程のスケジュール化を進めたのである。フォードシステムにあっては、生産技術者と熟練工が一体となったスケジュール化の努力を積み重ねる中でシステム化した工程分割と統合の上に、一定の予定されたスピードで一糸乱れぬ生産の規則性と連続性を流れ作業の形で実現し、原料加工や部品の生産と組立てから最終組立てに至るまでのトータルシステム的同期化生産を実現した。

このライン同期化こそ、ジャストインタイム生産システムの原点であり、ジャストインタイム生産方式それ自体も、生産の平準化と一般に称されるライン同期化のより徹底したものであった。そして市場動向と生産ラインの稼働情況に応じて変化する生産動向に関する情報、すなわちいつどこで誰がどれだけのロットを生産しどこに納入もしくは搬入したかという情報を記載したカンバンを使用することによって、この生産情報を職場の末端に至るまで伝えて、生産の量的・質的変化に柔軟に適応できる体制を作り上げたのである。

しかしながらここで大きな問題が浮かび上がってくる。それは、フォードシステムが完成したライン同期化とジャストインタイム生産システムの生産思想の核心をなす生産の平準化には互いに相通じるアナロジーがありながら、それでいてラインの同期化を達成した後のフォードシステムが、生産のフレキシビリティという点においてジャストインタイム生産システムとおよそ似つかない、いわば同根異種の生産システムとなってしまったのはなぜか、という問題である。

ラインの同期化は、生産の規則性と連続性を実現するために、部品から構成部品（コンポーネント）の加工や組立て、そしてシャシー、ホイール、足まわり、エンジン、ボディーなど自動車の主要工程の加工や組立てが同時並行的にムラなく進行せしめられ、メイン組立ラインからサブ組立ラインまで全ての工程のラインスピードのバランスを一定に保つことである。生産の平準化とは、全生産工程における、部品や仕掛品の後工程での時期や量の面でのバラついた引取りを避けるため、最終組立ラインにおける生産のバラつきを極力小さくする努力の中で実現されるものであって、それぞれのサブアッセンブリーラインで生産される部品の引取り量におけるバラつきを最小限に抑え、これによって各サブアッセンブリーラインがそれぞれの部品を一定速度、ないしは一時間当たり一定量という形で生産していけばよいようにすることを言う（門田［一九八五］、五八－五九頁）。

ライン同期化が主要工程のムラのない同時進行と工程間のラインスピードのバランスを追求するという限りでは、部品の引取り量のバラつきを抑えることに相通じるものがあるから、その点では両者にはアナロジーが成立する。ところが、ライン同期化を達成するまでの歴史的経過の中では明らかに同義性がジャストインタイム生産システムとの間に見られたが、フォードシステムにおいてライン同期化が完成し、固定化された生産管理のもとでトータルシステム化した単一の生産計画がすべての工程に提示されるようになると、製造工程は前工程が後工程に部品を供給していくいわゆる「押出し方式」で、生産計画にのっった生産を中断なく続けることになる。この方式では、いずれかの工程でのトラブル発生や、需要の変動に起因する情況の変化に迅速に対応するのはむずかしい。もしこのような変化に適用しようと思えば、各工程に提示された生産計画を変化に対応して変えるしかないが、計画をそのように頻繁に変えるのはすこぶる困難である（門田［一九八五］、七四頁）。ただし、工程でのトラブルや需要変動が少ない場合には、生産計画は容易に達成され、いわゆる量産効果とスケールメリットによる単位コストの削減効果は目に見えて実現するし、ラインスピードを上げてハイボリュームでの生産が絶対化されやすい。とはいえトラブルの発生や需要変動が皆無ということはありえないから、各工程には余分の在庫をバッファーとしてもつことになるが、しばしば各工程間で在庫量のアンバランスが生じ、不良在庫や過剰設備、過剰労働力を抱えこむことになるのである（門田［一九八五］、七五頁）。

このように原点として共通のものを有しながらフォードシステムがジャストインタイム生産システムと完全に道を分かつに至った大きな理由は、ライン同期化を追求していた段階と違って、トータルシステム的ライン同期化が完成してしまった後では、フォードシステムそのものがライン同期化の原点から乖離していったからである。この乖離がどのようにして生じたかを明らかにする前に、ライン同期化実験が進行した頃のフォードの工場生産システムに何が起こりライン同期化がどのように定着するに至ったかを取り上げよう。これによって、ライン同期化の原点とは何であったかがまず明らかになるからである。

まずライン同期化実験が進行した一九一〇年から一三年にかけてのフォードのハイランドパーク工場での実験以前に、フォードの工場ではライン同期化の前提となるべき工程配置の点で品種別加工ラインの導入や専門的工作機械の導入による工程間の待時間を少なくする実験が先行している（門田［一九八五］、七五頁）。そして実用的標準大衆車として登場したモデルT型車は、その部品、工具から生産工程に至るまで徹底した標準化を前提とする製品として、生産の同期化によるトータルシステム化を実現するきっかけを与えたことは事実である。しかしこの全面的なライン同期化を完成させるためには、生産ラインの運搬の自動化・連続化となって結実することになる主要生産工程ごとの作業の標準化と生産の連続化によるスケジュール化が、試行錯誤的に進行する必要がある。

例えば最終組立てシャシーの組立ラインの実験は、一九〇八年ピケット・アヴェニュー工場でモデルN型（モデルT型のベースになった先行モデル）を生産している段階ですでに試行的に始まっているが、全面的な流れ作業の体系化は、ハイランドパーク工場が建設されT型車の生産が開始されてから五年たってから完成するのである。移動組立そのものはマグネット組立ラインを手始めに一九一三年四月スタートし、ほぼ同年末で流れ作業の体系化は完了する（Rae［1984］, p. 37）。これは最終組立ラインだけでなく、プレス、溶接、機械加工、鋳造などあらゆる工程と必要な機能部品から小物部品に至るまでのあらゆる生産を連続化し体系化するのにそれだけの時間と試行錯誤的実験の積み重ねが必要だったからである。また部品や資材調達の面でも計画的な発注と納入のシステムをつくる必要もあった（Sorensen［1956］）。ハイランドパーク工場は流れ作業ができるような機械配置がいちおうなされていたが、当初は完全に同期性ある稼働ができるようになっておらず、完全な生産の同期性を達成するために必要な新しい特殊専門工作機械を入れ、工程ごとに最終組立ラインを同期化できるよう実験を繰り返す必要があった。そしてこのような実験の積み上げが進む中で、一九一二年になってT型車の需要の急速な拡大が見られたことが直接的な契機となり、一九一三年に鋳造からプレス加工、機械加工、モーター、フェンダー、磁石発電機、トランスミッション、エンジン、ブレーキなどの部品や材料加工、機能部品のサブアッセンブリーラインと最終組立ラインを結ぶ、完全に同期化された一貫生産体制によるトータルシステム的流れ作業体系が完成することになる。

こうしてフォードシステムは、テイラーの科学的管理法が力点を置いた労働者の個別的な作業能率の向上だけでなく、すべての生産工程の同期化によるトータルシステム的合理化を実現するとともに、生産工程における無駄な原材料や部品、仕掛り品などの工程内滞留、つまり余剰在庫を極力少なくして資本の回転率を速め、トータルなコスト切下げと収益性向上に大きな貢献をすることになった（下川［一九九〇］、一一九頁）。ここでとくに注意すべき点は、フォードシステムが、その完成時点において、ラインの同期化と無駄な工程在庫の徹底した削減とを結びつけていたということである。ヘンリー・フォード自身も工程における余分な在庫を排除することが、ラインの同期化の前提でなくてはならないことを、無駄を排除する意義とも結びつけて説いている（Ford［1922], p. 83）。

このようにして数多くの試行錯誤の上に達成した生産ラインのトータルシステム的同期化は、工程の在庫を必要な時に必要なだけ充足するという意味においての無駄な在庫を削減しつつ、大量生産による量産効果＝大幅なコスト低減を実現することに成功した。このように見てくると、フォードシステムには、その原点として部品や工程仕掛品の在庫を必要最小限で生産の同期化を実現し、そのために必要な部品納入の同期化を進めるというジャストインタイム生産システムの発想と同じものが存在することが理解される。少なくともトータルシステム的な生産ライン同期化を達成するまでのハイランドパーク工場では、全体のラインの同期性を達成するための各工程やマグネット発電機のような部品組立工程においてそれぞれの作業進行の平準化を追求し、工程内および工程間の滞留をなくするために、生産スケジュールに合わせた必要なだけの材料や部品、そして工程仕掛品の供給と流れを保証することにまず力点がおかれ、自己目的的に量産規模を上げるためにいきなりスピードアップを追求したり、ハイボリューム生産のための大量在庫を許容するようなことはなかったのである。

モデルT型が登場して二～三年後に爆発的な需要の増加が見られ、営業サイドから強い増産のプレッシャーがかかっていたのに、ソレンセン等工場幹部はそのプレッシャーを押さえて、単純な生産規模の拡大よりもトータルな生産の同期化を優先した（Sorensen [1956]，邦訳、一四七‐四八頁）。そしてトータルな生産の同期化を達成するために、生産管理体制の確立に向けて、マテリアルハンドリング、工程管理データ作成、品質検査などの体制を整備しつつ、ライン生産を、それぞれの工程別ライン内およびライン相互間においてシステム的運営によって一糸乱れぬ全体的連続性にもっていく努力がなされた（塩見［一九七八］、二六〇頁）。このような生産ラインのトータルな同期化の前提となるべき工程管理データの集計や送付のやり方を見ると、次のような注目すべき傾向が見られる。すなわち現場の各部門の生産日程の完了が報告されると工程管理部から伝票係と計数係が現場に向かうが、計数係が完成品の数量を数えて適当な容器に入れると、伝票係がその数量と送り先の次部門などを記入した「工程管理部伝票」をこれに取り付ける。この伝票はふつう上下同じものが切取線で二つに分かれ、上半分は部品について次部門に行き、下半分は工程管理部にもち帰られ、全部門における生産量がその日のうちに正確に把握されたという。これに加えて現場の各部門における各労働者が、各自が「個別カード」をもち、自分のその日の作業の記録をつけることになる。この記録が集計された「生産時間カード」という各労働者の作業記録となり、これをもとに、「個人生産記録カード」と「加工部品カード」という二種類の記録が作成される。この「個人生産記録カード」には日付、作業名、労働者名、作業時間、生産量が記載されており、「加工部品報告カード」にも日付、加工部品名、生産量が記載され、それが三つの関連部署に提出され、集計活用される（塩見［一九七八］、二六三－六四頁）。

このような同期化の前提となるべき工程管理のデータの集計や送付のやり方を見ると、「工程管理部伝票」が後のジャストインタイム生産システムにおけるカンバンの作成と運用の仕方と類似の役割をすでにもっていたこと、また現場の労働者が記録の作成に直接タッチすることで、自らいつどこで何をどれだけ作ったかの作業確認を兼ねた記録を行っていることがわかる。少なくともこの記録で見る限り、ジャストインタイム方式の管理が実施されている場合と共通した生産工程の平準化へ向けての絶えざる努力が行われていると言えよう。そしてこのような努力は、最終工程のライン同期化に結実するという意味では、後工程の作業スピードに合わせて必要なだけのロットの必要な部品や仕掛品を前工程が供給するというジャストインタイムの生産平準化の原理はそれなりに貫かれていたといってよいであろう。とくに二片式の工程管理部伝票が片や工程管理部の記録データとして集約されながらも、もう一つの上半分は部品について回るということは、少なくとも生産指示カンバン的な役割をそれが果たしていたということを意味する。

問題は、それぞれの工程ごとの労働者が引取りカンバン的なもので自工程がそのつど引き取るロットやワークの種類をどのように確認して自らの標準作業を遂行していたかということであるが、この点は「個別カード」への各労働者による作業記録で一種の自己確認がなされていたと見るべきであろう。

このようにフォードシステムにおけるライン同期化実験が進行する過程では、絶えず生産時間と作業条件が変化していたから、それに伴っての工程管理データの収集と並行した工程管理伝票の生産指示カンバン的活用と各労働者の自らの受持ち工程での作業確認のための「個別カード」への記入とは、生産時間や作業条件の変更に絶えず対応して生産の平準化を進めることを保障したといえるかもしれない。その意味でもフォードシステムがライン同期化を目指した時の生産システムの原点は、後工程が必要な時に必要な物を必要なだけ引き取って工程在庫を必要最小限にとどめるというジャストインタイム思想そのものであったとみることができる。

## 3 フォードシステムにおける原点からの乖離とその意味

以上のように、フォードシステムがその完成を目指してライン同期化を進めている段階では、明らかに、その後ジャストインタイム生産システムが追求した生産の平準化と相通じる要素が存在していた。そこには、工程在庫を最小限に止めながら生産工程の進行のバラつきを極力少なくして工程間の平準化を実現して生産体系全体の同期化を図ろうとする全員参加型の工程設計への努力が見られた。しかし、一九一三年にトータルシステム的な流れ作業体系が確立して以降は、生産の平準化よりもトータルシステム的な合理化メリットを追求するために、生産工程の細分化と作業の単能化を極度に追求し、かつラインのスピードを上げることによって量産規模を拡大してハイボリューム生産による規模の経済性を追求する、典型的なハイボリューム・ハイスピード生産システムに重点移行していく。このようなフォードシステムにおけるライン同期化の原点からの乖離はどのようにして起きたのであろうか。

フォードシステムのトータルシステム的流れ作業体系の確立は、そこで生産されるモデルT型の大量需要の発生に対応するため、モデルチェンジはおろか設計変更を極力少なくして、単一車種でいかにしてハイボリュームの生産を拡大するかにすべての努力が集中されるという傾向をもたらした。そのためにラインスピードをいかにして上げるかに関心が集まった。その一番の早道は工程の細分化と単能化である。工程の単能化はそれまでとはうって変わって多くの単能工をラインに配置し、工程管理データは工程管理部とその出先が完全に掌握するところとなり、現場ラインの単能工たちにはマニュアル化された作業指示が一元的に与えられるようになっていく。かつてのライン同期化実験が進行した段階でも単能工の数は増大したわけであるが、それでもこの段階では生産管理部門と現場の職長や多能工型の熟練工がいっしょになって工程分析や作業の標準化のデータ収集や同期化のための工程レイアウトの変更や工程改善や作業改善などを協力して行っており、全員参加型の工程設計が進められていた。

その結果、工程間のラインバランスの確立のみならず、後工程の加工速度にマッチする前工程の工程編成や必要最小限の部品および仕掛品在庫での生産も可能になっていた。しかしトータルシステム的流れ作業体系の確立以降は、単能化作業の圧倒的増大と単能工化のテンポの急速な高まりは、全員参加型工程設計からの決別をもたらし、ＩＥスペシャリストによるエリート主義的管理を不可避なものとした。とくにこの生産システムのトータルシステム化による予想を上回る量産効果の高まりによって、当初はT型車の需要増加に追いつくことが目的であったが、この絶大なる量産効果の追求それ自体が自己目的化し、究極的には需要を超えたハイボリューム・ハイスピードの生産が絶対化されるに至った。そのためにそれぞれの工程で必要なものを必要なだけ必要最小限の在庫で生産するというライン同期化の原点が急速に見失われ、トータルシステム的全生産ラインの同期化が進んでいくほどハイボリューム・ハイスピードの生産による規模の経済性の追求が絶対化され、作りだめは正当化されて生産体系全体が硬直化するというパラドックスが生まれたのである(下川[一九九〇]、一九三頁)。最大限のハイボリューム・ハイスピードの生産の追求による生産管理は固定化され、前工程が後工程に押出し方式で生産し、ラインを中断したりすることのないよう工程での部品、仕掛品の在庫のバッファーをもつことは正当化されることになる。固定化された生産計画のもとで工程管理はデータ収集からその一元的管理に至るまでIE専門家集団だけが統括するところとなって、テイラー主義的管理が完全に定着する。多能工はごく一部の例外を除いて不要となり、彼らはベテラン職長ともども自らIE専門家の仲間入りするか、そのライン同期化推進のノウハウを買われて社外流出することにならざるをえない。また同期化実験の進行中は、品質問題は検査工だけの責任ではなく工程現場がそれぞれ品質に責任を自主的に負っていたのであるが、ハイボリューム生産の拡大と単能工の増加により品質検査部門の拡大と品質問題のスペシャリストによる管轄化とが徹底されるに至った。

このような「見込生産」によるハイボリューム生産を安定化させるために、それまで外注に頼る部分の多かった部品の生産も極力内製化して垂直的統合のメリットを引き出すべく、部品生産の内部化とハイボリューム生産体系へのリンケージが徹底して追求されるようになった。ハイランドパーク工場の後に完成するリヴァールージュ工場の一貫生産体系は、原料―部品―コンポーネント―最終組立てという垂直的統合のメリットを加味しながら、工程のいっそうの細分化と部品サテライト工場の内部化と巨大工場コンプレックスの徹底した同期化を、桁違いの規模の経済性の追求に結びつけたのである（同前、一九三―九四頁）。かくして見込生産によるハイボリュームの製品作りだめの固定化傾向は、その量産効果があまりにも大きかったために、フォードだけでなくGM、クライスラーなど他の自動車メーカーにもそれが浸透し、以来今日に至るまでアメリカの大量生産産業とそこでの工場管理を特徴づける基本的体質となってしまったのである。そしてこのアメリカ的生産システムの基本体質は、今日における工場自動化の展開の中にも今なお影を落としているのである。

## 4　日本的生産システムの源流とその史的展開

日本的生産システムの発端をなすトヨタのカンバン方式は、その源をフォードシステムがやがて没却していったジャストインタイムのライン同期化という生産思想の原点に学んだトヨタ自動車の創業者、豊田喜一郎にさかのぼることができる。喜一郎がどのようにしてジャストインタイムのものづくりを構想するに至ったかについては、またこの思想を受け継いだ大野耐一等によって発展せしめられたトヨタのカンバン方式の発展については、すでに別稿で取り上げたのでここでは繰り返さない。問題はその歴史的展開の中から何が生まれ、それが現代の自動化や世界的なジャストインタイムの生産革命にどういう影響を及ぼすことになるかということである。

比喩的に表現すれば、ジャストインタイム生産システムは、フォードのトータルシステム的一貫流れ作業体系によるハイボリューム・ハイスピードの見込生産の固定化の段階から、もう一度歴史を引き戻して、ライン同期化実験の段階に見られた、必要な物を必要な時に後工程が必要なだけ前工程から引き取ることによって、必要最小限の工程在庫で生産し生産計画を固定化しない生産システムとして、再び脚光を浴びたとも言える。それは工程管理の問題や品質管理、そしてマテリアルハンドリングなどを一部のIE専門家集団や品質検査の専門家だけに委せず、工程の絶えざる改善活動と結びつける現場ワーカーの全員参加によって問題解決を進める行き方を復活させたのである。もちろんこのように言うことは、IEや品質管理の専門家の役割を軽視することではない。むしろ彼ら専門家の役割は、より高度な生産管理と生産技術の発展、同じく高密度の品質管理水準達成のために、より大所高所から管理することに重点が移るようになるのである。

例えばそれは、市場環境や経済環境の変化と工場側の生産条件や制約条件の変動に対応して、問題解決のために何が重大なポイントとなり、解決のための方向づけが何であるかを明確にしていくことに通じることになる。

いずれにせよジャストインタイム生産システムは、フォードのライン同期化実験当時の生産思想の原点に着目して、限定された量産規模の中での生産合理化に着手したトヨタの試行錯誤の努力の歴史的積み上げの中で完成されていったのである。戦時生産による中断の後に、戦後になって大野耐一等の指導のもとでジャストインタイム生産システムの試行錯誤的実験は始まる。しかし、戦後のトヨタの経営が直面した市場環境は、かつてのフォードのように単一車種であっても見込生産で作れば量産効果でコストが下がり、作りさえすればあとは大量販売の力でいくらでも売れるという情況とはまったく違っていた。経済情勢が流動的で好不況の波があり、一九五〇年代半ば以降になると高度成長で自動車需要は伸びるが、その需要構造が複雑でしかも絶えず変動する情況であった。しかも一九五〇年に大労働争議を経験し倒産の危機をやっとまぬがれたトヨタには、設備投資や工場の新増設を行う財政的余裕もほとんどなかった。したがって設備投資をやたらに増やさずに売れる車を売れるだけ作ることの必要性が絶えず認識され、そこから生産を需要変動に合わせていくための生産の平準化が進められることになった。その間生産される車種も生産量が限られている中で絶えず変化し、大型トラックから小型トラック、大型乗用車から小型大衆乗用車へといった重点車種の変化が次々と起こり、後には同じタイプの車の中でも異なるバージョンのものが市場ニーズの多様化に対応して登場してきたのである。このような情況のもとでは生産は一定の生産計画でスタートする見込生産の形をとってはいても、絶えずその生産計画を微修正しつつ多品種変量生産もしくは多品種少量生産の方向にもっていかざるをえない。その鍵を握るものこそ生産の平準化であった。

かくしてトヨタでは一九五五年頃に生産の平準化が始まった。この生産の平準化を進めるために、生産の量と品質に応じた工程のレイアウトの変更や作業手順の変化に現場の作業員が対応できるようにするために、多工程持ちを拡大し多能工化の推進がはかられた。このような形で開始された生産の平準化の原則のもとでは、機械はフル稼働をかならずしも前提とせず、稼働率というのは注文量に対応したものであり、注文次第で仕事がなかったら機械を止めることをも見込んだものとなっている。この稼働率の考え方に対応して、止めた機械でもこれをいつでも動かせるようにしておく可動率の考え方がセットになっており、注文量の変動に応じたフレキシブルな生産がなされることになる。要するに必要な時に必要なだけしか作らないし、いつでも必要が生ずれば作れるようにし、そのための生産工程のバラツキを完全に排することができるようにしたのである。

そのために職場での多工程持ちが広がり、プレス工程のように見込みで大ロットで打つ傾向の強い職場では、生産ロットを小さくしてプレス型の段取り替え時間を短縮することが課題となり、やがてかつて何時間もかかったのを二〜三分で行うシングル段取りが実現するようになる。またこのような生産の平準化を進める中で工程在庫が大幅に減ったために中間倉庫は不要となり、セット生産が実現した（大野［一九七八］、二四頁）。

またトヨタ生産システムの有力手段としてのカンバンの生産情報としての活用が、一九五四年頃からいわゆる「スーパーマーケット方式」と言われる生産方式の展開の中で始まる。この生産方式では、必要とする製品の数と生産順序をまず最終工程に示し、順次必要なものを後工程で前工程に取りにいき、前工程は後工程に引かれたものだけを作るというやり方で組立てから材料まですべて連鎖的に生産を同期化できる。この方式がスタートすると、それまで作業手順を書いたものをカンバンと称していたのを、生産指示カンバンと引取カンバンに分けて、ここに後工程が前工程に引き取りにいく生産情報としてのカンバンの有効活用が実現した（大野［一九七八］、三〇〇頁）。

カンバン方式は機械加工や組立工程から始まりやがてすべての工場と工程に及び、後になると関連部品メーカーにも及ぶに至った。その結果、工程において品質を作り込むいわゆる工程での品質保証の考え方が拡がり、工程におけるダウンタイム（不稼働時間）を極小化する努力となって大きな合理化効果をもたらした。また工程で品質を作り込む体制づくりの中で大きな欠陥作業があればそれを摘発する自動ライン停止装置やポカよけなどによるいわゆるニンベンの「自働化」や電光標示板「あんどん」による目で見る管理も採用されていく。これらの合理化努力の結果として工程における在庫量の生産指示に合わせた最適極小化と工程における品質保証とそのフォローアップによる品質向上と生産性向上の両立も実現することになった。

## 5 ジャストインタイム生産システムの展開と工場自動化

本章冒頭にも触れたように、ジャストインタイム生産システムの成功は、世界的に大きな反響を呼び、JIT革命が世界に広がっていると言われる。本来、工程における改善活動やQCサークル活動など現場の全員参加によるどちらかというと人間の泥くさい日常的な努力と問題発見やチームワークなどが主体となって展開されたジャストインタイム生産システムではあったが、最近のハイテク時代の自動化や合理化の中にもその思想は生きている。とくに近年、円高合理化の折りにはいろいろなハイテク機器や情報機器を使った自動化やトータルシステム的合理化が進められ、そこでもジャストインタイムのものづくりの考え方をどう生かすかが問題となった。その中では電子カンバンの利用や、LANを活用したハイテク・ジャストインタイム生産システムが出現し、また開発のスピードアップとも関連し、CAD-CAMのネットワーク化によって開発システムと連動したトータル・ジャストインタイム生産システムが展開する。

しかしその中にあっても多能工の熟練ソフトをいかにしてFA自動化のソフトに伝えるかが大きな問題である。さらに加えて円高対応だけでなく構造的な労働力不足が顕在化するに及んで、どのような自動化を進めるかをめぐって、ここでもフォードシステムが原点から乖離しハイボリューム・マスプロ方式を固定化してしまった基本的発想にとらわれる立場と、フォードシステムの原点に着目してフレキシブルなものづくりの思想を追求したジャストインタイム生産システムの発想をあくまで生かそうとする立場という二つの潮流が今日なお尾を引いた構図となっている。

今日構造的な労働力不足が定着するに及んで、その強固な国際競争力の基盤となっていた現場の熟練の集積にもとづく製造技術と生産技術を誇ってきた日本の製造業の工場現場にも大きな変革が起こりつつある。端的に言ってそれは、徹底した省人化を目的とする無人化工場、無人化ラインの相次ぐ建設ないしそれに向けての本格的な実験の始まりに象徴的であり、とくに半導体、電子機器、家電製品などの場合に顕著である。無人化工場を目指しての自動化の進展は、工場現場を支えてきた熟練工や多能工の存在そのものを否定し、生産技術者だけで生産工程が運用されるようになるのではないかという憶測すら生むに至っているのである。

一九九〇年代に進んだ自動化は、それまでの自動化がそれぞれの工程にロボットやNC工作機を導入して省人化と省力化の効果を上げることに焦点をおいた、いわば点と線の合理化を目指す自動化だったのに比べ、面全体の合理化効果を狙ったトータルシステム的自動化である。このような自動化は、CIMや工場LANなどのコンピュータ情報システムを導入し、それまで独立した島のような存在だった工程ごとの自動化を、共通の情報ネットワークで結ぶことによって可能になる。このことが前提となって、一見したところ現場には熟練工らしい姿をまったく見かけない無人化ラインが出現すると言われていた。

このように一見無人化ラインを志向しつつあるかに見える現在の自動化を論ずるに当たって重要なこと

は、同じように見える自動化においても、どのような自動化を目指すかという点でその基本的発想に大きな違いがあり、それによって熟練工の持っていた技能を自動化システムの中にどう取り入れるかが大きく違ってくるという点である。

現在人手不足は、日本ではもちろんのこと欧米でも、形態や動機は異なれ構造的な労働力不足はいろいろな形で存在するか、もしくは将来発生すると考えられるようになり、非常に労働集約的と言われてきた自動車の最終組立ラインの自動化率では、ドイツ、フランス、イタリアなどのメーカーがはるかに先行するという事態が発生していた。日本では半導体やVTRなど電子メーカーの工場の無人化や自動化は進んでいても、自動車の最終組立ラインの自動化はむしろ欧州を追いかける状況にあると言われていた（坂本・星野［一九九〇］）。

これは日本では組立ラインでの熟練工が文字通り多能工として多様な職務遂行能力をもち、かつ組立ラインでの複雑かつ多様で絶えず変化するものづくり、いわゆるフレキシブルでジャストインタイムのものづくりに対応する能力と、絶えず発生する工程での異常事態への対応力が極めて高く、このような能力をそのままロボットに置き換えることはすこぶる困難だったからである。いうなれば、日本では自動化システムは極めてフレキシブルなシステムとしてジャストインタイム生産システムの伝統を継承し、かつ現場の熟練工＝多能工が培った技能と判断力を完全に吸収できるものでなくてはならないのである。その意味では、プレス型のひんぱんな段取り替えの迅速な対応が可能となり、そのノウハウをソフト化できたプレスと溶接工程が、トランスファープレスの導入と相まって自動化率が九〇％近くにまで上がっているのは、組立工程の自動化率の遅れと比べて対照的であるが、それにはこのような背景があることを銘記する必要がある。

これに対して欧米の自動化システムのあり方は、その根本思想が自動化以前の現場の熟練工の存在をできるだけ少なくし、単能工ですべての工程の作業をこなすやり方をベースにしたマスプロ・ハイボリューム生産方式――いわばフォード主義生産システム――の延長の上に立ち、大量見込み生産を効率よくやっていくことと、品質はあくまで検査部門に頼る考え方の延長の上に成り立っている。したがって欧米方式の自動化では製品設計の変更や段取り替え、小ロットで多品種の製品を作り出すような工程のフレキシビリティーは少なく、ハイボリュームの少品種大量生産による生産体系の硬直化はどうしても避けられないのである。少品種大量生産で大ロットの加工や組立てを効率よくやり、かつそれに合わせて品質の検査をきちんとやることはできるが、設計変更や段取り替えにはどうしても設備の大幅な変更や特定の専門家グループを動員したりして、時間とコストがかかりすぎるという難点がある。少品種での量産が継続できる条件が与えられれば、自動化率を上げることが即省人化に直結するが、この場合、省人化で要らなくなるのは、熟練工でなく単能工である。なぜなら、元来欧米のシステムでは極力多能的な熟練工を排除してきており、自動化システムの設計や運用は、生産エンジニアやIE技術者の手に委ねられ、彼らの自動化の目的動機は、単能工の多くの人手がかかっていたのを徹底的に排除し、省人化することだったからである。

これに比べ日本で発展しつつある自動化の考え方は、製品開発のリードタイムの短縮と、それに結びつく複雑で多様、かつ品種的にも量的にもいろいろな変化に耐えられるフレキシブルなものづくりに、現場の多能工的熟練の技能や判断能力を極力生かして、自動化を進めるものである。確かに工場の自動化は、FA機器やNC工作機の設計やメカに強く、コンピュータ・システムの設計や操作に習熟して自動化のハードに強い生産エンジニアや工程分析の手法をよくマスターしたＩＥ技術者など、特定専門家の主導で進めることは可能である。

しかし、高度にシステム的に統合された自動化システムになればなるほど、フレキシブルな切替えに対する素早い対応のためには、現場の生産工程のあらゆる問題点を知りつくし、マシンレイアウトや段取り替え、治工具の入れ替えや刃具類の交換のやり方、加工内容の変更などについて敏速な判断を下すことのできる熟練工の存在と、その熟練工の技能や判断力のコンピュータ・ソフトへの伝承移転が不可欠である。また高度に統合された自動化システムにおいて、その工程のどこかで何らかの故障や異常が発生することは不可避である。このような異常に対して迅速に対応できる能力、また異常の発生の原因を予見し、事前にどのような対策を講じておけばよいかを判断できる能力は、熟練工が永年培ってきた多能工的熟練に求めるしかない。コンピュータ・プログラマーは、与えられたデータによるマシンの自動制御や工作物に対する工具の位置決め、切削の順序、テーブルの送り速度などの加工情報をプログラムに組んで入力させることはできる。しかしどのような位置決めや速度が最適であり、加工手順や工具類の選択をどうするかといったデータをどんな形で判断し、決めていくかということは、プログラマーには手に余る仕事である（松島［一九八七］、八三頁）。

金型設計、溶接、機械加工、組立てといった仕事は、一〇年、二〇年の熟練がものをいう世界であることが多く、そのような熟練を無視しては自動化ラインの工程設計と日常的運用は成り立ちえない。またロボットの一定の動作をマイコンに入力するティーチングの仕事は熟練工がやる方がより正確である。すでに述べたように無人化ラインへ向けての自動化の進展は近年目ざましいものがある。それがコンピュータ・システムとロボットに用いられるマイコンなどの発達・普及によることは事実である。しかしそれだけではなく、最終組立ラインのような極めて複雑で多能工的熟練がものをいう工程でも自動化が進みつつあるのは、ロボットの性能や機能が高度化し、テレビカメラ、センサー、AI（人工知能）などの視覚、知覚など人間の機能を代替できる装置や機器の信頼性が飛躍的に高まったことに負うところが大きい。そして組立てや加工の精度、信頼性に対する高い要求水準は、自動化を進めれば進めるほど高まるが、どれほど高度に自動化、無人化されたラインでも、それを動かしているのは熟練工によって培われた技能と熟練のソフトであり、とくに体験によって形成された判断力や知能が重要である。この判断力や知能は、どんな高度な知能ロボットでも完全には代替することはできない。この意味ではすべての工程を完全無人化ラインに置き換えることはできない。したがって高度な自動化が進めば進むほど熟練工はライン現場そのものからは一見姿を消すが、その技能と知能はラインを動かしバックアップする役割を演じているのである。

## 6　むすびにかえて

日本的生産システムが提起した問題、すなわちジャストインタイムのものづくりの思想には、明らかにフォードシステムのライン同期化実験の原点にまでさかのぼることのできる生産思想とのアナロジーがあり、その後のフォードシステムや欧米メーカーが陥っていったハイボリューム・ハイスピードの大量見込生産の絶対化に対するアンチテーゼが存在する。そこでは、かつてライン同期化実験の進行するプロセスで追求された生産変動や工程設計の変化と改善に合わせた作業標準や工程分割と工程管理の技法において、生産エンジニアだけでなく現場の職長や熟練工が広く参画する行き方がとられていたことがもう一度再現され、かつそのシステムをより徹底化し、欧米型のハイボリューム・ハイスピードの見込生産の絶対化とそれによる硬直化した生産システムと工場管理におけるエリート主義を排することの重要性が事実で示されたと言える。

このようなジャストインタイムの生産システムを、MITの国際自動車産業研究チームは、リーン生産方式と称し、「今やリーン生産革命が世界的に広がりつつあると」指摘した（Roos et al.［1990］）。確かに、ジャストインタイムの生産システムをここまで発展させてきたことの根底には、日本企業の体質とくに集団主義的ビヘイビアになじみやすい社会システムの存在といった全員参加で物事を進められる土壌という日本的要素が根底にあることは事実である。その意味ではこれを日本的生産システムと呼ぶことは正当性をもつが、これを単なる日本固有のシステムとしてのみ見ることは、この生産システムのもっている国際的普遍性やその歴史的に見た原点のもつ普遍性とその現代的意義をかえって見失わせることになりかねない。

MITのレポートの指摘を待つまでもなく、ジャストインタイム生産システムの国際的普遍性は日本企業の海外現地生産工場での実験を通じて実証されつつある（安保ほか［一九九一］）。また日本においても、構造的労働力不足と労働市場の国際化に直面し、より高度なシステム的自動化を進めるに当たって、ジャストインタイムの生産思想がいろいろな形で継承されていくことになる。しかしながら、ジャストインタイム生産システムとは、絶えざるフレキシブルなものづくりの思想をそれぞれの製品なり現場の情況に対応して追求するプロセスであり、絶対化された固定的なものではない。それはつねに工場で働く多くの人々、生産エンジニアと職長や多能工化した現場ラインの労働者の一体となった絶えざる問題発見と問題解決への取組みによって可能となる。

この点に関連して、高度な、例えば無人化ラインを志向するようなシステム的自動化にも、かつてフォードシステムがその原点から乖離しハイボリューム・ハイスピードの見込生産一辺倒の硬直化に陥ってしまったような落し穴がないとは言えない。ロボットの性能や機能の高度化やセンサー、AI、エキスパートシステム、CIMなどのコンピュータ情報システムの発展と信頼性の向上により、人間の機能の代替が可能となり、さらにトータルシステム化の利益が大きいと、その華々しい技術的成果に目を奪われて、無人化に走ることばかり考え現場の改善活動などを軽視してしまって、結果においてかつてフォードシステムが原点を見失って陥ったのと同じ落し穴にはまってしまう危険性がないわけではない。

もっとも現在進行中の自動化も、昔ながらの人海戦術的改善活動だけで対応できるものでもない。無人化ラインのような高度な自動化の進展は、熟練工にこれまでのような単なる多能工から多能的熟練をも包摂した知能工となることを要求するようになる。この場合の知能工に必要なことは、多能的熟練のノウハウに加えてマイコンソフトについての知識をもち、自らがもつ技能のソフトを実際にプログラム化したりデータベース化する能力がまずあげられる。その能力は生産エンジニアとの緊密な協力関係の下で発揮されていくであろう。例えば、本田技研では、高級スポーツカーNSXを作っている栃木工場に他の量産ラインをもつ他の組立工場から熟練工の志願者を募集し、熟練工としてのいろいろな修練の後に一定期間を経てまた元の工場に彼らを戻して高度な自動化ラインを作り上げる現場の中核的存在として活用している。

さて高度な自動化の進展に当たってもう一つ重要なことは、高度な自動化は当然、工程における故障や異常の発生を極力事前に防止するための設備と工程のメンテナンスを必須条件とするが、それにも現場の技能を生かした迅速かつきめ細かい予防保全能力を高めるために、知能工化した熟練工の役割が大きくなるということであろう。

最近の日本の製造業では、自動車の組立ラインに限らず、構造的な労働力不足に対処するために思い切った自動化を進め、それが可能な工程では無人化ラインの実現に向けて新しい動きが見られる。その中でもジャストインタイム生産システムを生かしそれに対応して熟練工を知能工化していく動きが顕著である。換言すると、脱三Kに向けての高度な自動化のために知能工化した熟練工が今やその鍵を握る存在となろうとしているのである。そこでは欧米型の単なる人減らしのための自動化ではなく、人を育て人間らしい職場を作るための自動化が進行しようとしているといえよう。

近代の工場マネジメントを歴史的に考察するとき、テイラーシステムやフォードシステムのなした絶大なる貢献は、改めて強調するまでもない。それは工場の労働に動作および時間研究をベースとしたシステマティックな管理の原則を持ち込み、絶大な生産能率の向上をもたらし、その延長の上にトータルシステム的な生産の同期化による大量生産革命を実現して飛躍的な生産性の向上と量産効果を実現した。しかしながらテイラーの科学的管理法には、熟練の管理者側への集中剝奪という大前提の上に、管理のエキスパートだけですべての管理を進めるというエリート主義的歪曲が潜んでいたのである（副田［一九五五］、一四一一八頁）。ライン同期化実験において多くの現場の職長や熟練工など従業員の提案や改善、参加が見られたフォードシステムも、トータルシステム的流れ作業体系の自己完結性の確保とともに、テイラーのエリート主義に戻ってしまっている。日本的生産システムがこのような歪曲と盲点をついたものであることは、これまで見てきたところであるが、自動化がいっそう進むこれからの工場の生産システムに日本的生産システムが示した歴史的教訓が日本でもまた国際的にも生かされることになれば、それはまさに人間的な生産革命ということになるかもしれない。

＊　本章は、下川浩一［一九九一］、「日本的生産システムの歴史的背景とその現代的展開」『経済学研究』（九州大学）第五六巻五・六合併号、に一部加筆したものである。

## 参考文献


安保哲夫・河村哲二・板垣博・上山邦雄・公文溥［一九九一］、『アメリカに生きる日本的生産システム』東洋経済新報社。
馬場克三［一九六六］、『経営経済学』税務経理協会。
Ford, Henry [1922], *My Life and Work*, Garden City, NY : Garden City Publishing.
松島克守［一九八七］、『ＣＩＭ製造業の情報戦略』工業調査会。
門田安弘［一九八五］、『トヨタシステム』講談社。
大野耐一［一九七八］、『トヨタ生産方式』ダイヤモンド社。
Rae, J.B. [1984], *The American Automobile Industry*, Boston, MA : Twayne Publishers.
Roos, D., J.P. Womack and D. Jones [1990], *The Machine that Changed the World*, New York : Rawson Associates.
坂本俊治・星野俊彦［一九九〇］、「車両組み立ての自動化への展望」『自動車技術』第四四巻五号。
下川浩一［一九九〇］、「フォードシステムからジャストインタイム生産システムへ」中川敬一郎編『企業経営の歴史的研究』岩波書店、所収。

下川浩一［一九九一］、「熟練工はどこに――自動化の行き着く先」『日本経済新聞』四月二一日号。

塩見治人［一九七八］、『現代大量生産体制論』森山書店。

副田満輝［一九五五］、「テイラーシステムの原理」『経済学研究』（九州大学）第二一巻一号。

Sorensen, C. E. [1956], *My Forty Years with Ford*, New York : Norton.（高橋達男訳［一九六八］、『フォード――その栄光と悲劇』産業能率短期大学出版部。）

第12章

# 意思決定原理と日本企業

高橋 伸夫

## 1 はじめに

人は、何かものごとを決める際に、意識している意識していないにかかわらず、何らかの原理・原則に則って意思決定を行っているものである。それをここでは意思決定原理（decision principle）と呼ぶことにしよう。例えば、選択肢の種類や内容について一切考えず、取り敢えず一番手近な選択肢を選ぶというのも立派な意思決定原理であるし、でたらめに選択肢を選ぶというのは、むしろ代表的な意思決定原理の一つである。ゲーム理論から派生した決定理論では、マクシミン原理、マクシマクス原理、楽観・悲観指数原理、ミニマックス・リグレット原理などが代表的なものとして知られている（French［1986］，高橋［一九九三b］）。

一般には、どの戦略が選択されるかは、採用される意思決定原理によって異なる。しかし、通常そのことがあまり気にされないのは、ゼロ和二人ゲームでは均衡点が必ず存在し、その均衡点は各プレイヤーがマクシミン原理に則って戦略を選択したときに達成されるからである。しかもゼロ和二人ゲームでは、一方のプレイヤーがマクシミン原理に則って戦略を選択している限り、もう一人のプレイヤーにとっても、マクシミン原理が最適な意思決定原理となる。つまり、マクシミン原理で意思決定原理も均衡している。こうしたことはミニマックス定理として証明されている（例えば、鈴木［一九八一］）。

ところが、ゼロ和の制約がはずれて、非ゼロ和二人ゲームになると、ナッシュ均衡は存在するものの、もはや二人のプレイヤーがマクシミン原理にしたがって戦略を選択しても、ナッシュ均衡点にならないこともある。つまり非ゼロ和二人ゲームでは、マクシミン原理はもう均衡点を指し示さなくなり、マクシミン原理を採用する根拠は失われるのである。それどころか、実はナッシュ均衡がどうやって実現するのかということを経済合理性だけで説明する試みは、これまでのところ失敗している（Kandori［1997］）。そのことを逆手にとって、複数均衡が存在するような場合に、進化ゲーム的なアプローチを採用することで、局所的な漸近安定性をもつ点を進化的均衡点として、歴史的経路依存性を分析しようとする試み（青木・奥野［一九九六］）も見られるようになってきたほどである。

言い換えれば、相手プレイヤーが予想外の戦略を選択したときに、それがいかなる意思決定原理に則って行われたものであるかを想像し、理解することは至難のわざということになる。おそらくそういう場合には、相手プレイヤーの意思決定原理を徹底的に追求し、理解しようとするような努力は放棄され、「彼らは意思決定原理もなしに意思決定を行っている」と断定して次のステップに進んでしまうだろう。

よく日本人にはプリンシプル（原理）がないと言われるが、本当にプリンシプルがないのかどうか、実は大いに疑問なのである。確かに、多くの日本企業で普通に観察される意思決定原理は、ゲーム理論や決定理論の世界に登場するような代表的な意思決定原理とは系統の異なる別種のもののようではある。しかし意思決定原理は存在すると考える方が妥当だろう。なぜなら、もし本当に意思決定原理もなしに行動しているならば、われわれは、互いの行動も全く予想がつかず、社会生活など不可能なはずなのに、そうではないからである。何か筋が通っているような気がする。何かに導かれて行動しているように感じられる。それでは、われわれは一体どんな意思決定原理に導かれて行動しているのだろうか。それに対して、ある仮説を提示することが本章の目的である。

## 2 均衡の非現実性

非ゼロ和二人ゲームになっても均衡は存在することは既に述べた。しかし個々のケースでは，どうもすっきりとは納得のできない「均衡」も出てくる。そのうち特に有名なのが囚人のジレンマのケースである。囚人のジレンマは，最近では「自白しない」＝「協調」，「自白する」＝「裏切り」と対応させて，次のような協調・裏切りゲームに一般化して理解されることが多い。

(1) 各プレイヤーは「協調」（cooperation；C）または「裏切り」（defection；D）のどちらかを選ぶ。
(2) 各プレイヤーは互いに相手が次に選ぶ行動を知らないままに，自分の次の行動を選ばなくてはならない。

(3) 相手の行動にかかわらず、協調するよりは裏切った方が得である。しかし両方とも裏切った場合は、両方が協調するよりは損になる。

つまり囚人のジレンマとは、裏切りあうよりも協調しあう方が利得は大きいにもかかわらず、一方的な裏切りで相手を出し抜く誘惑に負けてしまい、結局は裏切りあいの共倒れに終わるという状況を指している。この裏切りあいの状態がナッシュ均衡点なのである。

しかも理論的には、有限回数の反復囚人のジレンマ・ゲームで、その回数をプレイヤーが知っている場合でも、結局は一回限りの囚人のジレンマ・ゲームと同じで、協調行動を引き出すことはできない（Luce and Raiffa [1957], Axelrod [1984]）。なぜなら、有限回である限り（つまり最終回がある限り）、最終回は一回限りのゲームと同じ理由で裏切りあうので、後方帰納法（backward induction）で最終回から遡っていくと、最初の回でも裏切りあうことになるからである。この後方帰納法の考え方自体は、最適性の原理として動的計画法（Bellman [1957]）でも用いられる一般的な考え方である（組織設計問題でも、Takahashi [1987, 1988]を参照されたい）。

しかし、もし本当に共倒れで均衡するとなれば、なんとも愚かしい状況ではないか。そう思うのは私だけではあるまい。実際、多くの心理学者がその研究意欲をかきたてられ、最初の実験結果（Scodel et al. [1959]）が発表されてから約二〇年の間に約一〇〇〇点もの論文、著書が発表されたという（Pruitt and Kimmel [1977]）。そして、反復囚人のジレンマ・ゲームでは、必ずしも共倒れの裏切りあいにはならないということがわかってきたのである。

例えば、ラパポートとチャマー（Rapoport and Chammah [1965]）はミシガン大学の男子学生ペア七〇組を実験対象として、囚人のジレンマ・ゲームを三〇〇回続けてプレイさせた（このゲームは標準的囚人のジレンマ・ゲーム（鈴木［一九九四］）に設定されており、二人のプレイヤーが交互に裏切りに成功しあうような協調行動を排除してある）。ところが、実験の結果、「協調」はかなりの頻度で出現した。特に、各ペア三〇〇回のプレイのうち最後の二五回に注目し、そのうち二三回以上（C，C）反応（プレイヤー1もプレイヤー2も「協調」（C）を選択している意味）がある場合を「（C，C）封じ込め（lock-in）」、二三回以上（D，D）反応（プレイヤー1もプレイヤー2も「裏切り」（D）を選択している意味）がある場合を「（D，D）封じ込め」と呼ぶと、（D，D）封じ込めは一七％で、これは共倒れ状態の（D，D）で安定してしまって終わるが、（C，C）封じ込めは五三％にのぼり、半数以上は協調しあう共生状態で安定してゲームを終了していたのである。つまりゲーム理論の結論に反して「協調」行動がかなりの頻度で見られるだけではなく、最終回が近づいてきてもなお半数以上は協調しあう共生状態で安定していたことになる。

つまりナッシュ均衡は現実的ではない。それどころか、日本企業の場合、逐次的な意思決定過程は少数派であることを示す調査結果もあるので（Takahashi and Takayanagi［1985］）、そうなると後方帰納法自体が現実的ではない可能性もある。

## 3　協調行動の進化と集団安定

こうした心理学的な実験に対して、アクセルロッド（Axelrod［1980a］）はコンピュータ・プログラム同士の総当たりのリーグ戦つまりコンピュータ選手権を試みた。ゲーム理論の専門家一四人が作った一四のプログラムに、でたらめに選択肢を選ぶプログラム「ランダム」も加えた一五のプログラムが、それぞれ自分自身との対戦も含めて総当たりで対戦した結果、「お返し」(tit for tat) プログラムが優勝したのである。このときの「お返し」は正確には、最初は「協調」、その後は前回相手がとったものと同じ行動をとるという戦略であった (tit for tat は「しっぺ返し」がほぼ定訳になっているが、これは報復のみを連想させ、誤解を招くので、ここでは中立的に「お返し」と呼ぶ)。

アクセルロッド (Axelrod [1980b]) はこの第一回コンピュータ選手権の結果とその分析をフィードバックした上で、第二回のコンピュータ選手権を企画し、今度は第一回選手権の参加者も含めて、六カ国から六二人の参加を得るが、またもや「お返し」が優勝を遂げる。ただし第一回選手権では各試合を二〇〇回の反復プレイと決めていたが、第二回の選手権では、ある回が終わるごとに、次の回もプレイするか、それともその回で試合を終了するかを確率で決めることにし、次回も続ける確率 (これを未来係数と呼び $w$ で表す) を〇・九九六五四とした。これは一試合の反復プレイ回数の中央値が二〇〇回になるように設定されたものである。

アクセルロッドは、この大会をさらに続けていくとどうなるかと考えた。あまりに成績の悪かったプログラムは挑戦をやめ、成績の良かったプログラムはさらに挑戦を続けるに違いない、と考えたのである。人間は学習もするし、最も良いと思われるプログラムを模倣するかもしれない。それに、うまくいかないプログラムは淘汰されるだろう。そこで、各プログラムが第 $i$ 世代同士の試合で挙げた総得点に比例して、第 $i+1$ 世代のシェアが決まると設定し、世代を重ねていくようなシミュレーションが行われた。その結

表1　反復囚人のジレンマ・ゲームの2つの研究アプローチ

| | 生態学的 | 進化論的 |
|---|---|---|
| 前　提 | 世代進行に伴って新しいプログラムが加わらない | 突然変異を考慮 |
| アイデア | 成績の悪かったプログラムは挑戦をやめ（淘汰），成績の良かったプログラムはさらに挑戦を続ける（模倣） | いかなるプログラムも侵入可能でないならば，その集団がもっていたただ一つのプログラムは集団安定 |
| 研究方法 | シミュレーション | 理論的考察 |
| 仮　定 | 第 $i+1$ 世代は第 $i$ 世代の試合で挙げた総得点に比例してシェアが決まる | 突然変異1個体が集団内の他の個体よりも高い得点を挙げることができれば，この突然変異プログラムは集団に侵入できる |
| 結　果 | 50世代を経過すると<br>（上位3分の1）増殖<br>（中位3分の1）衰退を始める<br>（下位3分の1）ほぼ消滅 | 「全面裏切り」プログラムはいつも集団安定（裏切りあいの共倒れが集団安定） |
| 裏切りの弱さ | 裏切り上手なプログラムは，しばらくは調子が良くても，搾取相手の衰退につれて自らも衰退していった | 第2回選手権の設定では，構成比率が99.83％を超える時でなければ「全面裏切り」の集団安定は実現しない |
| お返しの強さ | 1000世代の間「お返し」はずっと成績1番，シェア1位で最大の増加率 | 未来係数が十分大きければ，「お返し」が集団安定 |

果、五〇世代を経過すると下位三分の一のプログラムはほぼ消滅し、中位三分の一のプログラムは衰退を始めていたが、上位三分の一のプログラムは増殖していた。上手な裏切りによって相手から搾取するようなプログラムは、しばらくは調子が良いように見えていても、そのうち自らが食い物にしてきたプログラムが絶滅してくると自らも絶滅していったのである。そして、シミュレーションを続けた一〇〇〇世代の間、「お返し」はずっと一番の成績を挙げ続け、シェア一位を守り、最後まで最大の増加率を示してシェアを伸ばし続けていたのである（表1）。

ところで、あるプログラムが別のプログラムによって置き換えられる時、それが模倣（学習）によるものなのか、それとも淘汰によるものなのかには、シミュレーション・モデル上の違いはない。両者の違いはプログラムがもっている慣性力（inertia）の大きさの違いである。しかし淘汰には、厳密には二種類の淘汰があるので注意がいる。ここで取り上げられているシミュレーションは、世代進行に伴って新しいプログラムが加わってくるわけではないので、厳密に言えば、突然変異を考慮した進化論的なシミュレーションというよりも、生態学的シミュレーションということになる。

これに対して、突然変異を考慮した進化論的な状況の分析は、理論的に行われた。それには進化的に安定な戦略（evolutionarily stable strategy：ESS）（Maynard-Smith［1982］）をもとにして考えられた集団安定性という概念が用いられる。いま、ただ一種類の同じプログラムをもった個体からなる集団があるとする。そこに突然変異によって一個体だけが別のプログラムをもつに至ったと考えてみよう。もし、この突然変異個体が集団内の他の個体よりも高い得点を挙げることができれば、この突然変異プログラムは集団に侵入できるといわれる。いかなるプログラムも侵入可能でないならば、その集団がもっていたただ一つのプログラムは集団安定（collectively stable）であるという。

アクセルロッドは「全面裏切り」プログラム（相手の選択にかかわらず、常に「裏切り」を選択するプログラム）はいつも集団安定であることを証明している（Axelrod［1981］）。つまり、均衡の代わりに集団安定性という概念を用いても、均衡の時と同様に、裏切りあいの共倒れは集団安定だったのである。しかし試しに「お返し」対「全面裏切り」の場合を考え、コンピュータ選手権で用いた利得表と未来係数で計算してみると、「お返し」の構成比率が〇・一七％を超えると「お返し」一色に、少なければ「全面裏切り」一色に、最終的にはなってしまう。〇・一七%ちょうどであれば、この初期状態から全く構成比率が変化しないことになる（清水［一九九六］）。たったの〇・一七%である。つまり「全面裏切り」が理論的には集団安定だとはいっても、構成比率が九九・八三%を超えなければ「お返し」プログラムの侵入を防げないのである。このような「安定性」に一体どれほどの意味があるのか、大いに疑問である。

この〇・一七%という境界比率は決して特殊な数字ではない。未来係数$w$の値が十分に1に近ければ、境界比率が十分に小さくなることもわかっている（高橋［一九九七b］）。そして未来係数がある程度大きければ、「お返し」が集団安定であることも証明できるのである（Axelrod［1981］，清水［一九九七］）。

## 4　未来傾斜型システムと成長

ここまで来ると、もはや均衡や集団安定それ自体が本当に魅力的で説得的なアイデア、コンセプトなのかを疑ってみる必要がある。既に指摘してきたように、

(1)　非ゼロ和ゲームでは、均衡点がどうやって実現するのかを経済合理性（つまり利得の最人化）だけで説明する試みは、これまでのところ失敗している。

(2)　実験や調査の結果、理論的な均衡点や集団安定は実現されないケースがあることがわかっている。

それでは、他の考え方はあるのだろうか。その点で第一回コンピュータ選手権の際にアクセルロッドが行った分析（Axelrod［1984］）は、実に示唆に富んでいる。好成績をもたらしたプログラムの特徴は二点に整理される。まず驚いたことに、高得点のプログラムと低得点のプログラムを分けていたのは、次のた

った一つの性質であった。

(a) 紳士的（nice）であること。

これは、自分からは決して裏切らないことを意味している。一五プログラム中成績上位八位までのプログラムはどれもが紳士的なプログラムであった。その他のプログラムはどれも紳士的ではなく、紳士的プログラムのグループとの間には得点上のギャップがあった。毎回協調しあうと六〇〇点、毎回裏切り合うと二〇〇点という設定になっていたが、紳士的な成績上位八位までのプログラムの平均得点は四七二〜五〇四点だったのに対して、下位七プログラムは四〇一点以下だったのである。つまり、相手を試したり、時折つまみ食いをしたりして一時の利益を求めると、それから後の協調関係が崩れてしまい、結局は長期間協調関係を維持し続けていたよりも得点が低くなってしまったのである。それに対して紳士的なプログラム同士は、相手が裏切らない限りは協調し続けるので、互いの平均得点を高めあった。そして、裏切られた時の対応の仕方によって、それぞれの紳士的なプログラムの全体的な平均点が決まった。好成績を挙げた紳士的なプログラムがもっていた性質とは次のものであった。

(b) 容赦すること（forgiveness）。

これは、相手が裏切った後でも、再び協調することを意味している。教訓風に言えば、過去の裏切りをいつまでも根にもたずに水に流し、将来の協調関係を選択すべし。さもなくば、相手の一度の裏切りが果てしない報復合戦を呼び起こしてしまい、長期間その泥沼から抜け出せなくなって共倒れになってしまうということになる。

つまり、(a)(b)が示唆していることは、「(a)現在の目先の利益や、(b)過去の裏切りへの復讐を選択してはいけない」ということである。それでは、未来についてはどうだろうか。残された選択肢「協調」がとられなくては、生き残ることはできないのである。つまり、

(c) これからの将来の協調関係をこそ選択すべきである。

ということになる。地道に協調の得点を積み上げ、好成績を挙げて勝ち残って繁栄していったそのもっともシンプルな代表例が「お返し」プログラムだったのである。

しかし、よく考えてみると、これはあまりにも当たり前のことではないだろうか。シミュレーションなどやってみるまでもない。協調・裏切りゲームの枠にとらわれずに考えれば、いまもし、

(1) 利那主義的に、その場限りの「今」の充実感、快楽（復讐を果たすこともこれに該当する）を求める「利那主義型システム」と、

(2) 一〇年後、二〇年後、あるいはもっと先を考えて、「今」は多少我慢してでも凌いで、未来を残すことを考えた「未来傾斜型システム」

とが競争すれば、短期的には「(1)利那主義型システム」が羽振りをきかせる時期があったとしても、結局、何十年か後をみてみると、生き残っているのは「(2)未来傾斜型システム」に違いないからである。それはまさに、イソップの「アリとキリギリス」の寓話そのものではないか。未来係数が高ければ、この当たり前のことが実感できる。

日本企業のもつ強い成長志向、より正確に言えば、今は多少我慢してでも利益をあげ、賃金や株主への配当を抑え、何に使うかはっきりしていない場合でさえ、とりあえずこつこつと内部留保の形で、将来の拡大投資のために貯えることは、未来傾斜型システムの典型的な姿である。そして、この行動を説明し、

表現するために、「未来傾斜原理」（leaning on future principle）と呼ばれる意思決定原理を提案したい（高橋［一九九六c］、［一九九六d］）。未来傾斜原理とは、過去の実績や現在の損得勘定よりも、未来を残すことを選択し、その実現への期待に寄り掛かって意思決定を行うという原理である。未来係数が非常に大きければ、その未来への期待に寄り掛かり傾斜した格好で現在を凌いでいこうという行動につながることは容易に想像がつくが、これこそが未来傾斜原理に則った行動である。ただし、未来傾斜原理自体は、未来係数の大きさにかかわらず、意思決定原理として機能しうるし、実際にも機能している。日本企業では、多くの経営現象をこの未来傾斜原理で説明することができると考えられる。

これに対して、もともと個々の企業の長期的な健全性や成長に興味のない米国の機関投資家は、こうした日本企業の行動に対して、株主に還元されるべき利益が企業や系列の成長のために温存されていると批判するが、いかにも利那主義を絵に描いたような主張でわかりやすい。しかしこれは、歴史的に見れば比較的最近の傾向である。少なくとも一九五〇年代には、専門経営者は企業内で資金を留保・再投資できれば得るところが大きいし、オーナー経営者ですら、企業から引き出される所得よりも、企業の成長にもっと関心をもっていると指摘されていたのである（Penrose［1959］）。

それが一転して、一九六〇年代後半の合併・買収ブーム以降、米国では、利那主義型システムが支配的となり、それが多くの資本集約型産業に一体どれだけのダメージを与え続けたのかを思い起こす必要がある（Chandler［1990］，高橋［一九九五］）。たとえそれが均衡や安定そして経済学的な合理性を楯にして擁護されていたとしても、企業の長期的な健全性や成長よりも短期的な株主の利益を優先させるようなシステムが生き残ることは、これまで見てきたようにまったく現実的ではない。株式市場の好調さが企業や経済の健全性を必ずしも反映していないことは、バブル期の日本経済が立証済みである。

## 5 未来の重さ

今回の対戦と比較した次回の対戦のウェイト、すなわち次回の対戦が行われる確率を未来係数と呼び続けてきたが、いまこそこれを「未来の重さ（weight）」ともっと素直に呼ぶときが来たのである。「未来の重さ」に導かれて行動しているからこそ、われわれの世界は破綻をきたさずにすんでいる。「未来の重さ」は、単なる理屈上だけの概念ではなく、経営の現場で、均衡や安定に代わって実際の行動に意味を与えてきたし、実際に、手応え、やりがい、生きがいとなって、われわれが行動する上での日常感覚の基礎をなしている。

例えば、「未来の重さ」を表すと考えられる「見通し指数」(perspective index)を使うと、そのことを直接的に確かめられる（高橋［一九九六a］）。次のような五つの質問項目、

P1　二一世紀の自分の会社のあるべき姿を認識している。（はい＝1、いいえ＝0）

P2　日々の仕事を消化するだけになっている。（はい＝0、いいえ＝1）

P3　上司から仕事上の目標をはっきり示されている。（はい＝1、いいえ＝0）

P4　長期的展望に立った仕事というより、短期的な数字合わせになりがちである。（はい＝0、いいえ＝1）

P5　この会社にいて、自分の一〇年後の未来の姿にある程度期待がもてる。（はい＝1、いいえ＝0）

表2 見通し指数と満足比率（JPC調査）

(a) 見通し指数の値ごとの満足比率

| Q1. 現在の職務に満足感を感じる。 | 見通し指数 | | | | | | |
|---|---|---|---|---|---|---|---|
| | 0 | 1 | 2 | 3 | 4 | 5 | 全体 |
| はい | 118 | 364 | 569 | 588 | 552 | 382 | 2573 |
| いいえ | 505 | 791 | 668 | 434 | 232 | 74 | 2704 |
| 全体 | 623 | 1155 | 1237 | 1022 | 784 | 456 | 5277 |
| 満足比率 | 18.94 | 31.52 | 46.00 | 57.53 | 70.41 | 83.77 | 48.76 |

(b) 満足比率を被説明変数とする回帰分析

| 変数 | 回帰係数 | 標準誤差 | $t$ | 有意確率 |
|---|---|---|---|---|
| 見通し指数 | 0.129 | 0.002 | 77.814 | 0.000 |
| 定数 | 0.189 | 0.005 | 37.613 | 0.000 |

$R^2=0.999$, Adjusted $R^2=0.999$, $F(1,4)=6055.062$, $p<0.001$。

図1 見通し指数と満足比率（JPC調査）

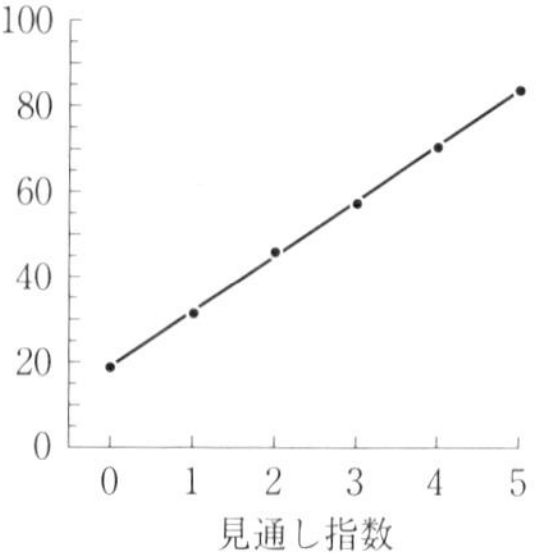


について、P1、P3、P5については「はい」ならば一点、「いいえ」ならば〇点を与え、P2、P4ついては「はい」ならば〇点、「いいえ」ならば一点を与えた上で、これらの五問の合計点を「見通し指数」と定義し、これによって、組織の中での見通しの良さをみることにしよう。そこで、

Q1 現在の職務に満足感を感じる。（はい＝1、いいえ＝0）

Q2 チャンスがあれば転職または独立したいと思う。（はい＝1、いいえ＝0）

に対する、あるグループでの「はい」の比率をそれぞれ「満足比率」「退出願望比率」と定義する。具体的には、「見通し指数が0の人のグループ」「見通し指数が1の人のグループ」……「見通し指数が5の人のグループ」という六グループのそれぞれについて、満足比率、退出願望比率を求めることで、見通し指数との関係を調べてみた。

データは、日本生産性本部（一九九三年度からは社会経済生産性本部）経営アカデミーの参加者の所属企業を対象にした調査から得られたものである。具体的な実施方法な

表 3　見通し指数と退出願望比率（JPC 調査）

(a)　見通し指数の値ごとの退出願望比率

| Q2. チャンスがあれば転職または独立したいと思う。 | 見通し指数 | | | | | | |
|---|---|---|---|---|---|---|---|
| | 0 | 1 | 2 | 3 | 4 | 5 | 全体 |
| は　い | 435 | 727 | 604 | 393 | 227 | 78 | 2464 |
| いいえ | 218 | 508 | 661 | 600 | 486 | 318 | 2791 |
| 全　体 | 653 | 1235 | 1265 | 993 | 713 | 396 | 5255 |
| 退出願望比率 | 66.62 | 58.87 | 47.75 | 39.68 | 31.84 | 19.70 | 46.89 |

(b)　退出願望比率を被説明変数とする回帰分析

| 変　数 | 回帰係数 | 標準誤差 | $t$ | 有意確率 |
|---|---|---|---|---|
| 見通し指数 | −0.093 | 0.003 | −30.715 | 0.000 |
| 定　数 | 0.672 | 0.008 | 73.669 | 0.000 |

$R^2=0.996$,　Adjusted $R^2=0.995$,　$F(1,4)=943.437$, $p<0.001$。

図 2　見通し指数と退出願望比率（JPC 調査）

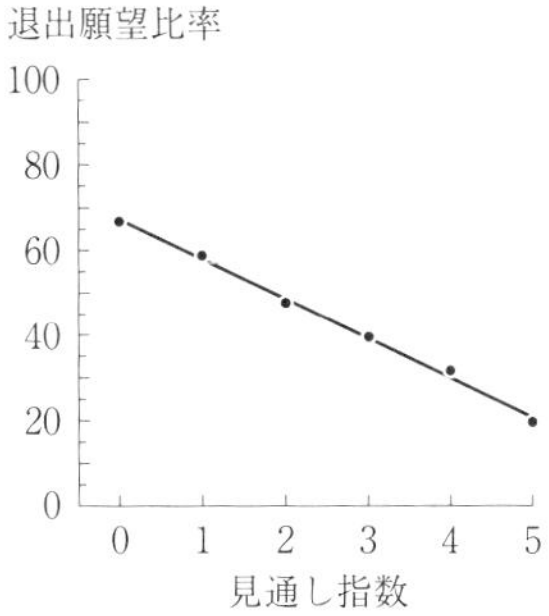


どについては、高橋［一九九七b、付録］に詳しいが、毎年八月二五日から九月五日までの間のある水曜日に各社一斉に質問調査票が配布され、記入してもらった上で、翌週の月曜日までに回収するという形で、留置法によって質問票調査が行われた。今回、分析にデータを使用した一九九二〜九七年の七回の調査を合わせると、のべ三九社の二〇八組織単位で、配布五九八二人、回収五四一八人、回収率九〇・六％であった。この一九九二〜九七年の合併データ、日本企業の約五三〇〇人分の調査データを使うことにすると、表2と図1、表3と図2を作成することができる。これらの図表から、この見通し指数が高くなるほど、満足比率が上がり、退出願望比率が低下するという、きれいな、ほぼ完全な線形の関係があることがわかる。決定係数はそれぞれ、〇・九九九、〇・九九六という驚くべき高さであった。

さらに、同じデータを使って、三重クロス表を作ると、表4のようになった。見通し指数の値ごとに職務満足と退出願望のクロス表を作って比較してみると、見通し指数の

表 4　見通し指数・職務満足ごとの退出願望比率（JPC 調査）

| 見通し指数 | 現在の職務に満足感を感じる | | | | 相関係数 Cramer's $V$ | $\chi^2$ |
|---|---|---|---|---|---|---|
| | 1. はい | | 2. いいえ | | | |
| 0 | 43.70 | (119) | 71.72 | (534) | −0.229 | 34.368*** |
| 1 | 42.12 | (387) | 66.51 | (845) | −0.230 | 65.201*** |
| 2 | 39.50 | (595) | 55.24 | (668) | −0.157 | 31.260*** |
| 3 | 33.50 | (588) | 48.63 | (401) | −0.152 | 22.796*** |
| 4 | 29.06 | (523) | 39.68 | (189) | −0.101 | 7.209** |
| 5 | 17.84 | (342) | 31.48 | (54) | −0.118 | 5.490* |
| 全体 | 33.42 | (2615) | 59.22 | (2744) | −0.258 | 358.067*** |

（注）（　）内は%の基数。$*p<0.05$;　$**p<0.01$;　$***p<0.001$。

図 3　見通し指数・職務満足ごとの退出願望比率（JPC 調査）

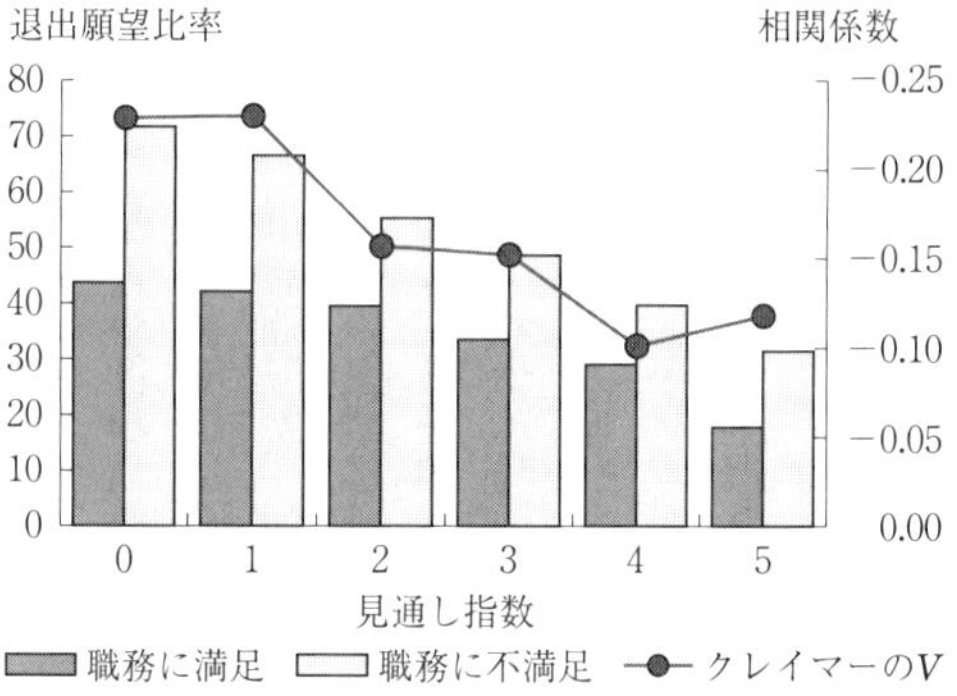


値の小さいときの各クロス表は強い相関関係が認められるが、見通し指数の値が大きくなると、相関係数であるCramer's Vの値が小さくなる傾向がある（図3）。つまり、見通し指数が大きくなるほど、現在の職務満足は退出願望に影響しなくなるのである。こうしたことは一見奇妙に思えるかもしれないが、見通し指数が未来係数の一種だと考えれば、簡単に説明がつく。未来係数が非常に大きければ、過去の実績や現在の損得勘定よりも、未来の実現への期待に寄り掛かって意思決定を行うという未来傾斜原理が機能しやすくなる。個人の場合で考えれば、たとえ現在、職務に対する不満があ

ったとしても、その会社での未来への見通しさえ立っていれば、それに寄り掛かり傾斜した格好で現在を凌いでいこうという行動につながり、退出行動はおろか、退出願望にも至らないのである。つまり調査データは、見通し指数が高いほど、未来傾斜原理が機能するようになることを示している。

さらにこの事実は、不満足ならば退出を考えるという命題（Vroom［1964］）自体に疑問を投げかける。もともと二重クロス表では、職務満足と退出願望の間には負の相関（クレイマーのV＝−0.258）があったのだが、先ほどの三重クロス表では、どのクロス表も全体のクロス表よりも相関が弱くなっている。つまり職務満足と退出願望の相関は、両変数とも見通し指数との間に強い線形の関係があるために現れる疑似相関（安田・海野［一九七七］）である可能性が高いのである。

実は「未来の重さ」は日本的経営論の中で繰り返し指摘されてきた。次回の対戦が行われる確率である未来係数 $w$ が、逐次決定過程（Ferguson［1967］, DeGroot［1970］）の停止ルール（stopping rule）の特殊なものであることに気がつけば、雇い主は従業員を解雇あるいは一時解雇しようとはしないし、また従業員も辞めようとしないという終身コミットメント（Abegglen［1958］）が、まさにその典型であることがわかる。ホフステッドの追試的調査（Hofstede［1980］）の結果、依然として日本における終身コミットメントは国際比較の点からは特徴的であることもわかっている（高橋［一九九七a］、第一章、Takahashi et al.［1998］）。そして終身コミットメントをベースに生活費保障給型の賃金体系がとられてきたように、「未来の重さ」が未来傾斜型システム採用に導いてきたのである。

また「未来の重さ」が存在するような状況では、確率を使って現在価値に直して未来を清算するよりも、今は多少無理をしてでも未来に向かってチャレンジし、成長することの方が大切になる。事実、ワーク・

モティベーションの世界では、期待効用理論をそのまま読み替えた期待理論（Vroom［1964］）ではなく、内発的動機づけ（Deci［1975］）のようにチャレンジの概念が大きな意味を持ち始めてきた。そのことは、日本企業の調査データでも確認できる（高橋［一九九三b］）。そして、そのことと表裏一体の現象であるが、日本企業では、外的報酬による動機づけモデルでは説明の付けられない「ぬるま湯的体質」が見られる。ぬるま湯感を説明する変化性向の概念は、チャレンジの概念と密接に結び付いたものだが、実際にも、企業でぬるま湯感が発生する際には、その企業の成長性の低下が発生要因として大きな位置を占めることもわかってきた（高橋［一九九三a］）。

そしてゴミ箱モデル（Cohen et al.［1972］）のシミュレーションを行った結果、注目すべき現象として「やり過ごし」が浮かび上がってくるが（Takahashi［1997］）、日本企業における調査でも、日常の組織的行動の中で、やり過ごし現象がごく普通に発生していることが確認されている（高橋［一九九二b］）。やり過ごしてしまうことは確かにコストになるには違いないのだが、「未来の重さ」が存在しているところでは、将来の管理者や経営者を育てるためのトレーニング・コストあるいは選別コストであり、単なる無駄には終わらないのである。そのため日本企業では、やり過ごしを必ずしも悪い現象として決めつけず、暗黙のうちに容認する傾向がある。

しかし、やり過ごしが不首尾に終わったときには、結局は誰かが尻ぬぐいをしなければ、組織は回っていかない。実際、企業を調べてみると、尻ぬぐいをする中心は「係長」に相当する職場リーダーたちである。自分で片付けた方が速くて正確であるようなルーティンに近い仕事についてさえも、とりあえずは部下に任せてやらせてみて、仕事を覚えてもらう。それで結果的にうまくいかなかった場合には、覚悟を決めて自分が尻ぬぐいに回るのである。彼らが先輩にそうしてもらったように、彼らもまた後輩を育てている。そしてその後輩が次の世代を……。「未来の重さ」が尻ぬぐい的行動に意味を与えているおかげで、人材育成を組み込んだままでも、日本企業の組織的行動やシステムは破綻をきたさずにすんでいるのである（高橋［一九九六c］）。

近藤［一九九二］、後藤［一九九六］、桑嶋［一九九六］、山田［一九九六］などが示しているように、未来傾斜原理で説明が可能な事例は実にたくさん存在している。進化論的な言い方をすれば、日本企業においては、長期的パフォーマンスの点から、他の意思決定原理に則ったシステムは淘汰され、未来傾斜型システムが繁栄するようになってきたのである。

## 6 割り引かれる未来への疑問

成長それ自体を目的とするような行動は、結局のところ長期的利益を目的とすることと同じなのだろうか。いま未来係数が1で、全く割り引かない状況を考えてみよう。長期的利益は発散してしまい、最大化の議論は用をなさない。後方帰納法も意味を失っている。ところが、成長率を大きくする、あるいは維持するという議論は依然として意味を持ち続けるのである。言い方を変えれば、結局のところ均衡に導く「利益（利得）最大化」に回帰して行く意思決定原理では、「成長」にこだわり続けることを本質的には説明できないのである。本章の冒頭で挙げた決定理論系の意思決定原理に共通していることは、何らかの意味で利得を最大化するという考え方である。その枠組みでは、生き残って成長していくことを第一義とする考え方はとらえきれない。その違いが、割引率1のときにはっきりするだけのことなのである。

ところで、次回の対戦が行われる確率である未来係数 $w$ はディスカウント・パラメータと呼ばれている（Axelrod［1984］）。直訳すると割引率となるが、本章では、現在（正確には今回の対戦）と比較した未来（正確には次回の対戦）の重さ（あるいは重みづけ；weight）（Axelrod［1984］p. 13，邦訳一二頁）という意味を汲んで、あえて邦訳で意訳されているように、「未来係数」と呼んできた。しかし経済学的には割引率として解釈することも可能である（Axelrod［1981］）。そこでこの割引率に注目してみよう。未来係数が大きければ、未来をほとんど割り引かないことになるので、投資決定の際などには割引率を計算に入れない可能性があるからである。

実は日本では、割引率を入れてしまうと、一〇年後、二〇年後にようやく成果の出るような研究開発プロジェクトには投資できなくなってしまうではないかという指摘もあるのである。例えば、いまここで二タイプの投資案件を考えてみよう。

(1) この一～二年に高い利益が見込めるが、それ以降は急速に収益性の低下する「早熟―じり貧」型プロジェクト。

(2) 最初はあまり利益は見込めないが、徐々に収益性が向上し、一〇年後、二〇年後には莫大な利益を上げる「晩生―末広がり」型プロジェクト。

もし、将来の収益をある程度の割引率で割り引いてしまうならば（つまり $w$ が1よりもある程度小さいと）、一〇年後、二〇年後の収益がたとえ大きかろうと、$w$ の一〇乗、二〇乗を掛けることになるので、ほとんどゼロになってしまう。つまり、遠い未来の利益は、大きかろうが小さかろうが、「長期利益」からは無視されることになる。したがって「長期」とはいうものの、実は近未来の利益だけが「長期利益」を決定づけているのである。そして、「早熟—じり貧」型の(1)が選択されることになるだろう。しかしこれでは、この企業は成長の機会を失うことになる。「晩生—末広がり」型の(2)が選択されるためには、$\omega=1$、つまり、ほとんどあるいは全く割り引かないことが必要になるのである。

その傍証ともいえる事実が、実際のデータから明らかにされている。日本企業では、投資決定の際に、あまり割引率が使われないことが従来から指摘されてきているが、一九九二年八月～九月に実施された日本の非金融系上場企業六三二社と外資系三五社の投資決定方式に関する調査では、回収期間法や収益性指標を用いる企業が六三％を占めており、内部収益率法（正味現在価値NPVをゼロにするような割引率が内部収益率IRR）や正味現在価値法といった割引率を用いた方法で設備投資を決定している企業は一七％しかなかった（『企業の財務活動に関するアンケート調査報告書』日本生産性本部、一九九三年）。米国で一九七九年に『フォーチュン』誌上位一〇〇〇社の内二〇〇社を調べた同種の調査で、割引率を用いた方法をとる企業が六八％にもなるのとは対照的である（Kim and Farragher [1981]）。

ただし、米国で割引率を用いた評価方法が急速に普及するのは一九六〇年代に入ってからで、別の調査（一八四社）では、一九五九年段階で採用していた企業は一九％にしかすぎなかったのが、七〇年には五七％にも達する（Klammer [1972]）。一九六〇年代の合併・買収ブーム以降、米国では株主の短期的利益のために企業の長期的な能力・健全性や成長の維持が犠牲にされるようになったことと、割引率を利用する評価方法の普及とが同時進行していることは、単なる偶然ではなかろう。未来傾斜型システムが見られるところでは、割引率はあまり考えられず、つまり未来係数が高くなっているのであるが、逆に刹那主義型システムが見られるところでは、割引率が考慮されているのである。今まで、日本企業が割引率をあまり使わないことを、単に「いい加減な意思決定」だと考えられていたことも多いだろう。しかし、理論的には、割引率$w$が1よりも小さいということは、単に未来よりも現在が選好されているということを示しているにすぎない。日本企業でほとんど割引率を考慮していないということは、「未来の重さ」が大きいことの発露だったとも考えられるのである。ただし、このことを立証するためには、さらなる調査研究が必要になる。

＊ 本章は、高橋伸夫［一九九八］「意思決定原理と日本企業」『組織科学』第三一巻四号、をもとに大幅に加筆・修正したものである。本章が基礎にしている調査データの収集に当たっては、（財）社会経済生産性本部経営アカデミーの協力が得られた。この場をお借りして御礼申し上げたい。

## 参考文献


Abegglen, James C. [1958], *The Japanese Factory: Aspects of Its Social Organization*, Glencoe, IL: Free Press.（占部都美監訳［一九五八］『日本の経営』ダイヤモンド社。）

青木昌彦・奥野正寛編著［一九九六］『経済システムの比較制度分析』東京大学出版会。

Axelrod, Robert [1980a], "Effective choice in the prisoner's dilemma," *Journal of Conflict Resolution*, Vol. 24, pp. 3-25.

Axelrod, Robert [1980b], "More effective choice in the prisoner's dilemma," *Journal of Conflict Resolution*, Vol. 24, pp. 379-403.

Axelrod, Robert [1981], "The emergence of cooperation among egoists," *American Political Science Review*, Vol. 75, No. 2, pp. 306-318.

Axelrod, Robert [1984], *The Evolution of Cooperation*, New York : Basic Books.（松田裕之訳［一九八七］『つきあい方の科学』ＨＢＪ出版局。）

Bellman, Richard Ernest [1957], *Dynamic Programming*, Princeton University Press.（小田中敏男他訳［一九七三］『ダイナミック・プログラミング』東京図書。）

Chandler, Alfred D., Jr. [1990], *Scale and Scope : The Dynamics of Industrial Capitalism*, Cambridge, MA : Belknap Press of Harvard University Press.（安部悦生・川辺信雄・工藤章・西牟田祐二・日高千景・山口一臣訳［一九九三］『スケール・アンド・スコープ』有斐閣。）

Cohen, Michael D., James G. March, and Johan P. Olsen [1972], "A garbage can model of organizational choice," *Administrative Science Quarterly*, Vol. 17, No. 1, pp. 1-25.

Deci, Edward L. [1975], *Intrinsic Motivation*, New York : Plenum Press.（安藤延男・石田梅男訳［一九八〇］『内発的動機づけ』誠信書房。）

DeGroot, Morris H. [1970], *Optimal Statistical Decisions*, New York : McGraw-Hill.

Ferguson, Thomas S. [1967], *Mathematical Statistics : A Decision Theoretic Approach*, New York : Academic Press.

French, Simon [1986], *Decision Theory : An Introduction to the Mathematics of Rationality*, Chichester, West Sussex, UK : Ellis Horwood.

後藤俊夫［一九九六］「クロスライセンシング」高橋伸夫編著『未来傾斜原理』白桃書房、所収。

Hofstede, Geert H. [1980], *Culture's Consequences : International Differences in Work-Related Values*, Newburypark, CA : Sage. Abridged ed., Beverly Hills : Sage, 1984.（一九八四年版の訳：萬成博・安藤文四郎監訳［一九八四］『経営文化の国際比較——多国籍企業の中の国民性』産業能率大学出版部。）

Kandori, Michihiro [1997], "Evolutionary game theory in economics," in David M. Kreps and Kenneth F. Wallis eds., *Advances in Economics and Econometrics : Theory and Applications*, Vol. I, Cambridge, New York : Cambridge University Press.

Kim, Suk H. and Edward J. Farragher [1981], "Current capital budgeting practices," *Management Accounting*, Vol. 62, No. 12, pp. 26-30.

Klammer, Thomas [1972], "Empirical evidence of the adoption of sophisticated capital budgeting techniques," *Journal of Business*, Vol. 45, Issue 3, pp. 387-397.

近藤哲夫［一九九二］、「組織の活性化と囚人のジレンマ」『組織科学』第二六巻三号。

桑嶋健一［一九九六］、「戦略的提携」高橋伸夫編著『未来傾斜原理』白桃書房、所収。

Luce, R. Duncan and Howard Raiffa [1957], *Games and Decisions: Introduction and Critical Survey*, New York: John Wiley & Sons.

March, James G. and Herbert A. Simon [1958, 1993], *Organizations*, New York: John Wiley & Sons. 2nd ed., Cambridge, MA: Blackwell.（初版の訳：土屋守章訳［一九七七］、『オーガニゼーションズ』ダイヤモンド社。）

Maynard-Smith, John [1982], *Evolution and the Theory of Games*, Cambridge, New York: Cambridge University Press.（寺本英・梯正之訳［一九八五］、『進化とゲーム理論』産業図書。）

Penrose, Edith [1959, 1980, 1995], *The Theory of the Growth of the Firm*, Oxford: Basil Blackwell. 3rd ed., Oxford: Oxford University Press.（第二版の訳：末松玄六訳［一九八〇］、『会社成長の理論』ダイヤモンド社。）

Pruitt, Dean G. and Melvin J. Kimmel [1977], "Twenty years of experimental gaming: Critique, synthesis, and suggestions for the future," *Annual Review of Psychology*, Vol. 28, pp. 362-392.

Rapoport, Anatol and Albert M. Chammah [1965], *Prisoner's Dilemma: A Study in Conflict and Cooperation*, Ann Arber, MI: University of Michigan Press.（廣松毅・平山朝治・田中辰雄訳［一九八三］、『囚人のジレンマ――紛争と協力に関する心理学的研究』啓明社。）

Scodel, A., J. S. Minas, P. Ratoosh, and M. Lipetz [1959], "Some descriptive aspects of two-person non-zero-sum games," *Journal of Conflict Resolution*, Vol. 3, pp. 114-119.

清水剛〔一九九六〕、「進化のシミュレーション」高橋伸夫編著『未来傾斜原理』白桃書房、所収。

清水剛〔一九九七〕、「有限反復囚人のジレンマにおける協調行動の進化」『行動計量学』第二四巻一号。

鈴木光男〔一九八一〕、『ゲーム理論入門』共立出版。

鈴木光男〔一九九四〕、『新ゲーム理論』勁草書房。

Takahashi, Nobuo [1987], *Design of Adaptive Organizations : Models and Empirical Research*, Berlin, Heidelberg, New York : Springer-Verlag.

Takahashi, Nobuo [1988], "Sequential analysis of organization design : A model and a case of Japanese firms," *European Journal of Operational Research*, Vol. 36, Issue 3, pp. 297-310.

高橋伸夫〔一九九二a〕、『経営統計入門——SASによる組織分析』東京大学出版会。

高橋伸夫〔一九九二b〕、「日本企業におけるやり過ごし」『組織科学』第二六巻三号。

高橋伸夫〔一九九三a〕、『ぬるま湯的経営の研究』東洋経済新報社。

高橋伸夫〔一九九三b〕、『組織の中の決定理論』朝倉書店。

高橋伸夫〔一九九五〕、『経営の再生——戦略の時代・組織の時代』有斐閣。

高橋伸夫〔一九九六a〕、「見通しと組織均衡」『組織科学』第二九巻三号。

高橋伸夫〔一九九六b〕、「企業内外の参加者の組織均衡」『経済学論集』第六二巻二号。

高橋伸夫〔一九九六c〕、『できる社員は「やり過ごす」』ネスコ／文藝春秋。

高橋伸夫編〔一九九六d〕、『未来傾斜原理——協調的な経営行動の進化』白桃書房。

Takahashi, Nobuo [1997], "A single garbage can model and the degree of anarchy in Japanese firms," *Human Relations*, Vol. 50, pp. 91-108.

高橋伸夫編〔一九九七a〕、『組織文化の経営学』中央経済社。

高橋伸夫〔一九九七b〕、『日本企業の意思決定原理』東京大学出版会。

Takahashi, Nobuo, Toshio Goto, and Hideki Fujita [1998], "Culture's consequences in Japanese multinationals and lifetime commitment," *Annual Bulletin of Japan Academy of International Business Studies*, Vol.

4, pp. 60-70.

Takahashi, Nobuo and Satoru Takayanagi [1985], "Decision procedure models and empirical research : The Japanese experience," *Human Relations*, Vol. 38, No. 38, pp. 767-780.

Vroom, Victor H. [1964], *Work and Motivation*, New York : John Wiley & Sons. Reissued 1995 by San Francisco : Jossey-Bass.（坂下昭宣・榊原清則・小松陽一・城戸康彰訳［一九八二］、『仕事とモティベーション』千倉書房。）

山田耕嗣［一九九六］、「組織間関係論」高橋伸夫編著『未来傾斜原理』白桃書房、所収。

安田三郎・海野道郎［一九七七］、『社会統計学』改訂二版、丸善。

第13章

# ストラテジック・ラーニング

## 戦略的変革の連続的側面

桑田耕太郎

### はじめに

企業の長期適応は、一連の戦略行動や組織革新を通じて実現されていく。したがって、戦略行動や組織構造をデザインする組織の能力は、企業の成長や存続に最も重要な役割を果たす（Chandler［1963］）。しかし、戦略的変革に関する多くの研究は、戦略能力の変化を伴う企業組織の変革が非常に困難であることを明らかにしてきた（Lant and Mezias［1992］）。本章では、効果的な戦略行動をデザインし実施する戦略能力を、企業がどのようにして獲得、修正していくかを明らかにするモデルを構築する。

企業の戦略展開のプロセスを、長期にわたって詳細に観察すると、展開される戦略行動の多様性とは別に、戦略行動をデザインする際のものの見方・考え方に、その企業独特のある一貫したパターンがあることがわかる。こうした一貫性、すなわちその組織独自の論理を形作るのは、その企業の戦略能力である。戦略行動をデザインする組織の能力－戦略能力（Strategic Capability）は、企業の存続、成長にとって最も重要な能力である。本章で議論する「ストラテジック・ラーニング（Strategic Learning）」とは、戦略行動をデザインする際の、基本的なものの見方・考え方を規定する組織の根源的知識が学習され、戦略能力の刷新をもたらすような組織学習である。

## 1　戦略転換と組織の知識構造

企業の長期にわたる成長・発展は、一連の戦略行動を通じて形成されていく。この一連の戦略行動の展開は、安定的な戦略行動生成メカニズムのもとで一連の戦略行動が展開される時期と、戦略行動生成メカニズムそのものが変化し、新しい戦略行動生成メカニズムのもとで一連の戦略行動が展開される時期とに分けることができる（たとえば、Tushman and Romanelli [1985]）。したがって、戦略行動のダイナミックな展開を理解するためには、戦略行動の観察可能な多様性、その前提にある戦略行動生成メカニズム、および戦略的能力自体の変化過程を分析する必要がある。

こうした問題に対処するために、二つのタイプの組織知識を区別することが有効である。第一は戦略行動のデザイン過程自体を構造化するのに用いられるルーティンや根源的仮定の集合であり、「コーポレート・レベルの知識」と呼ぶものである。第二は特定の問題空間における合理的なプランニング過程で使われる事実認識と因果関係に関する知識で「ビジネス・レベルの知識」と呼ぶものである。長期にわたる安定的な戦略形成能力を形成しているのは、「コーポレート・レベルの知識」であり、個々のビジネス・レベルの知識」の多様性は「ビジネス・レベルの知識」の多様性を反映している。

図 1　組織における戦略行動のデザイン過程

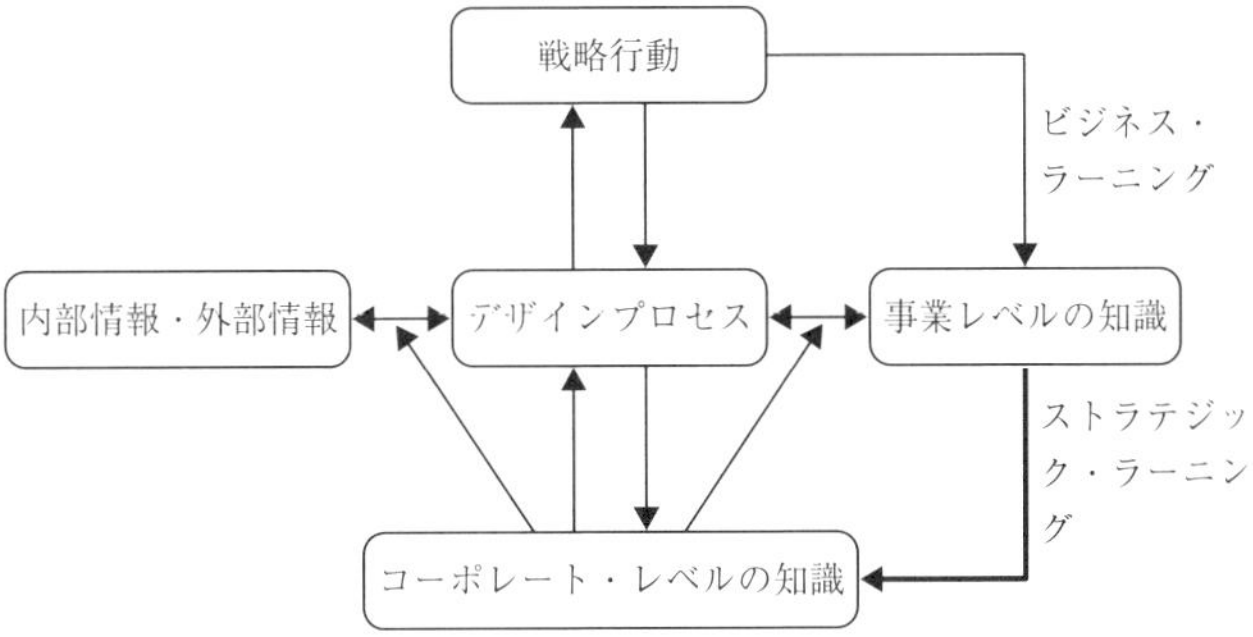


**ビジネス・レベルの知識**　ビジネス・レベルの知識には，製品の機能や製造工程に関する技術的知識，競合他社と戦うノウハウ，顧客の行動パターンや流通に関する知識，重要な資源の獲得に関する知識など，特定化された事業領域の問題空間で利用されるテクニカルな知識が含まれている（Spender［1989］）。これらの知識の中には，特定のビジネスでしか使えない知識もあれば，他のビジネスでも利用可能なシナジー型知識もある。その企業に固有のシナジー型知識はさまざまな事業分野で多重に利用でき競争優位の源泉となるとともに（Itami［1987］），関連する新しい技術知識を吸収する能力にもなっている（Cohen and Levinthal［1990］）。

**コーポレート・レベルの知識**　コーポレート・レベルの知識は，その組織が戦略行動をデザインする際に共通に使う手続き的ルーティンとその根底にある根源的仮定の集合から構成される。手続き的ルーティンの中心は，情報の解釈と注意の配分モードである。組織の解釈モードが組織の問題解決プロセスのデザイン過程を構造化するからである（Daft and Weick［1984］）。組織と環境との関係に関する思考様式や，何が真実であり現実であるかに関する思考様式，人間・人間行動とは何かに関する思考様式などが，組織の根源的仮定を形作り，戦略行動のデザイン過程で利用される情報の獲得や解釈に影響を与える（Donaldson and Lorsch [1983]）。組織における戦略行動のデザイン過程は、図1のように描くことができる。デザイン過程は、コーポレート・レベルの知識と、それによって獲得・解釈されたビジネス・レベルの知識ならびに外部環境情報によって構造化され、問題空間が定義される。ここで重要なことは、組織知識は科学的知識などと違って論理的整合性を持っている保証はないということである。むしろ矛盾した仮定や信念、価値前提などがルーズに連結したモザイクのようなもので、短期的にはコンフリクトの準解決などの手段を通じて大きな問題にならないように構成されている（Cyert and March [1963]）。

## 2 ストラテジック・ラーニングの概念と特徴

### (1) ストラテジック・ラーニングの概念

前述のような組織の知識構造を仮定すると、二つのタイプの組織学習を識別することができる。第一はビジネス・ラーニングで、組織が既存の根源的仮定の集合のもとでビジネス・レベルの知識を学習する過程である。第二はストラテジック・ラーニングで、組織がコーポレート・レベルの知識を獲得し、結果として根源的仮定の集合を刷新していく学習である。ビジネス・ラーニングは観察可能なレベルでの戦略行動の変化となって現れる。これに対してストラテジック・ラーニングは、戦略を作る組織の能力そのものの転換へと結びついているのである。

図2において、ビジネス・ラーニングは所与のコーポレート・レベルの知識（根源的仮定の集合）Aの

図 2　ストラテジック・ラーニング

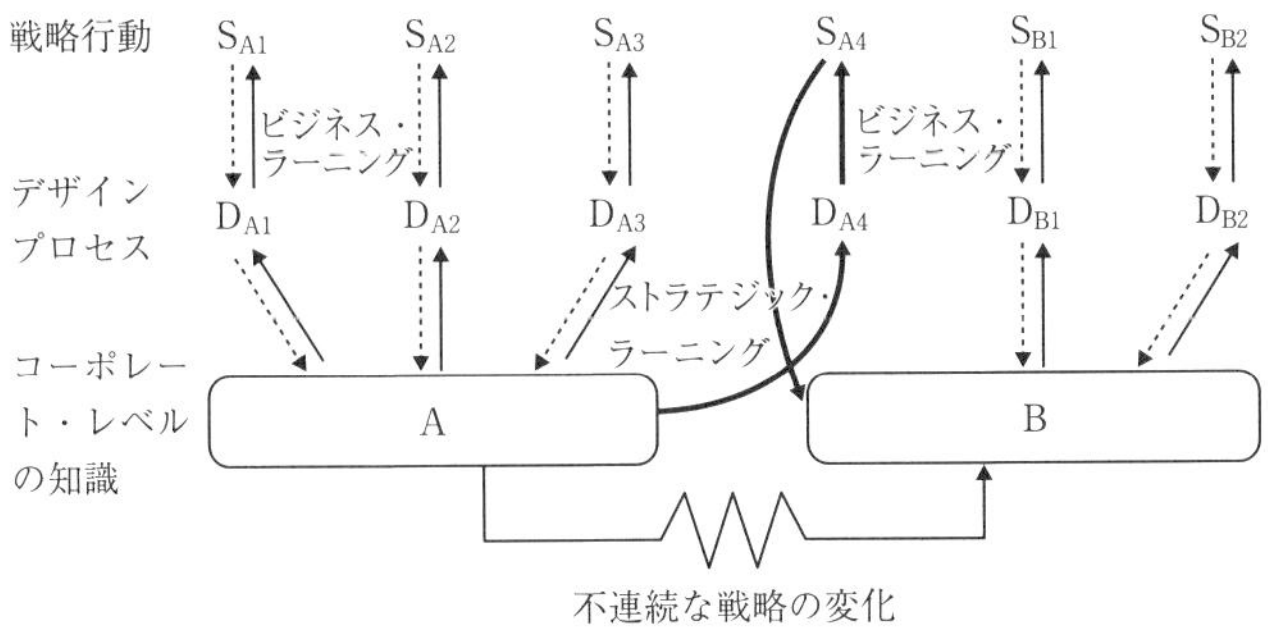


もとで、($S_{A1}$, $S_{A2}$, $S_{A3}$) として展開される。戦略行動の多様性は、ビジネス・レベルの知識あるいは直面する環境の多様性を反映しているのであって、組織自体の戦略能力の変化を反映しているわけではない (March [1981])。その意味では、シングル・ループ学習に対応している (Bartunek and Moch [1987])。

ストラテジック・ラーニングは、コーポレート・レベルの知識AからBへのシフトとして定義される。ストラテジック・ラーニングがおきると戦略の志向性やデザイン特性が変化し、従来の発想では出てこないような戦略展開が可能になる。ここで重要な役割を果たすのは、戦略行動$S_{A4}$である。組織が現実と関わりをもつのは戦略行動の実際の展開をおいて他にない。たとえストラテジック・ラーニングでも、組織がどのような知識を学習するかは、戦略行動を通じた組織の経験に依存している。$S_{A4}$が ($S_{A1}$, $S_{A2}$, $S_{A3}$) とどのような意味で異なるのか、一方はストラテジック・ラーニングに帰結し、他方はビジネス・ラーニングに帰結するその差はどこからくるのか、この点がストラテジック・ラーニングを解明する上で本質的な論点となる。

ストラテジック・ラーニングは、次の二つの点において、ビジネス・ラーニングのような直接経験に基礎をおく組織学習とは異なる。

第一にストラテジック・ラーニングは、知識の有効性に関する評価を伴わない学習、すなわち事前にアンラーニング（学習棄却）をできない学習である。第二にそれは、ビジネス・レベルの知識がコーポレート・レベルの知識に蒸留される過程を含んでいる。

(2) アンラーニングを伴わない学習

ストラテジック・ラーニングの重要な特徴の一つは、それが事前にアンラーニングあるいは組織知識の有効性の評価を伴わないという点にある。事前にアンラーニングを伴わない組織学習は、①根源的仮定より根源的な評価基準が存在しないということ、②デザイン過程の複雑性と学習状況のあいまい性、③根源的仮定そのものが組織メンバーの心の奥深くに根ざしているということ、等の理由によって起こりうる。

組織認知の変化に関する多くの研究では、組織行動の成果が低いとき、既存の認知枠組みがブレークダウンすると仮定している（Lant and Mezias［1992］）。この仮定は、学習の対象となる知識の有効性を評価するために、何らかの基準が存在することを前提としている。しかし根源的仮定そのものを評価するための、より根源的な価値基準を想定することは、論理的に妥当ではない。

また、戦略行動の成果データは、根源的仮定の有効性を評価するのに役立たないかもしれない。戦略行動の成果データは高度に多義的であり、またその成果を正しく識別するには、長い時間を必要とする。不確実性やあいまい性がある状況では、戦略行動の成果情報それ自体が、既存の根源的仮定を正当化するようバイアスを受けてしまう場合がある（Milliken and Lant［1991］）。

さらにたとえ組織が、重要な成果データを正確に入手できても、一体どの根源的仮定が有効で、どの仮定が無効であるのかを識別することはほとんど不可能である。これはデザイン過程が複雑で、かつ根源的仮定が人々の記憶の中に深く根ざしているからである。戦略行動のデザイン過程は、多くの人々、多様な根源的仮定、多くの手続的ルーティン、莫大な量のビジネス・レベルの知識、情報がからみ合う非常に複雑なプロセスである（Mintzberg et al.［1976］）。根源的仮定は抽象的・一般的であるのに対し、成果データは特殊具体的である。したがってその結果、戦略行動の成果は、根源的仮定との関係を問われることなく、組織学習は迷信的なものとなってしまう（March and Olsen［1976］）。

知識が成果データを基礎として評価されるためには、その知識が意識的レベルで成果データと対峙されなければならない。しかし、組織メンバーは根源的仮定を前意識的レベルで保持している。組織は戦略行動の成果を測定する際に利用される基準についての合意をもっているのが普通である。したがって悪い成果に関わる諸問題は、この社会的コンセンサスのレベルで処理され、根源的仮定が直接意識的レベルで問題とされることはきわめて稀なのである（Louis and Sutton［1991］）。

### (3) 戦略的知識蒸留

ストラテジック・ラーニングのもう一つの重要な特徴は、学習レベルの差に関するものである。組織学習のための素材は、ビジネスを通じて得られる特殊具体的経験であるが、前述した理由により、組織がこのような経験から根源的仮定を直接学習することはありそうにない。

このような状況のもとで、組織が根源的仮定を学習しうる一つの方法は、ビジネス・レベルの知識をコーポレート・レベルの知識に変換し、さらにそれらを根源的仮定に変換することである。この意味でストラテジック・ラーニングは、一種の高次学習である。本章では、ビジネス・レベルの知識が、コーポレート・レベルの知識を経て根源的仮定に変換される過程を、「知識蒸留過程（Knowledge Distillation Process）」と呼ぶ。

戦略的知識蒸留は、特殊具体的な因果関係についての知識や手続的知識が、抽象的かつ一般的な知識に変換されるメカニズムである。それは異なる知識レベル間の変換であるばかりでなく、異なるタイプの知識間の変換である。この変換プロセスでは、論理的一義性は保証されていない。

以上のように、ストラテジック・ラーニングは、知識の有効性を合理的に評価する基準が利用可能な組織学習や、直接経験に基づく組織学習とは本質的に異なるタイプの組織学習である。われわれが既存の組織学習理論とは別の学習理論を必要とする理由がここにある。

## 3 ストラテジック・ラーニングのプロセスモデル

ストラテジック・ラーニングの一つの可能なプロセスは、以下のように描くことができる。第一に、ストラテジック・ラーニングは、既存の根源的仮定の集合のもとで始まり、新しい根源的仮定の集合に帰結する。第二に、戦略行動のデザイン・実施の過程で、組織はまずビジネス・レベルの知識を学習し、それがストラテジック・ラーニングの素材になる。第三に、そのビジネス特有の経験から学習されたビジネス・レベルの知識が、コーポレート・レベルの知識の根源的仮定に蒸留されていく。第四に、新しい根源的仮定は、既存の諸仮定の上に堆積し、制度化されていく。結果として、古い仮定が喚起される可能性は小さくなる。新しい根源的仮定の集合に支えられ、それを正当化するような大きな戦略的変化は、ストラテジック・ラーニングの後に訪れる。

この節では，ストラテジック・ラーニングのプロセスを，既存の研究と関連づけモデル化していく。具体的には，戦略行動デザイン過程の諸特徴，リッチな経験からの学習，戦略的知識の蒸留過程，新しい根源的仮定の集合と古いそれとの置換および定着過程について検討する。

## 1 自然な流れの中で

組織変革に関するほとんどの研究は，組織内には根源的仮定の変化に対する強い抵抗があると指摘している。これは，その変化が組織メンバーに認知的不協和をもたらすだけでなく，組織内の権力分布パターンを変えるという可能性を，組織メンバーが認識するからである。ストラテジック・ラーニングが起こるためには，根源的仮定の集合の一部の仮定の変化が，ほとんどのメンバーにとって「自然な流れ」として受けとめられることが重要なのである（Mezias and Glynn［1993］）。

戦略行動のデザイン過程における初期の行為が，組織の末端レベルで，既存の根源的仮定の集合のもとで行われるならば，それは自然の流れとして受け入れられやすい（Rounds［1984］）。このような小さな問題解決行為を通じて得られたビジネス・レベルの知識を基礎に，その組織単位はさらに次の段階で処理すべき問題は何か，可能な行為の代替的選択肢は何かを知ることができるようになり，新たな行為を展開していく（Morgan and Ramirez［1984］）。このように行為を通じたビジネス・レベルの知識の学習と，その知識を基礎にした新たな行為の展開という累積的な行為と知識の相互作用，すなわちアクション・ラーニングを通じて，結局，その組織はスタート地点からはるか遠くへ離れた地点にいることに気づくことになる。こうした小さな問題解決の累積的プロセスは、ビジネスを成功させようとする組織の姿勢と、ビジネス・レベルの知識を基礎に技術の論理によって主導され、構造化されるのである。

## 2　リッチな経験からの学習

ストラテジック・ラーニングが起こるためには、組織は戦略行動の経験から、従来の認知枠組みにとらわれない新たな「意味」を獲得する必要がある。ここに、既存の仮定の強化に帰着するビジネス・ラーニングとの重要な違いがある。

戦略行動は、組織のドメインを変化させる組織の行動である。したがって戦略行動から得られる経験は、その組織にとって新しくユニークなものである。こうした経験からの学習に、ビジネス・ラーニングとストラテジック・ラーニングの差が生じるのは、経験の取扱い方に差があるからにほかならない。

経験の取扱い方には、一般に二つの方法がある（Daft and Huber［1987］）。一つは経験を単なる一つのデータ・ポイントとして考える方法、もう一方はリッチで詳細なストーリーとして扱う方法である。前者は試行錯誤による学習や統計的仮説検証に見られる経験の取扱い方で、所与の目標を達成するために行為を修正するといった、不確実性の除去に有効である。これに対し、後者はケーススタディ法のように、一つの経験から新しい意味や教訓を引き出す、いわば多義性の処理に有効である（March et al.［1991］）。

ストラテジック・ラーニングのためには、組織は戦略行動に伴う経験を、単なるシングル・データ・ポイントとしてではなく、よりリッチなストーリーとして解釈することが重要である。すなわち、ある特定の経験についてより多くの見方、より多様な解釈を試み、また経験を評価するために多様な価値観の適用を試みるなど、その経験を詳細に検討する必要がある。

組織がリッチな経験から学習するには、①十分なスラック（未使用の資源）をもち、②事業についての生のデータ（raw data）にコミットでき、③組織内の他の部門や短期適応的業務から自律的である必要がある。

(1) スラック（未使用の）資源

スラックあるいは未使用の資源が、リッチな経験からの学習に必要な理由は少なくとも二つある。一つは革新に利用しうる資源に関する理由、もう一つは組織のリスク選好に関する理由である。リッチな経験をするには、組織は何らかの意味で新しい経験（革新）を体験しなければならない。そして革新を起こすためには、組織は革新のために利用可能で、現在のオペレーションで使われていない資源（スラック資源）をもっていなければならない（Penrose [1956], March and Simon [1958]）。

組織が情報をリッチなものとして解釈できるか否かは、組織の情報収集・解釈の仕方に依存している。特に組織スラックの大きさに依存したその組織のリスク選好は、情報収集の仕方に重大な影響を与える。組織の探索モードには、問題主導型探索とスラック探索の二種類がある（Levinthal and March [1981]）。問題主導型探索は、成果が要求水準に満たない場合に、その差を埋めようとして起こる目標志向的探索である。一方スラック探索は、成果が要求水準を超過し、スラックがあるときに為されるオープン・エンド型の探索である。問題主導型探索よりスラック探索の場合の方が、組織はより高いリスクを選好する傾向がある（Singh [1986]）。スラック資源の存在は、リスク・テイキングな行動を促し、人々が予期しなかった現象に直面し、新しい環境を創出する可能性を高める。

(2) 生データへのアクセス

組織メンバーがリッチな情報を獲得する第二の条件は、生のデータにアクセスし、コミットすることである。生のデータは、不確実性を削減したり既存の根源的仮定を正当化するような処理を経ていないため、最もリッチな情報をはこぶことができるからである。

組織がこうした生データ（リッチな情報）を獲得・処理するには、それ相応の多様度をもつ必要がある（Van de Ven [1986]）。リッチな情報を処理するのに適している組織構造は、対面コミュニケーションを基礎とする仲間集団である（Daft and Huber [1987]）。意味決定や知識創造にとって、メンバー間の相互作用が基本的な条件だからである（Bartunek [1988]）。ここで重要なことは、リッチな情報の処理・伝達に適した組織構造は、不確実性を削減するために多くの情報量を処理するようにデザインされた組織構造とは異なるということである。

(3) 自律性

第三に、リッチな経験から学習するには、その組織は自由に考え行動できる自律性をもつ必要がある。「自律性」という言葉は、密接に関係した二つの自由を意味している。一方は目標・手段・基準を自ら決定する自由であり、他方は現在の戦略概念の射程範囲にとらわれない自由である。

人間は自分で目標や手段を決定する自由を与えられると、内発的に動機づけられる。内発的に動機づけられた人々は、デザイン過程に積極的にコミットし、多様で創造的な解決案を作り出せるようなリッチな情報にコミットする傾向がある（Salancik [1977]）。

バーゲルマンによって自律的戦略行動（Burgelman [1983]）と呼ばれた戦略行動に関わるメンバーたち

は、支配者集団からの介入が比較的少ないため、新しい戦略コンテキストの中で多義的な刺激を自由に解釈することができる。一方、現在の認知枠組みと密接に結びついている支配者集団には、その自律的戦略行動が自社の戦略にどのような意味をもつか理解できない。結局のところ自律的戦略行動は、利用可能なスラック資源の存在によって促進される。

## 3 戦略的知識の蒸留

ビジネス・レベルの知識がコーポレート・レベルの知識に変換され、さらに根源的仮定にまで変換されるプロセス、すなわち「戦略的知識の蒸留」過程は、ストラテジック・ラーニングのコア・プロセスである。戦略的知識の蒸留過程は、論理的には二つのステップに分けられる。第一のステップは、ビジネス・レベルの具体的知識がコーポレート・レベルの抽象的知識に変換される段階、第二のステップは、コーポレート・レベルの知識が根源的仮定に変換される段階である。

### ① ビジネス・レベルからコーポレート・レベルへ

戦略的知識蒸留過程は、特定の組織単位におけるビジネス・レベルの知識が、その企業内の上層部や他の組織単位に単に共有されていくプロセスではなく、他のビジネス・レベルの知識との関係の中で、抽象化・一般化されていく社会的学習プロセスである。この過程で重要なことは、特定のビジネスに特殊具体的な知識が、他のビジネスとの関係の中に統合されていくことを通じて、コーポレート・レベルの一般的な知識に変換されていくという点である。

特定のビジネスに有効な知識がコーポレート・レベルの知識へと変換されていくプロセスは、以下のように、行為と認知が相互作用しつつ発展していくプロセスとして描くことができる（Burgelman［1988］）。

たとえば最初に現在の仕事の流れの中から、機会主義的探索を通じて、新しい製品コンセプトが生まれたとする。このコンセプトは市場における自律的戦略行動を促し、そのビジネス特有の知識が学習される。この戦略行動が成功すると組織内部からの支持が得られるようになり、そのプロジェクト・リーダーは、このビジネス・レベルの知識を背景に、他のプロジェクト管理者と相互作用をもつようになる。その結果、最初の製品コンセプトと、関連する他の製品群のコンセプトを統合する新たな事業コンセプトを形成する活動が可能になる。ミドル・マネージャーは、関連するプロジェクトとの関係をも射程に入れた事業運営を進め、結果として、事業領域全体を統合するようなコンセプト作りが可能になる。こうして製品レベルの革新が、事業領域レベルの戦略概念にまで育ってくると、トップ・マネジメントは、新しい事業領域戦略と、既存の事業領域との関係を合理的に説明しうるような、新しい戦略コンセプトを導き出すことができるようになる。このように行為と認知が相互作用しつつ、ビジネス・レベルの知識は、その特殊具体的な要因が捨象され、より高次の部門や全社的観点から他のビジネス・レベルの知識と統合され、コーポレート・レベルの知識へと蒸留されていく。

このようなプロセスは、戦略行動をデザイン・実施した組織単位の代表者が、トップ・マネジメントまで昇進することを通じて、実現されるかもしれない。

### ② コーポレート・レベルの知識から根源的仮定へ

コーポレート・レベルの手続的知識が、根源的仮定に変換されるプロセスについては、組織文化形成プロセスの研究における「認知的変換（cognitive transformation）」の概念が有益な示唆を与えてくれるのこと」として考えられるようになり、その前提は忘れられ「事実」として受容されるようになる。「事実」がさらに繰り返し使われると、遂には意識の底に沈み、注意されることはなくなる。このような「認知的変換」の過程を経て、根源的仮定は形成される。

少なくとも二つの関連した要因、環境からの支持と繰り返しが、認知的変換プロセスに影響を与えている。同じ知識がそれ以降のデザイン過程で利用される可能性が高くなる一つの条件は、その知識に基づく戦略行動が成功することである。こうした過程を繰り返しつつ、その知識は認知的変換を経て、意識の底に沈んでいく。しかし前述したように、戦略行動の成果は、コーポレート・レベルの知識を評価する有効な基準となることはあまりない。成果と直接因果関係をもっているのは、ビジネス・レベルの知識である。したがって、組織が新しく得たビジネス・レベル知識が使われやすい環境条件が存在すれば、それに関連するコーポレート・レベルの知識も繰り返し使われるかもしれない。このような一連の戦略行動のデザインを通じて、新しく獲得された根源的仮定は強化され、その企業の戦略展開に中心的な役割を果たすようになる。

一方、もしストラテジック・ラーニングの直後に、その企業にとって中心的な既存事業に危機が訪れたりすれば、新しいコーポレート・レベルの知識が使用される可能性は低くなる。このような状況では、トップ・マネジメントや支配的集団の注意は、新しい戦略行動よりも既存の中核的ビジネスの危機の方に向けられる傾向があるため、伝統的事業と密接に結び付いた古い根源的仮定が、その事業の立て直しのために喚起され、組織内で支配的な役割を演じるからである。

このように蒸留過程の第二段階は、認知的変換をコアとする文化形成のプロセスと密接な関係をもっている。本章のモデルが既存のモデルと決定的に異なるのは、古い根源的仮定が学習棄却（unlearning）されておらず、まだ生きているという点にある。短期的には、組織内に新旧の根源的仮定が共存するのである。新旧の根源的仮定が共存できるのは、戦略行動のデザインは、相互に独立にまたは逐次行われるために、新旧の根源的仮定間の矛盾した関係が直接問題として取り上げられることが少ないからである（Cyert and March［1963］）。根源的仮定の性質上、組織内の多くのメンバーは、戦略的知識の蒸留過程を通じて得られた新しい根源的仮定の存在にも、また新旧の根源的仮定の間の矛盾にも気づかないのである。ビジネス・レベルの知識がコーポレート・レベルの知識に変わっていく過程で、そのビジネスに特殊な要因の一部は捨象され、また一部は当然のこととして暗黙の根源的仮定の集合に組み込まれていくのである。

## 4　新しい根源的仮定の定着

ストラテジック・ラーニングの最後のステップは、新しい根源的仮定を公式に制度化し、定着（retention）させていく段階である。戦略的知識蒸留過程を経て、組織の根源的仮定の集合の中には、新旧の矛盾する諸仮定が含まれることになる。新しい根源的仮定を定着させるためには、新しい根源的仮定と矛盾する古い根源的仮定を捨て去り、残ったものと新しい根源的諸仮定との間に一貫した関係を、公式に構築することが必要である。いわば組織が後戻りできないような仕組みを、公式に作り出す必要がある。強力なトップ・リーダーシップを背景とした、計画的組織変革が重要な役割を果たすのは、この定着段階においてである（Burgelman［1983］）。

新しいビジョンや戦略のコンセプトは、新旧の矛盾を含んだ根源的仮定の集合に、一貫した意味を付与することになる。その結果、この計画的変革の方向に見合った根源的仮定が強化され、それからはずれた諸仮定は、その後のデザイン過程で使用される可能性がきわめて低くなる。たとえば、新しい根源的仮定の集合をもった人々が昇進・登用され、それに適さない人々はビジネスの一線から退き、あるいは組織を去っていく。こうして、結果的に新しいものと矛盾する古い根源的諸仮定は、事後的に学習棄却されていく。このように、計画的変革を通じて学習棄却と強化学習を進めて行くためには、その組織が経験したストラテジック・ラーニングの意味と、計画的変革の方向性とが一致している必要がある。こうして新しい戦略行動のデザインは、新しい根源的仮定の集合をもとに行われるようになる。その結果、ストラテジック・ラーニングを通じて、戦略的能力が刷新されることになる。

戦略的知識の蒸留過程を通じて、根源的仮定の集合が抽出され、それが意識の底に沈んでいき、既存の根源的仮定の上に新しい層を形成する。もし環境が新しい仮定を排除することがなければ、それらは以降の戦略行動デザイン過程で利用される。古い仮定は使われなくなり、人々はそれを忘れてしまう。いわば時とともに、結果として学習棄却が起こるのである。

新しい根源的仮定がコーポレート・レベルの知識に公式に組み込まれるには、その仮定を得るきっかけとなった最初の戦略行動から見ると長いリード・タイムが必要である。これは人間が、ある戦略行動の結果を回顧的に解釈してはじめて、その意味を知ることが可能になるからである（Weick［1979］）。

## 4　事例研究――旭硝子におけるストラテジック・ラーニング

旭硝子株式会社のケーススタディを例に、ストラテジック・ラーニングの概要を検討してみよう。

旭硝子は一九〇七年に岩崎俊彌（三菱財閥の創始者岩崎弥太郎の弟、弥之助の次男）によって、当時はヨーロッパからの輸入に頼っていた板ガラスの国産化のために設立された。以来同社は、ガラスおよびガラス関連商品、化学、セラミックスといった分野で国際的なサプライヤーに成長していった。一九八四年にそれまで素材サプライヤーとして自社を位置づけていた旭硝子は、エレクトロニクスデバイスの開発・供給を第四のビジネスの柱にしようと戦略的な転換を行った。その結果、今日の電子・ディスプレイ事業分野が確立されていったのである。このような戦略転換がいかにして可能であったのかを、ストラテジック・ラーニングの観点から分析してみよう。

### 1　旭硝子の戦略転換

ケース分析の第一ステップは、旭硝子の戦略行動の時系列的展開を分析することである。表1は同社の主要な戦略行動のリストとそのデザイン・プロセスの特徴をまとめたものである。それぞれの戦略行動は以下の観点から調査された。

(1)　新規事業の領域。

(2)　新規事業と既存事業との関係　　垂直統合（既存事業の原材料や設備の獲得を目的に展開された新

表 1　旭硝子の戦略行動とそのデザイン・プロセス

| 戦略行動 | 事業領域 | 年 | 既存事業との関連 | | | 事業機会 | | アウトプットのタイプ | | 技術の源泉 | | | | 国産化 |
|---|---|---|---|---|---|---|---|---|---|---|---|---|---|---|
| | | | 垂直 | 派生 | 新規 | 積極 | 受身 | 素材 | デバイス | L | C | RE | O | |
| 窓ガラス | ガラス | 1909 | | | ○ | ○ | | ○ | | ○ | | | | ○ |
| 耐火レンガ | セラミックス | 1914 | ○ | | | | ○ | ○ | | | | ○ | | ○ |
| ソーダ灰 | 化学 | 1916 | ○ | | | | ○ | ○ | | | | ○ | | ○ |
| 乾板ガラス | ガラス | 1917 | | ○ | | | ○ | | ○ | | ○ | | | ○ |
| 苛性ソーダ | 化学 | 1931 | | ○ | | | ○ | ○ | | ○ | | | | ○ |
| 板ガラス | ガラス | 1932 | | ○ | | | ○ | ○ | | ○ | | | | ○ |
| 自動車用安全ガラス | ガラス | 1935 | | ○ | | | ○ | ○ | | | | ○ | | ○ |
| テレビ用ガラスバルブ | ガラス | 1938 | | | ○ | | ○ | ○ | | ○ | | | | ○ |
| フロンガス | 化学 | 1955 | | ○ | | | ○ | ○ | | ○ | | | | ○ |
| ICのマーケティング | エレクトロニクス | 1964 | | | ○ | | ○ | | | | | | | |
| ガラス遅延素子 | ガラス | 1966 | | ○ | | | ○ | ○ | | | ○ | | | ○ |
| イオン交換膜 | 化学 | 1974 | ○ | | | | ○ | ○ | | | | | ○ | |
| 液晶ディスプレイ | エレクトロニクス | 1975 | | | ○ | ○ | | | ○ | ○ | | | ○ | |
| クォーツクリスタル | その他 | 1976 | | | ○ | ○ | | ○ | | | ○ | | | |
| フォトマスク用回路基板 | エレクトロニクス | 1984 | | ○ | | ○ | | | ○ | | | ○ | | |
| アセンブリー・ボード | エレクトロニクス | 1984 | | | ○ | ○ | | | ○ | | ○ | | | |
| 人工歯冠 | その他 | 1985 | | | ○ | ○ | | | ○ | | ○ | | | |
| エレクトロクロミック・ディスプレイ | エレクトロニクス | 1985 | | | ○ | ○ | | | ○ | | | | ○ | |
| セミカスタムLSI | エレクトロニクス | 1985 | | ○ | | | ○ | | ○ | | | | | |
| プロスタグランジン | その他 | 1986 | | | ○ | ○ | | ○ | | | | | ○ | |
| 薄膜磁気ディスク | エレクトロニクス | 1987 | | | ○ | ○ | | | ○ | | ○ | | | |

規事業）、多様化（既存の資源の副産物や効率的利用から派生した新規事業）、純粋な新規事業（既存製品から独立した新事業）。

(3) 知覚された事業機会の源泉　積極的探索（戦略行動に基づく探索）、受動的知覚（偶然もしくは他者からもたらされた事業機会）。

(4) アウトプットのタイプ　素材かデバイスか。

(5) 技術の源泉　他社からのライセンス、他社との共同開発、リバース・エンジニアリングによる国産化、独自開発。

旭硝子の三つの主要な事業（ガラス、化学、セラミックス）は、一九一七年までにその起源をもつ。化学およびセラミックス事業の起源は、創業事業であるガラスの原材料であったソーダ灰と耐火煉瓦が、第一次大戦中にヨーロッパから輸入困難になったという受動的な理由によって国産化が行われたことにある。これ以降の事業は、ほとんどが既存の事業から派生したものか、外部の顧客企業（自動車会社から車載用ガラス、写真フィルム企業から写真用乾板ガラス、テレビ局と家電メーカーからブラウン管用ガラスバルブなど）からの要求に応えたものである。旭硝子の経営資源とは関連性のないＩＣの販売（一九六四年）も、コーニング・グラスワークスとの関係から依頼されたビジネスである。

旭硝子が一九七五年に液晶事業に参入するまで、同社の関心はもっぱら海外の技術に向けられ、R&D部門の役割は、海外の先進技術の国産化、改良、生産部門をサポートする技術革新に重点がおかれていた。主要な技術は外国企業からのライセンス取得を通じて獲得されてきた。また営業部門の役割は受注と配送が主であり、マーケティングという発想はあまりなかったといえよう。旭硝子の戦略志向は、受身型であった。

一方、液晶事業を境に、旭硝子は新規事業分野を積極的に開発し始めるとともに、技術的にも独自性の高い技術革新や共同開発を増加させる。エレクトロニクス事業やデバイスなどの川下製品分野、既存の事業に属さない市場への進出も見られる。一九八三年にマーケティング部門が正式に発足すると、その役割が新製品開発のための市場のニーズ発掘へとシフトしていった。一九八五年にはエレクトロニクス製品開発センターがR&D部門内に作られた。旭硝子の注意のモードが、条件付きの観察からより積極的な創出や探求へとシフトしていき（Daft and Weick [1984]）、その結果、戦略志向が受身型から分析型さらに探索型へと転換していったのである（Miles and Snow [1978]）。

この分析から明らかなように、液晶事業の戦略行動を契機として、旭硝子は大きな戦略転換を果たした。当時液晶事業を率いた金井博士は、「液晶の開発が、旭硝子にとってもR&D部門にとっても、多くの点でターニングポイントとなった」と指摘している。

## 2　液晶事業の開発

ケース分析の第二段階は、旭硝子の液晶事業の開発のプロセスを詳細に検討することを通じて、旭硝子においてこのような戦略的転換がいかにして可能になったのか、液晶事業の展開プロセスで旭硝子は何をどのように学習していったのかを明らかにすることである。

### (1)　ターニングポイント——液晶ディスプレイの選択

液晶事業の展開は同社のR&D部門に余裕資源が発生したことに端を発している。一九六〇年代当時わが国は高度成長の真っ只中で、ほとんどの会社が増産につぐ増産をしていた。経営の関心は生産性向上のためのエンジニアリングに向けられ、海外からさまざまな技術導入が行われたが、そうした中でも特にピルキントンブラザースPLCから導入された画期的なガラス生産技術（フロート法）は、生産性を急速に高めた。板ガラスの生産技術は、これ以上の生産革新はほとんど期待できないという意味で技術的に成熟段階を迎えたのである（Abernathy［1978］）。こうしてそれまで生産エンジニアリング中心だったR＆D部門内に余裕資源が生まれたが、景気が良かったために彼らは当面の課題もないまま自由な状況におかれていた。そのため彼らはガラス、化学、セラミックスに次ぐ第四の柱となる事業を創造すべく探索を開始した。

液晶事業への参入決定は、同社と環境の関係についてのなじみ深い考え方・基準にもとづいていた。まずそれまでの旭硝子の成長が成長産業への素材供給によっていたという認識にもとづき、当時将来の成長産業として一般的に認識されていたエレクトロニクス産業に注意を向けた。当時の同社の研究者が抱いていたエレクトロニクス事業のイメージは、一般向け科学雑誌に載っている程度のものであった。すなわち電子機器を「インプット－処理装置－アウトプット」と理解し、それぞれについて事業の可能性を考えた。彼らは、インプットについてはセンサーを中心に検討したが、光・音・物理的力に対応してそれぞれ特殊な技術が必要な割には個々の市場はそれほど大きくないと判断した。処理装置としてプロセッサーとメモリーを検討したが、プロセッサーは完全なエレクトロニクス製品なので旭硝子の事業範囲外と判断、メモリーについてはかなり大きな市場が見込まれ磁気素材や単結晶が代替案として考えられた。最終的にはディスプレイ事業が、同社の既存の事業とのつながりが深いということで選択された（後に磁気素材、単結晶にも進出した)。

ディスプレイの技術としては当時大別して「発光型(active)」と「受光型(passive)」が考えられたが、旭硝子はすでに発光型の主流であったCRT(ブラウン管)用ガラスチューブで圧倒的なシェアを取っていた。一方受光型ディスプレイは他社に先行してトップシェアを取れる可能性があると判断し、液晶が選ばれた。液晶は低電圧-低消費電力でエレクトロニクス製品と相性が良いこと、液晶ディスプレイの構成要素である伝導ガラスの技術が社内にあったこと、液晶自体は化学製品で同社の化学事業といずれ関連するという期待があったことなどの理由から、選択されたのである。しかし、彼らは液晶の技術や市場、競争相手についての知識をほとんどもっていなかった。金井博士はこの意思決定を振り返って、「われわれは驚くほど無謀な意思決定をしたんです。しかし当時の状況がわれわれにそれを許してくれたんです」と述懐した。

一九七一年に新規事業として液晶ディスプレイを選択した旭硝子研究者たちの戦略志向パターンは、一般的に入手可能な情報の単純な解釈と、既存の戦略志向に立脚した判断基準(成長産業への貢献、市場規模、高い市場シェアの可能性、技術シナジー)に基づいて形成された。驚くべきことに、この過程には「ゆらぎ」も「突出」もない、同社としてはごく当たり前の「自然」な過程を経て決定されたのである。

### (2) 液晶開発におけるビジネス・ラーニング

旭硝子にとってなじみ深い戦略志向を通じて進出を決めた液晶事業を実際に進めていく三段階の過程で、同社は既存の事業とは必ずしも整合的ではないビジネス・レベルの知識を学習していくことになる。最初は既存の思考枠組みから始めつつも、現実のビジネスとして成功していくために、予期しなかったビジネス上の新しい諸問題に直面しつつ、それらの課題を解決することを通じて、旭硝子の研究者たちは次第に組織学習の新しい段階へと入っていくことになったのである。ビジネス・レベルで継時的に現れてくる問題空間が、組織学習が展開される型枠の役割を果たしていくのである。

第一世代液晶は数字やアルファベットしか表示できない小型のものであったが、一九七三年にシャープが電卓（EL 805）の表示装置としてＤＳＭ液晶を採用してその市場性が開けてきた。旭硝子はこの年、より信頼性の高いＴＭＮ液晶の開発プロジェクトを開始し、一九七四年には三菱電機との共同開発を経て量産技術を獲得し、量産・営業を始めた。また、この年には同社の特品事業部を通じてカシオ計算機に電卓用液晶パネルを供給することに成功する。これは同社の研究者としては、ほとんど初めて経験する提案型マーケティング活動であった。

この過程で旭硝子は、液晶事業を成功させるためには、同社が保有している導電ガラスや有機化学の技術のほかに、高精度量産技術と電子回路設計技術が不可欠であること、しかし自社内でこうした技術を供給できないことを認識した。そこで、三菱電機と共同で「オプトレックス（株）」を設立し、生産・販売を任せる一方、旭硝子は次世代液晶の開発に集中することにした。

第二世代液晶としてより大型で高信頼度の液晶ディスプレイの開発を目標に設定した旭硝子は、具体的なターゲットとして自動車載用パネルの開発に乗り出した。旭硝子の技術者は、自動車産業が成長産業で将来エレクトロニクス化が進むであろうと期待し、液晶の低電流低電圧という特徴が車載用ディスプレイとして適していると考えていた。さらに同社がフロントガラスの生産を通じて自動車メーカーへの流通ルートをもっていたことから、この市場をリードできるだろうという判断基準をもっていたのである。しかしこのアイディアは旭硝子の研究者によるもので、自動車メーカーは、暗い車内でマイナス三〇度から九〇度という広範な動作温度域での表示に液晶を利用することには、安全性の観点から反対していた。実際一九七八年に車載用の液晶パネルの開発に成功しても、自動車メーカーは直ちに採用しようとはしなかった。そこで旭硝子の研究者たちは、米国自動車エンジニア学会（ＳＡＥ）で液晶パネルの信頼性を発表することなどを通じて自動車会社の研究者たちと個人的ネットワークを形成し、市場のニーズを知ろうと努力した。一九八〇年にはトヨタのクレスタ用の時計表示パネル、八二年には三菱コルディアとホンダのシティー・ターボに車載用パネルとして採用されていった。（一九八六年時点での車載用液晶の世界市場でオプトレックスは九〇％のシェアを占めるまでになった。）

第三世代（キャラクター・グラフィック・ディスプレイ）になると、従来の八倍もの高精細度が要求され、ＯＡ機器メーカーが先行していた。旭硝子は表示情報の拡大技術がドットマトリックス方式の登場で一般化してきたこと、この分野の成長性が明白化してきたことなどの理由で、ＮＴＮ液晶の開発に乗り出した。しかしこの段階になると、液晶はパネルというよりも、ＩＣを組み込んだモジュールとして設計・販売しなくてはならなくなる。競争に勝つポイントは液晶自体の技術よりも、ユーザーのニーズの把握とそれを実現する回路設計技術となっていったのである。

こうした三段階の過程をみると旭硝子の液晶ビジネスに関する知識は、ビジネス・ラーニングを通じて獲得されてきたことがわかる。注意のモードは次第にエナクトメントにシフトしていった。液晶開発初期には、コーポレート・レベルの知識が主導していたが、次第にビジネス・レベルの知識がより影響力をもつようになっていったのである。

### 3　旭硝子の戦略転換

戦略的知識蒸留プロセスは直接観察することは困難であるが、旭硝子のコーポレート・レベルの知識が液晶事業の開発を通じて変容したということを、いくつかの証拠から導くことができる。同社は組織デザインや行動ルーティンを変えていったのである。

第一に、研究開発部門の役割が変わった。一九七三年の組織変更を機に、研究開発部門の期待される役割は、それまでは主に既存の事業の改良・拡大に重点がおかれていたのに対し、新技術・新事業の開発主体としての期待・役割へとシフトしていった。その結果、たとえば「テーマX」といった研究者が職務時間の一〇%を自分の関心領域の研究に使ってよい制度などが導入された。

第二に、旭硝子の事業領域が変化した。従来は素材のサプライヤーで、エンドユーザーもしくは顧客企業からの要望にこたえる形で事業展開していた。それに対して液晶をきっかけに第四の事業の柱としてエレクトロニクス事業が育ち始めると、ICモジュールやガラス遅延素子などのデバイス事業に入っていくとともに、素材もエンドユーザーの視点を意識した開発を提案できるようになっていった。液晶開発の開始から一三年後の八四年には、旭硝子のトップは戦略転換を果たしたと公式に宣言した。

第三に、モジュールやデバイスの販売はマーケティング部門の認識にも変化をもたらした。従来顧客からの注文の受注と配送を担っていたのに対し、新製品開発のための市場のニーズを把握することが主要な業務になった。一九八三年には各事業部のほか本社部門にもマーケティング部門がおかれ、八七年には新事業開発および製造部門に市場の情報とニーズを提供する営業部門の役割が強化された。営業部門と研究開発部門間の人事交流も行われるようになった。

最後に、組織全体の「注意のモード」が変化した。液晶事業を境に、それまでの一般的な環境探査や条件付けられた環境観察から、より創出もしくは発見モードへとシフトしていった（Daft and Weick［1984］）。環境をよりシステマティックに探査するために、エレクトロニクス製品部門やエレクトロニクス製品開発センターといった新しい役割を担う組織を立ち上げた。R&D部門の代表として金井博士自身が取締役に昇進し、取締役会のメンバーとしてコーポレート・レベルの戦略策定過程で、液晶事業を通じて培ったさまざまな知識が活用されるようにもなっていった。

旭硝子にとって、液晶事業そのものは子会社であるオプトレックスに移管され、収益の柱になるには時間がかかった。しかし液晶事業以降に展開された戦略行動のほとんどは、デバイスやエレクトロニクス関連商品であり、ストラテジック・ラーニングをつうじて獲得された新しい戦略的能力に基づいて実現されたといってよい。これらの根源的仮定は、それらの有効性が証明されたから使われたというよりも、単によく使われたから定着したといったほうが良い。その意味では「使用による学習（learning by using）」というべきである。

## 5　ディスカッションとインプリケーション

本章では、戦略転換を遂行する組織と戦略行動の長期的なダイナミクスを説明するために「ストラテジック・ラーニング」の概念を導入し、それを組織内生態学的プロセス（Burgelman［1991］）として描き出してきた。それは知識の創造と獲得、情報解釈、情報の変換と普及、組織知識への定着といった一連の統合された学習過程なのである。

組織学習は基本的に近視眼的である（Levinthal and March［1993］）。そのためしばしば低次レベル学習は高次レベル学習を妨げると考えられてきた（たとえば、Argyris and Schön［1978］）。それに対してこのストラテジック・ラーニングの研究では、近視眼的・低次学習の蓄積が、高次レベル学習につながる可能性を指摘してきた。企業の戦略能力の抜本的刷新の背後には、インクリメンタルで連続的な学習過程があることを示してきたのである。しかしこうした研究は始まったばかりである。企業の長期適応や成長過程を分析する上で、今後の理論的・実証的研究の積み重ねを必要とする。

ここで示したストラテジック・ラーニングのモデルから、いくつかの理論的および実践的インプリケーションを導くことができる。第一にストラテジック・ラーニングは、既存の知識のアンラーニングなしに、戦略的知識蒸留を通じて自然に起こるという際立った特徴をもつということである。従来組織変革では、事前のアンラーニングを強調してきた（たとえば、Hedberg［1981］）。しかしストラテジック・ラーニングは事前のアンラーニングを仮定しない。組織知識は長期にわたって累積的に学習され、蒸留過程を経て組織の戦略能力を形成していく。既存の根源的仮定の一部が変わるだけで、多くは保存されるが、それが根源的レベルで起こる変化だけに、一部分が変わるだけでも大きな影響をもつ。こうして一方でその企業の組織としてのアイデンティティを維持しつつ、一方で戦略的能力の大きな転換をもたらすことができるのである。

第二にストラテジック・ラーニングの概念は、戦略行動の観察しうる変化と戦略行動を生成するメカニズム自体の変化を明確に区別する必要があることを示している。組織理論では長期適応と短期適応は理論的に明確に区別されており、「短期適応はいわゆる問題解決に、長期適応は学習に相当するという（March and Simon [1958], p. 170）」。本章の枠組みでは、所与のコーポレート・レベルの知識のもとで展開されるビジネス・ラーニングは短期適応に、新しいコーポレート・レベルの知識による新しい戦略能力の獲得を通じた戦略転換が長期適応に相当することになる。ストラテジック・ラーニングはこうした意味での長期適応を説明する概念なのである。

第三にストラテジック・ラーニングは、組織の計画的変革（Planned Change）に対して重要な意味をもっている。サイモンが「人工物である飛行機は、重力という自然法則を利用して飛んでいる」と指摘したように（Simon [1981]）、組織の計画的変革も組織の自然な学習過程としてのストラテジック・ラーニングを利用して行われる必要がある。ストラテジック・ラーニングを促進するには、本章で述べた以外に、どのような条件・組織構造などが必要かは今後検討する必要がある。少なくとも、組織がストラテジック・ラーニングを経験したあと、それを公式に戦略転換として制度化することや、ビジネス・レベルの知識がコーポレート・レベルの知識に蒸留されることを促進するような人事評価システムの構築は経営トップの重要な職務である（Pfeffer [1981]）。一方でストラテジック・ラーニングが指し示す方向性と異なった方向に組織を変革しようとしても、その努力は失敗すると推測することができる。経営者の重要な役割は、組織が行ったストラテジック・ラーニングの意味を事後的に解釈・正当化することを通じて、新たな戦略コンセプトを作り出すことなのである（Burgelman [1983]）。

最後に今後の研究で最も重要となるのは、ガードナーの言う「計算のパラドクス（computational paradox）」かもしれない（Gardner [1985]）。ストラテジック・ラーニングは事前に組織知識の有効性を問うことなく行われる学習であるが、組織知識は矛盾と対立した信念・価値から構成されている。また具体的な経験からビジネス・ラーニングが起き、それがコーポレート・レベルの知識に蒸留されていく過程は、既存の論理学や因果関係図式では説明できない可能性を含んでいる。われわれは本来論理的ではない現象を、論理的に説明するというパラドクスを解決しなければならないのかもしれない。

＊ 本章は、Kuwada, K. [1998], "Strategic Learning : The Continuous Side of Discontinuous Strategic Change," *Organization Science*, Vol. 9, No. 6, pp. 719-736, を日本語に訳し、大幅に圧縮し改稿のうえ再録したものである。

## 参考文献


Abernathy, W. [1978], *The Productivity Dilemma*, Baltimore : Johns Hopkins University Press.

Argyris, C. and Donald A. Schön [1978], *Organizational Learning : A Theory of Action Perspective*, Reading, MA : Addison-Wesley.

Bartunek, J. [1988], "The Dynamics of Personal and Organizational Reframing," in R. E. Quinn and K. Cameron eds., *Paradox and Transformation*, Cambridge, MA : Ballinger.

Bartunek, J. and M. K. Moch [1987], "First-Order, Second-Order, and Third-Order Change and Organization Development Interventions : A Cognitive Approach," *Journal of Applied Behavioral Science*, Vol. 23, No. 4, pp. 483-500.

Burgelman, R. [1983], "A Model of the Interaction of Strategic Behavior, Corporate Context, and the Concept of Strategy," *Academy of Management Review*, Vol. 8, No. 1, pp. 61-70.

Burgelman, R. [1988], "Strategy Making as a Social Learning Process : The Case of Internal Corporate Venturing," *Interfaces*, Vol. 18, No. 3, pp. 74-85.

Burgelman, R. [1991], "Intraorganizational Ecology of Strategy-Making and Organizational Adaptation : Theory and Field Research," *Organization Science*, Vol. 2, No. 3, pp. 239-262.

Chandler, A. D. [1963], *Strategy and Structure*, Cambridge, MA : MIT Press.

Cohen, M. D. and D. A. Levinthal [1990], "Absorptive Capacity : A New Perspective on Learning and Innovation," *Administrative Science Quarterly*, Vol. 35, No. 1, pp. 128-152.

Cyert, R. M. and J. G. March [1963], *A Behavioral Theory of the Firm*, Englwood Cliffs, NJ : Prentice Hall.

Daft, R. L. and G. Huber [1987], "How Organizations Learn : A Communication Framework," in *Research in the Sociology of Organizations*, Vol. 5, Greenwich, CT : JAI Press.

Daft, R. L. and K. E. Weick [1984], "Toward a Model of Organizations as Interpretation System," *Academy of Management Review*, Vol. 9, No. 2, pp. 284-295.

Donaldson, G. and J. W. Lorsch [1983], *Decision Making at the Top : The Shaping of Strategic Direction*, New York : Basic Books.

Gardner, H. [1985], *The Mind's New Science*, New York : Basic Books.

Hedberg, Bo [1981], "How Organizations Learn and Unlearn," in P. C. Nystrom and W. H. Starbuck eds., *Handbook of Organization Design*, New York : Oxford University Press.

Itami, Hiroyuki [1987], *Mobilizing Invisible Assets*, Cambridge, MA : Harvard University Press.

Lant, T. K. and S. J. Mezias [1992], "An Organizational Learning Model of Convergence and Reorientation," *Organization Science*, Vol. 3, No. 1, pp. 47-71.

Levinthal, D. and J. G. March [1981], "A Model of Adaptive Organizational Search," *The Journal of Economic Behavior and Organization*, Vol. 2, No. 4, pp. 307-333.

Levinthal, D. and J. G. March [1993], "The Myopia of Learning," *Strategic Management Journal*, Vol. 14, Winter Special Issue, pp. 95-112.

Louis, M. R. and R. I. Sutton [1991], "Switching Cognitive Gears : From Habits of Mind to Active Thinking," *Human Relations*, Vol. 44, No. 1, pp. 55-76.

March, J. G. [1981], "Footnotes on Organizational Change," *Administrative Science Quarterly*, Vol. 26, No. 4, pp. 563-577.

March, J. G. and J. P. Olsen [1976], *Ambiguity and Choice in Organization*, Bergen, Norway : Universitesforlaget.

March, J. G. and H. A. Simon [1958], *Organizations*, New York : John-Willey.

March, J. G., L. S. Sproull, and M. Tamuz [1991], "Learning from Sample of One or Fewer," *Organization Science*, Vol. 2, No. 1, pp. 1-13.

Mezias, S. and M. A. Glynn [1993], "The Three Faces of Corporate Renewal : Institution, Revolution, and Evolution," *Strategic Management Journal*, Vol. 14, No. 2, pp. 77-101.

Miles, R. E. and C. C. Snow [1978], *Organizational Strategy, Structure and Process*, New York : McGraw-Hill.

Milliken, F. J. and T. K. Lant [1991], "The Effect of an Organization's Recent Performance History on Strategic Persistence and Change : The Role of Managerial Interpretation," in P. Shrivastava, A. Huff, and J. Dutton eds., *Advances in Strategic Management*, Vol. 7, Greenwich, CT : JAI Press.

Mintzberg, H., D. Raisinghani, and A. Théorêt [1976], "The Structure of 'Unstructured' Decision Process," *Administrative Science Quarterly*, Vol. 21, No. 2, pp. 246-275.

Morgan, G. and R. Ramirez [1984], "Action Learning : A Holographic Metaphor for Guiding Social Change," *Human Relations*, Vol. 37, No. 1, pp. 1-28.

Penrose, E. T. [1956], *The Theory of the Growth of the Firm*, Oxford : Basil Blackwell.

Pfeffer, J. [1981], "Management as Symbolic Action : The Creation and Maintenance of Organizational Paradigm," in B. M. Staw and L. L. Cummings eds., *Research in Organizational Behavior*, Vol. 3, Green-

wich, CT : JAI Press.
Rounds, J. [1984], "Information and Ambiguity in Organizational Change," in Lee S. Sproull and P. D. Larkey eds., *Advances in Information Processing in Organizations*, Vol. 1, Greenwich, CT : JAI Press.
Salancik, G. R. [1977], "Commitment and the Control of Organizational Behavior and Belief," in B. M. Staw and G. R. Salancik eds., *New Directions of Organizational Behavior*, New York : John Wiley & Sons.
Schein, E [1992], *Organizational Culture and Leadership*, 2nd ed., San Francisco : Jossey-Bass.
Simon, H. A. [1981], *The Science of the Artificial*, 2nd ed., Cambridge, MA : MIT Press.
Singh, J. [1986], "Performance, Slack and Risk Taking in Organizational Decision Making," *Academy of Management Journal*, Vol. 29, No. 3, pp. 562-585.
Spender, J.-C. [1989], *Industry Recipes : The Nature and Sources of Managerial Judgment*, Oxford : Basil Blackwell.
Tushman, M. W. and E. Romanelli [1985], "Organizational Evolution : A Metamorphosis Model of Convergence and Reorientation," in L. L. Commings and B. M. Staw eds., *Research in Organizational Behavior*, Vol. 7, Greenwich, CT : JAI Press.
Van de Ven, A. [1986], "Central Problem in the Management of Innovation," *Management Science*, Vol. 32, No. 5, pp. 590-607.
Weick, K. E. [1979], *The Social Psychology of Organizing*, Reading, MA : Addison-Wesley.

第14章

# 日本企業の組織再編

## 事業部制組織の経済分析

伊藤　秀史

## 1　はじめに

本章は、日本企業による最近の企業再編を組織の経済学の観点から分析する出発点を与えることを目的としている。経済学に限らず、日本の企業再編の厳密な研究はほとんどない。実証研究はデータが利用可能になってからとしても、現時点での定型化された事実を整理し、企業再編を分析するためのフレームワークを提示して、分析されるべき問題を指摘することも有益であろう。

企業再編（corporate restructuring）といってもその内容は幅広い。たとえばコーポレート・ガバナンスの変革もその重要な部分を占めるが、すでに多くの研究蓄積があるために、本章では直接対象としない[1]。本章で焦点を当てるのは、企業の事業ポートフォリオに関する事業再編（portfolio restructuring）

および内部組織に関する組織再編（organizational restructuring）である。事業再編は企業の範囲または境界を、組織再編は企業の境界内での公式権限と責任の配分を対象としている。企業が提供する製品・サービスは何か、どの業務を社内で行うのか、多角化した事業をどのように編成するか、などは企業にとって最も重要な戦略的決定である。

事業再編に関わる企業の境界は、水平的な境界と垂直的な境界の二種類に分類することができるだろう。水平的境界とは、企業が提供する製品・サービスや市場を定義する。典型的な例として、互いに関連する製品分野に多角化するか、それとも狭い事業に特化するかという問題をあげることができる。一方垂直的境界は、提供する各製品・サービスについて、研究開発、原材料調達、製造組立、マーケティング、販売などの垂直的な業務分野のどの部分を自社で行うかを定義する。コース、ウィリアムソン、グロスマン＝ハートなどによる先駆的業績（Coase［1937］, Williamson［1975］,［1985］, Grossman and Hart［1986］）以来、企業の境界は現代の組織の経済学において主要な研究テーマのひとつとなっている(2)。しかし大部分の研究は垂直的境界（自製か購入か）の問題に焦点を当てており、水平的境界を決定する企業の多角化戦略については十分な研究成果が出ていないと思われる。日本企業の研究においても同様で、製造業者とサプライヤーとの垂直的な関係が内外で注目され、多くの研究成果があったのと比べて(3)、自動車産業への焦点のためか、多角化企業の分析はほとんど見あたらない。

企業グループの存在は企業の境界をさらに複雑なものにする。日本の大企業は子会社・関連会社のネットワークからなる企業グループを形成している。したがって、企業の境界は別の視点から次の二種類に分けられる。①企業グループのコアである大企業内部に属する事業と、大企業の外にあるがグループ企業によって行われる事業との区別、すなわち法的な境界。②企業グループ自身のインフォーマルな境界。コアに位置する企業は、新しいビジネスを自社で行うこともできれば、子会社を設立して行うことも可能である。さらに既存ビジネスをグループ外に事業移管して、グループとしてその事業から完全に撤退するという選択もある。企業グループの境界は企業の境界と比べてずっとあいまいなものだが、同じように重要な問題であることはまちがいない。

しかし本章では事業再編の問題を直接対象とせず、組織再編、すなわち企業グループのコアとなる大企業の内部組織構造に焦点を当てる。次節以下の構成は次の通りである。まず第2節で、日本企業の多角化戦略と事業部制組織についての定型化された事実を比較制度の視点から整理する。第3節では、なぜ多角化企業にとって事業部制組織が望ましい選択なのかを次の三つの理論を軸に論じる。①コーディネーションの利益と、その結果生じる戦略的決定と業務決定との分離、②インセンティブとコントロールのための費用の低下、③内部資本市場の効率性。第4節では、日本企業の組織再編に応用するために、多角化企業の事業間に関連性がある状況に分析を拡張する。第5節はまとめである。

## 2 定型化された事実

### 1 多角化戦略

本章の焦点は組織再編にあり、事業ポートフォリオは所与とするが、両者には密接な関係がある。そこで、まず日本企業の多角化戦略についての定型化された事実を簡単にまとめておこう。

第一に、一九七〇年代までは大企業の多角化の程度は日米両国で上昇したが、九〇年代に入って米国企業は事業を集約する方向に転換している。一九六〇年代には日本の大企業は米国の大企業と比べて多角化の程度は低かったが、九〇年代には逆転している可能性がある。多角化は普遍的な企業成長のパターンであるが、多角化の程度を数量化することは容易でない。もっとも単純な尺度は、何らかの標準的な産業／製品分類を用いて、企業が売上げを計上する品目数を数えることによって得られる。一九六〇年代から七〇年代にかけての日本の大企業の平均品目数は今井［一九七六］、米国大企業の平均品目数は Berry［1975］に報告されている。一九九〇年代については Claessens et al.［1999］が国際比較を行っている。しかし品目数は、企業にとって各品目がどのくらい相対的に重要かを考慮しない尺度である。各品目での売上比率の情報を用いた多角化指標としては、ハーフィンダール指数（Berry［1975］，吉原ほか［一九八一］）やエントロピー（Davis et al.［1994］，Jacquemin and Berry［1979］）がある。このような多角化指標を用いても結論は同様で、一九六〇年代には多角化の程度が日米両国で増加したが、米国では八〇年代、九〇年代に減少している可能性が高い。しかしこれらの指標を用いた国際比較はきわめて少ない。

第二の定型化された事実は、日本企業の方が米国企業よりも関連した事業に多角化する傾向が強い、という点である。一九七〇年代前半までの比較は、多角化研究の古典 Rumelt［1974］による多角化戦略の分類方法を日本企業に適用した吉原ほか［一九八一］で行われている。また小田切［一九九二］は、日本について一九七八、八一、八四年の三時点の追加調査結果を報告している。一九九〇年代については Claessens et al.［1999］が国際比較を行っており、米国多角化企業の関連度は依然として日本企業と比べて小さいことを示している。

第三に、日本企業は通常M&Aではなく内部成長によって多角化する傾向がある。この定型化された事実についての実証研究は少ない。Odagiri and Hase［1989］によると一九八〇年代にはM&Aによる多角化の割合は日本でも増加しているが、大部分の買収は関連ビジネスで、日本のM&Aは米国のコングロマリット化とは異なり、関連多角化への内部成長を補完する役割を果たしていると指摘されている。

## 2 事業部制組織

今日のマネジメントの教科書では、大企業の内部組織構造は通常、次の三種類の基本形に分類される。まず第一に、単一型ないしは職能別組織（unitary functional or U-form）と呼ばれる組織形態である。この組織は、製造、マーケティング、財務、人事、経理、研究開発など、企業の基本的な機能に特化した組織単位によって構成される。第二に、事業部制組織（multi-divisional or M-form）で、組織は製品、地域、顧客などの基準による、自律的かつ自己充足的な組織単位（事業部）から構成される。各事業部内は職能別組織のように基本的な機能ごとに分かれている。第三に、マトリックス組織という形態がある。命令系統が一次元である他の組織構造と異なり、マトリックス組織は複数次元（通常二次元）の権限と報告の系統（たとえば製品と地域）に沿って組織されている。

米国の大企業の大部分は事業部制によって組織されている。Fligstein［1985］は、一九一九年から七九年の間に、米国の大企業一〇〇社（金融を除く）の間に事業部制がどのように広まったのかを分析している。一九二九年にはサンプルの一・五％しか事業部制を採用していなかったが、その割合は七九年には八四・二％に増加した。加護野ほか［一九八三］のサンプルではその割合は九四・四％である。

日本の大企業の組織構造に関する第一の定型化された事実は、上記の数値と比べて事業部制の採用比率が低いことである。加護野ほか［一九八三］は、その割合は一九八〇年に五九・八％と報告している。小野［一九七九］、吉原ほか［一九八一］では、年代とサンプルの相違からか割合はさらに低い。

第二に、日本企業によって採用された事業部制組織には、米国企業の事業部制組織とは異なる特徴がある。加護野ほか［一九八三］は、日本企業の事業部制組織では、米国企業ほど事業部が自己充足的でないことを示している。とりわけ次の二点が注目に値する。まず一つには、生産、販売、マーケティング、購買といった基本機能を持たない事業部が日本企業の場合に少なからず存在する点である。加護野［一九九三］によると、とくに電機や機械産業に属する企業の事業部制組織においては、製品開発および製造に特化した事業部と、マーケティングおよび販売に特化した事業部とが分離されている。彼はそのような組織を職能別事業部制と呼んでいる。二つには、事業部が人事、会計・コントロール、財務の機能を持つ企業の割合が、米国より日本で低いことがあげられる。とりわけ集権的人事部が日本企業の内部組織の重要な特徴として指摘されることと整合的である。

日本企業の事業部組織の第三の特徴は、事業部のパフォーマンスに依存したコントロールが米国企業ほど厳密でない点にある。加護野ほか［一九八三］は次のような分析結果を報告している。①各事業部ごとに異なる基準で業績評価を行うという意味で、米国企業の事業部業績評価の方が詳細である。②米国企業の方が、事業部の業績が報酬に反映される程度が大きい。モニタリング、業績評価、資源配分および戦略的決定に特化した本社機構の存在は事業部制組織の重要な特徴だが、加護野ほか［一九八三］は、アウトプット・コントロールとして特徴づけられる米国企業と対照的に、日本企業は価値や情報の共有によってインセンティブを与えていると論じている。

## 3 組織は戦略にしたがう——理論的考察

多角化の進展と事業部制組織の採用とは論理的な関係がある。経営史の古典であるChandler［1962］によれば、関連するビジネスに多角化して企業規模が拡大した米国の大企業が、内部組織構造の改編の必要に迫られ、第一次世界大戦後に事業部制組織というイノベーションを生み出した。数量的な実証研究も、この「組織は戦略にしたがう」という仮説を支持している(4)。

日本においては松下電器産業が最初（一九三三年）に事業部制を採用したと言われている。松下は上記の米国企業よりも規模が小さい段階で事業部制を導入したが、会社の成長と多角化が契機となったという点は同じである。日本で事業部制の採用が本格化したのは、企業の成長と多角化が加速した一九六〇年代である。吉原ほか［一九八一］は、日本企業の事業部制採用が多角化戦略にしたがったことを示している。

なぜ企業の規模と範囲が拡大すると事業部制に移行するのであろうか。職能別組織と比べて事業部制組織の費用便益は何であろうか。この節では、事業部制組織採用の経済合理性を説明する理論を整理する。その答は、すでに事業部制組織の研究の先駆者であるチャンドラーとウィリアムソンによって分析されている（Chandler［1962］, Williamson［1975, 1985］）。しかし、彼らの議論をベースに組織構造の選択をフォーマルに分析した研究は少ない(5)。以下では事業部制組織の優位性を次の三種類に整理する（いずれもフォーマルな分析によって確かめることができる）。①コーディネーションの利益と、その結果生じる戦略的決定と業務的決定との分離。②インセンティブとコントロールのための費用低下。③内部資本市場の発展。

## 1　コーディネーションの利益

事業部制には経営者を多数の事業の業務に関与する必要性をなくし，戦略的な意思決定に集中できるようにする利点がある。チャンドラーは，職能別組織においては経営陣に過度の管理負担が生じる問題を強調している（Chandler［1962］）。つまり，戦略的決定を行う経営者には，コーディネーションやモニタリングを通して日常業務に関与するために，戦略的決定に必要な時間と情報が不足する。しかし，なぜ事業部制組織になると日常業務への関与が少なくてすむのだろうか。

ウィリアムソンは情報処理の視点に立つ（Williamson［1975］）。経営者は情報の収集と処理に関して限定的にしか合理的であり得ない。彼らの時間と情報処理能力は希少資源なのである。複数のメンバーが異なる情報源に特化することによって多くの情報を処理することは組織の利点であるが，その結果，メンバー間に情報の非対称性が生じて，個々の決定が組織全体にとって望ましくない可能性が生じる。この問題は，仮にメンバー全員が同じ目的を共有していて利害の対立がない場合でも起こりうることに注意しておこう。会社の職能は互いに補完的なのでコーディネーションが必要であるが，異なる情報を持つメンバー間でのコーディネーションは失敗する可能性が高い。そのために経営者による階層的なコーディネーションが必要になる。こうして，職能別組織の企業が急速に成長すれば，コーディネーションの職務がますます経営者の負担となってくる。

事業部制組織によって業務的決定と戦略的決定を分離し、業務的決定に対する責任を各事業部に割り当てることが可能になる。なぜならば、職能別組織では組織単位が互いに補完的な職能であったのが、自律的かつ自己充足的な事業部の場合には、事業部間のインタラクションの必要性が小さくおさえられているからである。よって事業部制組織では、事業部レベルでコーディネーションが有効に行われ本社が関与する必要がなくなり、本社は戦略的決定に集中できるようになる。

## 2 インセンティブ費用

事業部制組織の第二の長所は、インセンティブおよびコントロールのための業績指標と情報の精度を向上させ、費用を低下させるという点である。職能別組織では、個々の職能管理者のパフォーマンスを評価することは難しい。利用可能な業績指標は、通常いくつかの基本機能を担当する管理者の決定といっしょになって決まるからである。いいかえれば、よく知られた「チーム生産の問題」が生じる可能性が高い（Alchian and Demsetz [1972], Holmstrom [1982]）。一方事業部制組織では、各事業部はプロフィット・センターとして明確に分けられ、事業部のパフォーマンスに対する収益責任を負うことになる。したがって業績測定の問題は緩和されやすい。

ここで論じられている長所と、コーディネーションの利益との区別は重要である。後者は企業のすべてのメンバーの間に利害の対立がない状況でも生じうるが、ここで議論されている長所は、職能や事業を担当する管理者の機会主義的行動から生じるインセンティブ問題なしには生じない。ウィリアムソンは事業部制組織のこのような利点を指摘して、事業のパフォーマンスを評価する能力を持ったスタッフ機構の充実が、事業部制組織の成功のためには不可欠であると論じている(6)（Williamson［1975］）。

## 3　内部資本市場――効率的か非効率的か

事業部制組織の本社は生産性に応じて事業部間で資金の再配分を行うことができる。いいかえれば、事業部が希少な資源をめぐって競争し、本社が「勝者」と「敗者」を選定するという意味で、内部資本市場（internal capital market）が形成されるという特徴を事業部制は持つ。ウィリアムソン（Williamson［1975］，訳書二四三頁）は、「収益性の高い用途へキャッシュ・フローを割り当てるというこの性質が、M型企業のもっとも基本的な性質である」と主張している。外部市場と比べて、有能な本社によるモニタリングとコントロールの面で内部資本市場の方が優れていると彼は論じている。

しかしこの議論は、なぜ内部資本市場は、銀行が複数の企業（事業）に集権的に資金を提供するケースよりも優れているのかを説明しない。ガートナーらは、不完備契約下での財産権アプローチ（Grossman and Hart［1986］，Hart and Moore［1990］，Hart［1995］）に基づいて、銀行による集権的資金調達と内部資本市場とを次のように区別する（Gertner et al.［1994］）。たとえば二種類の事業があるとしよう。内部資本市場では本社が二つの事業を事業部として所有しており、事業部の資産に対して残余コントロール権を行使できるが、銀行は事業を所有していない（二種類の事業はそれぞれ独立の企業となる）のでそのような権利も持たない。このような区別によって、財産権アプローチの議論を直接応用することが可能になる。すなわち「所有者」である本社の方が、銀行よりもモニタリングを行うインセンティブが強く、また銀行とは異なり資産を再配置する権利を持つが、事業部の経営インセンティブは内部資本市場の方が弱くなる。

スタインは、本社は果たして資金を効率的に再配分するインセンティブを持っているかどうかを理論的に分析している（Stein［1997］）。この問いが自明でないのは、残余コントロール権を持つ本社が、私的利益（たとえば規模拡大による名声）を高めるためにその権利を行使して、資金配分を歪める可能性があるからである。しかしスタインの解答は肯定的である。本社が私的利益を追求していたとしても、プロジェクトの成果が高いほど私的利益も高いという比例関係があるならば、私的利益に基づくプロジェクトの順位付けも純現在価値に基づく順位付けも同じになり、相対的評価に基づく「勝者の選択」に歪みは生じない。彼はさらに、事業部のプロジェクト成果間の相関が大きいという意味で事業間の関連性が高いほど、内部資本市場による資金配分の優位性が高まると論じている(7)。

米国では一九八〇年代以降のコングロマリット企業の衰退、および多角化企業内部で資金の配分ミスが生じ、企業価値を下げてしまうことを示唆する九〇年代の実証結果(8)によって、内部資本市場の効率性に対する否定的な見解が主流となりつつある。内部資本市場の非効率性を説明する理論は、事業部によるインフルエンス活動やレントシーキング活動に焦点を当てている。よく引用される二つの代表的な理論研究は、いずれも事業部が非生産的な活動を行う問題に焦点を当てている。Scharfstein and Stein［2000］のモデルでは、事業部長は将来の本社との交渉を有利にするために、非生産的な活動に希少な時間を費やす可能性がある。そして彼らの分析によれば、事業間の投資機会の差が大きいほど、また本社経営者の直面する業績インセンティブが弱いほど、内部資本市場での非効率な資金配分の可能性が大きくなる。一方Rajan et al.［2000］は事業部門間のレントシーキングに焦点を当てている。彼らの分析でもScharfstein and Stein［2000］のモデルの結果と同様に、事業部門間で投資機会に差があるほど内部資本市場の非効率性は大きくなる。さらに彼らはこの理論仮説の実証も行っており，整合的な結果を得ている。

## 4 日本企業の事業部制——理論的考察

前節では事業部制組織が職能別組織に対して持つ優位性を整理した。また，事業部制の中心的特徴である内部資本市場機能には問題点があることも確認した。しかし背景にあるモデルでは，コングロマリット企業のような非関連多角化企業が想定されている。一方，日本ではコングロマリット企業は少数であり，米国よりも関連事業への多角化が中心である。本節ではこれまでの分析を関連多角化企業に拡張する。

### 1 関連多角化の効果

**コーディネーションの利益**　事業の間に関連があり互いに補完的であるならば，事業間のコーディネーションも必要となる。しかし事業部制組織は事業間のコーディネーションを不完全にしか行うことができない。したがって事業部制組織のパフォーマンスは低下する。とりわけコーディネーションの失敗の可能性は，各事業部長が事業部固有の情報源に特化している場合に大きい。したがって本社にとって，担当する事業のみならず他の事業についての情報も収集・処理できる幅広い情報処理能力を持つ事業部長が望ましくなる可能性が出てくる。情報処理能力の重複は，事業部長間のコミュニケーション費用がそのような能力の重複により低下するならば，いっそう望ましい。このような幅広い能力と情報の共有は，第2節2項で示した日本企業の事業部制の特徴と整合的である。

一方、職能別組織や本社によるコーディネーションのパフォーマンスは、事業間の関連性が高まっても事業部制のパフォーマンスほどは低下しない。また本社が介入すれば、職能間のコーディネーションと同様に、事業間のコーディネーションも効果的に行うことができる。したがって事業間の関連性が高ければ、事業部制組織でも本社が事業間のコーディネーションという業務決定に介入したり、事業部制よりも職能別組織が選ばれる可能性が高くなる。これらの結果も、日本企業の事業部制組織採用の比率が低いことと整合的である。

**インセンティブ費用**　事業部のパフォーマンスの間に正の相関があれば、事業部制はいっそう望ましくなる。これは第3節3項で紹介した内部資本市場の効率性を論じるStein［1997］の議論と同様に、Holmstrom［1982］以来相対業績評価の利益としてよく知られた性質である。したがって、Stein［1997］のように正の相関が高いほど事業の関連性も高いと解釈するならば、インセンティブの見地からは事業が関連しているほど事業部制組織が望ましくなる。

しかし事業パフォーマンスの相関は、経済全体に影響を与える要因や企業のブランド名のように、市場や技術の関連性とは異なる理由でも生じうる。ここでは事業間で正の外部性が存在する、すなわち各事業部のパフォーマンスは他の事業部での決定にも依存する状況を想定しよう。このような形で事業間の関連性を導入すると、事業間の関連性が高いほど、職能別組織に対する事業部制組織の相対的なパフォーマンスは低下することをフォーマルに示すことができる。さらに、事業部制組織の方が依然として望ましいとしても、関連性が大きいほど各事業部長の報酬が事業部のパフォーマンスに依存する度合いは小さくなり、むしろ企業全体の利益への依存度が大きくなる。これは第2節2項で触れた日本企業の事業部制組織の特微と整合的であり、この結果事業部間の協力を引き出すことが有効になる。

## 2　関連多角化と内部資本市場

以上のように、事業部制組織の優位性のうち最初の二つは、事業の関連度が高くなると失われる可能性がある。一方、第2節2項の定型化された事実によれば、日本企業は米国企業と比べてそもそも事業部制組織の採用を控えるか、たとえ事業部制をとったとしても、理論分析の結果と整合的な形で組織を修正しているように思われる。

では何が問題なのか。伊丹［一九九九］によると、日本の総合電機産業の（当時の）社長二人が、次のようなコメントをしている。

「一〇年、一五年前に、この会社は大きすぎる、全体のマネジメントをどうしようと言った議論がなかったのは事実です。」（総合電機A社社長）

「当社には企業戦略というものがなかったのではないかと思っています。（中略）事業戦略だけで、コーポレート全体としてうまく転がっているときは、あえて企業としての企業戦略を強調する必要はなかったわけです。」（総合電機B社社長）

第2節2項で論じたように、事業部制組織の第一の優位性は、戦略的な意思決定と業務的意思決定とを分離し、本社が戦略的意思決定に集中できるようにする点にある。しかしこれらのコメントは、事業部制を採用していても戦略的決定がさほど行われていなかったことを示唆している。重要な戦略的決定の一つは内部資本市場機能であるが、上記の社長の一人はさらに次のようなコメントをしている。

「さまざまな事業分野の中での成長分野への集中的資源配分という点でも過去は十分ではなかった。結果として既存事業を中心として均等的配分になってしまっていた。」（総合電機B社社長）

この社長のコメントは，まさに内部資本市場がうまく機能していなかったことを意味している。その理由としてはいくつかの可能性がある。第一に，そもそも内部資本市場機能がなかった，すなわち資金の再配分は全く行われず既存事業を中心に資金がまわり続けた可能性がある。第二に，第3節3項で紹介した理論研究の分析結果による解釈が可能である。既存事業より生産性の高い新規事業があっても，後者に資金を集中的に配分すれば，後者は既存事業に利益を奪われることを警戒して非効率で防衛的なプロジェクトを選択してしまう。そこで新規企業に効率的なプロジェクトを選択させるために，「既存事業を中心とした均等的配分」が本社にとって最適な決定として行われた，ということになる。しかし，Rajan et al. [2000] の分析結果は，「事業間の関連度が大きいほど内部資本市場の非効率性は小さい」ことを示唆していることになる。

第三の可能性として，既存事業部による本社へのインフルエンス活動の効果を指摘しておこう。二種類の事業（既存事業と新規事業）が存在し，新規事業の収益は不確実である。本社は新規事業の収益性について情報を収集するが，既存事業部によるインフルエンス活動によって，本社の情報が歪められる可能性がある。この情報歪曲の程度は，既存事業部のインフルエンス活動の有効性に依存しており，事業間の関連性が高いほど，本社の経営者が有能でないほど，また戦略決定スタイルがボトムアップで事業部に依存する度合いが大きいほど，問題は深刻になる。

このような状況では，本社が既存事業部のインフルエンス活動を防止しようとするときでも許容するときでも，「既存事業を中心とした均等的配分」が生じることをフォーマルに示すことができる。そして事業間の関連性が高いほど，本社が有能でないほど，そして本社が事業部からの情報に依存する度合いが高いほど，このような内部資本市場の非効率性が増大する。

本節では日本企業において内部資本市場がうまく機能していなかった理由を三種類あげた。どの理由がより当てはまるかについての今後の実証研究に期待したい。

## 5　まとめ

本章では企業の事業ポートフォリオを所与として，内部組織構造，とりわけ多角化企業の標準的な組織形態である事業部制組織の費用便益を明らかにした。最近日本の多角化大企業の多くが事業部制から社内カンパニー制に移行しているが，この動きは独特の特徴を持った日本企業の事業部制組織を，より標準的な事業部制に改革する試みとして理解できる。しかし本章の分析結果が示すように，関連多角化した企業にとっては，そのような移行はかえってマイナスの効果をもたらすことに注意すべきである。また関連度の低い企業の場合には，事業を社内カンパニーに再編して自由度を高めるならば，同時に戦略的決定と業務的決定を分離して戦略的決定の能力を高め，カンパニーに対しては事業パフォーマンスに基づくコントロールを徹底することが必要である。

もしも事業間の関連性が高く，しかし企業の境界内部でそれらの事業を効率的に経営できないのならば，分社化や企業分割によって企業の境界から外に出す可能性が考慮されなければならない。すでに論じたように、このような事業再編は企業レベルのみならず企業グループのレベルでも分析されなければならない。本章での組織再編の分析をベースとして、企業および企業グループの事業再編を分析することが次の重要な課題となる。

## 6 追記

本章のベースとなった論文に引用されていない、主に最近の実証研究にふれておこう。一九九〇年代以降の日本企業の多角化や事業再編に関する実証分析が蓄積されつつある。Ushijima and Fukui［2004］は、吉原ほか［一九八一］と同じ日本の大企業のサンプルについて、一九七三年から九八年の期間の多角化動向を調べ、多角化傾向が少なくとも九〇年代中頃まで継続していることを指摘している。一方、彼らは事業間の関連度は高い水準で安定しており、しかも本業中心の関連多角化がパフォーマンスに正の影響を与えることを示している。宮島・稲垣［二〇〇三］は東証一部上場企業を対象とし、財務データとアンケート調査結果を組み合わせて、一九八〇年代以降の日本企業の多角化、組織、企業グループ等事業再編のさまざまな側面を分析している。彼らによれば、一九九〇年代前半にはとりわけ非関連多角化が進展したが、九〇年代半ば以降は日本企業の事業構成は平均的には安定している。Kikutani et al.［2004］は、森川による先駆的研究（森川［一九九八a］、［一九九八b］）に部分的に依拠しながら、従業員五〇人以上かつ資本金または出資金三〇〇〇万円以上の企業を対象とする「企業活動基本調査」を用いて、一九九〇年代の日本企業の多角化・集約化、事業再編の実証研究を行っている。彼らは通常の多角化指標よりも詳しい指標として、事業への進出と事業からの撤退を調べ、一九九〇年代の日本企業が、多角化度からみるとあまり変化していないように見えても、多くの進出と撤退を同時に行っている可能性があることを指摘している。都留・電機連合総合研究センター［二〇〇四］は、聞き取り調査、アンケート調査を通して、日本の電機・機械産業における「選択と集中」の実態を明らかにしようとする試みである。

＊ 本章は、二〇〇一年一〇月七・八日に一橋大学で開催された日本経済学会二〇〇一年度秋季大会での招待講演論文（Itoh, Hideshi [2003], "Corporate Restructuring in Japan, Part I: Can M-Form Organization Manage Diverse Businesses?" *Japanese Economic Review*, Vol. 54, pp. 49-73）およびその内容をまとめた日本語論文（伊藤秀史［二〇〇二］、「日本企業の組織再編――事業部制組織の経済分析」大塚啓二郎・中山幹夫・福田慎一・本多佑三編『現代経済学の潮流二〇〇二』東洋経済新報社、所収）を紹介する目的で書かれている。第1～5節の構成はこれらの論文と同じで、ダイジェスト版の形をとっている。本章で新たに追加された内容は第6節にまとめられている。

## 注

(1) コーポレート・ガバナンスに関する最近の日本語文献として伊丹［二〇〇〇］、小佐野［二〇〇一］をあげておこう。

(2) 日本語のサーベイとして伊藤・林田［一九九六］、最近の批判的サーベイとして Holmström and Roberts [1998] をあげておく。

(3) たとえば藤本・西口・伊藤［一九九八］所収の論文を参照せよ。

(4) たとえば Palmer et al. [1987] および Fligstein [1985] を参照せよ。

(5) Aghion and Tirole [1995], Maskin et al. [2000], Rotemberg [1999] がある。

(6) フォーマルには、プリンシパルと複数エージェントのマルチタスク・モデル（Holmstrom and Milgrom [1991], Itoh [1992]）を応用することによって、事業部制が正のインセンティブ効果をもたらすことを示すことができる。

(7) この研究と整合的な実証結果を Khanna and Tice [2001] が報告している。

(8) Stein [2003], Part Two を参照せよ。

## 参考文献


Aghion, P. and J. Tirole [1995], "Some Implications of Growth for Organizational Form and Ownership Structure," *European Economic Review*, Vol. 39, Issue 3-4, pp. 440-455.

Alchian, A. A. and H. Demsetz [1972], "Production, Information Costs, and Economic Organization," *American Economic Review*, Vol. 62, No. 5, pp. 777-795.

Berry, C. H. [1975], *Corporate Growth and Diversification*, Princeton, NJ : Princeton University Press.

Chandler, A. D., Jr. [1962], *Strategy and Structure : Chapters in the History of the American Industrial Enterprise*, Cambridge, MA : MIT Press.

Claessens, S., S. Djankov, J. Fan and L. Lang [1999], "The Pattern and Valuation Effects of Corporate Diversification : A Comparison of the United States, Japan, and Other East Asian Economies," mimeo.

Coase, R. [1937], "The Nature of the Firm," *Economica*, Vol. 4, No. 16, pp. 386-405.

Davis, G. F., K. A. Diekmann and C. H. Tinsley [1994], "The Decline and Fall of the Conglomerate Firm in the 1980s : The Deinstitutionalization of An Organizational Form," *American Sociological Review*, Vol. 59, No. 4, pp. 547-570.

Fligstein, N. [1985], "The Spread of the Multidivisional Form among Large Firms, 1919-1979," *American Sociological Review*, Vol. 50, No. 3, pp. 377-391.

藤本隆宏・西口敏宏・伊藤秀史［一九九八］，『リーディングス サプライヤー・システム——新しい企業間関係を創る』有斐閣。
Gertner, R. H., D. S. Scharfstein and J. C. Stein [1994], "Internal Versus External Capital Markets," *Quarterly Journal of Economics*, Vol. 109, Issue 4, pp. 1211-1230.
Grossman, S. J. and O. D. Hart [1986], "The Costs and Benefits of Ownership : A Theory of Vertical and Lateral Integration," *Journal of Political Economy*, Vol. 94, Issue 4, pp. 691-719.
Hart, O. [1995], *Firms, Contracts, and Financial Structure*, Oxford : Oxford University Press.
Hart, O. and J. Moore [1990], "Property Rights and the Nature of the Firm," *Journal of Political Economy*, Vol. 98, Issue 6, pp. 1119-1158.
Holmstrom, B. [1982], "Moral Hazard in Teams," *Bell Journal of Economics*, Vol. 13, Issue 2, pp. 324-340.
Holmstrom, B. and P. Milgrom [1991], "Multitask Principal-Agent Analyses : Incentive Contracts, Asset Ownership, and Job Design," *Journal of Law, Economics, and Organization*, Vol. 7, Special Issue, pp. 24-52.
Holmström, B. and J. Roberts [1998], "The Boundaries of the Firm Revisited," *Journal of Economic Perspectives*, Vol. 12, Issue 4, pp. 73-94.
今井賢一［一九七六］、『現代産業組織』岩波書店。
伊丹敬之［一九九九］、「総合電機産業の大いなる試練（上）（下）」『プレジデント』一・二月号一五四－一六三、一三四－一三九頁。
伊丹敬之［二〇〇〇］、『日本型コーポレートガバナンス——従業員主権企業の論理と改革』日本経済新聞社。
Itoh, H. [1992], "Cooperation in Hierarchical Organizations : An Incentive Perspective," *Journal of Law, Economics, and Organization*, Vol. 8, Issue 2, pp. 321-345.
伊藤秀史・林田修［一九九六］、「企業の境界——分社化と権限委譲」伊藤秀史編『日本の企業システム』東京大学出版会、第5章、一五三－一八一頁。
Jacquemin, A. P. and C. H. Berry [1979], "Entropy Measure of Diversification and Corporate Growth,"

*Journal of Industrial Economics*, Vol. 27, Issue 4, pp. 359-369.
加護野忠男［一九九三］、「職能別事業部制と内部市場」『国民経済雑誌』第一六七巻三号、三五－五二頁。
加護野忠男・野中郁次郎・榊原清則・奥村昭博［一九八三］、『日米企業の経営比較』日本経済新聞社。
Khanna, N. and S. Tice [2001], "The Bright Side of Internal Capital Markets," *Journal of Finance*, Vol. 56, Issue 4, pp. 1489-1531.
Kikutani, T., H. Itoh and O. Hayashida [2004], "Business Portfolio Restructuring of Japanese Firms in the 1990s : Entry and Exit Analysis," in Masahiko Aoki, Gregory Jackson, and Hideaki Miyajima eds., *Corporate Governance in Japan : Institutional Change and Organizational Diversity*, Oxford University Press (forthcoming).
Maskin, E., Y. Qian, and C. Xu [2000], "Incentives, Information, and Organizational Form," *Review of Economic Studies*, Vol. 67, Issue 2, pp. 359-378.
宮島英昭・稲垣健一［二〇〇三］、「日本企業の多様化と企業統治――事業戦略・グループ経営・分権化組織の分析」財務省財務総合政策研究所。
森川正之［一九九八ａ］、「新規事業への進出と既存事業からの撤退」通商産業研究所ディスカッション・ペーパー、九八－ＤＯＪ－八七。
森川正之［一九九八ｂ］、「親会社の事業展開と子会社の事業展開――日本企業の多角化・集中化の要因と効果に関する実証分析」『通産研究レビュー』第一一号、一二四－一六一頁。
小田切宏之［一九九二］、『日本の企業戦略と組織――成長と競争のメカニズム』東洋経済新報社。
Odagiri, H. and T. Hase [1989], "Are Mergers and Acquisitions Going to Be Popular in Japan Too? : An Empirical Study," *International Journal of Industrial Organization*, Vol. 7, No. 1, pp. 49-72.
小野豊明［一九七九］、『日本企業の組織戦略』マネジメント社。
小佐野広［二〇〇一］、『コーポレート・ガバナンスの経済学――金融契約理論からみた企業論』日本経済新聞社。
Palmer, D., R. Friedland, P. D. Jennings and M. E. Powers [1987], "The Economics and Politics of Structure :

The Multidivisional Form and Large U. S. Corporations," *Administrative Science Quarterly*, Vol. 32, No. 1, pp. 25-48.

Rajan, R., H. Servaes and L. Zingales [2000], "The Cost of Diversity : Diversification Discount and Inefficient Investment," *Journal of Finance*, Vol. 55, Issue 1, pp. 35-80.

Rotemberg, J. J. [1999], "Process-versus Function-Based Hierarchies," *Journal of Economics and Management Strategy*, Vol. 8, Issue 4, pp. 453-487.

Rumelt, R. P. [1974], *Strategy, Structure and Economic Performance*, Boston, MA : Division of Research, Harvard Business School.

Scharfstein, D. S. and J. C. Stein [2000], "The Dark Side of Internal Capital Markets : Divisional Rent-Seeking and Inefficient Investment," *Journal of Finance*, Vol. 55, Issue 6, pp. 2537-2564.

Stein, J. C. [1997], "Internal Capital Markets and the Competition for Corporate Resources," *Journal of Finance*, Vol. 52, Issue 1, pp. 111-133.

Stein, J. C. [2003], "Agency, Information and Corporate Investment," in G. Constantinides, M. Harris and R. Stulz eds., *Handbook of the Economics of Finance Volume I, A Corporate Finance*, Amsterdam : Elsevier.

都留康・電機連合総合研究センター編［二〇〇四］『選択と集中――日本の電機・情報関連企業における実態分析』有斐閣。

Ushijima, T. and Y. Fukui [2004], "Diversification Patterns and Performance of Large Established Japanese Firms," mimeo.

Williamson, O. E. [1975], *Markets and Hierarchies : Analysis and Antitrust Implications*, New York : Free Press.（浅沼萬里・岩崎晃訳［一九八〇］『市場と企業組織』日本評論社。）

Williamson, O. E. [1985], *The Economic Institutions of Capitalism : Firms, Markets, Relational Contracting*, New York : Free Press.

吉原英樹・佐久間昭光・伊丹敬之・加護野忠男［一九八一］、『日本企業の多角化戦略――経営資源アプローチ』日本経済新聞社。

◈編者紹介

伊《い》丹《たみ》敬《ひろ》之《ゆき》（一橋大学大学院商学研究科教授）
藤《ふじ》本《もと》隆《たか》宏《ひろ》（東京大学大学院経済学研究科教授）
岡《おか》崎《ざき》哲《てつ》二《じ》（東京大学大学院経済学研究科教授）
伊《い》藤《とう》秀《ひで》史《し》（一橋大学大学院商学研究科教授）
沼《ぬま》上《がみ》　幹《つよし》（一橋大学大学院商学研究科教授）

リーディングス　日本の企業システム　第Ⅱ期
第1巻　組織とコーディネーション
*Readings on the Japanese Firm as a System, Ⅱ,*
*Vol.1　Organization and Coordination*

2006年5月25日　初版第1刷発行

編　者　伊　丹　敬　之
　　　　藤　本　隆　宏
　　　　岡　崎　哲　二
　　　　伊　藤　秀　史
　　　　沼　上　　　幹
発行者　江　草　忠　敬

発行所　株式会社　有　斐　閣
東京都千代田区神田神保町 2-17
電話(03)3264-1315〔編集〕
3265-6811〔営業〕
郵便番号 101-0051
http://www.yuhikaku.co.jp/

印刷　大日本法令印刷株式会社　　製本　株式会社アトラス製本


ISBN4-641-05391-X